실크로드 絲綢之路 문명교류사 文明交流史 서설 序說

III

해로
海路

대한문화재연구원 **엮음**
박천수朴天秀 **지음**

진인진

협력기관과 연구자

한국
경남문화재연구원, 국립경주문화재연구소, 국립경주박물관, 국립문화재연구소
국립중앙박물관, 대성동고분박물관, 영남대학교박물관
정수일, 권영필, 문명대, 전인평, 이희수, 전홍철, 이영훈, 김용선, 김유식, 신대곤, 신영수, 강상훈, 조상기, 권오영, 김병준, 윤용구, 윤동진, 이용현, 이주헌, 오세윤, 최종택, 강희정, 김경호, 장은정, 장준희, 정석배, 박진호, 정재훈, 윤형원, 김종일, 이영철, 이동희, 김남일, 이은석, 이재열, 조윤재, 정인성, 김혜원, 양은경, 강이욱, 양시은, 김현희, 정 일, 윤온식, 우병철, 이인숙, 김대욱, 이우섭, 김규운, 김준식, 권준현, 김도영, 김성미, 손재현, 이수정, 박준영, 임영재, 박정현, 김성실, 최정범, 장주탁, 정 진, 정승복, 류진아, 정효은, 이지향, 이정희, 한대흠, 김현지, 김현섭, 정선운, 전은영, 박지민, 김세민, 김슬애, 조지현, 배노찬, 김동균, 이지윤, 김라희, 신동호, 신현우, 김희근, 윤주일

日本
東京國立博物館, 奈良國立博物館, 奈良縣立彊原考古學研究所, 堺市博物館
加藤九祚, 加藤貞子, 近藤義郎, 由水常雄, 穴澤咊光, 鄭禧昇, 菅谷文則, 都出比呂志, 永島暉臣愼, 岡内三真, 林俊雄, 村越稔, 菊地誠一, 斎藤清秀, 柳本照男, 石川日出志, 黒田慶一, 福永伸哉, 高野學, 古谷毅, 山崎建三, 大庭重信, 桃崎祐輔, 持田大輔, 吉澤悟, 河野一隆, 海邊博史, 笹田朋孝, 井上主悅, 高田貫太, 向井佑介, 中村大介, 岩越陽平, 大谷育惠, 林佳美

中國
陝西省歷史博物館, 和田博物館
齊東方, 張建林, 冉萬里, 拜根興, 李雨生, 劉斌, 包永超, 章灵

Kazahstan
The State Historical-Cultural Museum-Reserve Issyk
Ahkan Onggaruly

Mongolia
Gelegdori Eregzen, Ishtseren Lochin

Russia
Hermitage Museum

Bulgaria
Rositsa Hristova Hristova

Vetnam
Ban Quan ly Di tich Van hoa Oc Eo
Bao tang An Giang
Ha Matac, Kim Chi Ha

Pakistan
Mahmood Shah

United Staes of America
Metropolitan Museum of Art
Zeinab Al-Hassan

실크로드(絲綢之路) 문명교류사(文明交流史) 서설(序說) Ⅲ
해로(海路)

초판 1쇄 발행 | 2021년 11월 5일

엮   음 | 대한문화재연구원
저   자 | 박천수
편   집 | 배원일, 김민경
발행인 | 김태진
발행처 | 진인진
등   록 | 제25100-2005-000003호
주   소 | 경기도 과천시 별양상가 1로 18 614호(별양동 과천오피스텔)
전   화 | 02-507-3077-8
팩   스 | 02-507-3079
홈페이지 | http://www.zininzin.co.kr
이메일 | pub@zininzin.co.kr

ⓒ 진인진 2021

ISBN 978-89-6347-488-5 94900
ISBN 978-89-6347-485-4 94900(세트)

목차

Ⅳ. 유라시아^{歐亞} 해로^{海路}의 유적^{遺蹟}과 유물^{遺物} … 12

- 1. 해로^{海路} 개관^{槪觀} … 13
- 2. 이집트^{Egypt}의 유적^{遺蹟}과 유물^{遺物} … 23
    - 1) 알렉산드리아Alexandria … 23
    - 2) 투탕카멘왕묘Tutankhamun King tomb … 27
    - 3) 프스타트유적Fostat site … 33
- 3. 이탈리아^{Italy}의 유적^{遺蹟}과 유물^{遺物} … 41
    - 1) 체르베테리와 타르퀴니야유적Necropolises of Cerveteri and Tarquinia sites … 41
    - 2) 로마Rome … 50
    - 3) 폼페이Pompei … 56
- 4. 그리스^{Greece}의 유적^{遺蹟}과 유물^{遺物} … 62
    - 1) 크노소스유적Knossos site … 62
- 5. 터키^{Turkey}의 유적^{遺蹟}과 유물^{遺物} … 67
    - 1) 이스탄불Istanbul … 67
- 6. 이라크^{Iraq}의 유적^{遺蹟}과 유물^{遺物} … 72
    - 1) 우르유적Ur site … 72
- 7. 이란^{Iran}의 유적^{遺蹟}과 유물^{遺物} … 79
    - 1) 시라프유적Siraf site … 79
- 8. 파키스탄^{Pakistan}의 유적^{遺蹟}과 유물^{遺物} … 86
    - 1) 모헨조다로유적Mohenjo daro site … 86
    - 2) 반보르유적Banbhore site … 90
- 9. 인도^{India}의 유적^{遺蹟}과 유물^{遺物} … 95
    - 1) 칸머유적Kanmer site … 95
    - 2) 파타남유적Pattanam site … 99
    - 3) 아리카메두유적Arikamedu site … 107

  4) 아잔타 석굴Ajanta Caves   112

10. 인도네시아Indonesia의 유적遺蹟과 유물遺物   116
  1) 벨리퉁침몰선Belitung shipreck   116
  2) 치레본침몰선Cirebon Shipwreck   122

11. 태국Thailand의 유적遺蹟과 유물遺物   126
  1) 푸카오통유적Phu Khao Thong site   126
  2) 카오삼케오유적Khao Sam Kaeo site   130

12. 베트남Vietnam의 유적遺蹟과 유물遺物   135
  1) 옥에오유적Oc Eo site   135
  2) 종까보유적Giong Ca Vo site   142
  3) 꾸라오참유적Cu Lao Cham Site   146

13. 중국China의 유적遺蹟과 유물遺物   152
  1) 석채산고분군石寨山古墳群, Sichaisan tombs 이가산고분군李家山古墳群,
   Lijiasan tombs   152
  2) 합포고분군合浦古墳群, Hepu tombs   159
  3) 수계현 남조교장유적遂溪縣窖藏遺蹟, Nanchao Suixi cellar site   167
  4) 남해1호 침몰선南海1號沈沒船, Nanhai 1 shipreck   172
  5) 광주廣州, Guangzhou   177
  6) 남월왕릉南越王陵, Nanwe king tomb   182
  7) 남월궁서지南越王宮署址, Nanwe king palace and office site   188
  8) 남한황제릉南漢皇帝陵, Nanhan Emperor tombs   191
  9) 천주泉州, Chuanzou   196
  10) 복주福州, Fuzhou   205
  11) 온주溫州, Wonzhou   210
  12) 영파寧波, Ningbo   213
  13) 항주杭州, Hangzhou   218
  14) 월주요越州窯, Weizouyao   222
  15) 남경南京, Nanjing   227
  16) 남조황제릉南朝皇帝陵, Nanchao emperor tombs   231

17) 남조능묘南朝陵墓와 고분古墳, Nanchao tombs　　　　236

18) 대보은사大報恩寺, Grand Baoens temple　　　　245

19) 양주揚州, Yangzhou　　　　248

20) 연운항連雲港, Lianyungang　　　　253

21) 봉래蓬萊, Pungrai　　　　258

22) 영성榮成, Rongcheng　　　　263

23) 장사요長沙窯, Changsha kiln　　　　267

24) 정지사탑靜志寺塔, Jingzhi pagodas　　　　273

25) 형주요邢州窯, Xingzhouyao　　　　277

14. 한국韓國, Korea의 유적遺蹟과 유물遺物　　　　279

1) 낙랑고분군樂浪古墳群, Nangnang Tombs　　　　279

2) 흑산도黑山島, Huksando Island　　　　284

3) 신안침몰선新安沈沒船, Shinan shipreck　　　　291

4) 무령왕릉武寧王陵, Muryeong king tomb　　　　297

5) 청해진유적淸海鎭遺蹟, Chenghejin site　　　　303

6) 안압지雁鴨池遺蹟, Anapji site　　　　309

7) 불국사 석가탑佛國寺釋迦塔, Bulguk temple　　　　316

8) 지광국사현묘탑智光國師玄妙塔, Jikwangkuksahyonmyo pagoda　　　　322

15. 일본日本, Japan의 유적遺蹟과 유물遺物　　　　327

1) 오키노시마7, 8호제사유구沖の島 7, 8號祭祀遺構, Okonosiama No 7, 8 site　　　　327

2) 코로칸유적鴻臚館遺蹟, Korokan site　　　　332

3) 쇼소인正倉院, Shosoin　　　　336

실크로드絲綢之路 연구研究 중요重要 문헌목록文獻目錄　　　　342

도판圖版 출처出處　　　　422

도판목록

그림 Ⅳ-a.	유라시아 해로 유적과 유물	14
그림 Ⅳ-b.	환동해(環東海)	22
그림 Ⅳ-1.	이집트Egypt 알렉산드리아Alexandria	25
그림 Ⅳ-2.	이집트Egypt 투탕카멘왕묘Tutankhamun King tomb	31
그림 Ⅳ-3.	이집트Egypt 프스타트유적Fostat site	37
그림 Ⅳ-4.	이탈리아Italy 체르베테리와 타르퀴니아유적Cerveteri and Tarquinia site	45
그림 Ⅳ-5.	이탈리아Italy 로마Rome	53
그림 Ⅳ-6.	이탈리아Italy 폼페이Pompei	59
그림 Ⅳ-7.	그리스Greece 크노소스유적Knossos site	65
그림 Ⅳ-8.	터키Turkey 이스탄불Istanbul	70
그림 Ⅳ-9.	이라크Iraq 우르유적Ur site	75
그림 Ⅳ-10.	이란Iran 시라프유적Siraf site	82
그림 Ⅳ-11.	파키스탄Pakistan 모헨조다로유적Mohenjo daro site	89
그림 Ⅳ-12.	파키스탄Pakistan 반보르유적Banbhore site	93
그림 Ⅳ-13.	인도India 칸머유적Kanmer site	97
그림 Ⅳ-14.	인도India 파타남유적Pattanam site	101
그림 Ⅳ-15.	인도India 아리카메두유적Arikamedu site	111
그림 Ⅳ-16.	인도India 아잔타 석굴Ajanta Caves	115
그림 Ⅳ-17.	인도네시아Indonesia 벨리퉁침몰선Belitung shipreck	118
그림 Ⅳ-18.	인도네시아Indonesia 치레본침몰선Cirebon Shipwreck	124
그림 Ⅳ-19.	태국Thailand 푸카오통유적Phu Khao Thong site	126
그림 Ⅳ-20.	태국Thailand 카오삼케오유적Khao Sam Kaeo site	133
그림 Ⅳ-21.	베트남Vietnam 옥에오유적Oc Eo site	137
그림 Ⅳ-22.	베트남Vietnam 종까보유적Giong Ca Vo site	144
그림 Ⅳ-23.	베트남Vietnam 꾸라오참유적Cu Lao Cham Site	148
그림 Ⅳ-24.	중국(中國)China 석채산고분군(石寨山古墳群)Sichaisan tombs 이가산고분군(李家山古墳群) Lijiasan tombs	154

그림 Ⅳ-25. 중국(中國)China 합포고분군(合浦古墳群)Hepu tombs 163
그림 Ⅳ-26. 중국(中國)China 수계현 남조교장유적(遂溪縣 南朝窖藏遺蹟)Nanchao Suixi cellar site 169
그림 Ⅳ-27. 중국(中國)China 남해1호침몰선(南海1號沈沒船)Nanhai 1 shipreck 175
그림 Ⅳ-28. 중국(中國)China 광주(廣州)Guangzhou 181
그림 Ⅳ-29. 중국(中國)China 남월왕릉(南越王陵)Nanwe king tomb 185
그림 Ⅳ-30. 중국(中國)China 남월궁서지(南越王宮署址)Nanwe king palace and office site 188
그림 Ⅳ-31. 중국(中國)China 남한황제릉(南漢皇帝陵)Nanhan Emperor tombs 195
그림 Ⅳ-32. 중국(中國)China 천주(泉州)Chuanzou 201
그림 Ⅳ-33. 중국(中國)China 복주(福州)Fuzhou 207
그림 Ⅳ-34. 중국(中國)China 온주(溫州)Wonzhou 211
그림 Ⅳ-35. 중국(中國)China 영파(寧波)Ningbo 215
그림 Ⅳ-36. 중국(中國)China 항주(杭州)Hangzhou 221
그림 Ⅳ-37. 중국(中國)China 월주요(越州窯)Weizouyao kilns 225
그림 Ⅳ-38. 중국(中國)China 남경(南京)Nanjing 229
그림 Ⅳ-39. 중국(中國)China 남조황제릉(南朝皇帝陵)Nanchao emperor tombs 233
그림 Ⅳ-40. 중국(中國)China 남조능묘(南朝陵墓)와 고분(古墳) Nanchao emperor tombs and tombs 242
그림 Ⅳ-41. 중국(中國)China 대보은사(大報恩寺)Grand Baoens temple 247
그림 Ⅳ-42. 중국(中國)China 양주(揚州)Yangzhou 251
그림 Ⅳ-43. 중국(中國)China 연운항(連雲港)Lianyungang 256
그림 Ⅳ-44. 중국(中國)China 봉래(蓬萊)Pungrai 260
그림 Ⅳ-45. 중국(中國)China 영성(榮成)Rongcheng 265
그림 Ⅳ-46. 중국(中國)China 장사요(長沙窯)Changshaao kilns 268
그림 Ⅳ-47. 중국(中國)China 정지사탑(靜志寺塔)Jingzhi pagodas 275
그림 Ⅳ-48. 중국(中國)China 형주요(邢州窯)Xingzhouyao kilns 278
그림 Ⅳ-49. 한국(韓國)Korea 낙랑고분군(樂浪古墳群)Nangnang Tombs 283
그림 Ⅳ-50. 한국(韓國)Korea 흑산도(黑山島)Huksando Island 287
그림 Ⅳ-51. 한국(韓國)Korea 신안침몰선(新安沈沒船)Shinan shipreck 295
그림 Ⅳ-52. 한국(韓國)Korea 무령왕릉(武寧王陵)Muryeong king tomb 300
그림 Ⅳ-53. 한국(韓國)Korea 청해진유적(淸海鎭遺蹟)Chenghejin site 307
그림 Ⅳ-54. 한국(韓國)Korea 안압지유적(雁鴨池遺蹟)Anapji site 313
그림 Ⅳ-55. 한국(韓國)Korea 불국사석가탑(佛國寺 釋迦塔)Bulguksa temple Sekga Pagoda 318
그림 Ⅳ-56. 한국(韓國)Korea 지광국사현묘탑(智光國師玄妙塔)Jikwangkuksahyonmyo pagoda 324

그림 Ⅳ-57. 일본(日本)Japan 오키노시마7, 8호제사유구(沖の島 7, 8號祭祀遺構)
Okonosiama No 7, 8 site 330
그림 Ⅳ-58. 일본(日本)Japan 코로칸유적(鴻臚館遺蹟)Korokan site 333
그림 Ⅳ-59. 일본(日本)Japan 쇼소인(正倉院)Shosoin 338

IV 유라시아 海路의 유적과 유물

Introduction to Research History of Civilizational Exchanges on Silk Road

1. 해로海路 개관槪觀

지중해에서 홍해와 아라비아해를 지나 인도양과 태평양에 이르는 바닷길을 통해 고대부터 근대에 이르기까지 동서교류와 교역이 이루어졌다. 아울러 초원로나 사막로의 남쪽에 있는 바닷길이기에 이 길은 남해로라고 명명되었다. 제2차 세계대전 이후 실크로드의 개념이 확대되어, 남해로가 실크로드 3대 간선의 하나로 인식되기 시작했다. 포괄 해역은 지중해, 홍해, 아라비아해, 인도양, 중국 남해(서태평양)로서 동서 항해로의 전체 길이는 약 15,000km이다(정수일 2001). 해로의 이점은 말과 낙타에 비해 운송 속도가 빠르고, 대량의 화물을 동시에 운반할 수 있다는 점이다. 아프리카 북부에서 인도, 동남아시아, 중국, 한반도, 일본의 연안에는 선박의 정박과 교역의 중개지로서 항시(港市)가 발달하였다.

인도인은 계절풍을 이용하여 아라비아반도와 인도 남해안 사이를 항해하였다. 4월부터 10월에 걸쳐서 남서풍, 11월에서 3월까지는 북동풍을 타고 아라비아해를 항해하였다. 그리고 홍해에서는 여름에 북서풍, 겨울에 남동풍이 불어, 이러한 계절풍을 이용하면 인도와 이집트 사이를 항해할 수 있었다. BC 1세기 중엽에 로마의 항해사 히팔루스(Hippalus)가 아랍인들로부터 인도양 계절풍의 정보를 알아낸 후, 아테네에서 홍해를 지나 인도양으로 향하는 직항로를 개척함으로써 로마의 대동방 원거리 무역은 획기적인 전기를 맞이하였다.

인도양에서는 6월 말부터 9월까지 남서계절풍이 부는데, 홍해 입구에서 이 계절풍을 이용해 인도 서해안의 바리가자(Barygaza)항이나 인더스강 하류로 직행할 수 있다. 이 계절풍을 이용하면 로마 상인들은 적대관계에 있는 파르티아(Parthia) 영내를 통과하지 않고 해로로 인도양을 횡단, 인도의 서해안 일대에 도착할 수 있었다.

해로는 일찍부터 문명교류의 통로로서 기능해왔다. 특히 중세에 이르러 조선술과 항해술의 발달에 힘입은 아랍-무슬림(Muslim)들과 중국인들의 해상 활동이 활발해짐에 따라 해로가 본격적으로 가동되기 시작하였다. 초원로나 사막로가 쇠퇴기를 맞은 이후에도 해로만은 줄곧 상승일로(上昇一路)를 걸어왔으며, 오늘날까지 계속 번영기를 이어가고 있다. 중세에는 이 해로를 통해 동방에서 비단과 도자기, 향료, 차 등이 서방으로 대량 수출되었다. 그래서 해로를 '도자의 길' 혹은 '향료의 길'이라 부르기도 한다.

『에리트라해 안내기*Periplus of the Erythraean Sea*』는 40년에서 70년경에 로마령 이집트, 즉 알렉산드리아 혹은 홍해에 접한 베레니스(Berenice) 출신으로 추정되는 그리스인 항해자

Ⅳ. 유라시아歐亞 해로海路의 유적遺蹟과 유물遺物

그림 Ⅳ-a. 유라시아 해로 유적과 유물
유라시아 해역(베트남 남부 해안)

에 의해 서술된 것이다. 이 안내서에는 홍해와 페르시아만, 인도양을 중심으로 진행된 동방 해상 무역의 항로와 항구, 운송, 화물 등에 관해 상세히 기술하고 있다. 에리트라란 그리스어로 적색이란 뜻으로, 에리트라해란 홍해를 의미한다. 다만 고대에는 홍해, 페르시아만, 오만만, 아라비아해, 인도양, 벵골만을 포함한 바다를 통칭하는 것이었다. 인도양에서는 로마 제국과 남인도의 사타바하나(Satavahanas) 왕조 사이에 계절풍 무역이 이루어지고 있었는데,

1. 해로海路 개관槪觀

이 책에는 항해의 상황뿐만 아니라 각 항구의 무역품과 각지의 특산품 등에 대해 자세히 기술되어 있다. 인도에 로마가 수출한 품목은 유리(琉璃)·유리괴(琉璃塊)·금은화(金銀貨)·은기(銀器)·황옥(黃玉)·산호(珊瑚)·안식향(安息香)·유향(乳香)·직물(織物)·포도주(葡萄酒)·동(銅)·향유(香油)·의복(衣服) 등이 있다. 그리고 이곳으로부터 수입하는 품목은 상아(象牙)·진주(眞珠)·홍옥수(紅玉髓)·호마노(縞瑪瑙)·대모(玳瑁)·향료(香料)·목면(木綿)·생사(生絲)·호초(胡

椒)·육계(肉桂), 그리고 중국산 견직물(絹織物)·모피(毛皮)·면포(綿布) 등이었다(葑勇造 2016-2: 279-281). 로마의 동방 무역의 구체적인 경로와 내역을 살펴보면 다음과 같다. 먼저 이집트에서 유리기와 마노 제품을 구입하고(6절) 인더스강 하구의 바르바리쿰(Barbaricum)항(현 파키스탄 카라치)와 바리가자(Barygaza)항으로 운반하여 그곳에서 중국의 견직물(絹織物)·보석(寶石)·호초(胡椒)를 구입한다(39, 49절). 다음으로 바리가자(Barygaza)항에서는 포도주(葡萄酒)·의복(衣服)·유리괴(琉璃塊)·금은화(金銀貨), 바르바리쿰(Barbaricum)항에서는 의복(衣服)·유리기(琉璃器)·은기(銀器) 등을 내렸다(由水常雄 1992b: 134, 村川堅太郞 2011).

BC 3세기 진(秦)의 시황제는 전국을 통일한 이후 영남(嶺南)지역을 공략하였는데 그 목적지는 광주(廣州)였다. 이곳이 동남아시아로 나아가는 해상 무역의 중심지였기 때문이다. 몇 년간의 공략 끝에 광주(廣州)를 점령한 진시황은 이곳에 군현을 설치하고 조선소(造船所)를 만들었으며, 남방으로 진출하여 남해 무역을 행하였다(김병준 2019).

진말(秦末) BC 203년 조타(趙佗)에 의해 남월국(南越國)이 건국되었으며, 그 영역은 광동성에서 해남도, 베트남 북부에 이르렀다. 2대 남월왕인 조애(趙昧)와 부인들의 합장묘인 남월왕릉(南越王陵)은 남월국의 도성인 번우성의 서북쪽 광주시 북방 상강산(象岡山)에 있는데, 아라비아산 유향, 아프리카산 상아, 인도산 산호 등이 부장되었다. 이러한 부장 양상은 남월(南越)이 해상 실크로드의 중심적인 역할을 담당한 것을 보여 준다. 고분의 구조가 한(漢)대에는 찾아보기 어려운 대형 석제를 사용한 횡혈식석실(橫穴式石室)이고, 인접한 남월(南越) 궁서지(宮署址)의 입주석(立柱石)과 같은 석조유구에도 인도, 동남아시아의 영향이 보인다(李慶新 2018: 60, 61). 남월왕릉(南越王陵) 출토 은기(銀器)는 파르티아산인데, 이는 BC 179년에 축조된 산동성(山東省) 전한(前漢) 제왕묘(齊王墓) 등에서도 출토되었다. 합포(合浦) 요미(寮尾)M13b호분에서는 녹색 연유와 파수의 형태로 볼 때 이라크 남부 또는 이란 서남부에서 제작된 파르티아 양식으로 보이는 녹유파수부호가 출토되었다(黃珊外 2013: 90).

BC 111년 한(漢) 무제(武帝)가 남월국(南越國)을 멸망시킨 뒤 역시 광주(廣州)에 남해군(南海郡)의 군치인 번우현(番禺縣)을 설치했고 연안을 따라 합포군(合浦郡)과 교지군(交趾郡)을, 지금의 해남도(海南島)에 주애군(珠崖郡)과 담이군(儋耳郡)을 설치하였다. 그리고 양주(瓊州) 해협을 사이에 두고 해남도(海南島)와 마주하고 있는 뇌주(雷州)반도 끝단에는 서문현(徐聞縣)을 설치해서 해남도(海南島) 일대의 물산 장악은 물론, 번우(番禺)에서 출발하여 교지군(交趾郡)까지 이어지는 연안 항로의 안전을 확보했다(김병준 2019).

3세기 초 오(吳)는 주응(朱應), 강태(康泰)를 부남(扶南)으로 파견하였다. 주응(朱應)은 부남에서 중인도의 사자(使者) 진송(陳宋) 등 2명을 만나서 서방 백수십여 국의 지식을 얻었다. 4세기부터 6세기에 걸쳐 남조의 역대왕조는 동남아시아 제국과 교역을 계속하였다. 페르시아(Persia)는 양(梁) 무제(武帝) 중대통(中大通) 2년(530)과 대통(大通) 원년(元年, 535) 사절을 건강(建康)에 파견하여 불아(佛牙) 등을 전하였다. 양(梁) 직공도(職貢圖)에도 파사국사(波斯國使)가 보인다. 페르시아로부터의 사절(使節)은 해로를 통하여 인도양을 거쳐 중국의 강남에 도달하였다(羅宗眞 2005: 222).

당대(唐代)의 해로는 『신당서新唐書』 「지리지地理志」에 수록된 가탐(賈耽, 730-805)의 『황화사달기皇華四達記』의 일부가 「광주통해이도廣州通海夷道」에 보이며, 광주(廣州)에서 인도네시아 수마트라(Sumatra), 스리랑카, 이라크의 바스라(Basra), 오만의 무스카트(Muscat), 바레인을 거쳐서 페르시아로 연결된다. 가탐(賈耽)이 기술한 항로는 항해술의 발달에 의해 심해(深海) 항행(航行)을 한 점, 해로의 주역이 신흥 아랍-무슬림이라는 점, 홍해(紅海)를 통한 항행(航行)이 단절되고, 페르시아만으로 이어지는 것을 특기할만하다(정수일 2001: 61-63). 가탐은 이전 시기 항시(港市)의 중심이었던 베트남 옥에오(Oc-Eo)와 말레이반도의 크라(Kra)지협을 통과하지 않고 불사국(佛逝國)으로 항행(航行)했는데, 이는 중국과 이슬람 세계 간 교역의 중계지로서 새로이 불사국(佛逝國) 즉 삼불제(三佛齊) 스리위자야(Sriwijaya)가 등장하는 것을 반영한다. 송원대에도 삼불제는 중계지로서 역할을 담당하였다.

BC 20세기경 북부 시리아에서는 아람인(Arameans)이 내륙무역으로 번영한데 반해, 중부 시리아의 해안지방에서는 페니키아인이 해양무역을 행하였다. 그들의 활동 범위는 동쪽은 아라비아해를 거쳐 인도까지, 남쪽은 홍해를 거쳐 에티오피아에 이르렀다. 아케메네스조 페르시아의 다리우스1세와 마케도니아의 알렉산더대왕도 아라비아해와 홍해를 지배하에 두려고 하였다. 홍해는 지중해와 아라비아해를 연결하는 바다로서 중요한 통상로이다. 메소포타미아지방에서는 인더스문명의 인장이 발견되어 양 지역이 교류했음을 알 수 있다. 페르시아만 연안에서도 같은 인장이 발견되어 BC 3000년경에 이미 인더스강 하구에서 페르시아만을 거쳐 메소포타미아에 이르는 항로가 개척되었다고 생각된다. 인더스인들은 목면과 보석을 메소포타미아와 이집트에 수출하였으며, 그 루트는 육로뿐만 아니라 아라비아해와 홍해를 항행하는 해로였다(長沢和俊 2002).

로마와 통상하였던 인도 남부와 베트남에서는 로마의 문물이 다수 발굴되었다. 인도 서부 해안의 최대 무역 거점인 파타남(Pattanam)유적에서 로마 유리기, 유리주(琉璃珠). 인도산 마노(瑪瑙), 홍옥수(紅玉髓), 누금(鏤金)제품이 출토되었다. 인도 동부해안과 로마와의 최대 무역 거점인 아리카메두(Arikamedu)유적에서는 로마 유리기가 확인된다. 태국의 카오삼케오(Khao Sam Kaeo) 유적에서는 인도산 마노(瑪瑙), 홍옥수(紅玉髓) 등이 출토되었다. 베트남 남부 부남(扶南)의 최대 무역항이었던 옥에오(Oc Eo) 유적에서는 로마 유리기, 유리옥, 인도 마노(瑪瑙), 홍옥수(紅玉髓), 누금(鏤金)제품이 출토되었으며, 북부의 라오 카이(Lao Cai)유적에서는 로마 유리기가 확인되었다.

유라시아 동부에서 유리기가 가장 많이 출토되는 곳은 중국 광서장족자치구(廣西壯族自治區) 합포(合浦)일대이다. 합포(合浦)는 중국과 베트남의 접경지대인 통킹만에 위치하며, BC 111년 한(漢) 무제(武帝)에 의해 설치된 9군의 하나로서 남해무역의 거점항이다. 이 시기의 한묘(漢墓)에서는 20점의 유리기가 출토되었다. 이 유리기는 주조한 후 마연하여 제작된 것으로 전기 로마 유리기이다. 이곳에서는 로마의 유리기와 함께 유리주(琉璃珠), 인도산 홍옥수(紅玉髓)와 마노주(瑪瑙珠), 누금(鏤金)제품이 부장되었다. 같은 시기 강소성(江蘇省) 한강(邗江) 광릉왕(廣陵王) 유형묘(劉荊墓)에서는 로마 유리기인 종릉문완(縱稜文盌)이 이입된다. 이 종릉문완과 하남성(河南省) 낙양시(洛陽市) 동교(東郊) 후한묘(後漢墓) 출토 로마 유리기인 호문병(縞文甁)도 합포(合浦)를 경유한 것으로 보인다. 그런데 합포에 이입된 문물은 인도 파타남(Pattanam)유적에서 광릉왕(廣陵王) 유형묘(劉荊墓)에 부장된 호문종릉문완(縞文縱稜文盌)이 출토되어 양자가 인도를 경유하는 해로를 거쳐 이입된 것을 알 수 있다. 이 시기 한반도 평양(平壤)의 정백동(貞柏洞) 138호분에서는 인도의 파타남(Pattanam)유적, 베트남 옥에오(Óc Eo)유적, 중국 합포(合浦)의 고분군 부장품과 같은 조합의 홍옥수제 다면옥, 호마노제 관옥, 누금소환연접구체주(鏤金小環連接球體珠)가 출토되어 인도, 베트남, 중국, 한반도를 연결하는 해상 실크로드 교역망이 형성된 것을 알 수 있다. 나아가 후쿠오카현(福岡縣) 히라바루(平原)분구묘와 오카야마현(岡山縣) 타테츠키(楯築)분구묘에서 홍옥수제 관옥이 출토되어 한반도 남부를 통하여 일본열도까지 연결되었음이 밝혀졌다.

위진남북조시대 해로에서는 스리랑카의 아누라다푸라(Anuradhapur)를 비롯하여, 태국의 나콘 시 탐마랏(Nakhon Si Thammrat)에서 5세기 후반 페로즈1세(Peroz I, 459-484)의 페르시아 은화(銀貨)가 확인(辛島昇 2000: 24)되었다. 이 은화는 광동성(廣東省)에서는 수계현(遂溪縣)

남조교장(南朝窖藏)에서 20점, 영덕현(英德縣) 함광(浛洸) 남조묘(南朝墓)에서 4점, 곡강현(曲江縣) 남화사(南華寺) 남조묘(南朝墓)에서 6점 이상이 출토되었다. 특히 수계현(遂溪縣) 남조교장(南朝窖藏)에서는 페르시아 은화(銀貨) 이외에도 명문이 있는 페르시아계 십이곡대부은완(十二曲臺附銀盌)이 출토되었다.

영덕(英德)과 곡강(曲江)은 중원(中原)과 강남(江南)을 연결하는 수로상에 위치한다. 그리고 수계현(遂溪縣)은 통킹만에 인접하며 해남도(海南島)를 통과하는 해로(海路)의 요충이다. 수계현(遂溪縣) 남조교장(南朝窖藏) 출토 은완(銀盌)과 페르시아 은화(銀貨)를 통해서 이미 한대(漢代) 말에 교지군(交趾郡)에 정착한 소그드인이 영남(嶺南)지역에서 페르시아와 남조의 교역에 종사한 것을 알 수 있다.

9세기 인도네시아 해역의 아랍 다우선(Dhow船)인 벨리퉁(Belitung) 침몰선에서는 다량의 중국 장사요 자기, 금은기, 이슬람 도기와 함께 이슬람 유리기가 출수되었다. 말레이반도 서안의 크다(Kedah)지역 크라(Kra)지협의 입구에 해당하는 캄풍 숭아이 마스(Kampung Sungai Mas)유적과 캄풍 시레(Kampung Sireh)유적에서는 다량의 중국산 도자기, 이슬람 도기와 함께 이슬람 유리기가 출토되었다(권오영 2019: 135).

9세기 섬서성(陝西省) 법문사(法門寺) 지궁(地宮)에서는 당(唐) 황실(皇室)이 봉납(奉納)한 사리용기(舍利容器)를 비롯한 금은기(金銀器), 유리기(琉璃器), 청자(青瓷), 견직물(絹織物) 등 도합 900여 점의 유물이 출토되었다. 유리기 가운데 법문사(法門寺) 출토 병(瓶)의 문양(文樣)과 유사한 첩부문병(貼附文瓶) 파편이 참파의 항구인 베트남 꾸라오 참(Culao Cham)유적에서 러스터(luster)문 유리기, 이슬람 도기, 중국산 도자기와 함께 출토되었다. 따라서 이 유리기는 해상 실크로드를 경유한 것으로 보고 있다(眞道陽子 2002: 160).

파키스탄 인더스강 하구의 교역항인 반보르(Banbhore)유적에서는 당 월주요의 수주와 청자완, 장사요의 채회도기완(彩繪陶器碗)과 첩부문갈채수주, 송의 용천요 청자발(青瓷鉢)이 출토되었다. 이 유적에서는 복건성(福建省) 복주(福州) 유화묘(劉華墓) 출토품과 같은 이슬람 유엽문(柳葉文) 청유대호가 출토되어 주목된다. 반보르(Banbhore)유적은 당(唐) 및 송(宋), 원대(元代)의 자기(瓷器)와 함께 이슬람 도기가 다수 출토되어 중국과의 교역의 거점임을 알 수 있다.

이집트의 프스타트(Fostat)유적은 카이로(Cairo)의 남방 근교에 위치한다. 출토유물은 60여만 점에 달하는데, 도자기를 비롯하여 이슬람 유리기 등이 출토되었다. 우마이야(Uma-

IV. 유라시아歐亞 해로海路의 유적遺蹟과 유물遺物

yyads)조부터 압바스(Abbasids)조 중기까지 동서 해상 교역로는 페르시아만 항로가 중심이었다. 이는 호르무즈(Hormuz)-시라프(Siraf)-바스라(Basrah)를 거쳐 바그다드(Baghdad)-다마스쿠스(Damascus)-알레포(Aleppo)에 이르는 길이었다. 그런데 9세기가 되면 이슬람 세계의 제 왕조가 병립하여 압바스조는 권위를 상실하기 시작하였으며, 수도 바그바드도 쇠퇴하였다. 10세기가 되면 페르시아만에서 자그로스산맥에 연한 지역에는 지진 등의 자연재해가 발생하여 바스라, 시라프, 바그다드를 중심으로 상업을 하던 상인들은 남 아라비아와 에티오피아 방면으로 거점을 이동하였다. 이들은 963년 시아파 파티마(Fatimid)조가 이집트에 수립되면서 홍해(紅海)의 항구와 이집트로 본거지를 이동하게 된다. 예멘의 아덴(Aden), 이집트의 아이다브(Aydhab), 쿠사이르(Qusayr), 수에즈(Suez), 아라비아반도의 제다(Jeddah) 등의 항구가 번영한다. 홍해(紅海)가 다시 동서 해상교역로의 주역으로 등장하며 프스타트가 번영한다. 인도양에서 온 무역선의 화물은 아이다브에서 하역되어 육로로 아스완(Aswan)으로 운반되었다. 그리고 나일강을 통하여 프스타트에 도달하거나, 또는 쿠사이르(Qusayr)에서 하역되어 나일강변의 쿠스(Qus)로 운반되어 수로를 거쳐 프스타트로 운반되었다(川床陸夫 2003: 189). 프스타트(Fostat)유적의 도자기는 전체 출토 수량 중 1만여 점이 중국제로 구성되었다. 당(唐)의 삼채(三彩), 형주요백자(邢州窯白瓷), 월주청자(越州窯青瓷), 장사요(長沙窯), 송(宋)의 용천요(龍泉窯), 경덕진요(景德鎭窯)의 청백자(青白瓷), 덕화요(德化窯) 등의 백자(白瓷)와 정요(定窯)계의 백자, 원(元)의 청자·백자·청백자 등 출토되었다. 이 유적에서는 중국 도자기와 함께 동남아시아의 침몰선과 동아시아의 여러 유적에서 보이는 절자문이 시문된 이슬람 유리기가 다수 출토었는데, 이는 원격지 동서 교역의 실태를 반영한다.

참고문헌

岡崎敬, 1973, 『東西交涉の考古學』, 平凡社.

由水常雄(編), 1992a, 『世界ガラス美術全集 第1卷 古代·中世』, 求龍堂.

由水常雄(編), 1992b, 『世界ガラス美術全集 第4卷 中國·朝鮮』, 求龍堂.

辛島昇, 2000, 『海のシルクロード』, 集英社.

정수일, 2001, 『씰크로드학』, 창작과 비평사.

長沢和俊(編), 2002, 『シルクロードを知るジ事典』, 東京堂出版.

眞道洋子, 2002, 「ベトナム·クーラオチャム出土ガラス」, 平井聖(編), 『昭和女子大學國際文化硏究所

紀記要8ベトナム・ホイアン地域の考古學的研究』, 東京, 昭和女子大學國際文化研究所.

川床陸夫, 2003, 「イジプトのイスラム文様」, Miho Museum(編), 『エジプトのイスラーム文様展圖錄』, Miho Museum.

羅宗真(著)·劉煒(譯)·稻畑耕一郎(監修), 2005, 『図説中國文明史5魏晋南北朝融合する文明』, 創元社.

黃珊·熊昭明·趙春燕, 2013, 「廣西合浦縣寮尾東漢墓出土青綠油陶壺研究」, 『考古』8, 考古雜誌社.

加藤九祚(著)·朴天秀·丁眞(譯), 2015, 「머나먼 실크로드」, 『실크로드와 신라-유리의 길-』, 대구, 경북대학교박물관·경주세계문화엑스포.

蔀勇造(譯), 2016, 『エリュトゥラー海案內記』1·2, (東洋文庫), 平凡社.

李慶新(저)·현재열·최낙민(역), 2018, 『동아시아 바다를 중심으로 한 해양실크로드의 역사』, (해양도시문화교섭학번역총서15), 도서출판선인.

金秉駿, 2019, 「古代 東아시아의 海洋 네트워크와 使行 交易」, 『韓國上古史學報』106, 韓國上古史學會.

權五榮, 2019, 『海上 실크로드와 東아시아 古代國家』, 세창출판사.

Ⅳ. 유라시아(歐亞) 해로(海路)의 유적(遺蹟)과 유물(遺物)

그림 Ⅳ-b. 환동해(環東海)

2. 이집트Egypt의 유적遺蹟과 유물遺物

1) 알렉산드리아Alexandria

알렉산드리아는 나일강 유역 서쪽에 위치하는 상업과 어업에 적합한 좋은 항구를 가진 도시이다. 이집트의 작은 도시에 불과했던 이곳에 알렉산드리아를 건설했던 이유는 지중해로 쉽게 진출할 수 있었기 때문이었다.

알렉산더대왕(Alexandros the Great)은 BC 334년에는 페르시아 원정을 위해 소아시아로 건너갔으며, BC 331년에는 가우가멜라 전투(Battle of Gaugamela)에서 페르시아 군대를 크게 물리치고 왕도 페르세폴리스(Persepolis)에 입성했다. 그 후 동방 원정군을 재편성해 박트리아(Parthia), 소그디아나(Sogdiana), 인도 북서부 편잡(Punjab) 지방까지 세력을 확장하여 광대한 세계 제국을 건설했다.

알렉산더대왕은 원정한 지역에 자신의 이름을 붙였는데, 그로 인해 각지에 알렉산드리아라는 도시가 건설되었다.

알렉산더대왕은 페르시아와의 전쟁에서 승리해 이집트를 수중에 넣은 다음 건축가 데노크라티스(Dinocrates)에게 명령을 내려 알렉산드리아를 건설하게 했다. 데노크라티스는 바둑판 모양으로 도시를 설계하고, 도시 전역을 그리스 고전 양식으로 장식했다. 그러나 BC 323년, 알렉산더대왕은 완성된 알렉산드리아를 보지 못하고 바빌론(Babylon)에서 열병으로 죽고 말았다. 황금관에 안치된 알렉산더의 시신은 프톨레마이오스(Ptolemy)에 의해 이 신도시로 운구되어 도시 중앙의 사거리에 도시 창건의 영웅과 수호신으로 안장되었다고 전해진다. 그리고 그의 무덤 맞은편에 무세이온(Mouseion)이 설립되어 헬레니즘 시대의 중심이 된 것은 유명하다.

알렉산더대왕의 사망 후 제국은 분열되었으며, 이집트는 프톨레마이오스 왕조의 통치를 받게 되었다. 알렉산드리아는 프톨레마이오스 왕조의 수도이자 헬레니즘 시대 세계의 중심 도시로서 무세이온과 대도서관, 연구소 등이 구비된 문화의 중심지이기도 했다.

그러나 BC 30년, 프톨레마이오스 왕조는 로마의 식민지가 되었고, 클레오파트라 여왕 시대에 종말을 맞이하였다. 그 후에도 알렉산드리아는 로마의 중요 거점으로 계속 번영을 누렸다. 641년에 바빌론 부근에서 비잔틴 제국군을 물리치고 승리를 거둔 이슬람군은 이듬해 여세를 몰아 이집트를 정복함으로써 우마미아조의 치하에 들어갔다. 도시 건설 후 약 1천 년 동안 알렉산드리아는 수도, 세계를 연결하는 중계지, 문화의 중심지로서 지중해 세계에 커다

IV. 유라시아歐亞 해로海路의 유적遺蹟과 유물遺物

란 영향을 주었다.

알렉산드리아가 헬레니즘 세계의 중심이 될 수 있었던 것은 바로 무세이온과 대도서관 덕분이라고 할 수 있다. 무세이온은 문화와 학문을 연구하는 기관으로 후에 미술관과 박물관을 의미하는 뮤지엄(Museum)의 어원이 되기도 했다. 알렉산드리아에 세워진 무세이온은 프톨레마이오스 1세의 명으로 아테네에 있던 무세이온을 본떠 만든 것으로, 그 어원은 그리스 신화에 등장하는 여신 뮤즈에서 유래한 것이다. 대도서관은 프톨레마이오스 2세의 재위 기간에 만들어졌으며, 당시 대도서관의 장서는 무려 50만 권이 넘었다고 한다. 도서관에는 그리스 고전문학을 비롯한 다양한 책들이 수집·보관되었다고 한다.

알렉산드리아에는 고대 세계의 7대 불가사의 가운데 하나인 파로스(Paros) 섬의 등대가 있었다. 파로스 등대는 BC 280년경 알렉산드리아 항 앞의 파로스 섬에 세워졌다. 1994년 프랑스 해저 고고학 발굴팀은 이집트 정부의 지원을 받아 아부 키르(Abu Qir) 해안에서 6km 정도 떨어진 해저 약 7m 지점에서 파로스 등대의 일부로 보이는 구조물을 인양하였다. 그 가운데는 검은색 화강암으로 만들어진 높이 4.55m, 무게 12톤의 고대 이집트의 여신인 이시스(Isis) 상이 포함되어 있다.

등대가 서 있는 파로스 섬은 알렉산드리아와 1km 정도의 제방으로 연결되어 있다. 대리석으로 이루어진 등대는 그 높이가 135m에 달하고 등대 안에는 수백 개의 석실이 있었던 것으로 알려져 있다. 파로스 등대에서 밝히는 빛은 반사경을 타고 50km 밖까지 전한다.

3개 층으로 이루어진 등대는 맨 아래는 팔각형(八角形), 가운데는 사각형(四角形), 맨 위는 원통형(圓筒形)으로 이루어져 있었으며, 등대 안쪽에 난 나선형(螺旋形)의 길은 등대 맨 위까지 이어졌다. 출수된 이시스 상은 등대에 설치되어 있었던 것으로 보인다. 그 후 파로스 등대는 800년대에 들어서면서 신성로마제국군과 이슬람 군대 사이의 전쟁으로 주요 부분이 파괴되었으며, 신전으로 사용되었다. 그리고 1300년대에 들어 이집트에서 발생한 지진으로 무너졌다.

알렉산드리아는 로마 제국의 속주로서 시리아, 독일의 쾰른과 함께 로마 유리기의 생산지였다. 아프카니스탄 쿠샨 왕조의 도성인 베그람(Begram)유적 출토 파로스(Pharos) 등대를 묘사한 유리기와 그리스 신화를 그린 채색유리기는 알렉산드리아에서 제작된 것으로 주목된다.

참고문헌

友部直(編), 1994, 『世界美術大全集2エジプト美術』, 小學館.
森野たくみ·松代守弘, 1998, 『古代遺跡』, 新紀元社.

그림 Ⅳ-1. 이집트^{Egypt} 알렉산드리아^{Alexandria}

1. 알렉산드리아, 투탕카멘왕묘, 프스타트유적(遺蹟) 위치(位置)
2. 고대 알렉산드리아(Alexandria) 복원도(復元圖)
3. 알렉산드리아(Alexandria)

Ⅳ. 유라시아歐亞 해로海路의 유적遺蹟과 유물遺物

4. 알렉산드리아(Alexandria) 파로스 등대(Light House of Pharos)
5. 알렉산드리아(Alexandria) 해저(海底) 발굴(發掘)
6. 알렉산드리아(Alexandria) 로마(Rome) 채색유리기(彩色琉璃瓶)
7. 알렉산드리아 (Alexandria) 해저(海底) 발굴(發掘)

2) 투탕카멘왕묘 Tutankhamun King tomb

투탕카멘묘는 이집트 중앙에 해당하는 나일강유역의 도시인 룩소르(Luxor)에 위치한다. 룩소르는 중왕국과 신왕국의 수도가 된 이후 이집트 왕국의 중심지로 크게 번성했던 곳으로, 동쪽에는 룩소르신전을 비롯한 신전, 서쪽은 제사를 지내는 장제전(葬祭殿)과 왕묘가 축조되었다. 투탕카멘묘는 서쪽 다이르알바리(Deir el Bahari)의 바위산 왕들의 계곡 속 공동 묘역내에 위치한다.

왕들의 계곡이라는 명칭은 로제타스톤(Rosseta Stone)을 해석한 프랑스의 프랑수아 샹폴리옹(Jean Francoise Champollion)이 명명한 것이다. 고대 이집트의 파라오(Pharaoh)들은 거듭되는 도굴을 피하기 위해 자신들의 묘를 피라미드를 연상시키는 엘쿠른산 계곡에 조성하였다. 제20대 왕조 람세스11세(Ramses XI)묘가 마지막으로 조성된 후 왕들의 계곡은 잊혀졌다. 1798년 나폴레옹의 이집트 원정에 따라온 고고학자들에 의해 왕들의 계곡이 조사되기 시작했다.

1922년 영국의 하워드 카터의 발굴단에 의해 투탕카멘(Tutankhamen) 재위(BC 1332-BC 1323)왕묘가 발굴되었다. 이 지역에 묘를 조성한 것은 제18왕조 토트모세1세부(Thutmose I)터 제20왕조 람세스11세까지의 역대 파라오들로, 현재까지 계곡 동쪽에서 58기, 서쪽에서 4기 등 모두 62기의 묘가 발견되었다.

왕들의 계곡에 있는 묘는 바위를 파서 만든 암굴묘이다. 깎아지른 듯한 암벽 위에 조그만 굴을 뚫거나 계곡 밑바닥을 파서 조성한 이 묘들은 입구에서 가장 깊은 곳까지의 거리가 100m에 이를 정도로 대규모이다.

묘의 내부는 모두 같은 방식으로 만들어졌다. 계단과 경사로, 부속실(사적인 생활용품들을 넣어둔 방), 전실(종교 의식 등에 사용되는 도구를 넣어둔 방), 현실(관을 넣어둔 방) 등으로 구성되어 있다. 여기에 더해 제18-19왕조에서 조성한 고분에는 도굴꾼들의 침입을 막기 위해 '샤프트'라 불리는 깊은 수직갱(수직으로 떨어지는 깊은 갱)을 만들어 놓은 것이 많다.

투탕카멘왕묘는 '왕가의 계곡'에 축조된 람세스 6세묘가 바로 위에 있고 입구가 그 고분에 가려져 있었기 때문에 도굴을 면할 수 있었다. 동쪽으로 향한 입구의 16계단을 내려가면 첫 번째로 봉인된 문이 나타나는데 그 안에 7.6m의 연도(羨道)가 있다. 그 앞에 두번째 문이 있고 그것을 열면 남북으로 긴 전실(8×3.6m)이 있다. 이 방의 북쪽벽과 서쪽벽에도 봉쇄된 문이 있으며 북측에는 관을 안치한 현실(6.4×4.03m)과 그 동쪽에 잇대어 부장품을 수납한

측실이 있고, 전실의 서측에도 측실(4×2.9m)이 있다. 현실 내에는 방 크기의 목곽이 4중으로 있고 그 속에 석곽이 들어 있다. 그 석곽 속에는 3중의 인형관(人形棺)이 있으며, 마지막 인형관에는 황금 마스크를 한 왕의 미라가 아마포제(亞麻布製)의 포대(布帶)에 싸여 있다. 그 밖의 3실에 매납된 것으로 앞방에는 사자와 소 모양의 다리를 붙인 의자, 옥좌(玉座)·전차(戰車)·그림이 들어있는 나무상자, 설화석고(雪花石膏)의 항아리, 왕홀(王笏)·장신구·왕의 목상(木像) 등이 있다. 재보실에는 여신과 왕의 조그만 상·보석상자·옥좌 등이 있으며 부실에는 의자·책상·베개 등의 세간과 의복, 유기반·지팡이·무기·술병 등이 있다. 이 부장품들은 모두 왕이 생전에 궁정에서 쓰던 것이다.

투탕카멘왕의 황금 마스크는 길이 54cm, 무게 10kg이며 귀석(貴石)과 유리(琉璃)를 상감(象嵌)한 최고 수준의 공예품이다. 마스크는 2매의 금판을 붙여서 두드려 균등한 두께로 한 후 표면을 마연하여 제작되었다. 메네스(Menes)라 불리는 두건(頭巾)을 쓰고 이마(額)에는 상, 하 이집트왕권의 수호(守護) 여신(女神)을 상징하는 독수리(禿鷲)와 코브라(Cobra)로 장식하였 이다.

메네스 두건(頭巾)의 주름(縞)과 눈썹(眉)은 농감색(濃紺色) 유리질의 파이앙스를 상감(象嵌)하였다. 두 눈(兩眼)은 수정(水晶)과 흑요석(黑曜石)으로 만들고, 주위(周圍)는 청금석(青金石)을 상감(象嵌)하였다. 두 귀(兩耳)에는 이식(耳飾)을 장식하기 위한 구멍이 내었다. 턱(顎) 아래의 수염(鬚)에는 청회색(青灰色)의 파이앙스를 상감(象嵌)하였다. 양단부가 황금(黃金)으로 된 매(隼)의 얼굴을 한 폭이 넓은 흉식(胸飾)과 금식(襟飾)은 14단으로 구성되었으며, 황금(黃金), 청금석(青金石), 홍옥수(紅玉髓), 녹송석(綠松石), 흑요석(黑曜石), 색유리(色琉璃) 등을 상감(象嵌)하였다.

투탕카멘왕묘의 부장품에는 20점의 흉식(胸飾)이 있으며 그 가운데 조형미가 뛰어난 것은 월선(月船) 장식 흉식(胸飾)이다. 흉식(胸飾) 전면(前面)의 중심 의장(意匠)은 천상(天上)을 항해(航海)하는 월선(月船)이며, 선수(船首)와 선미(船尾)가 외반하는 금선(金船)위에 호박금(琥珀金)으로 만든 초생달(三日月)과 만월(滿月)을 표현한 원반(圓盤)이 올라가 있다. 금선(金船)의 양측(兩側)에는 작은 방형의 금판에는 투탕카멘왕명을 새긴 수호 부적인 카르토슈(Cartouche)를 중앙에 두고 좌우에 우라에우스(Uraeus)가 날개를 펼치고 지키고 있는 모습을 조각하였다. 배밑의 사각형 공간에는 천개를 표현한 군청색(群青色)의 세장한 상형문자판을 경계로 상단에는 금줄기(金莖)위에 연꽃(蓮花)과 연봉오리(蓮峯)를 교대로 배치하고, 하단에는 하늘색(空色)과 군청색(群青色)을 교대로 배치한 물방울(水滴)을 상감으로 장식하였다. 중간의 사슬

(鎖)은 금(金), 청금석(青金石), 녹송석(綠松石), 홍옥수(紅玉髓)로 만든 구형(球形)과 방추형(方錐形)의 구슬(珠)를 3개(個) 1조(組)를 교대로 4열로 좌우대칭의 폭이 넓은 대(帶)를 형성하고 있다. 흉식(胸飾) 후면(後面)의 중심 의장(意匠)은 1개의 연꽃(蓮花)을 중심으로 2개의 연봉오리(蓮峯)이다. 그 하부에는 금(金)과 청금석제 관주(管珠) 교대로 조합한 사슬(鎖)의 선단(先端) 10개의 원추형의 청금석 수식(垂飾)으로 장식하여 전후의 중량(重量)의 균형(均衡)을 이루었다.

투탕카멘묘 부장품은 여러 지역에서 수입된 보석들로 만들어졌다. 청금석(青金石) 즉 라피스 라줄리(Lapis Lazuli)의 고대 산지는 아프가니스탄 동북부 힌두쿠시산맥 북쪽에 위치한 바다흐샨(Badakhshan)지방의 남쪽 아무다리야(Amu Darya)강의 지류인 콕차(Kokcha)강 상류역 샤리샹(Sar-i Sang) 계곡의 광산이다. 고대 이집트에서 청금석(青金石)은 풍뎅이 모양의 부적이나 장식품으로 선호하는 보석이었다. 선왕조시대 나카다(Naqada)유적(BC 3300-BC 3100)에서는 청금석제 히에라콘폴리스(Hierakonpolis)의 여성상이 출토되었다. 황금 마스크에는 사용된 홍옥수(紅玉髓)는 인도산이다. 녹송석(綠松石)은 터키산이며, 흑요석(黑曜石)은 메소포타미아산이다.

투탕카멘왕묘의 부장품에는 이집트에서 산출되지 않은 귀석을 사용한 공예품이 다수 확인되어 사막로와 해로를 통한 교류를 알 수 있게 한다.

참고문헌

I.E.S.Edwards, 1978, *Tutankhamun: His Tomb and its Treasures*. Metropolitan Museum / Knopf.

友部直(編), 1994, 『世界美術大全集2エジプト美術』, 小學館.

森野たくみ·松代守弘, 1998, 『古代遺跡』, 新紀元社.

디커뮤니케이션, 2021. 『투탕카멘 파라오의 비밀 발굴 100주년 기념 특별전』, 디커뮤니케이션.

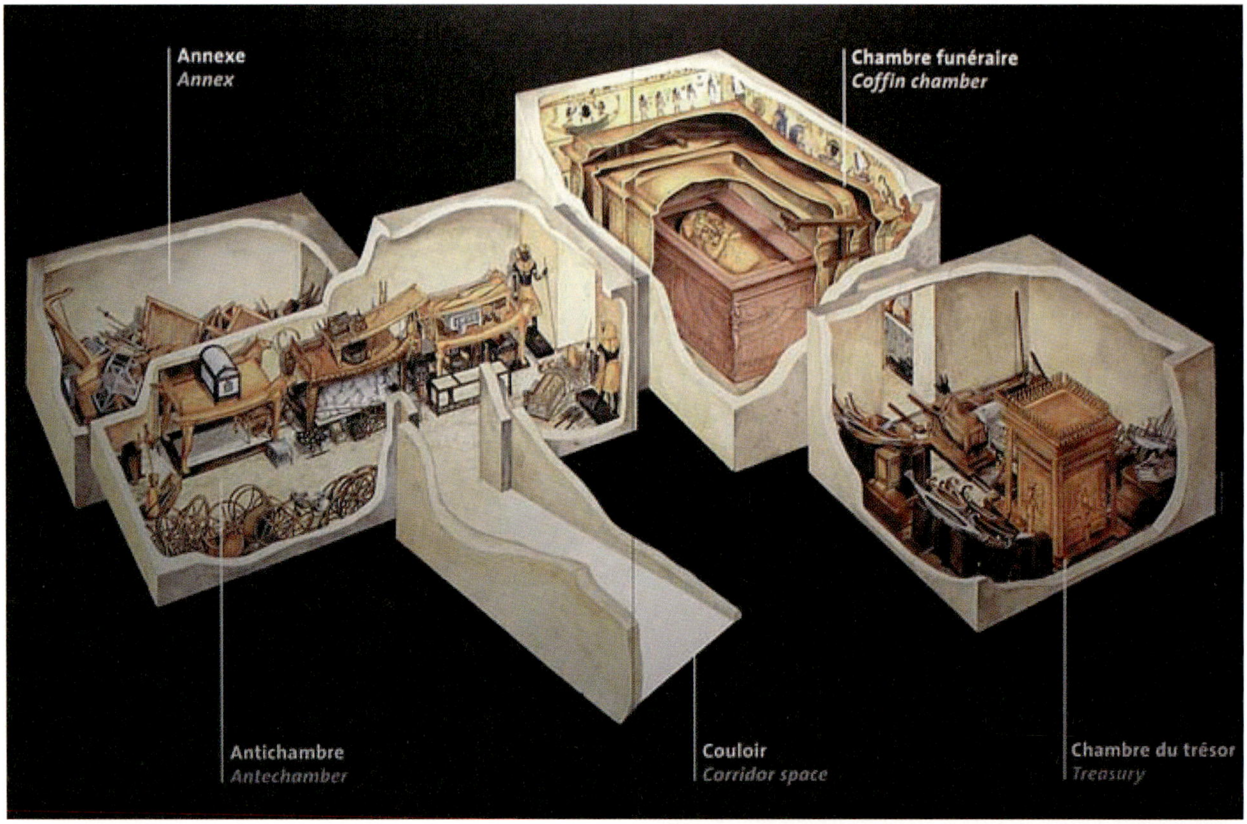

Ⅳ. 유라시아歐亞 해로海路의 유적遺蹟과 유물遺物

2. 이집트Egypt의 유적遺蹟과 유물遺物

그림 Ⅳ-2. 이집트Egypt 투탕카멘왕묘Tutankhamun King tomb

1. 투탕카멘묘(Tutankhamun墓)
2. 전실(前室)
3. 전실(前室)
4. 현실(玄室)
5. 관(棺)
6~7. 측실(側室)

Ⅳ. 유라시아歐亞 해로海路의 유적遺蹟과 유물遺物

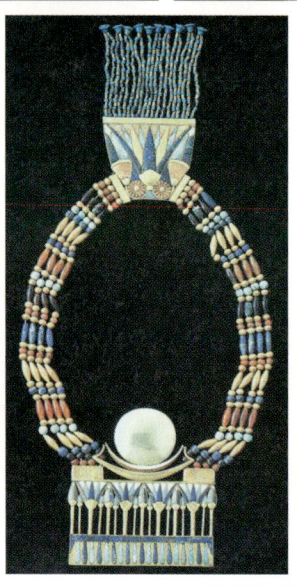

8. 황금마스크
9. 황금마스크
10. 금장(金裝) 의자(椅子)
11~12. 흉식(胸飾)

3) 프스타트유적Fostat site

이집트의 수도 카이로 남방 근교에 위치하는 프스타트유적은 나일강 동안의 호소(湖沼)지대에 입지한다. 1912년 이래 이집트 아랍예술박물관에 의해 조사되었으며, 특히 유적의 중앙에 위치하는 2동의 창고에서 대량의 중국 도자기가 출토되어 주목되었다. 1964년 이래 미국 이집트조사연구센터가 조사를 실시하였으며, 1978년부터 일본 와세다대학과 이데미츠(出光)미술관에 의한 조사가 진행되었다.

프스타트유적에서는 모스크, 저택, 조선소, 선착장, 시장, 상인가, 창고, 공중욕장, 병원, 학교 등의 유구가 확인되었다. 발굴 조사를 통해, 유적은 642년에 도시가 출현하고, 정비·확대되어 갔음이 밝혀졌다. 유적은 성립기-발전기-번성기-전성기-쇠퇴기, 크게 5기로 구분된다.

제 I 기는 642년부터 750년에 이르는 시기로서 성립기이다. 정통 칼리프시대(632-661년)과 우마이야조(661-750년)에 해당한다. 642년 프스타트는 우마이야조가 이집트를 점령하고, 이집트와 아프리카를 경영하기 위해 최초로 건설된 도시였다. 이때 이집트 최초의 모스크인 '아므르 모스크(Mosque of Amr)'가 건설되었다. 당시 프스타트는 종교와 학원의 도시로 유명하였다.

제 II 기는 751년부터 969년에 이르는 발전기이다. 압바스조는 우마이야조를 타도하고 칼리프의 중심지를 다마스쿠스(Damascus)의 우마야드(Umayyard)에서 바그다드(Baghdad)로 천도하였다. 이 시기 이집트에서도 수도를 프스타트(Fustat)에서 북쪽의 아바스 알-아스카르로 옮겼고, 868년까지는 수도로 남아있었다. 868년 툴룬(Tulunids)조가 통치했을 때, 수도는 잠시 북쪽의 또 다른 도시인 알 카타이로 이동했다. 이후 905년 알-카타이가 파괴되고 수도가 프스타트로 이전될 때까지 지속되었다. 이 시기의 프스타트는 항만도시, 상업도시, 종교학원도시로서 기능이 더욱 발전하고 제조업도시로도 성장한다.

제 III 기는 969년 파티마조의 성립부터 1168년의 십자군 침공까지로, 번성기이다. 파티마조는 이집트를 장악한 후 프스타트 북방 3km 지점에 신도시인 알-카히라(Qāhirah)를 건설하였다. 이는 곧 지금의 카이로시에 해당한다. 963년 시아파 파티마조가 이집트에 수립되면서 홍해(紅海)가 다시 동서 해상교역로의 주요 무대가 되어 프스타트는 번영한다. 인도양에서 온 무역선의 화물은 아이다브(Aydhab)에서 하역되어 육로로 아스완(Aswan)에 운반되어 나일강을 통하여 프스타트에 도달한다. 또는 쿠사이르(Qusayr)에서 하역되어 나일강변의 쿠스(Qus)로 운반되어 수로를 거쳐 프스타트로 운반되었다. 10세기의 여행기에는 프스타트의 시장에는 스페인, 터키, 중국의 도자기를 파는 곳이 있으며, 직물, 유리기, 시유도기 등이 지중해로 수출되었다고 전한다. 그러나 프스타트는 십자군 전쟁으로 1168년 수도 카이로를 방어하기 위해 방화되어 폐허로 변하였다.

제Ⅳ기는 1169년부터 1349년까지 제2의 전성기이다. 십자군의 재침에 대비하여 프스타트와 주변을 방어하는 약 20km에 달하는 성벽이 축조되었다. 이 시기는 몽골이 중국부터 시리아 러시아에 이르는 유라시아 동부의 대부분을 장악한 시기였다. 또한 이븐바투다의 여행기에서 알 수 있듯이 유라시아를 통관하는 교류가 실현되었던 평화의 시기였다. 당시 프스타트는 향신료(香辛料)를 중심으로 하는 교역의 중심지였다. 그러나 14세기 후반이 되면 아스완과 쿠사이르로부터 쿠스를 경유하여 프스타트에 이르는 경로는 홍수와 페스트 등의 질병으로 붕괴한다.

제Ⅴ기는 1349년 이후의 시기로서 프스타트는 건축재료의 채취장과 쓰레기장으로 변하여 도시의 기능을 상실한다.

프스타트유적은 이상의 조사에 의해 10세기 후반부터 14세기에 이르기까지 동서해상교역로의 중심지로서 유라시아 각지에서 이입된 특히 중국 도자기가 다수 출토되었다. 1912년 이래 발굴된 유물은 60여만 점에 달하는 도자기를 비롯하여 이슬람 유리기 등이 출토되었다. 도자기는 그 가운데 1만여 점이 중국제(中國製)로 구성되었다. 당(唐)의 삼채(三彩), 월주요(越州窯), 형주요(邢州窯), 장사요(長沙窯), 송(宋)의 용천요(龍泉窯), 경덕진(景德鎭), 덕화요(德化窯), 정요(定窯)의 백자, 원(元)의 청자(靑磁), 백자(白磁), 청백자(靑白磁) 등이 출토되었다.

이 유적에서는 중국도자기와 함께 동남아시아의 침몰선과 동아시아의 여러 유적에서 출토되는 절자문이 시문된 이슬람 유리기가 다수 출토되어 동아시아에 이입된 유리기가 이곳에서 제작된 것을 보여준다.

아랍의 여행가인 이븐 사이드(Ibn Said)는 프스타트에 대하여 세계의 상품과 상인이 모이고, 이곳에서 세계 모든 지역을 여행하는 것이 가능하였다고 기록하고 있어 그 번성함을 알 수 있다.

프스타트는 641년 우마이야조가 비잔틴의 영토였던 이집트를 점령하고, 이집트와 아프리카 경영을 위해 최초로 건설된 도시이다. 유적은 나일강 하구의 양항(良港)을 보유하고 있어 상공업을 중심으로 하는 무역도시로 번성하였다. 그러다가 14세기에 이르러 수도가 카이로로 이동하고, 국제무역항 또한 나일강 하구의 브라크(Buraq)로 이전하게 되면서 프스타트는 쇠퇴한다.

참고문헌

出光館美術館, 1984, 『陶磁の東西交流』, 出光館美術館.

桜井清彦・川床睦夫(編), 1992, 『エジプト・イスラーム都市アル＝フスタート遺跡』, 早稻田大學出版部.

中近東文化センター, 2002, 『イスラームのガラス』, 中近東文化センター.

Miho Museum, 2003, 『エジプトのイスラーム文様展圖錄』, Miho Museum.

Ⅳ. 유라시아歐亞 해로海路의 유적遺蹟과 유물遺物

2. 이집트Egypt의 유적遺蹟과 유물遺物

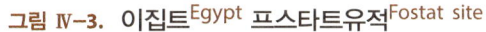

그림 Ⅳ-3. 이집트^{Egypt} 프스타트유적^{Fostat site}
1. 프스타트(Fostat)유적(遺蹟) 위치(位置)
2. 프스타트(Fostat)유적(遺蹟) 위치(位置)
3. 프스타트(Fostat)유적(遺蹟)
4. 프스타트(Fostat) 이슬람(Islam) 유리병(琉璃瓶)

Ⅳ. 유라시아歐亞 해로海路의 유적遺蹟과 유물遺物

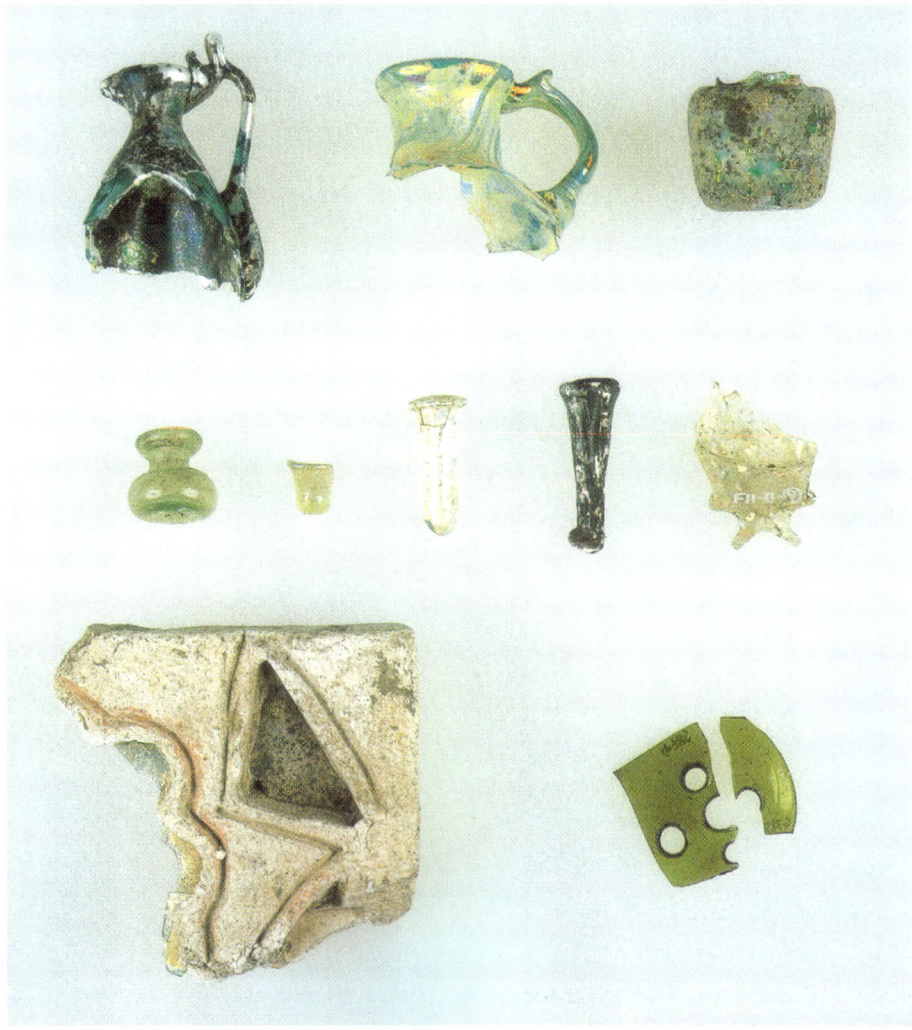

5. 프스타트(Fostat) 이슬람(Islam) 유리기(琉璃器)

2. 이집트Egypt의 유적遺蹟과 유물遺物

6. 프스타트(Fostat) 월주요(越州窯) 청자(青磁)

Ⅳ. 유라시아歐亞 해로海路의 유적遺蹟과 유물遺物

7. 프스타트(Fostat) 형주(邢州), 정요(定窯) 백자(白磁)

3. 이탈리아Italy의 유적遺蹟과 유물遺物

1) 체르베테리와 타르퀴니아유적 Necropolises of Cerveteri and Tarquinia sites

타르퀴니아와 체르베테리유적은 이탈리아 중부 라치오지방에 위치한다. 로마에서 북동쪽으로 약 45km 지점에 있다.

유적은 타르퀴니아와 체르베테리 두 도시에 있는 고대 에트루리아인(Estrucan) 공동묘지(Necropolises)로 BC 9세기부터 BC 1세기 사이의 다양한 매장 풍습을 보여 준다. 분묘들의 벽에는 조각이 새겨져 있으며 뛰어난 수준의 벽화가 그려져 있는 것도 있다. 체르베테리와 타르퀴니아유적은 900여 년간 지중해 북부에 최초의 도시 문명을 발전시킨 에트루리아 문화를 보여준다.

타르퀴니아와 체르베테리유적에 대해 관심을 가지게 된 것은 르네상스 시대부터이고, 17, 18세기에 그 관심이 확대되어 학자와 예술가들이 무덤을 묘사하고 그림으로 그리기 시작했다. 타르퀴니야 묘지는 1836년 체르베테리의 지역 주민인 레골리니 갈라시(Reglini Galassi)에 의해 처음 발굴되었다. 발굴조사에서는 BC 7세기의 대형의 황금제 피불라(fibula)와 황금제 가슴장식판(pectoral) 등의 황금 장신구, 금속기, 토기 등이 출토되었다.

타르퀴니야의 몬테로치(Monterozzi)고분군은 6,000기로 구성되어 있으며, 이 중에서 200기의 채색 벽화묘가 유명하다. 바위를 굴착하여 만든 석실묘이며, 경사면이나 계단식 통로를 통해 들어간다. 대부분은 단실묘(單室墓) 추가장이 가능하다.

BC 6세기의 사냥과 낚시 묘(Tomb of hunting and fishing)는 전실(前室)과 후실(後室) 구성된 복실묘이다. 전실에는 숲속에서 춤추고 나신의 남자, 후벽의 상단에는 사냥에서 돌아오는 장면이 그려졌다. 후실에는 상위 중앙에 주변 사람보다 2배 이상 크게 그려진 묘주로 보이는 남녀 귀족이 호화로운 연회용 침대에 누워있으며, 주변에는 피리를 부는 악사와 시종하는 남녀 인물이 있는 연회도 장면이 그려져 있다. 하위에는 중앙에 작은 배를 타고 고기를 잡는 4명의 사람들과 바위에서 다이빙하려는 나체의 남성이있으며, 그 좌우에 돌고래와 물새들이 그려져 있다.

BC 5세기의 표범의 묘(Tomb of the Leopards)는 단실묘이다. 후벽에는 3쌍의 남녀가 호화로운 연회용 침대에 누워 있으며 주변에 시종이 있는 연회 장면이 채색되어 있다. 그리고 이 연회도 상위에는 표범과 같은 암사자가 서로 마주보고 있다. 우벽에는 피리와 하프를 연주하는 인물과 춤추는 악무도, 좌벽에는 공물을 들고가는 행렬도가 그려져 있다.

BC 4세기의 암사자의 묘(Tomb of the Lioness)는 단실묘이다. 후벽의 상위에는 표범과 같은 암사자가 서로 마주보고 있다. 중위에는 왼쪽부터 화려한 의상을 입고 춤추는 여성, 중간에는 대형 용기를 사이에 두고 하프와 피리를 불고 있는 2인의 연주자, 오른쪽에는 춤추는 남녀의 모습이 묘사되어 있다. 중위와 하위 사이에는 로타스(Lotus)와 팔메트(Palmette)로 된 문양대가 있으며 그 하위에는 청색의 바다에서 놀고 있는 돌고래와 물새가 그려져 있다.

체르베테리의 반디타차(Banditaccia)고분군은 거리와 광장, 집이 모여 있는 하나의 도시와 같이 배치되어 있다. 고분은 치석한 석재를 쌓아 연도 문, 현실, 호석을 갖춘 석실묘와 바위를 굴착한 석실묘 등이 있다. 가장 오래된 석실묘는 바위를 깎아 납골함을 매납한 것이다. 가장 유명한 것은 투물리로서 대형 분구에 복수의 묘실이 있다. BC 4세기의 '오두막집 모양의 묘(Hut Shaped Tomb)'로 알려진 횡혈식석실묘(橫穴式石室墓)는 벽 옆의 돌 침상 외에도 박공지붕, 대들보, 목재, 짚 지붕 재료 등 여러 건축 요소들을 사용하였다. 집의 구조를 모방한 이 묘는 에트루리아인들의 주거 건축술의 최고봉을 보여준다. 같은 시기 바위를 깎은 긴 계단을 통해 들어가면 2개의 아이올리스(Aeolis) 기둥으로 떠받친 천장이 있는 큰 석실이 나온다. 이중으로 벽을 깎은 감실이 13개 있으며, 선반과 같은 34구의 시신을 넣을 수 있는 공간이 더 있다. 13개의 감실은 붉게 칠한 치장벽토로 이중 등 받침대가 있다. 치장벽토를 바른 벽에는 무기, 일상 용기, 종교 기물 등이 그려져 있다.

BC 9세기부터 이탈리아의 중서부 지역에서 살았던 에트루리아인들의 문화는 BC 6세기에 전성기에 달했다. 체르베테리고분군은 BC 9세기부터 조성되었으며, BC 7세기부터 일정한 평면 설계에 따라 확장되었다. 타르퀴니야 공동묘지도 마찬가지로 유사하다.

타르퀴니야와 체르베테리고분군은 로마시대 이전에 이탈리아에 존재했던 고대 에트루리아의 독특하고 뛰어난 문명을 보여 준다. 더욱이 프레스코벽화는 에트루리아인들의 일상 생활을 세밀하게 묘사하고 있다.

에트루리아인들은 이탈리아 남부의 그리스인 식민지로부터 문자를 받아들였다. 이후 에트루리아의 영향을 받은 로마는 이 알파벳을 받아들었다. 현재 서유럽 문자의 기원은 에트루리아에서 기원하는 것이다.

에트루리아는 유럽의 고대 문명 가운데 가장 화려한 황금장신구를 제작하였다. 체르베테리의 레골리니 갈라시(Reglini-Galassi)고분 출토 BC 7세기의 사자, 그리핀, 새, 꽃으로 장식된 대형의 황금제 피불라(fibula)와 황금제 가슴장식판(pectoral) 등의 황금 장신구는 그 문양과 제작 기법에서 에트루리아와 동방과의 관계가 엿보인다. 에트루리아에서는 BC 8세기부터 페니키아를 비롯한 고대 근동 장인들의 영향을 받아 황금제 장신구가 본격적으로 제작된다. 특히 연꽃, 사자, 그리핀, 날개 달린 신상 등이 표현되었으며, 고대 근동지역에서 개시된 누금, 타출기법이 도입되었다.

레골리니 갈라시고분 출토 황금장식판은 중앙부의 말발굽형 도안을 중심으로 등간격으로 구획한 후 각 칸마다 날개달린 사자, 동물 2마리를 잡은 길가메시, 날개달린 신상, 그리핀 등을 타출하여 장식하였다. BC 5세기부터는 황금 바탕에 호박, 홍옥수, 마노, 수정 등을 감입한 화려한 황금 장신구가 제작된다. 홍옥수와 마노는 인도 등에서 이입된 것이다.

에트루리아의 채색도기는 기형과 문양으로 볼 때 그리스의 영향에 의해 제작된 것이다. 또한 벽화에도 그리스의 영향이 보이며 이집트, 소아시아 등 여러 나라의 혼합 양식이 있다고 보고 있다.

고대 에트루리아의 유적과 유물은 지중해를 통한 그리스, 서아시아, 인도와의 문명 교류를 알 수 있게 한다.

참고문헌

青柳正規(編), 1997, 『世界美術大全集西洋編 5 古代地中海とローマ世界』, 小學館.

國立中央博物館, 2019, 『로마 이전 에트루리아』, 國立中央博物館.

주경미, 2019, 「에트루리아의 황금 장신구와 누금세공기법」, 『로마 이전 에트루리아』, 國立中央博物館.

한국사전연구사(편), 1998, 『로마 이전 에트루리아』에트루리아[Etruria]『미술대사전(용어편)』, 한국사전연구사편집부.

유네스코 세계유산, 세계유산센터, 「체르베테리와 타르퀴니야의 에트루리아인 네크로폴리스[Etruscan Necropolises of Cerveteri and Tarquinia]」, 유네스코 세계유산, 세계유산센터(http://whc.unesco.org/).

Ⅳ. 유라시아歐亞 해로海路의 유적遺蹟과 유물遺物

그림 Ⅳ-4. 이탈리아Italy 체르베테리와 타르퀴니아유적Cerveteri and Tarquinia site
1. 타르퀴니아(Tarquinia), 체르베테리(Cerveteri), 로마(Rome), 폼페이(Pempei)유적(遺蹟) 위치(位置) 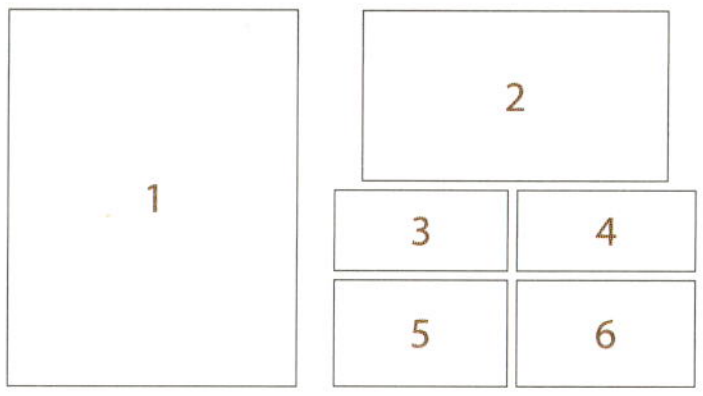
2. 타르퀴니아(Tarquinia), 체르베테리(Cerveteri)유적(遺蹟) 위치(位置)
3~4. 타르퀴니아(Tarquinia)유적(遺蹟)
5. 타르퀴니아(Tarquinia) 벽화묘(壁畫墓) 분구(墳丘)
6. 벽화묘(壁畫墓) 입구(入口)

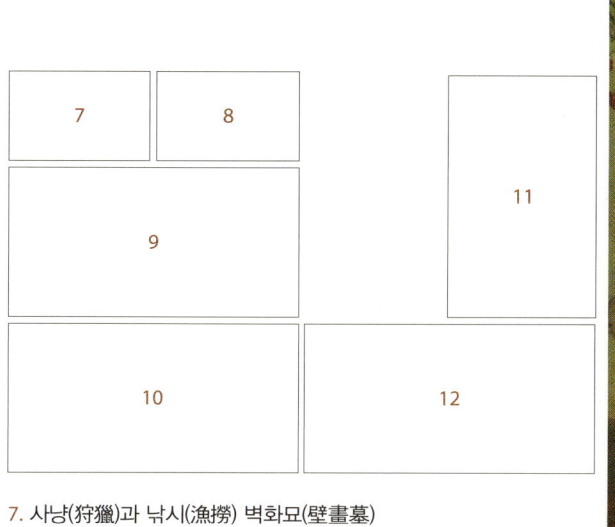

7. 사냥(狩獵)과 낚시(漁撈) 벽화묘(壁畫墓)
8. 사자(獅子)의 묘(墓)
9. 표범(豹)의 묘(墓)
10. 사냥(狩獵)과 낚시(漁撈) 벽화묘(壁畫墓) 묘주생활도(墓主生活圖)
11. 사냥(狩獵)과 낚시(漁撈) 벽화묘(壁畫墓) 낚시도(漁撈圖)
12. 체르베테리(Cerveteri) 반디타챠(Banditaccia)고분군 주변(周邊) 경관(景觀)

Ⅳ. 유라시아歐亞 해로海路의 유적遺蹟과 유물遺物

3. 이탈리아Italy의 유적遺蹟과 유물遺物

13~15. 체르베테리(Cerveteri) 반디타챠(Banditaccia)고분군
16. 반디타챠(Banditaccia)고분 입구(入口)
17. 반디타챠(Banditaccia)고분 연도(羨道)
18. 반디타챠(Banditaccia)고분 부조(浮彫)의 묘(墓) 석실(石室)
19~20. 반디타챠(Banditaccia)고분 석실(石室)
21. 이탈리아(Italy) 볼치(Vulci)고분 출토 에트루리아인(Estrucan) 장신구(裝身具)

49

2) 로마Rome

로마는 이탈리아반도 중부지역인 라치오(Lazio)지방 테베레강(Tevere R.) 연안에 위치하는 도시이다. 로마의 시가지는 BC 8세기부터 형성되기 시작하였으며, BC 4세기에 테베레강의 동안에 세르비우스 성벽(the Servian Wall)이 축조되고, 247년 아우렐리아누스 성벽(the Aurelian Wall)이 확대되어 축조되었다.

로마의 중심에는 포로 로마노(Foro Romano)라 불리는 길쭉한 직사각형 모양의 광장이 자리 잡고 있다. 팔라티노 언덕(Palatine Hill)과 캄피돌리오 언덕(Campodogilo Hill) 사이에 있는 이 광장은 고대 로마제국의 정치와 경제의 중심부로서 주요 정부 기관이 여기 모여 있었다. 이 곳에 공화정기 이래 신전, 행진로, 개선문, 바실리카(basilica), 의사당, 강단, 광장으로 구성된 공간이 형성되었다.

대표적 유구로서는 BC 4세기의 연설대인 로스트라(Rostra), BC 3세기의 라르고 아르젠티나신전(Temple of Argentina)이 있다. BC 2세기의 유구는 희소하나 BC 1세기에는 베스타신전(Temple of Vesta)과 포르투나 빌리리스신전(Temple of Fortuna Virile)이 건립되었다. 아우구스투스(Augustus, 재위(BC 63-AD 14))는 아우구스투스묘(廟)와 마르켈루스극장(Theatre of Marcellus)을 축조하였다. 팔라티노 언덕의 왕궁은 1세기가 되면, 지중해 전역을 지배하는 로마의 권위를 보여주는 규모를 갖추게 되었다. 포르타 마조레(Porta Maggiore), 도무스 아우레아(Domus Aurea), 콜로세움(Colsseum), 티투스 개선문(Arch of Titus) 등이 있다. 티투스 개선문은 포로 로마노 입구에 있으며, 로마의 개선문 가운데 가장 오래된 것으로 81년 세워졌다. 이 개선문은 티투스가 73년 예루살렘(Jerusalem)에서 거둔 승리를 기리기 위해 건립한 것이다. 개선문의 내벽에는 전리품을 들고 행진하는 병사들, 전차를 타고 의기양양하게 개선하는 티투스 황제, 그리고 그에게 승리의 관을 씌워주는 승리의 여신 니케(Nike)의 모습이 보인다.

트라야누스(Trajanus, 재위 98-117), 하드리아누스(Hadrianus, 재위 117-138) 두 제왕도 많은 공공건축을 축조하였으며 그 대표적인 것으로는 트라야누스제의 포럼(forum), 판테온신전(Temple of Pantheon), 하드리아누스묘(廟)가 있다.

판테온(Pantheon)은 남쪽의 원형건물인 본당(本堂)과 북쪽의 직사각형의 구조를 가진 현관인 전주식(前柱式)의 돌출랑(突出廊)으로 구성된 남북방향의 신전이다. 입구의 돌출랑(突出廊)의 정면에는 8개의 코린트(Corinth)식 기둥이 있다. 기둥의 주신(柱身)은 길이 14m이며, 이집트산 화강암으로 제작되었다. 주초(柱礎)와 주두(柱頭)는 그리스의 펜테리콘산의 대리석이다. 원형 본당(本堂)의 직경과 천장의 높이 43.2m, 벽의 두께 6.2m이다. 당 내부에는 7개의 벽감(壁龕)이 설치되어, 제우스(Zeus)·아폴론(Apollon)·아르테미스(Artemis)·헤르메스(Hermes) 등 다신교였던 로마에서 중요 신들이 모셔졌다. 돔의 내측은 원개 천창(天窓) 부분을 제외하고는 28열의 방사상 격간(格間)으로 덮여 있고, 격간은 5단으로 되어 있다. 채광은 돔 정상에 설치된 지름 8.9m의 천창으로 정광(頂光)이다. 벽면에는 창문이 없고, 거대한 본당의 외형에는 장식이 없다. 판테온은 그 수적 비례의 미와 강대한 내부 공감의 창조라는 당시의 경이적인 토목기술이 돋보여, 서양건축사상 불후의 명작 가운데 하나로 꼽힌다.

트라야누스제 기념 원주(圓柱)와 마르쿠스 아우렐리우스(Marcus Aurelius, 재위 161-180)의 기념 원주도 2세기를 대표하는 건조물이다. 3세기는 셉티미우스 세베루스제(Septimius Severus, 재위 146-211)의 개선문, 카라칼라제(Caracalla, 재위 211-247)의 욕장, 디오클레티아누스(Diocletianus, 재위 284-305)제의 욕장 등이 있다. 셉티미우스 세베루스황제 개선문은 캄피돌리오 언덕 옆에 있으며 203년 세워졌다. 이 개선문은 198년 파르티아와의 전쟁에서 승리한 황제를 위해 건립한 것으로 전쟁 장면을 부조로 표현하였다. 4세기는 야누스(Janus)의 4면문, 막센티우스(Maxentius)의 바실리카와 콘스탄티누스 대제(Constantinus I, 재위 306-337)의 개선문 등이 있다.

로마의 항구는 테베레강 하구의 지중해에 면한 오스티아(Ostia)이다. 항구는 아우구스투스에 의하여 구상되고 클라우디우스제(Claudius I, 재위 41-54)가 만들고, 트라야누스제가 정육각형으로 축조하였다. 로마공화정시대 항구는 곡물무역에서 중요한 역할을 하였다. 로마해군이 창설되면서 항구는 해군기지가 되었고, 포에니전쟁(BC 264-201) 때는 이탈리아 서해안에서 가장 큰 군항이었다. 로마가 지중해를 장악한 뒤에는 많은 곡물과 사치품을 수입하는 물자수입항으로 이용되었다.

제정시대에는 상업중심지로서 로마에 곡물을 공급하는 기지이자 저장소였다. 이 시기에는 로마귀족의 별장과 창고·목욕탕·물자거래소 등의 건물이 새로 건설되었고, 이시스(Isis)·세라피스(Serapis) 등의 신전과 미트라교·그리스도교 등의 교회가 많이 세워졌다. 번성기인 2세기 초에는 인구가 5만 명 정도로 늘어났는데 일반시민들은 벽돌로 만들어진 3-5층 아파트식 건물에서도 살았으며, 거래소·병영사(兵營舍) 등의 건물은 벽화로 장식되었고 바닥은 모자이크로 깔았다.

로마는 이탈리아반도를 통일한 후 지중해에 진출해 헬레니즘 세계를 차례로 정복하고 강력한 제정을 수립하였다. BC 64년에 로마는 헬레니즘 세계의 셀레우코스(Seleucid)조를 멸

Ⅳ. 유라시아歐亞 해로海路의 유적遺蹟과 유물遺物

망시키고 이듬해에는 예루살렘을 공략해 팔레스타인(Palestine)을 복속시켰다. BC 31년에는 헬레니즘 세계의 마지막 보루인 프톨레마이오스 왕국을 정복하여 이집트를 로마 제국의 속주(屬州)로 만들었다.

전성기인 오현제시대(96-180)가 되면, 로마의 영토는 최대가 된다. 동쪽은 소아시아, 시리아, 서쪽은 이베리아 반도, 남쪽은 아프리카의 지중해 연안, 북쪽은 브리튼에 이르는 대제국이 되었다.

로마는 4세기 초까지 이베리아반도에서 티그리스강유역에 걸친 85,000km의 아피아가도(Via Appia)를 비롯한 도로망을 건설하여 본토와 속주를 연결하였다.

로마인들은 동방과의 교역을 적극 추진하였다. BC 1세기에는 로마의 항해사였던 히팔루스(Hipalus)가 아테네에서 홍해를 통해 인도양으로 가는 직항로를 개척하였고, 푸브리우스(Publius)가 실론(Ceylon)을 항해하였다.

로마는 동방 국가들과의 원거리 무역을 통해 세리카(Serica, 중국)의 생사(生絲)와 견직물(絹織物), 인도양 연안의 대모(玳瑁)와 진주(眞珠), 보석(寶石), 향료(香料), 아프리카의 상아(象牙), 아라비아반도의 유향(乳香) 등 동방의 특산물을 다량 수입하였다.

참고문헌

C · フリーマン (著), 上田 和子 (訳), 1996,『図説古代ローマ文化誌』, 原書房.
青柳正規(編), 1997,『世界美術大全集西洋編5 古代地中海とローマ世界』, 小學館.
한국사전연구사편집부(편), 1998,『미술대사전(용어편)』, 한국사전연구사편집부.

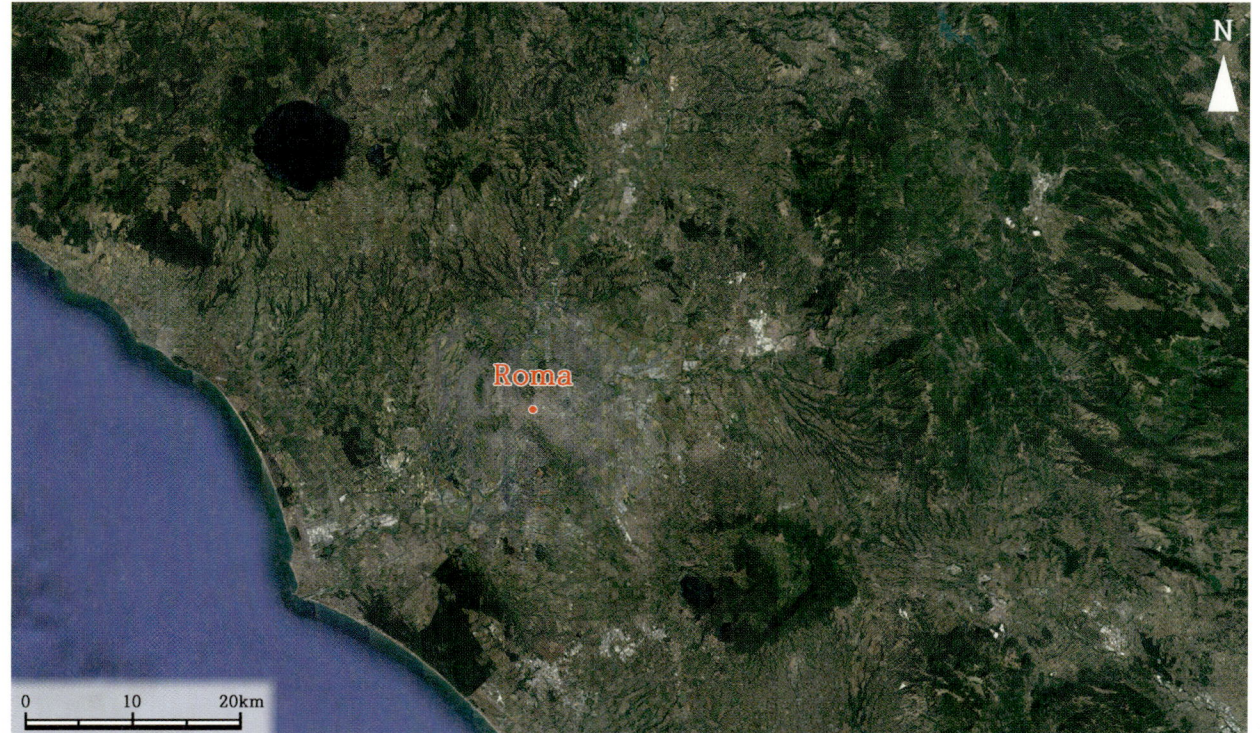

그림 Ⅳ-5. 이탈리아Italy 로마Rome

1. 로마(Rome) 위치(位置)
2~3. 포로 로마노(Foro Romano)
4. 콜로세움(Colosseum)
5. 셉티미우스 세베루스황제 개선문(Arch of Septimius Severus)

6~7. 판테온(Pantheon) 신전(神殿)
8. 성베드로성당(St Peter's Cathedral)
9. 성베드로성당(St Peter's Cathedral)에서 본 로마(Rome)
10. 하드리아누스영묘(Mausoleum of Hadrianus)
11. 대전차 경기장(Circus Maximus)
12. 바티칸(Vatican)

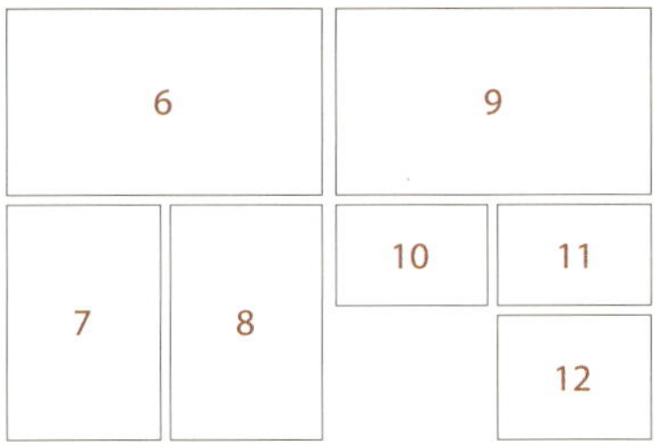

3) 폼페이 Pompei

폼페이는 남부 이탈리아의 캄파니아(Campania)주 나폴리(Naples)에서 남쪽으로 27km 떨어진 지점에 위치한다. 폼페이는 베수비오산(Vesuvio Mt.)의 초기 분출로 만들어진 해안 용암 고원에 해발 약 40m위에 건설되었다. 당시에는 해안선과 접하였으나, 현재는 700m 떨어져 있다. 폼페이는 BC 6세기의 오피시아(Opicia)를 기반으로 하며, 그리스, 에트루리아의 동맹 도시를 거쳐 마침내 BC 89년 동맹시 전쟁(Social War) 끝에 로마의 동맹 도시가 되었다. 바로 이 해에 폼페이는 시민권이 부여된 로마의 정식 공동체 도시로 격상되었다. 79년 8월 24일 베수비오 화산이 폭발하는 갑작스러운 재앙으로 인해 순간적에 사라지고 말았다. 폼페이는 화산재와 바위에 묻혔고, 인접한 헤르쿨라네움(Herculaneum)도 사라져 버렸다.

폼페이는 총면적의 64~67ha를 차지했으며, 가구수 기준으로 1만1,000~1만1,500명이 거주하고 있었다. 폼페이는 한변이 약 2km에 이르는 성벽으로 둘러싸여 있었다. 도시 서쪽에는 포럼(forum)이라 불리는 광장이 있었고, 그 주위에는 신전과 시장, 시청 등이 모여 있었다.

폼페이 발굴은 1748년 당시 이탈리아를 지배하고 있던 프랑스의 부르봉(Bourbon)왕조에 의해 시작되었다. 그러나 이들의 발굴은 약탈과 전혀 다를 바가 없었으며, 모자이크와 벽화 같은 미술품들도 충분한 조사도 없이 모두 프랑스 왕궁으로 반출하였다.

1861년 이탈리아 국왕 빅토르 에마뉴엘2세(Victor Emmanuel Ⅱ)는 고고학자 주세페 피오렐리(Giuseppe Fiorelli)를 발굴대장으로 임명하고, 조직적인 발굴을 지시했다. 이렇게 해서 유적에 대한 구획 정리와 함께 본격적인 수리와 보존이 이루어지게 되었다. 발굴단은 유적들이 층층이 쌓여 있는 빈 공간에 석고를 부어 넣어 당시 죽은 사람들의 모습을 재현하는 방법을 동원하기도 했다.

발굴된 이 유적은 마치 특정 순간의 장면을 사진으로 찍은 듯 그 순간의 일상생활과 사회를 완벽하고 선명하게 보여주고 있다. 이는 세계 어디에서도 찾아볼 수 없는 생생한 현장성이 있는 유적이다.

폼페이에는 광장 양 옆으로는 카피톨리움(Capitolium), 바실리카(basilica), 공중목욕탕과 같은 인상적인 공공건물들이 있다. 바로 옆에 있는 오래된 삼각형 포럼(forum)에 2개의 극장이 자리 잡고 있다.

그 외 눈에 띄는 공공건물은 보존 상태가 훌륭한 BC 2세기의 스타비안 목욕탕(Stabian Baths)을 들 수 있다. 폼페이는 잘 포장된 도로를 따라 자리 잡고 있는 여러 주택들이 있다. 먼저 중앙에 안뜰이 있는 홀을 가진 아트리움 주택을 들 수 있는데, '외과 의사의 집으로 이름 붙여진 집이 바로 이러한 양식의 좋은 예이다. 헬레니즘의 영향으로 주택은 규모가 커지고 원주와 아케이드로 장식되었으며, 사교 모임을 위한 사회적 기능이 있는 큰 방들을 갖추었다.

로마 제국의 모든 도시에서 볼 수 있는 이런 주택 양식은 수많은 방이 있고 화려하게 장식되어 제대로 갖춘 궁전과 같은 저택으로 발전했다. 파우누스 저택(Houses of the Faun) 그리고 '정숙한 연인의 집'이라 불리는 곳이 그 대표적인 예이다.

나폴리만이 바라보이는 헤르쿨라네움(Herculaneum)에서 발견된 유적은 깊숙이 묻혀 있어 보존 상태가 더 좋은 편이다. 유적에서 발견된 나무와 같은 유기물은 묻힌 상태 그대로였으며, 많은 건물들의 2층은 거의 손상되지 않았다.

이 외에도 기념문을 통해 들어가는 소운동장(palaestra), 공중목욕탕, 아우구스투스의 성직자 학교, 극장의 건물이 있다. 그리고 주택들은 그 크기와 장식이 눈에 띄는데, '200주년을 기리는 집'이라 불리는 곳이 대표적이다. '사슴의 집'처럼 바다 앞쪽에 있는 주택들은 넓은 뜰과 호사스러운 장식이 있다.

로마는 1세기 서아시아와 이집트까지 지배영역을 넓히며 시리아의 장인들을 데려와 불기기법의 유리용기를 대량생산한다. 폼페이에서 다량의 유리기가 출토되었으며 가장 많은 수를 차지하는 것은 플라스크형 운구엔타리움(Unguentarium)이다. 플라스크형 운구엔타리움는 이집트와 그리스에서 한정된 계층이 사용하던 화장기이다. 이 화장기는 1세기 후반 로마가 철제 불기기법의 파이프를 사용하기 이전 도제 파이프로 소형 기물을 제작하던 유리용기 중 가장 많이 제작된 기형이다. 더욱이 폼페이 출토 유리기의 각부에는 초원로상의 로마 유리기에 보이는 유리봉을 원형으로 말라서 붙인 기법이 다수 보여 주목된다.

폼페이의 건축과 벽화, 출토품은 로마인들의 생활상을 볼 수 있게 하며 이곳에서 출토된 유리기는 로마 유리기 연구의 기준 자료이다.

참고문헌

C·フリーマン(著), 上田 和子(訳), 1996, 『図説古代ローマ文化誌』, 原書房.

青柳正規(監修), 朝日新聞社文化企画部(編), 2001, 『世界遺産ポンペイ展: ポンペイとポンペイに暮す人びと(Pompei e i suoi abitanti)』, 朝日新聞社.

이송란, 2014, 「폼페이 출토 유리용기와 로마인의 화장문화」, 『인문과학연구논총』35-1, 명지대학교 인문과학연구소.

東京新聞(編), 2016, 『世界遺産ポンペイの壁画展日伊国交樹立150周年記念 LA PITTURA PARIETALE ROMANA A POMPEI』, 東京新聞·中日新聞社.

Ⅳ. 유라시아歐亞 해로海路의 유적遺蹟과 유물遺物

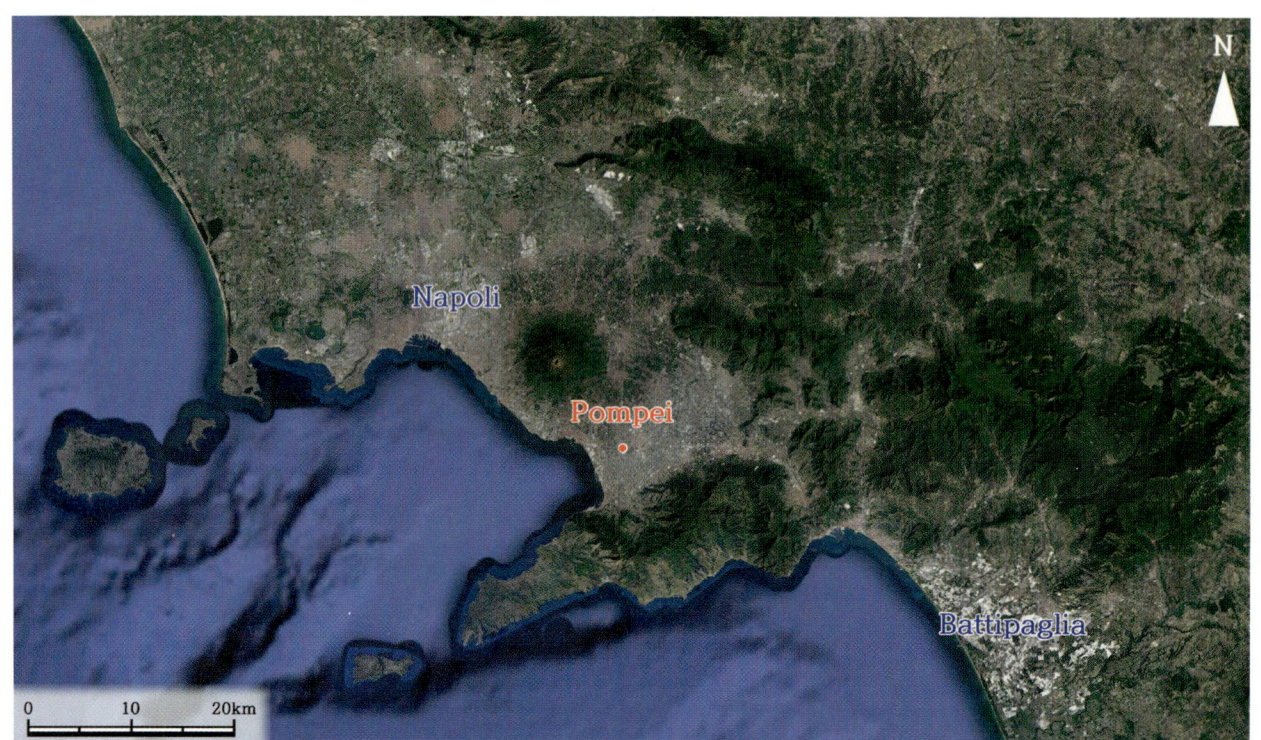

그림 Ⅳ-6. 이탈리아^{Italy} **폼페이**^{Pompei}

1. 폼페이(Pompei)유적(遺蹟) 위치(位置)
2. 폼페이(Pompei)와 베스비오산(Vesuvio Mt.)
3, 6~7. 폼페이(Pompei) 건물(建物)
4~5. 폼페이(Pompei) 도로(道路)

Ⅳ. 유라시아歐亞 해로海路의 유적遺蹟과 유물遺物

8~9, 11. 폼페이(Pompei) 건물(建物) 벽화(壁畵)
10. 폼페이(Pompei) 모자이크(Mosaic)

3. 이탈리아Italy의 유적遺蹟과 유물遺物

12. 폼페이(Pompei) 출토 알렉산드로스(Alexandros) 모자이크벽화(Mosaic壁畫)
13. 폼페이(Pompei) 로마(Rome) 모자이크유리완(Mosaic琉璃盌)
14. 폼페이(Pompei) 로마(Rome) 유리완(琉璃盌)

4. 그리스Greece의 유적遺蹟과 유물遺物

1) 크노소스유적Knossos site

크노소스유적은 이집트와 그리스 사이, 지중해와 에게해 경계선에 있는 크레타섬(Creta I.)에 위치한다. 크레타섬은 지중해 동쪽에 자리잡고 있으며, 소아시아와 이집트, 시리아 연안에서 가까운 곳으로, 예로부터 오리엔트, 이집트, 그리스를 이어주는 중계지로서 활발한 인적·물적 교류가 있었다.

그리스 신화에서는 크노소스궁전의 기원을 다음과 같이 이야기하고 있다. 오래전 크레타 섬에는 미노스(Minos)라는 왕이 강력한 함대를 거느리고 지중해 일대를 장악하고 있었다. 어느 날 미노스왕의 아들인 안드로게오스(Androgeus)가 아테네에서 열린 운동 경기에 출전했다가, 아테네왕 아이게우스(Aigeus)에게 암살당하는 사건이 일어났다. 아이게우스는 운동 경기에서 아테네인들을 물리치고 승리를 거둔 안드로게오스를 질시해 죽여버렸던 것이다. 이에 크게 진노한 미노스왕은 대전함을 이끌고 아테네로 쳐들어가 닥치는 대로 파괴하고 도시를 불태워버렸다. 그리고 귀족 출신의 소년과 소녀를 각 일곱 명씩 공물로 바칠 것을 명령했다.

한편 미노스왕의 부인인 파시파(Pasiphae)에는 바다의 신 포세이돈(Poseidon)이 보내준 소에게 욕정을 느껴 반은 소이고 반은 인간인 괴물 미노타우로스(Minotauros)를 낳았다. 그러자 미노스왕은 건축가 다이달로스에게 명해 궁전 지하에 미궁을 짓게 한 다음 미노타우로스를 이곳에 가둬놓았다. 그리고 아테네에서 공물로 잡혀온 소년과 소녀를 미궁 속으로 내려보내 미노타우로스의 먹잇감이 되게 했다.

수십 명의 소년과 소녀들이 목숨을 잃은 후에 아이게우스왕의 아들인 테세우스(Theseus)가 공물이 되어 크레타로 왔다. 미노스왕 앞에 끌려온 테세우스를 본 미노스왕의 딸 아리아드네(Ariadne)는 한눈에 테세우스에게 반해버리고 말았다. 그래서 아리아드네는 그를 돕기 위해 단검과 실뭉치를 건네주었다. 테세우스는 아리아드네가 준 실을 입구에 묶은 다음 실뭉치를 풀어가며 미궁 속으로 들어갔다. 그리고 괴물 미노타우로스와 맞닥뜨리고는 격렬한 싸움을 벌였다. 힘겹게 괴물을 물리친 테세우스는 풀어놓은 실을 되감아서 무사히 탈출에 성공할 수 있었다.

20세기 이전 크레타 문명은 전설 속에나 존재하는 단지 신화에 불과한 이야기였다. 영국의 고고학자 아서 에번스(Authur Evans. 1851-1941년)는 미노스왕의 전설을 믿고 크레타 문명을 찾아나섰다. 그는 크레타 문명의 존재를 입증하기 위해 크노소스 궁전이 있었을 것으로 추정되는 게파라언덕을 매입하여 1900년부터 발굴을 시작했다. 발굴을 시작한 지 며칠 지나지 않아 로마와 그리스에서는 볼 수 없었던 독특한 양식의 건축물들이 차례로 발견되었다. 에번스는 그 자신의 예상대로 크레타 문명을 발굴하는 데 성공했다. 이렇게 해서 크노소스 궁전은 실로 3,000년 동안의 기나긴 잠에서 깨어나 세상의 빛을 보게 되었다. 이후 크레타섬 전역에서 유적이 발견되었다.

BC 2000-BC 1450년경까지 크레타섬에는 크레타 문명 또는 미노아 문명이라 불리는 문명이 번영을 누렸다. 문명의 중심지인 크노소스는 사방 2km 지역 안에 궁전과 별궁, 주택, 고분 등이 밀집한 고대 도시로, 약 8만의 인구가 살았을 것으로 추정된다.

크노소스는 종교적인 건축물보다는 궁전 건축이 주축을 이루고 있다. 즉, 다른 고대 도시들이 대개 신전 중심의 도시인데 비해 크노소스는 왕궁 중심의 도시이다. 따라서 궁전을 장식한 벽화에는 기하학 문양과 각종 동식물, 궁정 생활 등이 정밀하게 묘사되어 있을 뿐 신에 관한 장식은 찾아보기 힘들다.

크노소스궁전은 BC 2000년경에 건설되었으나, BC 1700년경 지진이나 다른 천재지변이 일어나 붕괴되었다. 그 후 BC 1500년경에는 규모를 확장해 이전보다 더 큰 궁전을 건설했다. 현재 남아 있는 대부분의 유적은 바로 이 제2궁전이다.

궁전은 동서 170m, 남북 180m 규모로 장방형 구조를 이루고 있다. 크레타 문명의 다른 건축물들과 마찬가지로 장방형의 중앙 정원을 중심으로 수백 개의 작은 방들이 둘러싸고 있다. 그리고 궁전에는 계단과 회랑이 많아서 '미궁의 궁전'으로 불리기도 한다. 궁전을 지탱해주는 기둥들은 위에서 아래로 내려갈수록 폭이 좁아지는데, 이는 다른 고대 문명권에서는 찾아보기 힘든 크레타만의 독창적인 건축 양식이다.

궁전의 동쪽에는 왕족과 귀족들의 사생활 공간과 작업장, 기름 창고가 있었으며, 서쪽에는 제의, 집정(執政), 알현 등을 위한 공무용 공간과 창고들이 들어서 있었다. 그리고 지하에는 욕탕에 물을 공급해주기 위한 수조도 있었다. 창고는 21실로 구성되었으며, 그 가운데 3실은 미사용 상태였다. 창고에 수납된 대호(大壺)에는 현물세로서 징수한 곡물, 올리브유, 포도주 등이 들어 있었다.

크레타 문명이 몰락한 원인은 지금까지도 확실하게 밝혀지지 않고 있다.

크노소스궁전에서는 선문자 B문서가 다수 발굴되어, BC 15세기 이후에는 본토의 미케

네(Mycenae)의 지배를 받았다고 보고 있다. 크노소스궁전의 신고(神庫)에서 출토된 뱀의 여신(蛇女神)은 고대 이집트로부터 전해진 파이앙스(faiance)와 인도산으로 추정되는 상아(象牙)로 제작되었다. 지모신(地母神)과 뱀은 세계 각지에서 보이며, 이 뱀의 여신은 지모신 또는 여사제가 양손에 뱀을 들고 유방을 노출시킨 특이한 의상을 입은 형상으로 2점이 출토되었다.

미노스문명은 황금세공이 발달하였다. 크레타섬의 말리아(Malia)유적 출토 봉밀 펜던트는 정교한 누금기법으로 제작된 것이다. 그리스 본토의 미케네 문명의 수혈묘 출토 황금제품도 크레타의 공인에 의해 제작된 것으로 보고 있다. BC 7세기의 에게해 메로스(Melos)섬 출토 6점의 황금의 로제트문 장신구도 제작기법과 의장으로 볼 때 미노스의 황금문화를 계승한 것이다. 크노소스 출토 마노제 인장은 그 재질이 인도산이다. 크레타 섬의 동쪽 해안에 있는 자크로스(Zakros) 궁전에서는 키프로스(Cyptus)에서 수입된 청동기의 원료인 동정(銅鋌)이 다수 출토되어, 키프로스와 교역이 있었음을 알 수 있다.

미노스문명은 에게해의 중앙에 위치하는 지리적인 이점을 살려 소아시아, 이집트, 서아시아와의 교류와 교역을 통하여 번성하였으며, 독창적인 문화를 창출하였다.

참고문헌

Evans A. 1921. *The Palace of Minos at Knossos*, Vol. I. London: Macmillan and Co.

Evans A. 1925. "'The ring of Nestor': A Glimpse into the Minoan After-World." *The Journal of Hellenic Studies* XLV: 43-75.

Evans A. 1928. *The Palace of Minos at Knossos*, Vol. II. London: Macmillan and Co.

Evans A. 1930. *The Palace of Minos at Knossos*, Vol. III. London: Macmillan and Co.

友部直·水田徹(編), 1997, 『世界美術大全集 西洋編3 エーゲ海とギリシア·アルカイック』, 小學館.

三浦一郎, 1987, 『世界の大遺跡5 エーゲとギリシアの文明』, 講談社.

森野たくみ·松代守弘, 1998, 『古代遺跡』, 新紀元社.

그림 Ⅳ-7. 그리스^{Greece} **크노소스유적**^{Knossos site}

1. 크노소스(Knossos)유적(遺蹟) 위치(位置)
2. 크레타섬(Creta Island).
3~5. 크노소스 (Knossos) 궁전(宮殿)

65

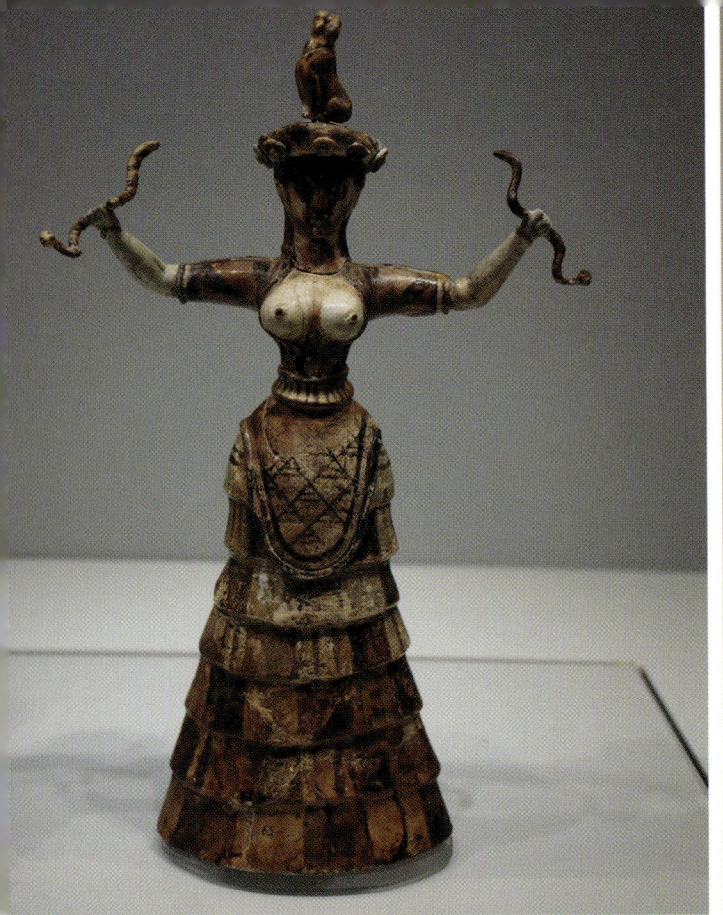

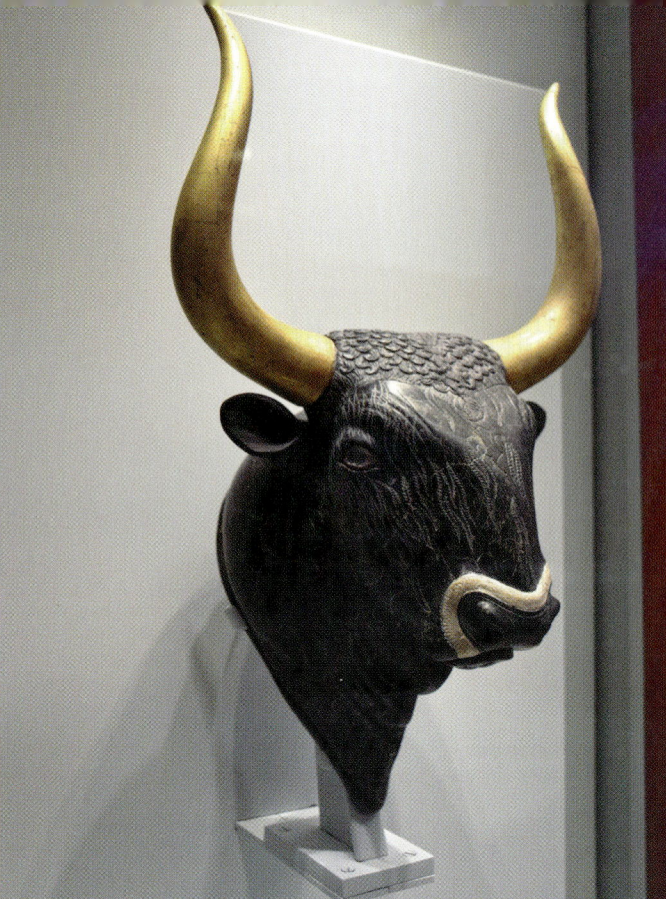

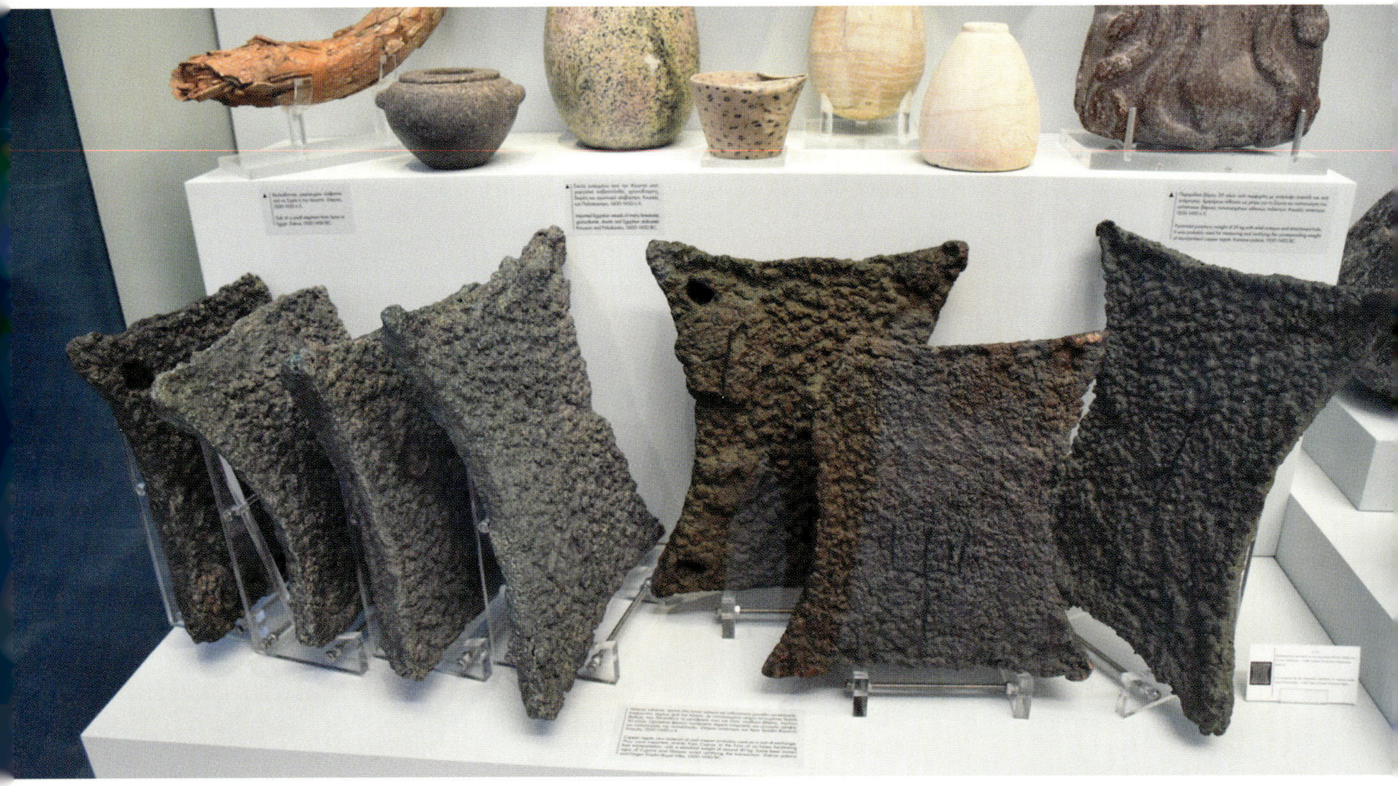

6 7
8

6. 크노소스(Knossos) 궁전(宮殿) 뱀의 여신(林俊雄)
7. 크노소스(Knossos) 궁전(宮殿) 소머리형 리톤(rhyton)
8. 자크로스(Zakros) 궁전(宮殿) 동정(銅鋌)

5. 터키Turkey의 유적遺蹟과 유물遺物

1) 이스탄불Istanbul

이스탄불은 터키의 대표적인 도시로, 보스포루스해협(Bosporus Str.)을 중심으로 아시아와 유럽 양 대륙에 걸쳐 위치한다. 이 도시는 지리적인 위치로 인해 동양과 서양 문명의 교두보(橋頭堡) 역할을 해왔으며, 약 1,600여 년에 걸쳐 동로마(395-1453)와 오스만 제국(1299-1922)의 수도였다. 이스탄불은 BC 667년경에 고대 그리스의 폴리스인 메가라(Megara)의 식민시로 건설되었으며, 그들의 왕 비잔타스의 이름을 따 비잔티온(Βυζάντιον)으로 불리었다. 로마제국에 속국화된 후에도 자유도시로서 보호되었지만 196년에 로마황제 셉티미우스 세베루스(Septimius Severus)에 공격받아 괴멸한다. 이후 폐허로 방치되었지만 이윽고 로마제국의 도시 비잔티움(Byzantium)으로 부흥한다.

330년 로마황제 콘스탄티누스(Constantinus I)가 비잔티움으로 제국의 수도를 옮기면서, 콘스탄티노플(Constantinople)로 불리게 되었다. 395년에 동서로마제국이 분열하면서 콘스탄티노플은 동로마제국의 수도가 되었다. 그 후로 1,000년 이상 번성하였지만, 1453년 오스만 제국(Osman Empire)의 술탄 마흐메드2세(Mehmed II)에 의해 공격당하여 콘스탄티노플은 함락되었다. 오스만 제국의 점령 이후 오스만식의 명칭인 코스탄티니로 불렸으나 터키 공화국 성립 이후 이스탄불(Istanbul)로 명칭되었다.

이스탄불은 그리스·로마·이슬람 문화의 흔적이 공존한 도시로 남아있다. 이스탄불은 유럽과 아시아, 그리고 지중해와 흑해를 연결하는 교통의 관문이자 보스포루스해협과 테오도시우스성벽(Theodosius Walls)이라는 천혜의 요새를 가진 지정학적 요충지였다. 이러한 이점은 물자와 사람들을 이 도시로 모여들게 했고 오랫동안 번영을 누리게 만들었다. 특히 고대 그리스 시기부터 보스포루스해협의 통행료와 두 대륙을 잇는 중계 무역으로 큰 부를 축적했고, 이를 통해 델로스 동맹(Delian League)의 회원 자격을 획득했다. 로마 제국 시기에도 이 도시는 실크로드와 지중해 상권을 이어주는 중세 유럽의 상업 중심지의 역할을 수행했다. 오스만제국 시기에 이르면 술탄들의 타종교에 대한 포용과 면세, 그리고 대상(大商)의 숙사(宿舍) 보장 등 장려책을 통해 여전히 실크로드의 주요 무역도시의 역할을 이어갔다.

오스만제국이 된 후 시내에서는 새로운 모스크(mosque)가 건축되거나 그리스도교회가 이슬람교의 모스크로 전용·개축되는 등 이슬람화가 진행된다. 오늘날 이스탄불에서 볼 수 있는 유적과 중요한 건축물에 이슬람 건축이 많은 것은 이 때문이다. 이러한 이유로 문화유산은 이스탄불 역사 지역으로서 1985년에 유네스코 세계유산에 등록되었다.

성 소피아성당(Hagia Sophia)은 황제 콘스탄티누스(Constantinus)에 의해 360년에 창건되고 재건을 반복한 끝에 537년에 완성한 동로마제국 시대의 교회이다. 이후 콘스탄티노플 함락에 따라 모스크로 개수되었다. 1935년 이래 성 소피아성당은 박물관으로서 일반에게 공개되고 있어 수많은 모자이크화를 볼 수 있게 되었다.

예레바탄지하궁전(Yerebatan Basilica Cistern)은 성 소피아 성당(Hagia Sophia)의 맞은편에 있으며, 532년 황제 유스티니야누스(Justinianus)에 의해 불과 수 개월만에 완성한 동로마제국 시대의 지하 저수지이다. 규모는 폭 70m, 깊이 14m, 천장의 높이 8m이고, 저수량은 대략 8만m³이다. 저수지는 4m 간격으로 배치된 336개의 원주(圓柱)로 유지되고 있다. 원주의 양식은 통일성은 없고, 메두사(Medusa)의 머리 부분이 조각된 석상을 초석(礎石) 대신에 사용한 예도 있다.

슐레이마니예 모스크(Suleiman Mosque)는 터키 역사상 가장 유명한 건축가 미마르 시난(Mimar Sinan)에 의해서 1557년에 완성되었다. 모스크는 마드라사(madrasa), 바자르(Bazaar), 병원, 대상숙(隊商宿) 등 많은 시설이 부속된 복합시설이다. 또 모스크에는 4기의 미나레트(minaret)가 있으며, 2기에는 2개씩, 다른 2기에는 3개씩 합계 10개의 발코니가 설치되어있다. 이것은 술래이만 I 세(Suleiman I)가 오스만 투르크(Osman Turk)의 10대째 술탄인 것을 나타내고 싶었기 때문이라고 한다.

아흐메트 모스크(Mosque of Sultan Ahmet I)는 아흐메트1세(Ahmet I)에 의해 1616년에 완성되었다. 건설장소는 톱카프궁전(Topkapi Palace)에 근처라는 이유로 콘스탄티노플의 중심지인 히포드로모스(Hippodromos, 경마장)가 선택되었다. 이처럼 모스크 건설에 인하여 동로마시대와 초기 오스만시대의 건물이 많이 파괴되었다. 미나레트(minaret) 6기를 가지는 모스크는 아흐메트 모스크가 유일하며, 흰색을 기조로 파랑과 초록으로 채색된 타일로 「블루모스크(Blue Mosque)」라고도 불리고 있다.

카리예박물관(Kariye Museum)은 코라 교회(Chora Church)의 부속 성당으로서 11세기에 건설된 소테르(Soter) 성당이 모체이다. 건물은 증개축이 더해져 16세기에는 모스크로 개축되었다. 현재 잘 보존된 아름다운 모자이크화(mosaic)와 프레스코화(fresco)를 볼 수 있다.

톱카프궁전은 마흐메드2세(Mehmed II)의 명령에 의해 건설되었다. 1478년부터 1853년까지의 대략 400년의 긴 세월에 걸쳐 역대 술탄들의 거주지이며, 정치의 장소이기도 했다.

톱카프궁전(Topkapi Palace) 제 1안마당 내에 있는 고고학 박물관은, 1891년에 개관한 터키 첫 박물관이다. 고대 그리스 로마와 아나톨리아(Anatolia)의 유물 등이 전시되고 있다.

궁전 제 2안마당 현관의 뒤 우측으로 주방이 있다. 오스만제국을 대표하는 건축가인 미마르 시난(Mimar Sinan)에 의해서 지어진 것으로 여기서 술탄과 그 가족, 하인 등 톱카프궁전에 거주하는 사람, 방문하는 사람을 대접하는 식사가 조리되었다. 현재 이 주방에서는 톱카프궁전이 소유한 도자기의 일부가 전시되고 있다. 대부분이 중국제와 일본제의 채색화 자기로 수량은 1만 점에 달한다. 도자기는 수량과 기종이 풍부하고, 연대의 폭이 넓어 세계에서도 유례없는 귀중한 수집품이다.

이러한 방대한 컬렉션은 400년에 걸쳐 다양한 방법으로 수집되었다. 또 오스만 투르크의 활발한 정복 활동의 전리품이나 술탄에게로의 헌상품으로 더해진 것도 있다. 가장 많다고 생각할 수 있는 것은 상속세로서 신하(臣下), 특히 중동 지역에 재임 중인 관리들로부터 징수한 것이다.

수집된 도자기의 대부분은 감상용이 아니고 실용품이었다. 축하연(祝賀宴)이나 정찬(正餐)에 도자기를 음식기로 이용하는 것은 손님을 환대하는 마음의 대접이었다. 오스만 투르크를 방문한 외국의 사신들은 이러한 도자기에 관하여 전하고 있다. 이스탄불은 옛날부터 많은 나라, 민족, 문명의 교차점이었다.

오랫동안 동로마와 오스만 제국의 수도로서 역할을 했던 이스탄불은 터키 공화국의 수립 이후 앙카라로 천도(1923년)하면서 그 자리를 상실했다. 그러나 여전히 가장 많은 인구와 크기를 자랑하는 제4의 도시이자 경제의 중심지인 최대의 공업 도시의 위치를 차지하고 있다.

참고문헌

岡內三眞(편)·박천수(역), 2016, 『실크로드의 고고학』, 진인진.

그림 Ⅳ-8. 터키Turkey 이스탄불Istanbul

1. 이스탄불(Istanbul) 위치(位置)
2. 이스탄불(Istanbul) 약도(略圖)
3. 이스탄불(Istanbul)과 금각만 (Golden Horn Bay)
4. 금각만(Golden Horn Bay)
5. 이스탄불(Istanbul) 성벽(城壁)
6. 성 소피아 성당(Hagia Sophia)
7. 이스탄불고고학박물관 전(傳) 알렉산드로스(Alexandros) 석관(石棺)

6. 이라크Iraq의 유적遺蹟과 유물遺物

1) 우르유적Ur site

우르유적은 디카르주(Dhi Qar governorate)에 속하며, 유프라테스강 하류역 좌안에 위치한다. 우르는 약 BC 2400년부터 형성되었으며, 제3왕조까지 지속되다가 BC 2100년경 멸망한다. 이후 아시리아와 바빌로니아, 페르시아계 국가 등의 지배를 받다 토지의 염화와 사막화로 인해 BC 400년 이후 도시가 폐쇄되었다.

특히 우르 제3왕조는 BC 2100년경 우르-남무(Ur-Nammu, 2112-2094)가 건국하였다. 우르는 남부 메소포타미아를 주도하는 도시 중 하나로 페르시아만의 입구를 통하여 교역한 항구도시였다. 고바빌로니아 지배 이후 매몰된 수많은 점토판에서도 증명된다. 점토판에는 상업 활동에 대한 기록이 다수 확인되어 우르가 관개농업뿐만 아니라 교역을 통해 성장한 도시임이 알 수 있다.

지리적 이점을 활용하여 이웃 도시들에 영향력을 확대하였는데, 우르뿐만 아니라 다른 유적들까지 지구라트(Ziggurat)를 건축하였다. 이후 이란의 수사(Susa)까지 영토를 넓혔으나 BC 2004년 엘람왕국(Elamite Dynasty)에게 멸망하게 된다.

제1차 세계대전이 종전한 이후인 1922년 영국의 레오나드 울리(Leonard Woolley)가 주도하는 발굴팀과 펜실베니아대학교의 발굴팀이 발굴을 실시하였다. 그 결과 지구라트와 왕묘역, 일반묘역 등이 확인되었다.

유프라테스강의 좌안, 현재 시가지의 우안에 위치하는 우르는 타원형으로 이루어져 있으며, 주위보다 고도가 약간 높은 충적평야에 입지한다. 유적의 북쪽과 서쪽에는 고대 항구가 있었으며, 유프라테스강의 지류가 여기까지 닿지 않아 운하를 건설하여 연결한 것으로 보고 있다.

대표적인 유구는 지구라트와 왕묘를 들 수 있다. 지구라트는 이집트의 피라미드와 비슷하며, 성격은 하늘과 땅 즉 인간과 하늘을 잇는 매개체의 역할을 한다. 이 지구라트는 시기에 따라서 장방형, 방형, 원형으로 바뀌게 되고, 텔(Tell)의 높이가 낮아지게 되면서 점차 지면으로 내려오게 된다. 우르 시기에는 3층 높이로 축조되었으나, 현재는 62.5×43m의 1층만 잔존한다. 지구라트는 계단 형태의 피라미드 형식이며, 이후 약 BC 500년경의 신바빌로니아 시대까지 존속된 전통이다. 처음에는 벽돌로 기단을 만들었으며, 시간의 흐름에 따라 거대해지고, 벽돌기단을 여러 개 중복으로 쌓아 최상층에 신전을 건설하였다.

우르의 왕묘는 지구라트의 남쪽에 위치하는데 '신성구역(Sacred Precinct)' 바로 밑에 위치한다. 이곳의 분묘는 2,000-8,000기의 일반성원묘와 16기의 왕묘로 구분된다. 전자는 시신이 단순한 구덩이에 돗자리로 말려 있거나 나무나 진흙으로 만든 관에 안치되어 있지만, 후자는 벽돌(塼)과 석재로 만든 묘실을 갖추었다. 왕묘에는 부장품도 풍부하며, 순장(殉葬)이 확인된다.

왕묘역은 상당수 도굴되었으나 일부 도굴되지 않은 묘실이 존재하며, 그 가운데 부장품이 탁월하고 정보를 알 수 있는 다음과 같은 왕묘가 있다.

PG779호묘는 BC 2550년경에 사망한 왕 파빌사그(Pabilsag)와 관련된 왕묘이다. 이곳에서는 발굴자에 의해 '우르의 스탠다드(Standard of Ur)'로 명명된 모자이크장식 상자가 출토되었다. 이 상자는 폭 21.59cm, 길이 49.53cm의 역제형으로 속이 빈 나무 상자의 측면(側面) 전체에 조개와 붉은 석회암 조각으로 인물과 동물을 묘사하고, 청금석(靑金石)을 그 배경으로 장식하였다. 장측(長側)은 각각 전쟁과 일상생활, 단측(短側)은 동물을 묘사하였다. 기능에 대해서는 여러 주장이 있으며 악기의 음량을 높이는 사운드박스라는 견해까지 등장하였다.

PG789호묘는 왕묘이며 현악기(絃琴)인 리라(Lyre)가 출토되었다. 수메르 신화의 태양신이자 정의의 신(神)인 우투(Utu)를 상징하는 황소의 머리로 장식하였으며, 그 뿔, 털, 눈, 수염의 일부 표현에 청금석(靑金石)을 사용하였다. 그 외 측판 문양의 배경에도 청금석(靑金石)이 사용되었다.

PG1237호묘에서는 74명의 순장자가 발견되었다. 남성 6명, 여성 68명이 순장되었으며 입구 근처에 순장된 남성은 묘실을 지키는 수문장 역할을 했던 것으로 보인다. 순장된 여성들은 머리에 은과 금, 청금석, 홍옥수 등의 보석으로 치장된 관을 썼으며 남동쪽에는 리라 등의 악기와 같이 매장되었다. 여성들은 화장도구, 남성들은 금, 은제의 무기와 계급을 나타내는 휘장 등이 함께 순장되었다.

이곳에서 출토된 숫양 장식품은 조개, 붉은 석회암, 청금석(靑金石) 조각 모자이크로 장식된 직사각형 판 위에 수목에 기대어 있는 형태로 조각되었다. 나무, 다리, 양의 얼굴과 생식기는 금으로 만들었고, 배와 밑부분에는 은, 조개, 붉은 석회암 조각을 사용하였다. 눈, 뿔, 수염, 털은 청금석으로 장식하였다.

PG800호묘는 장신구, 점토판과 인장에 새겨진 상형문자를 통하여 푸아비(Puabi) 여왕묘로 밝혀졌다. 이곳에서는 출토된 경식(頸飾)은 금(金), 은(銀), 청금석(靑金石), 홍옥수(紅玉髓)

로 조합한 화려한 것이다. 흑요석제 용기와 방해석제(方解石製) 용기는 그 재질의 원산지가 각각 이란 지로프트(Jiroft), 아나톨리아반도로 보고 있다.

　왕묘역에서 출토된 게임판은 나무로 만들어졌으며 청금석, 홍옥수로 장식되어있다. 2인용 게임으로 주사위를 굴려 게임을 진행하였다.

　우르의 왕묘역에 부장되어 있는 대부분의 물품은 우르에서 원산지를 구할 수 없는 아나톨리아반도의 은과 흑요석, 이집트 또는 페르시아의 금, 아프카니스탄의 청금석, 인도의 홍옥수, 레바논의 삼나무, 오만의 구리 등으로 페르시아만을 통한 활발한 교역 활동을 알 수 있다.

참고문헌

Woolley C L. 1927-65. *Ur Excavations I-X*. London.

Woolley C L. 1929. *Ur of the Chaldees: a Record of Seven Years Excavation*. London. *Ur of the Chaldees; a Record of Seven Years Excavation*, London.

下中邦彦, 1979, 『世界考古學事典 上』, 平凡社.

增田精一. 1993, 『世界の大遺跡4 メソポタミアとペルシア』, 講談社.

정진국, 1999, 『메소포타미아를 찾아서』, 혜안.

Joan Aruz, Ronald Wallenfels, 2003, *Art of The First Cities*, New York.

이주형(외), 2012, 『신들의 도시 왕들의 도시: 메소포타미아 고대도시』, 보성각.

Georges(저), 김유기(역), 2013, 『메소포타미아의 역사』, 한국문화사.

이석우, 2013, 『서아시아 고대도시 발달 특성에 관한 연구: 메소포타미아지역을 중심으로』, 한양대학교 도시대학원 박사논문.

1
2

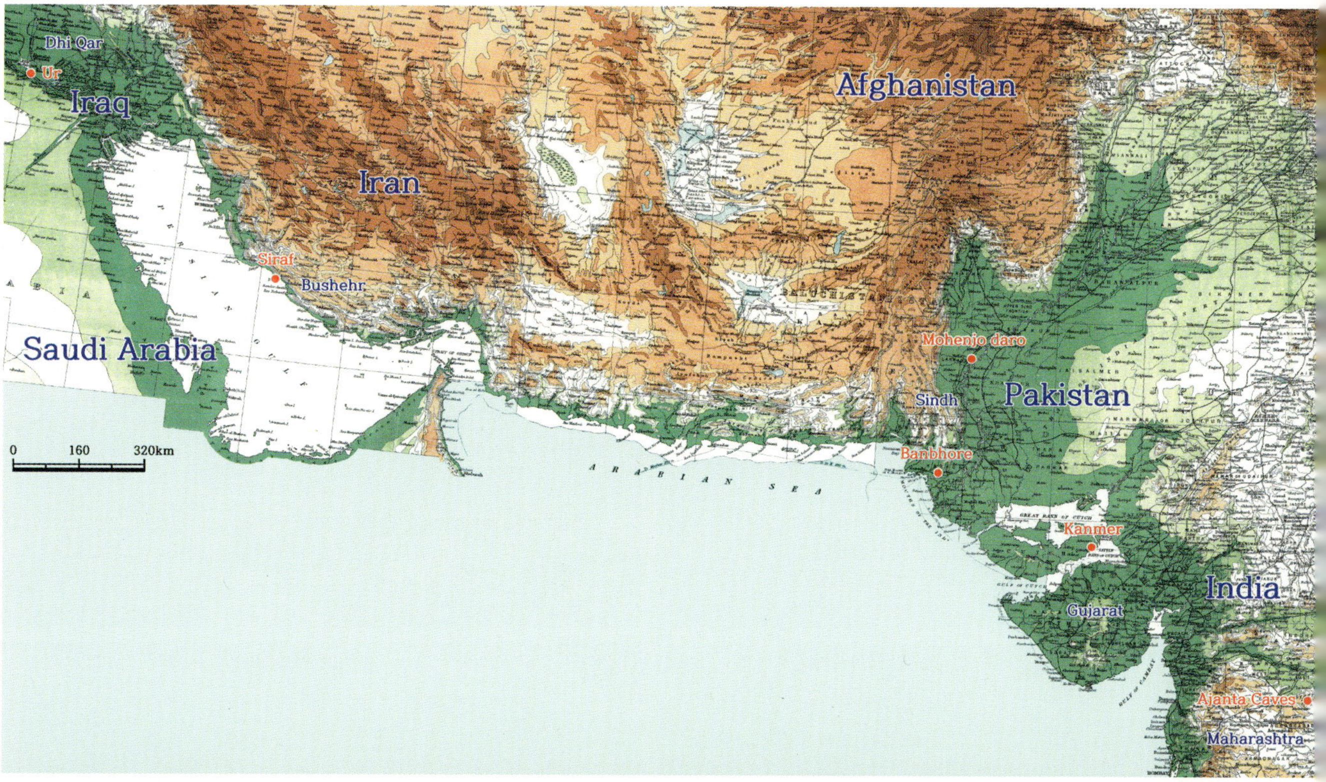

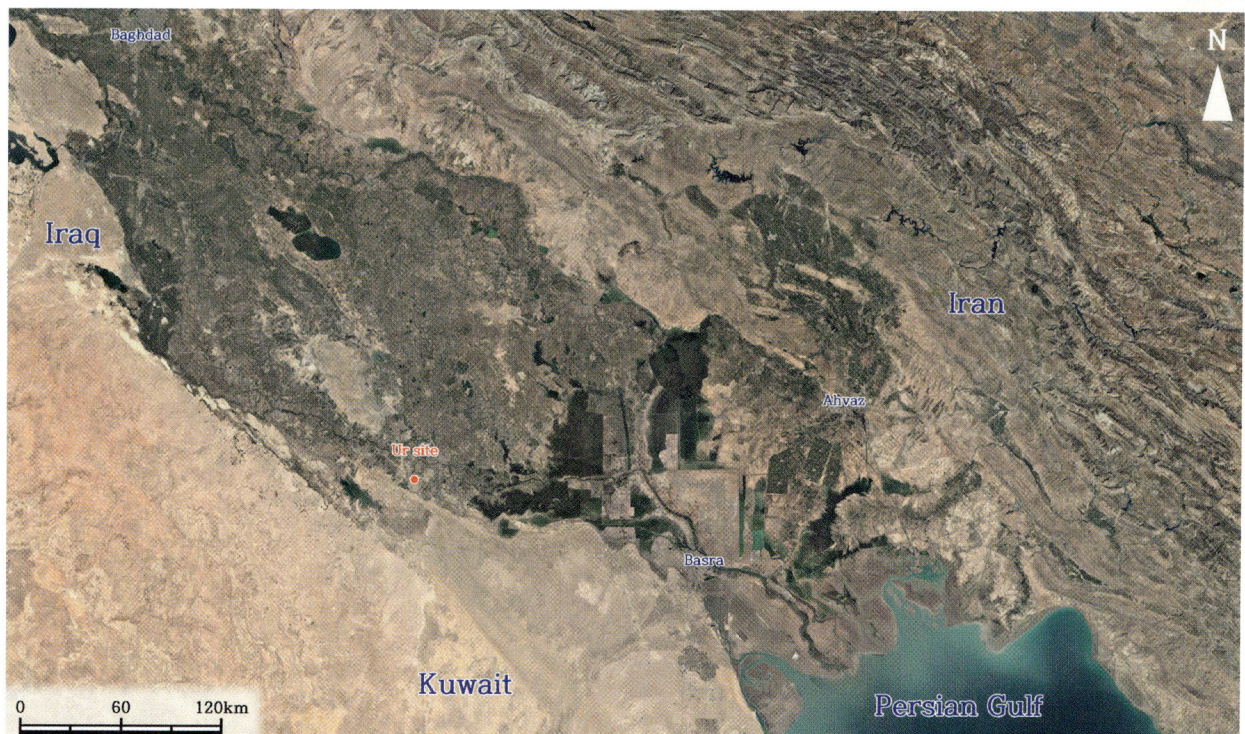

그림 Ⅳ-9. 이라크Iraq 우르유적Ur site
1. 페르시만, 인도양 일대 유적(遺蹟)
2. 우르(Ur)유적(遺蹟)의 위치(位置)

Ⅳ. 유라시아歐亞 해로海路의 유적遺蹟과 유물遺物

3. 우르(Ur) 지구라트(ziggurat)
4. 우르(Ur) 지구라트(ziggurat)
5. 우르(Ur) 지구라트(ziggurat)
6. 우르(Ur) 지구라트(ziggurat) 주변 건물지(建物址) 역청(瀝靑)
7~8. 우르(Ur)PG779호묘 스탠다드(Standard)

6. 이라크Iraq의 유적遺蹟과 유물遺物

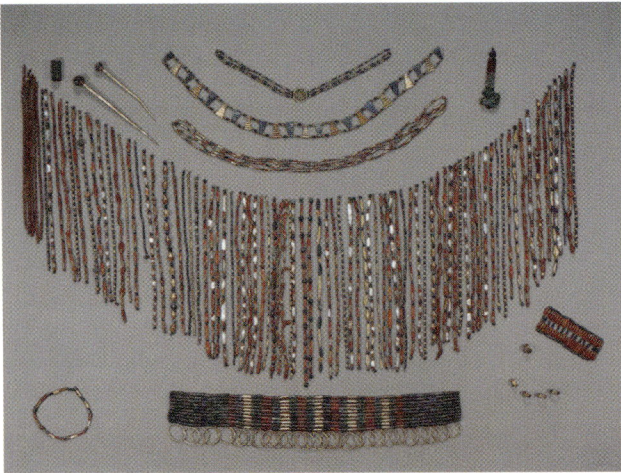

9. 우르(Ur)PG800호묘 푸아비(Puabi) 여왕(女王) 관식(冠飾)
10. 우르(Ur)PG789호묘 푸아비(Puabi) 여왕(女王) 리라(lyra)
11. 우르(Ur)PG800호묘 흉식(胸飾)
12. 우르(Ur) 게임판(Board game)

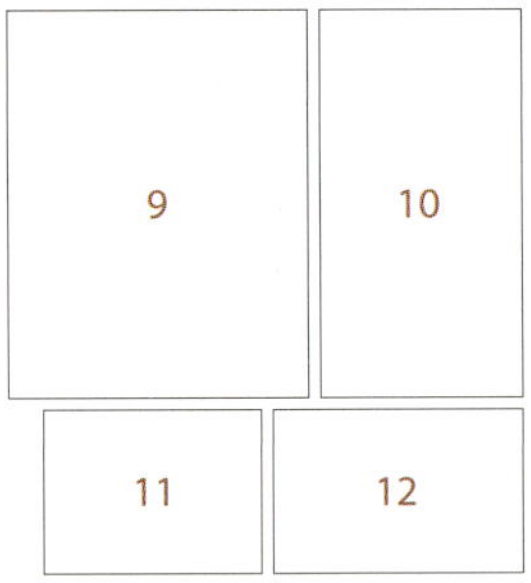

| 9 | 10 |
| 11 | 12 |

7. 이란Iran의 유적遺蹟과 유물遺物

1) 시라프유적Siraf site

시라프유적은 부셰르(Bushehr) 남부 타힐리(Tahiri)촌에서 서쪽으로 약 1km에 위치한다. 시라프항은 1835년 인도 해군 선장 켐프손(Kemthorne)이 타힐리를 지나던 중 처음 발견하였다. 그 후 1933년 영국인 오렐 스타인(M. A. Stein)이 중앙아시아와 이란을 탐험할 때 시라프항에 대한 고고학적 조사를 실시했다. 이후 1979년 이란혁명 이전에 영국 페르시아연구소의 후원으로 데이비드 화이트하우스(David Whitehouse)가 1966년부터 1973년까지 총 6차에 걸쳐 발굴하였다. 그는 해안선과 인접한 구릉을 조사하여 이슬람 이전의 요새, 건물지, 대형 모스크 및 묘지 등이 확인되었다.

시라프항은 거주지역과 묘역으로 나누어져있다. 구릉에서 건물지가 확인이 되지만 그 성격은 정확하게 알 수 없고 건물지의 토대와 벽이 겨우 남아있다. 묘지는 시라우(Shilau) 계곡에 집중적으로 분포한다. 건물지와 묘지 외에도 방파제, 모스크, 임해건축물, 후기 마드라사(madrasa) 등이 확인되었다.

시라프항의 방파제는 가공되지 않은 돌을 쌓아 만들었으며 석고 또는 회반죽을 칠했다. 방파제는 바다에 접하여 약 411.3m 가량 남아있고 높이는 약 4.5m이다. 방파제 외벽에는 삼각형과 원형의 치(雉)가 남아있다.

방파제 서쪽 끝에는 대형 모스크유적이 남아있는데 남북 50.2m, 폭 22.85m로 지진으로 무너진 것으로 추정된다. 모스크의 기둥은 약 0.6×0.9m의 장방형이며, 대량의 돌과 흙덩이로 만든 후 겉에 회반죽을 발랐다. 스타인은 이곳을 문헌에 나오는 티크재(teak材)의 기둥이 있는 모스크로 보았다. 티크는 동남아시아 특산품이며, 해로를 통한 교역을 알 수 있다.

시라프항의 서쪽 바다에 접한 포구에 38.39m의 사방 폐쇄식 건축물이 있다. 건축물의 동벽은 바다에 접하며, 한 변이 5.85m인 삼각형 치가 4개 남아있다. 그 성격은 알 수 없으나 석제의 가공기술과 부근에서 채취된 토기편으로 보아 방파제와 같은 시기의 것으로 보인다.

서쪽 구릉의 남면에는 천장과 벽면의 일부가 남아 있는 15, 16세기의 모스크가 있다. 또한 해발 37.5m의 구릉상에 앞의 모스크와 같은 시기의 사각형의 건축물이 있으며, 마드라사(madrasa)라 불리는 이슬람학교로 판단된다.

이 유적에서 중요한 묘지는 시라우계곡에 있으며, 계곡 바닥에서 해발 90m의 구릉의 중복(中腹)까지 수백 기의 석혈묘(石穴墓)가 밀접하게 분포한다. 그 외 후기 모스크유적의 서쪽과 남쪽 단애에도 석혈묘(石穴墓)가 있으며 높은 곳에 위치하는 묘를 초기 이슬람시대로 보고 있다. 그곳에서 6, 7기의 아라비아 문자가 새겨진 묘비가 출토되었다. 한편 이곳의 동쪽에 동서방향으로 축조된 묘지는 시라프에 거주한 유대교인들의 것으로 보고 있다. 또한 협곡의 북쪽 단애상에 벌집처럼 형성된 고분은 인골의 일부만을 안치하는 조로아스터교의 천장(天葬)과 관련된 것으로 보고 있다.

시라프항에서 발견된 도자기 중 특히 주목되는 것은 장사요 수출용 자기이다. 장사요 수출용 자기는 화이트하우스의 발굴조사 당시 5유구에서 다수 출토되었다. 9세기 아랍 상인 술레이만(Sulaimān)의 여행기에 "상품은 바스라, 오만과 그 밖의 지방에서 시라프로 운반되며, 대부분의 선박은 이 곳에서 선적한다"고 기록되어 있는데, 이 기록이 고고학적으로 증명된 것이다.

당(唐)대부터 광주(廣州)에 시박사(市舶使)가 설치되어 동남해로의 대외무역을 통괄하였는데, 『신당서新唐書』지리지에 광주에서 베트남, 태국, 말레이시아, 인도네시아, 말라카해협, 스리랑카, 인도, 파키스탄을 거쳐 페르시아만으로 들어가 최종적으로 이라크의 최대 항구인 바스라(Basrah)에 도달하는 경로가 기록되어 있다. 이 기록 속에서 제라로화국(提羅盧和國)이 시라프항을 뜻한다고 보고 있다. 시라프항의 발굴조사에서 당의 장사요 수출용자기가 대량으로 출토되어 그 가능성은 커졌다. 당말(唐末)에서 송(宋)대에 걸쳐서 중국을 방문한 이슬람 상인 가운데 다수를 점한 것은 시라프인들이었다. 그들은 해로를 통해 광주에 이르고, 나아가 천주(泉州) 등의 연안 도시로 진출하였다. 남송(南宋) 악가(岳珂)의 『정사桯史』에는 천주(泉州)에 호라위(尸羅圍)라는 상인이 있었으며, 같은 시기 조여괄(趙汝适) 『제번지諸藩志』에는 시나위(施那幃)라는 대식상인(大食商人)이 있었던 것이 기록되어 있다. 양자에 대해서 시라비(Shilavi)의 음역으로 시라프인라는 의미로 해석하고 있다. 10세기 초 시라프항에 거주하였던 아랍 작가인 아브 자이드 하산(Abu Zaid Hassan)은 "황소(黃巢)의 난 때 국내의 무수한 현성이 함락된 후 이슬람역(264년) 즉 878년(당휘종건부5년唐僖宗乾符五年)에는 칸푸(Kanfu 강부康府 광주廣州)가 함락되어……중국인 외 이슬람교도, 유대인, 기독교도, 조로아스터교도가 다수 살해되어 12만 인에 이르렀으며……중국의 동란은 만리(萬里)의 파두(波頭)를 넘어 시라프항과 오만에까지 영향을 미쳤다"고 기록하였다.

시라프항은 이슬람제국 초기 페르시아와 인도, 중국과의 해상 무역의 거점이었다. 유적은 997년 대지진에 의해 파괴되었으며, 대지진 이후 호르무즈해협(Hormuz Str.)의 서쪽 끝에 위치하는 키시(Kish)섬의 호르무즈항이 이를 대신하여 페르시아만의 주요한 항구가 되었다.

참고문헌

M.A. Stein, 1937. *Archaeological Reconnaissance in North-Western India and South-Eastern Iran*, London.

林梅村, 2006, 『絲綢之路考古十五講』, 北京大学出版社.

黄珊, 2007, 「中世ペルシア湾の古代海港-シラフ港の発見-」, 『西域文明的発現』, 北京大学考古文博学院.

David Whitehouse, Donald S. Whitcomb, T. J. Wilkinson. 2009. *SIRAF: History, Topography and Environment* (The British Institute of Persian Studies: Archaeological Monographs). Oxbow Books.

Cameron A.Petrie, David Whitehouse, Donald Whitcomb, T.J. Wilkinson. 2010. *Siraf History Topography and Environment*. Oxbow Books.

Ⅳ. 유라시아歐亞 해로海路의 유적遺蹟과 유물遺物

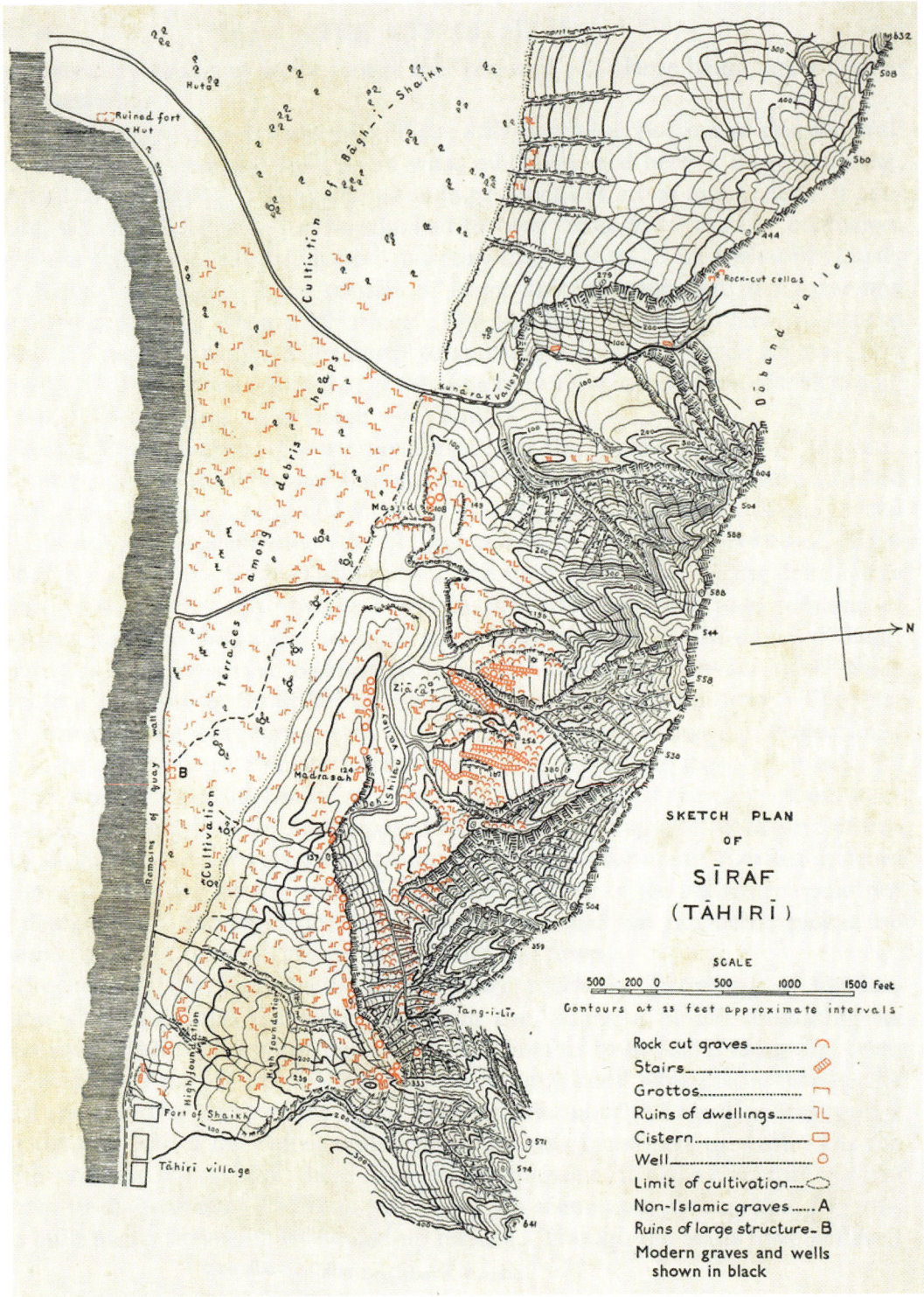

그림 Ⅳ-10. 이란^{Iran} **시라프유적**^{Siraf site}
1. 시라프(Siraf)유적(遺蹟) 분포도(分布圖)

2~5. 시라프(Siraf) 방파제(防波堤)와 선착장(船着場), 건물지(建物址)
6. 시라프(Siraf) 묘비(墓碑)
7. 시라프항(Siraf港)

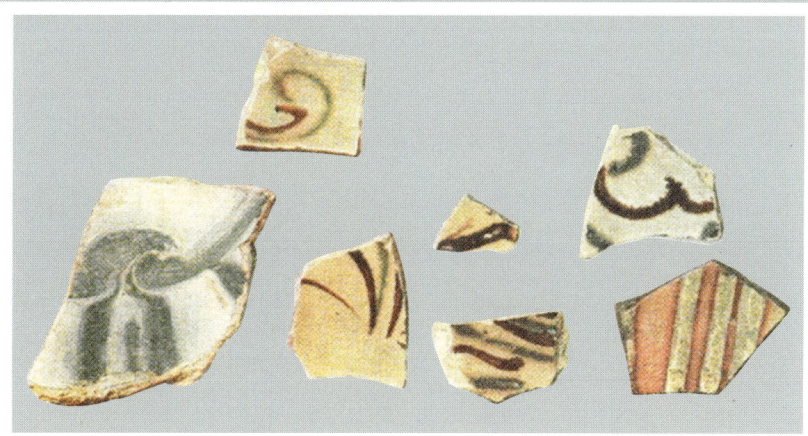

8. 시라프항(Siraf港)
9~10. 장사요(長沙窯) 도자기(陶磁器)
11. 장사요(長沙窯) 도자기(陶磁器)와 연유도기(鉛釉陶器)
12. 장사요(長沙窯) 등 도자기(陶磁器)

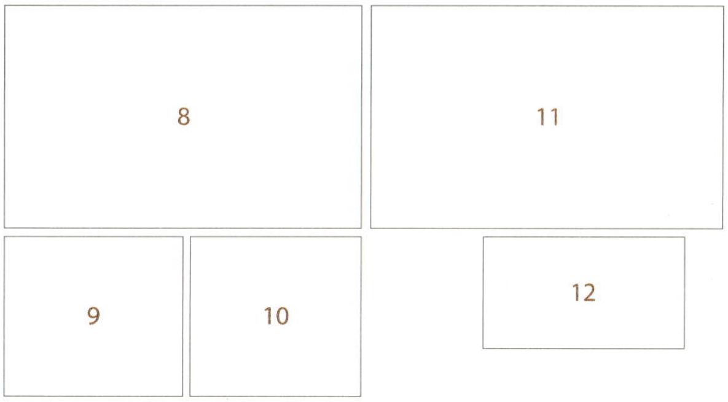

8. 파키스탄Pakistan의 유적遺蹟과 유물遺物

1) 모헨조다로유적Mohenjo daro site

　모헨조다로유적은 인더스강 중류역에 위치한다. 인더스 문명은 세계 4대 문명 중 하나로, 인도 대륙 북동부 인더스 강을 중심으로 번영하였다. 이 문명기의 표지 유적과 유물은 모헨조다로, 하라파(Harappa)와 채색토기, 인장, 홍옥수 등이 있다. 인더스문명의 특징은 정밀한 도시계획으로 조성된 시가지 구역으로, 인류 최초의 계획도시로 평가받고 있다.

　인더스 문명은 언제, 어디서부터 시작된 것일까. 수메르 문명이라고 일컬어지는 서아시아의 농경문화는 동진(東進)하여 현재의 이란 동부-파키스탄에 해당하는 발루치스탄(Baluchistan)지역에 전파된다. 이 지역에서부터 인더스 문명이 시작되는 것이다. 이러한 전파양상은 해당 지역에 위치한 댐브사다트(Damb sadaat) 유적에서 확인된다. 이 유적의 연대는 BC 2800-2300년 경으로 인더스 문명기 유적 중 가장 이른 시기이다. 이 유적에서 반출되는 유물은 채문토기가 주된 것들이다. 또한 건조벽돌(日干煉瓦)로 쌓아올린 기단건축이 확인되어 벽돌조 건축물의 존재를 상정할 수 있다. 이러한 채문토기, 벽돌조 건축물 등은 후대의 모헨조다로, 하라파 등에도 계승되어 인더스 문명의 특징으로 이해되고 있다. 이후 인더스 문명 초현기 문화는 점차 동진하여 인더스강 북동부 유역까지 전파되는데 대표 유적으로 BC 2500년 경에 건설되었다고 판단되는 살라이콜라(Sarai khola)와 코트데이지(Kot diji)가 있다.

　이후 BC 2400-2300년 경부터는 본격적인 인더스 문명기 도시가 생겨난다. 이들 중 잘 알려져 있는 유적이 바로 모헨조다로이다. 이 도시유적의 전체 구조는 서쪽에는 성채(城寨), 동쪽에는 둘레 4-5km의 시가지 구역으로 이루어져 있다. 그리고 시가지 내부는 대, 중, 소의 직선 도로를 통해 구역을 나누었다.

　모헨조다로의 주거구역에는 배수구와 하수구를 설치하였다. 배수구는 각 가정에서 발생한 오물들을 집 바깥으로 배출해주는 역할을 하였다. 배수구를 통해 배출된 오물은 소로와 대로의 하수구로 연결되어 유적 바깥으로 이동하게 된다. 도로는 폭 9m의 대로 → 중로 → 소로의 구조로 구획되었다.

　유적의 성채부에는 대형 목욕탕, 곡물 창고, 대형 주거용 건물 등이 확인되었다. 스투파(stupa)는 후대의 것인데, 이 스투파의 하부에서도 인더스 문명기의 중요한 건축물이 위치하였을 것으로 추정된다. 그러나 왕묘나 왕궁이 없다는 점은 동시기 다른 문명과는 대별되는 특징이다.

　　이러한 도시문명을 영위하였던 모헨조다로 및 주변 인더스 문명기 도시들은 BC 1800년경 멸망의 길을 걷게 된다. 멸망의 원인에 대해서는 대내외적 요인으로 멸망하였다는 설과 급격한 사막화로 인하여 멸망하였다는 설 등이 있다.

　　한편, 인더스 문명의 중심지였던 모헨조다로에서 멀리 떨어져 있는 북동부의 인더스강 중·상류역, 남동부의 인도 구자라트(Gujarat) 일대역에서는 인더스 문명의 요소가 잔존하는 양상이 확인되기도 한다. 북동부 지역의 경우 인더스의 '채문토기 문화' 이후 인더스 토기문화를 계승한 '적색토기문화', 특이한 대형 청동기를 동반하는 '매장동기문화'가 유행하게 된다. 이 문화양상은 BC 1100년까지 이어지게 되는데 이를 인더스 문화와 아리아인 문화가 융합한 결과로 파악하고 있다. 즉 인더스 문명은 북동부 지역에서 BC 1100년까지 잔존하다가 소멸하게 되는 것이다.

　　그리고 남동부 지역의 경우 BC 1800년 이후 이전까지는 동일하게 연결되던 북동부의 채문토기 문화가 단절되는 양상을 보인다. 이에 대해 인더스 문명 중앙부가 멸망하면서 도시유적 간의 연결이 끊어진 결과라 해석한다. 그 후 이 지역은 인더스 토기문화의 연장선상에서 독자적인 토기문화를 영위하다 BC 1400년 무렵 소멸하게 된다.

참고문헌

木村重信(外), 1997, 『世界の大遺跡 8-インドの聖域-』, 講談社: 東京.

John Marshall, 1931, *Mohenjo-Daro and the Indus Civilization: Being an Official Account of Archaeological Excavations at Mohenjo-Daro Carried Out by the Government of India Between the Years 1922 and 1927* Ⅰ, Ⅱ, Ⅲ, London, Arthur Probsthain.

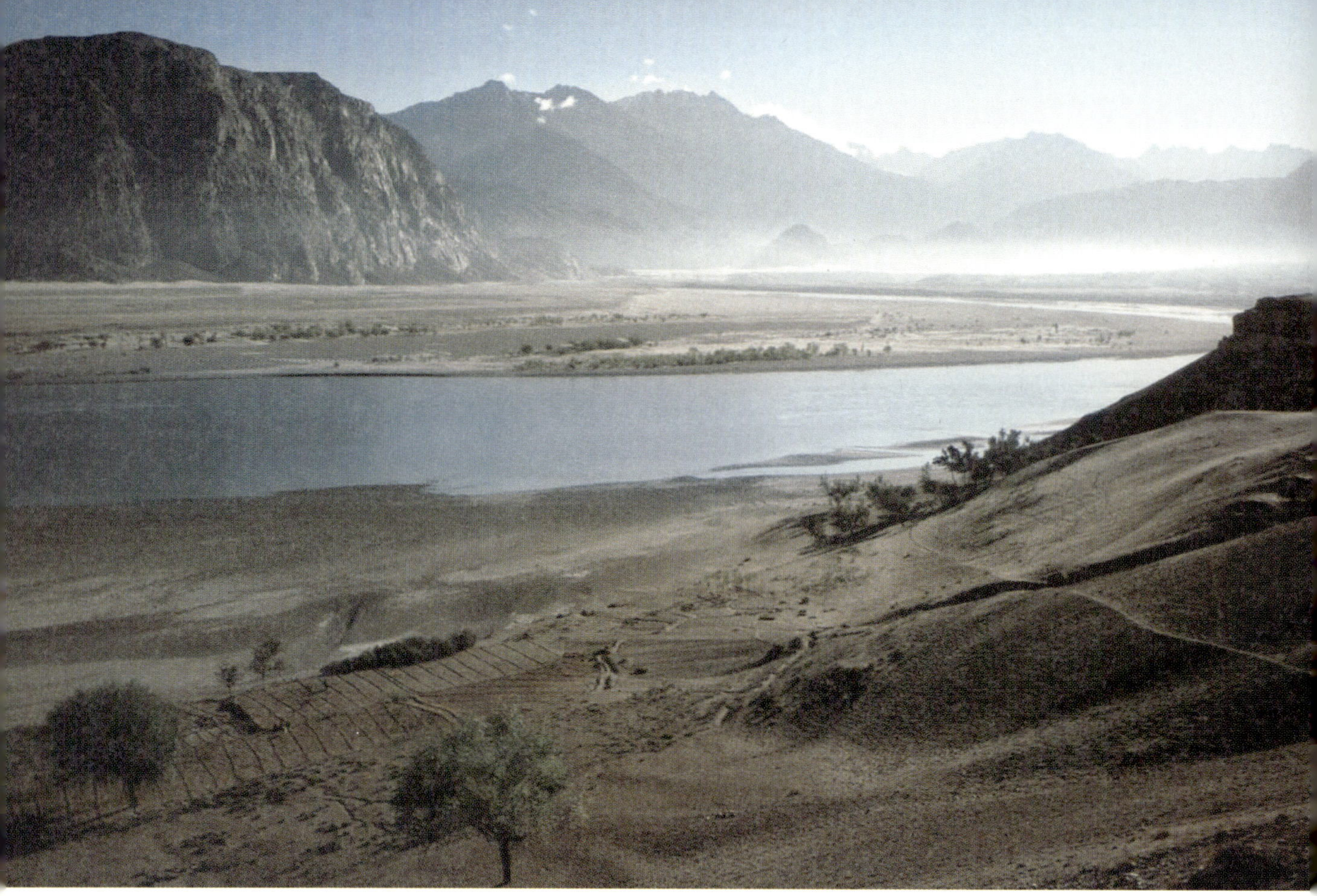

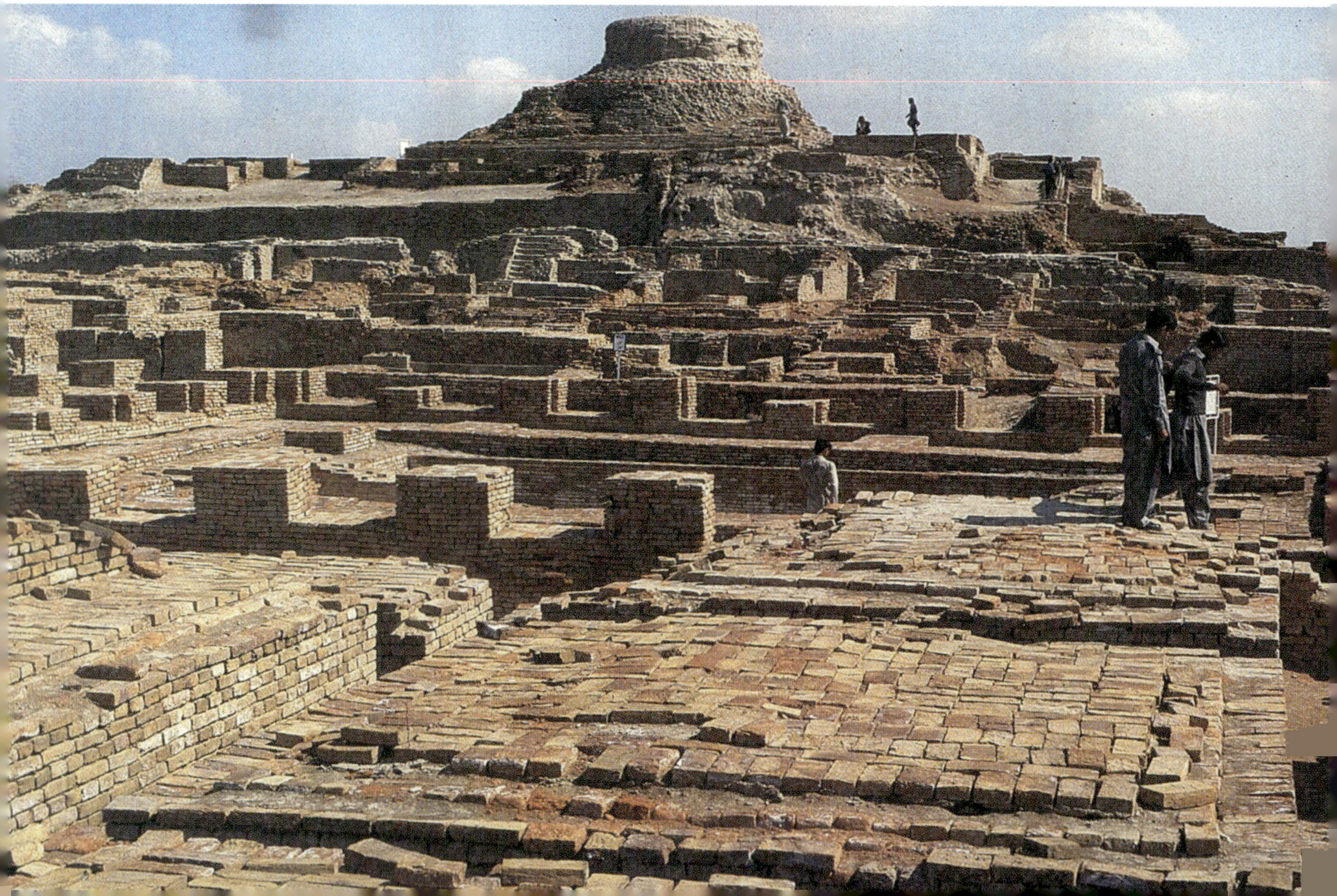

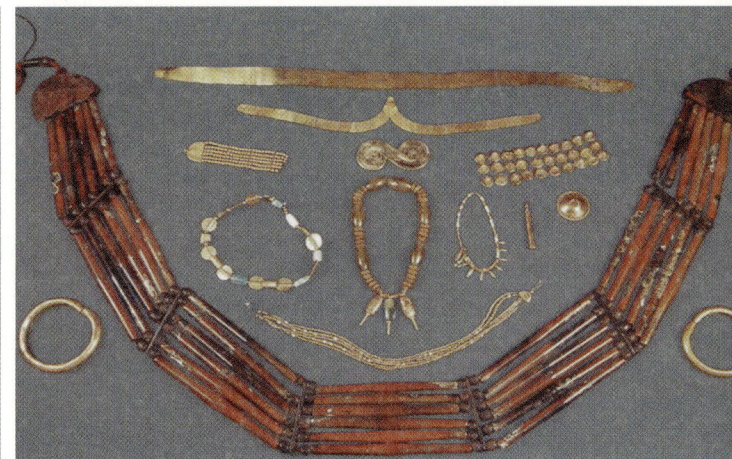

그림 Ⅳ-11. 파키스탄Pakistan 모헨조다로유적Mohenjo daro site

1. 인더스강(Indus)
2. 모헨조다로(Mohenjo daro)
3~4. 인장(印章)
5. 인물상(人物像)
6. 홍옥수(紅玉髓) 경식(頸飾)과 장신구(裝身具)

2) 반보르유적 Banbhore site

반보르유적은 파키스탄 신드주(Sindh 州)에 위치하는 고대 항구도시 유적이다. 이 도시유적은 카라치(Karachi)로부터 동쪽으로 65km가량 떨어진 사타(Thatta)구역 가로(Gharo) 만 북쪽 제방 인근에 위치하고 있다.

유적에 대한 최초의 조사는 1928년 인도의 역사학자 라메시 찬드라 마줌다르(R. C. Majumdar)에 의해 진행되었다. 이후 1951년 영국의 고고학자 라라 알콕(L. Alcock) 또한 이 유적을 조사하였다. 영국 및 인도로부터 독립한 이후부터는 파키스탄의 고고학자 파들 아마드 칸(Fadl Ahmad Khan)에 의해 1958년부터 1965년까지 8년가량의 장기간·대규모 조사가 진행되었다.

반보르는 BC 1세기부터 AD 13세기까지 약 1,300여 년간 존속했던 항구도시이다. 발굴조사 결과에 따르면, 이 도시는 세 시기로 나누어진다. BC 1세기부터 AD 2세기까지의 스키타이-파르티아 시기, 2세기부터 8세기까지의 힌두-불교(Hindu-Buddhist) 시기, 그리고 8세기부터 13세기까지 이슬람교 초기(Early Islamic)이다. 13세기 이후부터는 인더스(Indus)강의 유로가 변경되어 해당 지역을 지나지 않게 되자 항구도시로서의 기능을 상실하고 폐기되었다.

반보르유적은 해안가 인근의 높이 10m, 폭 610m, 길이 305m 구릉에 형성되었다. 도시는 성벽으로 방어되었으며, 석회암과 점토를 섞어 축조한 성벽은 높이가 3m, 성문은 세 곳, 치(雉)는 총 46곳이 확인되었다.

성곽 내부는 중앙부를 남-북으로 가로지르는 석축에 의해 동·서로 나누어져 구획되었다. 이 중 서쪽 구역은 잔존상태가 불량하며, 동쪽 구역은 비교적 양호하다. 성곽 내부에서는 다수의 건물지, 도로유구 등이 확인되었으며, 그 중 가장 주목할만한 것은 모스크(mosque)이다. 모스크는 동쪽 구역에서 가장 큰 면적을 차지하고 있는데 부속시설까지 포함한다면 확인된 건물지 유구 전체 면적의 75% 정도이다. 나머지 25%는 행정시설, 대상의 숙소로 추정된다. 1960년의 조사에서 확인된 이 모스크는 727년에 해당하는 명문이 있어 건립 시점을 명확하게 알 수 있다. 즉 8세기경부터 해당 지역에 이슬람 문화가 유입되기 시작한 것이다. 또한 이 모스크에 사용된 건축부재는 이전에 건축되었던 힌두교 사원의 부재를 재활용한 것인데 이를 통해 당시 이 지역에 큰 변화가 일어난 것을 유추해 볼 수 있다.

성벽은 동북쪽에서 서쪽까지 연결되어 있다. 성벽의 동북쪽 바깥 끝단에는 거대한 인공 저수시설이 설비되었으며 이 곳에 저장된 물은 도시 및 항구의 음용수로 공급되었을 것으로 추정된다. 그리고 인공 저수시설이 설치된 지점부터 서쪽 끝까지 광범위한 지역에 산업시설이 위치하였는데, 이곳에서는 섬유 가공, 유리 제작, 유리 가공, 제철 산업 등의 다양한 산업이 행해졌다. 성벽의 남쪽 바깥에 위치한 항만에서는 정박시설이 확인되었다.

반보르유적이 위치하는 인더스 하구는 지정학적으로 인도 서북부 내륙지역과 아라비아반도, 중동지역을 해양으로 잇는 교통의 요충지에 해당한다.

이러한 점은 해당 유적에서 출토된 각종 유물로도 파악할 수 있다. 반보르유적에서 출토된 유물들은 외래적 요소가 많이 관찰된다. 2-7세기에 해당하는 로마(Roman) 계통 도제 램프(Lamp), 8세기에 해당하는 사산조 페르시아 계통의 녹유도기, 페르시아 계통 8-13세기에 해당하는 유리기, 압바스(Abbasids)조 계통의 자기편, 12-13세기에 해당하는 셀주크 튀르크(Seljuk Turk) 계통의 도기가 있다.

더욱이 반보르유적에서는 당 월주요(越州窯)의 주자와 청자완, 장사요(長沙窯)의 채회도기완과 첩부문갈채수주, 송의 용천요(龍泉窯) 청자발이 출토되었다. 그 외 북방에서 생산된 백자와 월요계 요에서 제작된 회녹유대호(灰綠油大壺)가 있다. 이 유적에서는 9세기 전반 장사요 제품이 주류를 이루고 10세기 월요제품이 주류을 이룬다. 백자완도 월요와 같이 이입되며 10세기 후반과 11세기에는 수량이 증가한다. 회녹유대호(灰綠油大壺)는 9세기부터 11세기에 걸쳐서 이입된다. 이 유적에서는 복건성(福建省) 복주(福州) 유화묘(劉華墓) 출토품과 같은 이슬람 유엽문(柳葉文) 청유대호(青油大壺)가 출토되었다.

반보르유적은 중국(中國)의 당(唐) 및 송(宋), 원(元)의 자기(瓷器)와 함께 이슬람 도기가 다수 출토되어 해양 실크로드 상에 위치하여 동방과 서방을 이어주는 국제항의 역할을 수행하였다. 그러나 13세기 이후의 해퇴현상과 인더스강의 유로변화 등으로 쇠퇴하였다.

참고문헌

佐々木達夫, 1987, 「バンポール出土の中國陶磁器の海上交易」, 『深井晋博士追悼シルクロード記念美術論集』, 吉川弘文館.

Virginia M. Di Crocco, 1990, BanBhore, An Important River Port on the Ceramic and Glass Routes, *The Journal Of The Siam Society Volume 78 Part 2*, The Siam Society : Bangkok.

UNESCO, 2012, Port of Banbhore, *World Heritage Sites, Tentative List:* (*https://whc.unesco.org/en/tentativelists/1885/*)

N. Manassero, V. P. Fiorani, 2014, The Site of Banbhore (Sindh-Pakistan), *The Silk Road Volume 12*, The Silkroad Foundation : Saratoga, CA.

Ⅳ. 유라시아歐亞 해로海路의 유적遺蹟과 유물遺物

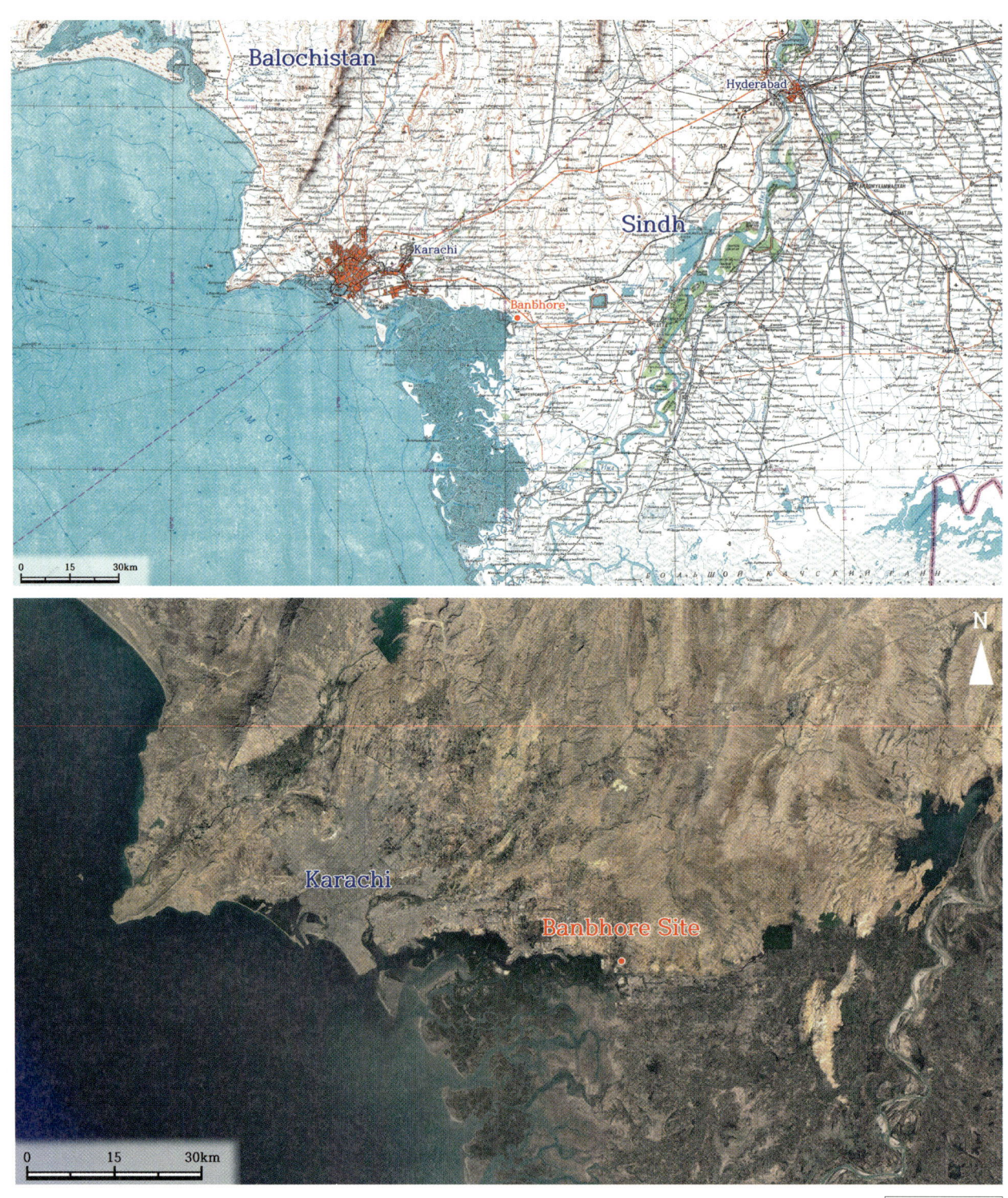

그림 Ⅳ-12. 파키스탄^{Pakistan} 반보르유적^{Banbhore site}

1. 반보르(Banbhore)유적(遺蹟) 위치(位置)
2. 반보르(Banbhore)유적(遺蹟) 위치(位置)
3. 반보르(Banbhore) 성벽(城壁)
4. 이슬람(Islam) 유리주자(琉璃注子)
5. 이슬람(Islam) 도완(陶盌)

Ⅳ. 유라시아歐亞 해로海路의 유적遺蹟과 유물遺物

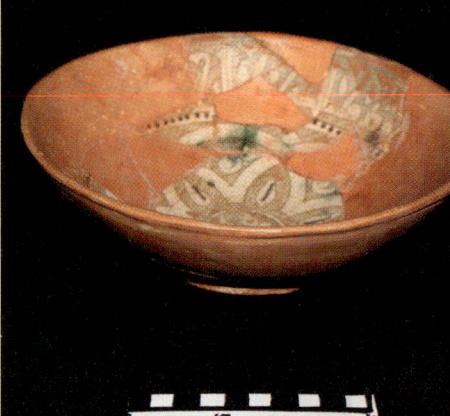

6. 이슬람(Islam) 청유대호(靑釉大壺)
7, 9. 이슬람(Islam) 도완(陶盌)
8. 당(唐) 장사요완(長沙窯盌)

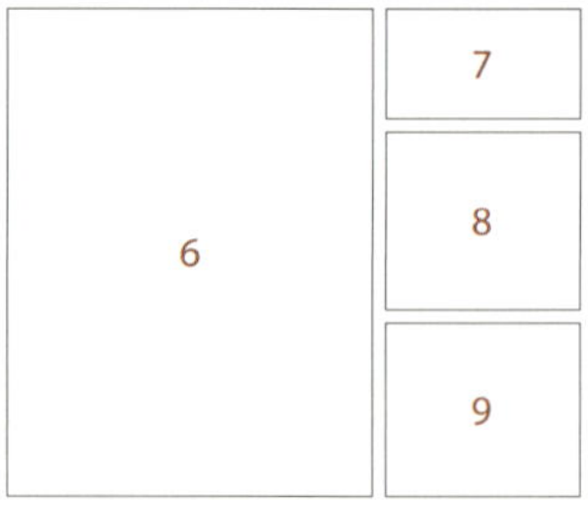

9. 인도India의 유적遺蹟과 유물遺物

1) 칸머유적Kanmer site

칸머유적은 구자라트(Gujarat)주 쿠치(Kutch)구 라바트 탈루크(Rapar Taluk)에 위치한다. 이 유적은 바카르 코트(Bakar Kot)라고 불리기도 한다.

이 유적이 위치한 구자라트는 인도의 서북쪽에 위치한 지역으로 아라비아해에 면해있다. 구자라트의 중앙부에는 아라비아해를 향해 돌출되어 있는 카티아와르(Kathiawar)반도가 있다. 이 반도는 서쪽에 쿠치(Kutch)만, 동쪽에 캄배이(Cambay)만을 끼고 인도대륙과 연결되어있다. 칸머유적은 이 쿠치만의 가장 안쪽에 위치하고 있다. 이 지역은 고대부터 중동지역과 인도지역을 아라비아해를 통해 연결하는 해양교역의 중심지였다.

칸머유적은 2006년 이래 인도-일본 공동 발굴에 의하여 조사되었다. 유물은 인더스문명의 표지유물인 채문토기가 상당수 출토되었으며, 토제 팬던트도 확인되었다. 특히 이 팬던트는 중앙부에 구멍이 뚫려있고, 전면에는 유니콘을 닮은 동물의 형상이 새겨져 있다. 이 형상은 인더스 문명의 중심지로 판단되는 모헨조다로에서 출토된 인장과 매우 유사하다. 뒷면에는 인더스 문자가 새겨져 있었다. 이 팬던트의 용도를 '다른 지역을 왕래하기 위한 증표' 기능을 하였다고 보고있다.

이 유적에서는 많은 수의 구슬이 출토되었으며, 거칠게 연마한 석제 구슬 150여 점, 드릴로 천공한 것 160여 점, 파이안스(faience) 구슬 430여 점, 스테이타이트(steatite) 구슬 2만여 점, 홍옥수제 구슬 등이 있다.

칸머유적의 연대는 앞선 인더스 토기와 인더스 인장과 유사한 문양이 새겨진 토제 팬던트를 통해 인더스 문명기에 해당함을 알 수 있다. 그래서 인더스 문명 남동부에 위치하는 구자라트 지역은 중심부가 멸망한 이후에도 어느 정도 존속하였다고 추정된다. 토기문화상으로 볼 때, 구자라트 지역의 인더스문명은 인더스 토기문화의 연장선 상에서 독자적인 토기문화를 영위하다 BC 1400년에 단절된 것으로 이해되고 있다.

인더스 문명의 중심지는 모헨조다로와 하라파이다. 이들은 인더스-사라스바티(Saraswati)강이 흐르는 계곡에 입지하고 있다. 이 지역은 당시 농업생산량이 풍부한 지역으로 해당 지역에서 산출되는 농산물만으로도 자급자족할 수 있었던 곳이었다. 그러나 인더스 계곡은 풍부한 농업생산량과는 반대로 광물은 거의 없는 편이다. 한편 인더스 문명인들은 각종 광물을 이용한 장신구를 주로 착용하였다. 따라서 그들의 수요를 충족하기 위해서는 인더스 계곡으로부터 멀리 떨어진 곳으로부터 광물을 채굴·운반할 수밖에 없었다.

　　인더스 계곡과는 반대로 구자라트 지역은 광물자원이 풍부한 곳이었다. 특히 칸머유적은 마노(agate)광산이 불과 20km 떨어진 지점에 위치하고 있었을 정도로 광물이 풍부하였다. 칸머유적에서 출토된 수만 점의 구슬은 유적 인근에서 채굴한 광물을 이용해, 유적 내에서 천공, 문양의 감입 등의 제작과정을 거쳐 만들어졌다. 그리고 이 구슬은 해양루트를 통해 인더스 문명의 중심지로 운반되었다.

참고문헌

Kenoyer J. M. 1998, *Ancient cities of the Indus Valley civilization,* Oxford: Oxford University Press.

Possehl G. L. 2002, *The Indus civilization: a contemporary perspective*, Oxford: Altamira.

Agrawal D. P. 2007, *The Indus civilisation*, Delhi: Aryan Books International.

Kharakwal J. S, Y. S. Rawat and T. Osada, 2008, *Preliminary observations on the excavation at Kanmer, Kachchh, India*, Kyoto: Research Institute for Humanity and Nature.

Agrawal D. P, Kharakwal J. S, Y. S. Rawat, T. Osada and Pankaj Goyal, Y.S. Rawat, T. Osada & Pankaj Goyal, 2010, Redefining the Harappan hinterland, *A Review of World Archaeology.* (http://www.antiquity.ac.uk/projgall/agrawa1323)

Kharakwal. 2012. *Kanmer: A Unique Harappan Township In Kachchh, Gujarat-Himanshu Publications.Himanshu Publications.*

長田俊樹(編), 2013, 『インダス―南アジアの基層世界を探る』, 京都大學出版會.

9. 인도India의 유적遺蹟과 유물遺物

그림 Ⅳ-13. 인도India 칸머유적Kanmer site

1. 칸머(Kanmer)유적(遺蹟) 위치(位置)
2. 칸머유적 인장(印章)

Ⅳ. 유라시아歐亞 해로海路의 유적遺蹟과 유물遺物

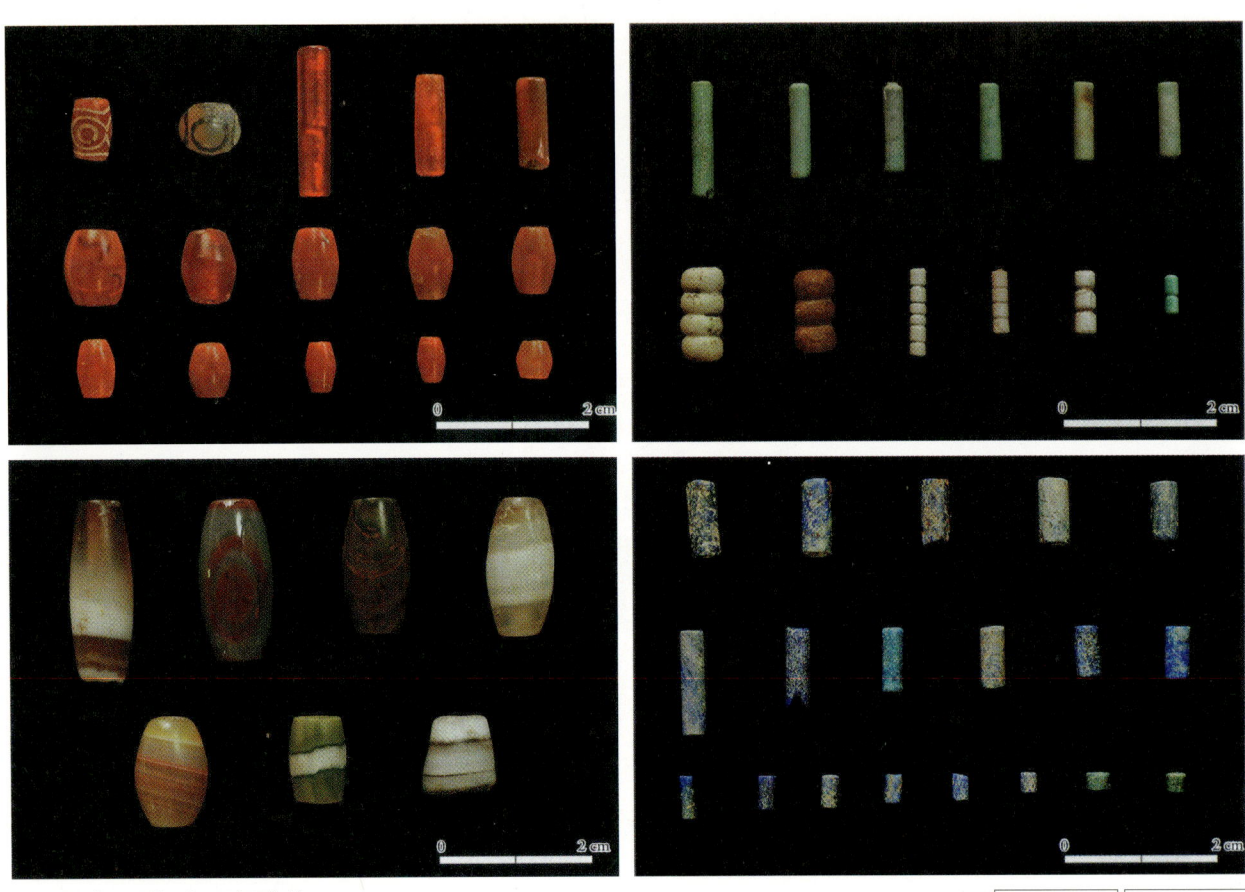

3. 홍옥수(紅玉髓), 마노주(瑪瑙珠)
4. 청금석주(靑金石珠) 외(外)

| 3 | 4 |

2) 파타남유적 Pattanam site

파타남유적은 인도 남부 케랄라(Kerala)주에 있는 에르나쿨람(Ernakulam)구에 위치한다. 북파라부르(North Paravur)의 북쪽 2km, 코치(Kochi) 북쪽 25km이며, 첸다망갈람(Chendamangalam)에서는 동쪽 6km에 해당한다.

이 유적은 인도대륙의 남부 해안가에 입지하고 있는데, 이러한 지정학적 위치는 인도대륙으로부터 해로를 통해 서쪽의 중동지역, 동남쪽의 실론(Ceylon)섬, 동쪽의 인도차이나반도와 연결해주는 곳이다.

파타남유적은 케랄라역사조사협의회(KCHR)에 의해 약 450,000m 정도 조사되었다. 이 도시유적의 유구는 수많은 벽돌제 건물지 이외에도 부두의 역할을 하였을 것으로 추정되는 유구가 6m가량의 목제선(船)과 함께 확인되었다. 출토된 유물은 서아시아산 시유도기, 룰렛토기, 3-4세기 로마에서 통용되던 전면에 코끼리, 후면에 활과 화살이 압인된 사각형의 동전, 체라왕조 시기의 동전, 암포라(Amphora), 로마의 테라 시길라타(terra sigillata)토기, 카메오 블랭크(Cameo Blanks), 석제·유리질제 구슬 등이 대량 출토되었다. 이 유적은 발굴조사 과정에서 확인된 목탄과 부두 유구의 목재 샘플에 대한 방사성탄소연대측정 결과, 최초 연대는 BC 1,000년 내외로 확인되었다.

파타남유적에서는 서아시아 지역과 교류를 했을 것으로 추정되는 각종 토기류, 고대 그리스나 로마지역과 교역하였음을 알 수 있는 지중해 지역 토기류, 동전 등이 확인되었다. 파타남유적은 로마지역보다는 서아시아 지역과 먼저 교역했던 것으로 추정된다. 서아시아산 토기류들은 BC 2세기 이전에 해당하는 층위에서 확인되는 반면 지중해 토기들은 해당 층위 또는 그 이전 시기의 층위에서 확인되지 않고 있기 때문이다. 한편 지중해산 유물들이 확인되는 시점은 BC 1세기경부터 AD 2세기 사이로 서아시아산 토기의 유입보다 약간 늦은 편이다. 그러나 지역을 막론하고 이 유적에서 외래계 유물이 집중되는 시기는 BC 2세기부터 AD 4세기에 해당하여 해당 시기를 파타남유적의 황금기로 보고 있다.

유적의 하한은 10세기경으로 추정되는데, 3-9세기의 파타남 유적 일대는 체라(Cera)왕국의 지배를 받던 시기였다. 파타남유적에서는 체라 왕국의 유물이 확인되는 것이 그 근거이다. 그러나 이 유적에서는 체라왕국 이후의 유물은 확인되지 않기 때문에 그 하한을 10세기경으로 판단하는 것이다.

이 유적에서는 선박에 적재되었던 저장용기인 로마산 암포라, 유리기, 유리옥, 인도산 유리옥, 마노(瑪瑙), 홍옥수(紅玉髓), 누금(鏤金)제품이 출토되었다. 로마 유리기는 아프카니스탄 베그람(Begram)유적 출토품과 같은 종릉문완(縱稜文盌), 모자이크유리기, 채색유리기 등의 최고급품이 출토되었다. 또한 유적에서는 인도 퍼시픽 유리구슬이 다량 출토되어 그 제작지로 보인다.

고대 지중해 세계에서 활동하였던 프톨레마이오스(Ptolemaeos)의 『지리학$^{Geograghike\ Hiphgesis}$』에서는 무지리스(Muziris)라는 도시가 보인다. 이 도시는 인도에 위치한 무역항으로 지중해, 서아시아, 인도, 동남아시아, 중국을 연결하는 무역의 집산지 역할을 하였다고 한다. 파타남유적은 이 무지리스로 비정하고 있으며, 이에 대한 논의가 진행되고 있다.

참고문헌

C. Gouridasan Nair, 2009, *Pattanam richest Indo-Roman site on Indian Ocean rim*, The Hindu.

P. J. Cherian, Prasad G. V. Ravi, Dutta Koushik, Ray Dinesh Kr., Selvakumar V. and K. P. Shajan, 2009, Chronology of Pattanam: a multi-cultural port site on the Malabar coast, *Current Science* 97(2).

P.J.Cherian, Jaya.Menon, 2014, *Unearthing Pattanam*: histories, cultures, crossings catalogue for the 2014 exhibition, National Museum-New Delhi Kerala Council for Historical Research.

P.J.Cherian, 2015, Pattanam Represents the Ancient Urban Periyar River Valley Culture: 9th Season Excavation Report (2014-15), *Heritage*: *Journal of Multidisciplinary Studies in Archaeology* 3, Kerala: Department of Archaeology, University of Kerala.

9. 인도India의 유적遺蹟과 유물遺物

그림 Ⅳ-14. 인도^{India} 파타남유적^{Pattanam site}
1. 파타남(Pattanam)유적(遺蹟) 위치(位置)

Ⅳ. 유라시아歐亞 해로海路의 유적遺蹟과 유물遺物

2~3. 파타남(Pattanam)유적(遺蹟)
4. 파타남(Pattanam) 배(舟)
5~7. 로마(Rome) 채색유리완(彩色琉璃盌)과 종릉문유리완(縱稜文琉璃盌)

9. 인도India의 유적遺蹟과 유물遺物

	2		5
	3	4	6
			7

Ⅳ. 유라시아歐亞 해로海路의 유적遺蹟과 유물遺物

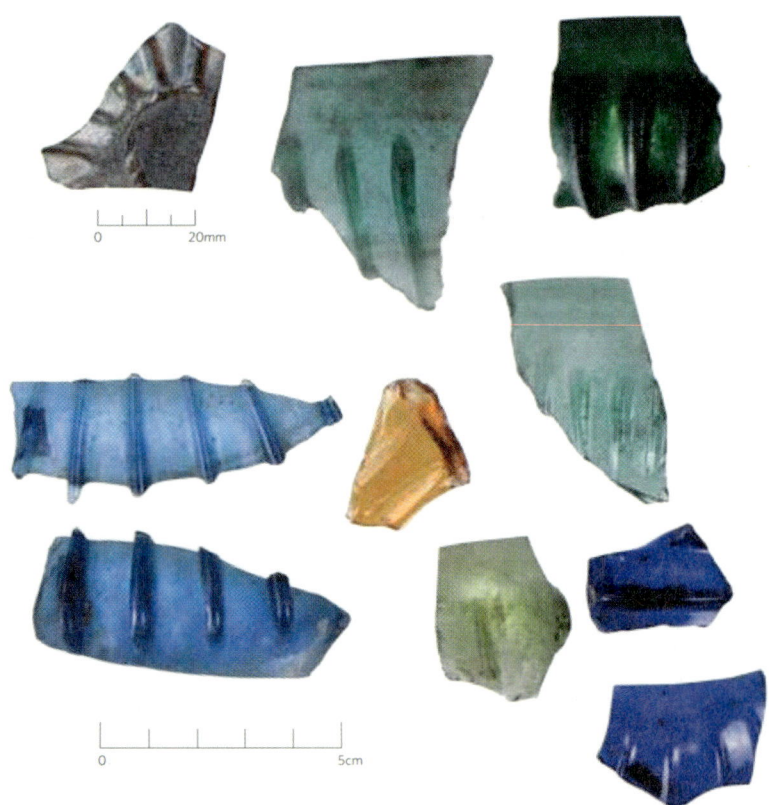

9. 인도India의 유적遺蹟과 유물遺物

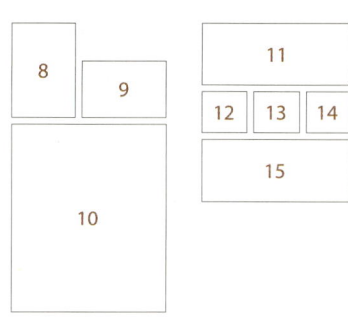

8~10. 로마(Rome) 채색유리완(彩色琉璃盌)과 종릉문유리완(縱稜文琉璃盌)
11~14. 금제(金製) 소환연접구체주(小環連接球體珠)와 금제품(金製品)
15. 암포라(Amphora)

Ⅳ. 유라시아歐亞 해로海路의 유적遺蹟과 유물遺物

16. 마노(瑪瑙)
17. 홍옥수(紅玉髓) 지륜(指輪) 장식(裝飾)
18. 유리주(琉璃珠)

16	17
18	

3) 아리카메두유적 Arikamedu site

아리카메두유적은 인도 동남부 푸트체리(Puducherry)의 수도 퐁디셰리(Pondicherry)에서 4km 지점 해안의 아리얀쿠팜(Ariyankuppam) 카카얀토프(Kakkayanthope)에 위치한다. 이 유적은 파타남 유적과 마찬가지로 교역항의 성격을 띠는 곳으로, 파타남의 경우 인도 대륙의 서남부, 아리카메두는 인도의 동남부에 위치하는 상호대칭적 위치에 입지하고 있다.

이 유적의 조사에 관한 첫 기록은 1734년부터 시작된다. 당시 퐁디셰리지역은 프랑스의 식민지였다. 이 지역을 통치하던 프랑스 영사는 마을 사람들이 비람파타남(Virampattinam)에서 옛 벽돌 건물지를 훼손하고 있다는 보고를 받고, 이를 조사한 것이다. 이후 1765년에 재임 중이던 프랑스 영사는 현장을 직접 방문하기도 하였는데 현장에서 그는 음각된 세공품을 수집할 수 있었고, 아리카메두유적에서 출토되는 유물들이 로마제국과 관련이 있다는 사실을 최초로 인지하였다.

1945년과 1947-1950년 휠러(Mortimer Wheele)에 의해 발굴되어 로마 유리기, 보석, 도기, 램프, 암포라 등이 출토되어 『에리트라해 안내기』*Periplus of the Erythraean Sea*에 보이는 포두케(Podouke)항으로 추정되었다. 1989-1992년에 걸친 베글리(Vimala Begley)에 의한 후속 조사 이래 지속적인 조사가 실시되고 있다.

아리카메두유적에서는 항구와 관련된 다수의 건물지와 함께 지중해부터 중국에 이르기까지 광범위한 지역에서 산출된 유물들이 출토되었다. 지중해산 유물은 로마인을 새겨놓은 음각 장신구, 지중해산 토기인 암포라, 로마의 토기인 테라 시길라타(Terra sigillata), 애러틴(Arretine) 등이 다수 출토되었으며, 귀금속, 각종 장식품, 포도주 용기, 유리용기 등도 다수가 확인되었다. 그리고 이 유적에서 생산·가공된 것으로 판단되고 있는 유리제, 석제 구슬도 대량 출토되었으며, 아리카메두에서 생산된 구슬들은 인도 전역과 서아시아, 동남아시아로 유통되었다. 한편 11세기에 해당하는 중국 송-원시기의 청자 등도 출토되며, 해당 시기 이 지역을 통치하던 촐라(Chola)왕조의 동전이 확인된다.

아리카메두유적은 BC 2-3세기에 로마와의 무역항으로 발전하였으며, 지중해지역과의 무역항으로서 기능은 7-8세기까지 유지되었다. 아리카메두유적의 역사적 의의는 앞선 파타남유적과 마찬가지로 '고대의 국제무역항'이었다는 점이다. 그러나 현재까지 확인된 유물을 통해서 파타남유적과 이 유적을 비교해보면, 아리카메두유적은 지중해 지역과 더 이른 시기부터 교역한 것으로 판단된다. 파타남유적의 경우 BC 2세기에는 서아시아계통의 유물만 확인되지만 아리카메두유적은 BC 2-3세기부터 지중해지역 계통의 유물들이 확인되고 있기 때문이다. 또한, 아리카메두유적은 11세기로 편년되는 중국제 청자가 출토되어 파타남 유적보다 더 늦은시기까지 국제무역항으로 기능한 것으로 판단된다.

그리고 파타남유적과 아리카메두유적과 동시기의 타밀나두(Tamil Nadu)주의 에로드(Erode)구 카우베리(Cauvery)강의 지류인 노얄(Noyyal)강에 접한 북쪽 구릉 상에 위치하는 코트마날(Kodumanal)유적이 주목된다. 이 유적은 인도 남서측의 말라바르(Malabar)해안에 위치한 무지리스(Muziris) 현 파타남(Pattanam) 유적과 동남측의 아리카메두유적 일대를 잇는 교통로 상에 위치하고 있다. 즉, 인도 남부의 거대 무역도시 두 곳을 연결하는 교통로상에 입지한 것이다.

코드마날유적의 인근에는 에머랄드, 사파이어, 수정 등 보석의 천연 매장지가 대거 분포하고 있으며, 유적에서도 사파이어, 에머랄드, 마노, 카넬리안, 자수정, 라피스 라줄리, 재스퍼, 가넷, 석영, 오닉스 등의 구슬이 출토되었다. 이들은 제작공정이 완료된 것부터 광택을 내는 공정에서 중지된 것, 마연하는 공정에서 중지된 것 등 공정이 완료된 것부터 제작 중인 것까지 다양한 구슬들이었다. 그리고 건물지에서는 구슬을 가공하는데 사용되었던 갈판 등이 확인되기도 하여 이 도시유적에서는 장신구로 사용되었던 구슬을 가공하던 장인들이 대거 거주하였던 것을 알 수 있다.

코드마날유적은 두 거대 무역항을 연결하는 교통로상에 있는 점, 이 유적의 인근에 준보석의 천연매장지가 대거 분포하고 있는 점, 유적 내에서 다종 다량의 구슬제 장신구들이 출토된 점으로 볼 때, 장신구에 사용되었던 구슬제품을 대량으로 생산하던 곳이며, 교역의 중심지였다.

아리카메두유적은 파타남유적과 같이 로마와 동남아시아 세계를 연결한 해상 실크로드의 거점 교역항이었다.

참고문헌

Wheeler.R.E.M, Ghosh.A and Kishna Deva, 1942, Arikamedu: an Indo-Roman Trading-station on the East Coast of India, *Ancient India* No2,

Vimala Begley, 1983, Arikamedu Reconsidered, *American Journal of Archaeology* Vol. 87, No. 4, Archaeological Institute of America.

Francis. Peter, 2002, *Asia's Maritime Bead Trade: 300 BC to the Present*, University of Hawaii Press.

B. Sasisekaran, 2002, Metallurgy and Metal Industry in Ancient Tamil Nadu – An Archaeological Study, *Indian Journal of History of Science* 37-1, INSA.

Ray. Himanshu Prabha, 2003, *The Archaeology of Seafaring in Ancient South Asia*, Cambridge University Press.

Singh. Upinder, 2008, *A History of Ancient and Early Medieval India: From the Stone Age to the 12th Century*, Pearson Education India.

The Hindu, 2005, *Stone spell*.

(https://www.thehindu.com/todays-paper/tp-features/tp-metroplus/stone-spell/article28155579.ece)

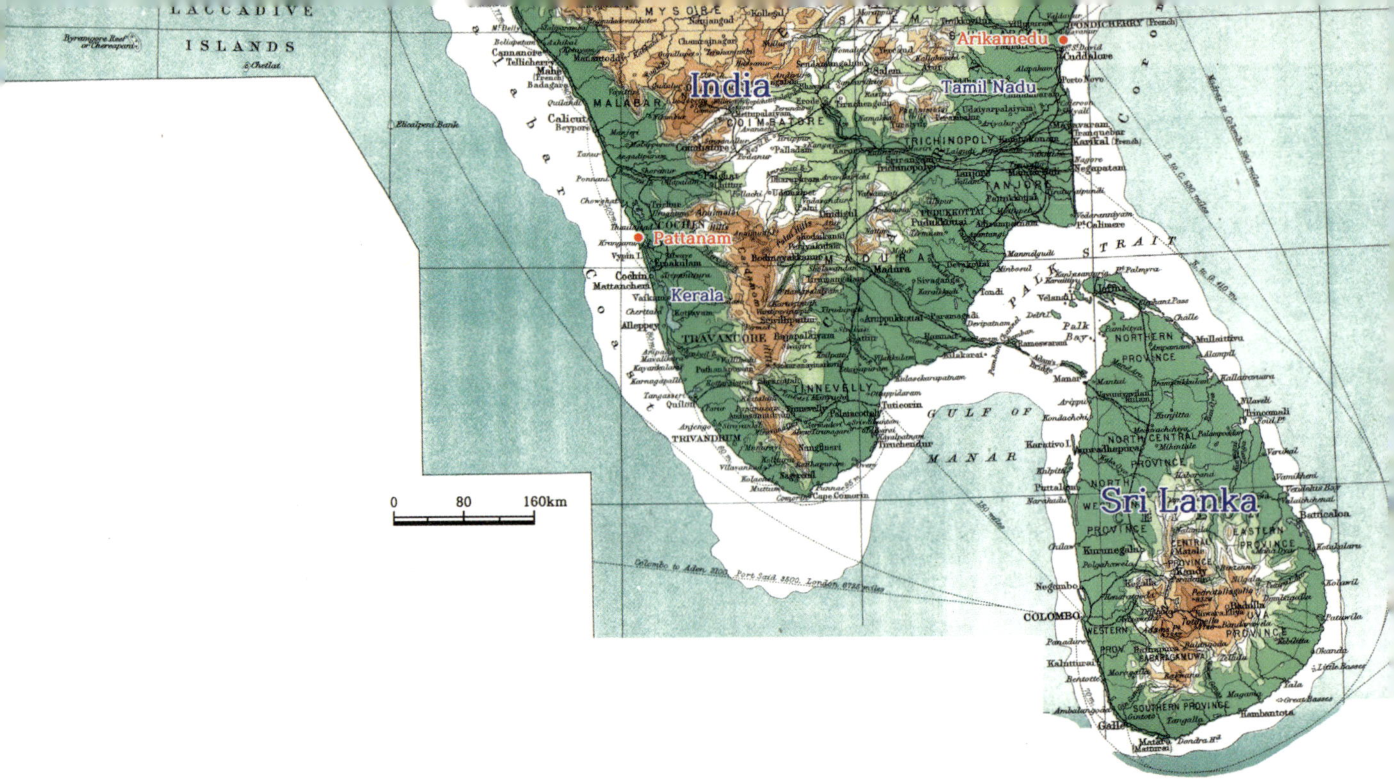
LACCADIVE
ISLANDS
India
Tamil Nadu
Arikamedu
Pattanam
Kerala
Sri Lanka
GULF OF
MANAR
0
80
160km

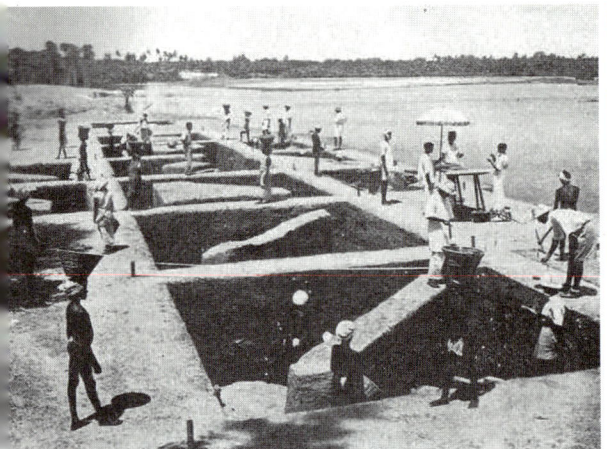

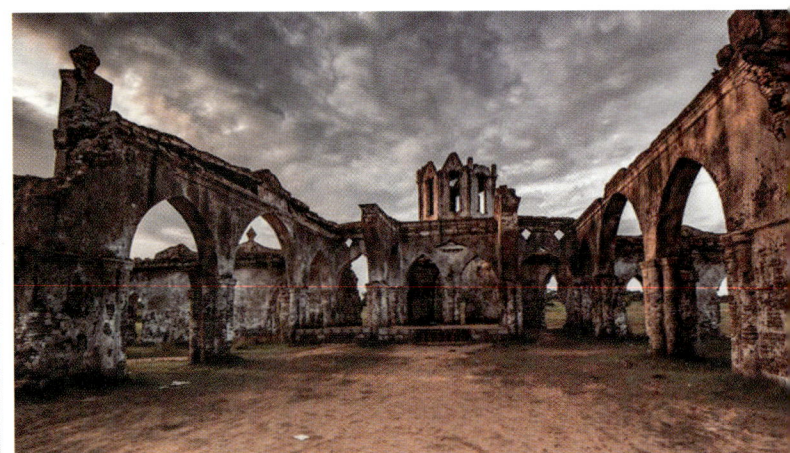

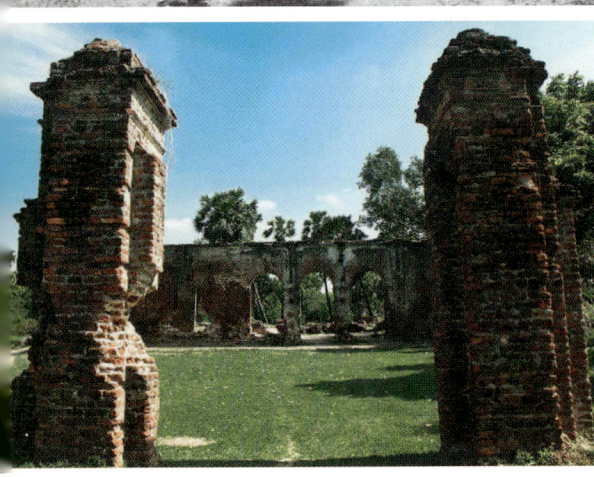

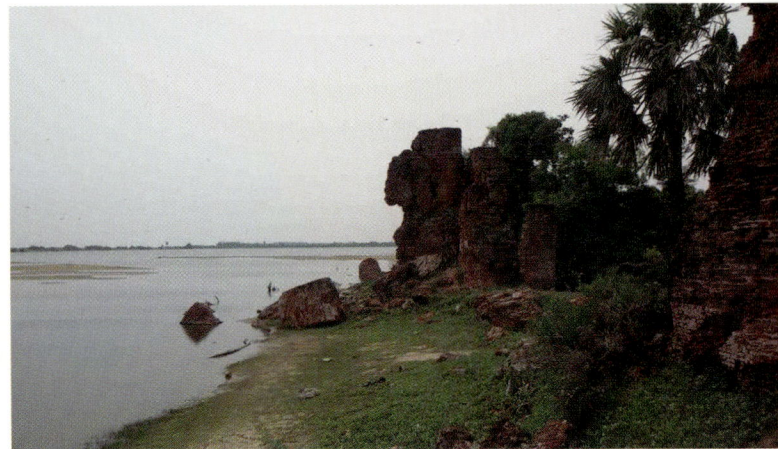

9. 인도India의 유적遺蹟과 유물遺物

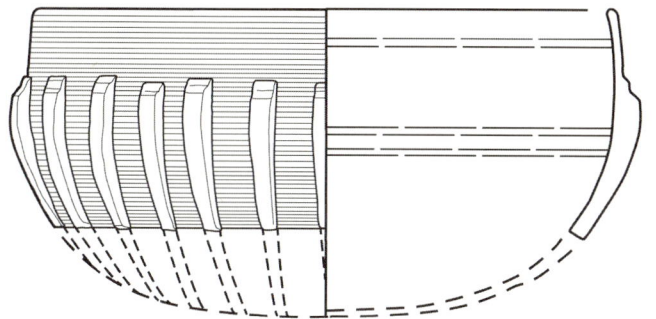
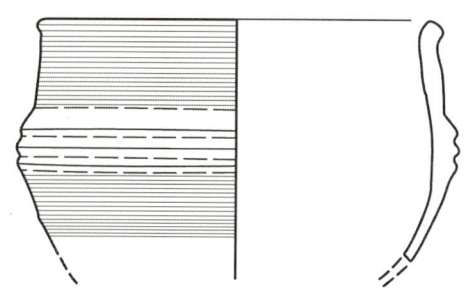

그림 Ⅳ-15. 인도^{India} 아리카메두유적^{Arikamedu site}

1. 아리카메두(Arikamedu), 파타남(Pattanam)유적(遺蹟) 위치(位置)
2. 아리카메두(Arikamedu)
3~4. 아리카메두(Arikamedu) 건축물(建築物)
5. 아리카메두(Arikamedu)유적(遺蹟)
6. 로마(Rome) 종릉문유리완(縱稜文琉璃盌)
7. 로마(Rome) 토기(土器)

111

4) 아잔타 석굴 Ajanta Caves

아잔타석굴은 마하라슈트라(Maharashtra)주의 북동부에 위치한 도시 아잔타 인근에 석굴 30기가 모여있는 불교 유적이다. BC 2세기부터 5세기에 걸쳐 조영된 석굴로서 보존 상태가 뛰어난 것으로 유명하다. 석굴들의 내부에는 인도의 불교 예술을 보여주는 벽화와 부조들이 남아있다.

30기의 석굴은 U자 모양으로 굽이쳐 흐르는 와고라(Waghora)강의 절벽에 나란히 축조되었다. 유적에서 약 100km 떨어진 곳에 불교와 힌두교, 자이나교 석굴 지구이자 유네스코 세계문화유산인 엘로라 석굴(Ellora Caves)이 있다.

BC 2세기부터 AD 100년 사이, 사타바하나(Satavahana)왕조 시대에 개착(開鑿)된 5기의 전기 석굴과 바카타카(Vakataka) 왕조 시기인 5세기에 개착된 25기의 후기 석굴로 이루어져 있다. 5세기에 들어서면서 인도에서 불교가 쇠퇴하자 불교 승려들은 지형적 요건으로 사회와 단절이 가능한 이곳에 석굴 사원을 만들고 생활하였다. 후에 불교 승려들이 모두 이곳을 떠나고, 시간이 지나면서 이곳 석굴은 자연스럽게 잊혀졌다. 1819년 영국 군인인 존 스미스가 호랑이 사냥을 하려던 중 우연히 제10굴의 입구를 찾아내면서 발굴되었다.

석굴은 동쪽에서부터 서쪽으로 번호가 매겨져 있다. 오늘날 모든 석굴들은 테라스 구조로 입구가 서로 연결되어 있지만 본래는 각각의 석굴에 와고라 강을 마주하는 독립된 하나의 입구만 있었다. 석굴들은 대부분 깊이에 비해 폭이 넓다. 좁은 틈을 통해 석굴 안으로 들어가면 바위 벽면에 조각된 굽타양식의 불상과 벽화를 볼 수 있는데 모두 보존 상태가 뛰어나다. 전기 석굴들의 내부에는 초기 소승불교의 전통에 따라 부처를 상징적으로만 표현한 부조나 벽화 등이 남아 있다. 대승불교가 발달하였던 시기의 석굴들에서는 다양한 색으로 칠해진 벽화와 부처와 보살들의 삶을 구체적으로 묘사한 부조, 불상 등을 볼 수 있다.

제8-13굴은 BC 2세기-AD 1세기인 소승불교 시대에 만들어진 것이다. 그 이후에 약 500년간 석굴 개착(開鑿)공사가 중단되었으나 450년경부터 대승불교에 속하는 석굴들이 다시 만들어지기 시작하였다. 제6, 7, 11굴은 450-500년경, 제15-20굴은 550년경, 제21-26굴은 550-600년경에 만들어졌다. 제1-5굴은 600-625년, 제27, 28굴은 625-642년에 완성되었다. 이 중에서 4개가 차이트야(caitya) 굴이며 제9, 10굴은 소승불교 시대에 속하며 제19, 26굴은 대승불교 시대의 차이트야 굴이고, 나머지 24개의 석굴은 비하라(vihara) 굴이다.

굽타 시대의 불교 석굴은 대승불교의 발전에 따라 불상을 예배대상으로 하게 되어 차이트야 홀 후반부에 있는 스투파(stupa) 하부에 불상을 조각하였다. 승방(僧房)으로 사용한 비하라 굴은 규모가 커지며, 중앙 홀 안쪽에는 불당을 만들어 불상을 안치하였다. 후에는 독립된 승방들에도 작은 불감(佛龕)을 설치하게 되었다.

아잔타 석굴군 중에서 550년경에 개착된 제15-20굴은 매우 잘 만들어진 석굴들이다. 차이트야 굴인 아잔타의 제19굴은 규모가 작으나 정교하게 만들어졌다. 소승불교 시대의 제9굴과 거의 같은 규모이나 가장 성숙한 형태와 석조각 솜씨를 나타내고 있어서 아잔타에서 가장 아름다운 석굴이다.

정면 상부에는 대형 차이트야 창이 있으며 그 밑에 출입구인 포치(porch)가 있다. 출입구 전면 주위 암벽에는 크고 작은 불상들이 아름답게 조각되어 있다. 석굴 내부 양측에 서 있는 열주들과 그 상부 이마돌에 계속된 부조장식은 매우 섬세하다. 특히 스투파 동체 부분 정면에는 상부가 아치형으로 된 큰 감실을 만들고 그 안에 서 있는 아름다운 불상을 조각하였다. 불교신도와 불승들이 대승불교의 교리에 따라 스투파와 함께 불상을 예배하게 만든 것이다. 반원통형의 천장 부분에는 반원형으로 휘어 올라간 연목(椽木) 모양의 돌출한 형태가 줄지어 조각되어 있어서 당시의 목조사원 건축의 모습을 나타내고 있다.

제26굴은 최후에 개착된 큰 규모의 차이트야 굴이다. 제19굴보다 더 발전하여 난숙한 형태를 나타내고 있으며 조각장식이 한층 더 아름답고 밀도높게 되어 있다. 정면 베란다의 기둥과 지붕 부분이 없어졌으나 출입구 상부에 있는 대형 차이트야 창에는 목조의 연목을 모각한 형태가 돋보이게 나타나 있어 당시의 목조사원 건물 모습을 알 수 있게 한다. 석굴 내부 공간의 깊이는 약 20m이며 28개의 열주가 스투파 주위를 돌아가며 줄지어 서 있다. 스투파의 높은 기단 부분에는 돌아가며 불상들의 부조가 장식되어 있으며 스투파 앞면에는 사당형의 감실 속에 앉아 있는 불상이 조각되어 있다. 사당형 윤곽 상부에 있는 지붕은 남방형 힌두교 사원 형태인 가내샤 라타(Ganesha Ratha)를 연상하게 한다. 열주 상부에 있는 이마돌에는 돌아가며 정교한 부조가 있으며 좌측의 측랑(側廊) 입구 부분에는 길이 7m의 열반불(涅槃佛)이 누워 있는 모습이 조각되어 있다.

제16굴은 대승불교 시대의 대표적인 비하라 석굴이다. 중앙 넓은 홀에는 열주가 들어서 있어 주랑(主廊)과 측랑을 형성하며 그 좌우에 도합 14개의 승방이 있다. 안쪽 중앙 정면에는 앉아 있는 불상이 조각되어 있어서 불당과 같은 공간 분위기를 형성하고 있다. 제16굴 내부 벽면에는 아잔타에서 가장 아름다운 벽화들이 남아 있어 유명하다.

아잔타 제2굴은 규모가 비교적 작은 비하라 굴이며 중앙 홀 부분에 12개의 열주가 서 있다. 내부 벽면에는 붓다 탄생의 이야기를 아름답게 묘사한 벽화가 있다. 안쪽 정면에는 불당을 만들어서 앉아 있는 불상을 만들었으며 불당의 벽면에는 수많은 작은 불상들의 앉은 모습을 그려서 장식하였다. 천장 중앙에는 동심원형의 장식이 그려져 있다. 아잔타 석굴군의 전성기에는 200명 이상의 불승들이 수도생활을 하였으며 석굴들을 만들기 위해 수많은 건축가, 석공, 조각가, 화가들이 제작활동을 하였을 것이다.

아잔타와 같은 인도 석굴은 동아시아에 전파되었으며 그 영향을 받아 중국에서는 돈황 석굴군과 운강 석굴군들이 개착되었고 한국의 경주 토함산에는 석굴암이 조영되었다.

참고문헌

樋口隆康·田村仁, 1988, 『世界の大遺跡8 インドの聖域』, 講談社.
尹張燮, 2002, 『印度의 建築』, 서울대학교출판부.

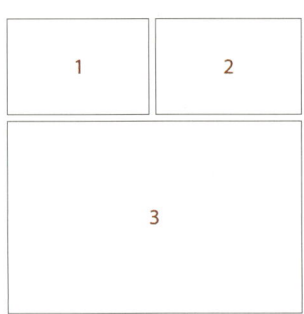

9. 인도India의 유적遺蹟과 유물遺物

그림 IV-16. 인도^{India} 아잔타 석굴^{Ajanta Caves}
1~2. 아잔타(Ajanta)석굴(石窟)
3. 아잔타(Ajanta)석굴(石窟)

115

10. 인도네시아Indonesia의 유적遺蹟과 유물遺物

1) 벨리퉁침몰선Belitung shipreck

벨리퉁침몰선은 자바(Java)해역의 벨리퉁(Belitung) 부근에서 1998년 발굴되었다. 중국 양주에서 출항해, 광주와 동남아시아를 경유하여 아랍으로 귀항하던 도중에 침몰된 9세기 초 아랍 다우선이다. 배의 규모는 길이 22m, 폭 8m이며, 출수유물은 이슬람 유리기, 도기, 당의 금은기, 동경, 주화, 자기 등 67,000여 점에 달한다.

그 가운데 중국 도자기는 60,000여 점이다. 도자기의 생산지는 호남성(湖南省)의 장사요(長沙窯) 자기가 57,500여 점으로 가장 많다. 이외에 광동성(廣東省)의 청유자기 2,000여 점, 형요(邢窯)의 백자 300여 점, 월주요(越州窯)의 청자 200여 점, 공현요(鞏縣窯)의 녹유(綠釉), 백유녹채(白釉綠彩) 200여 점과 청화자기(靑花磁器) 3점 등이 있다.

전체 유물에서 장사요 자기의 비중으로 볼 때 당시 장사요의 생산 규모를 추정할 수 있다. 장사요 자기는 완(盌)이 가장 많으며, 내면에 반원형의 갈반문(褐斑文)을 구연부에 배치하고 그 중앙에 문양을 그려 넣은 독특한 의장을 지닌 유형이다. 문양은 구름, 봉황, 새, 물고기, 인물, 글자 등 다양하다. 월요청자는 대체로 9세기대 유적 출토의 편년자료와 비교된다. 옥벽저완, 각화문 사각접시, 집호, 절연반, 어형천대호(魚形穿帶壺) 등 전형적인 9세기의 특징을 보이고 있다.

아랍 상인들은 당의 개방정책 속에서 인도양을 넘어 중국까지 항해하여 교역하였다. 서아시아의 상품을 판매하고, 중국 도자기를 대량으로 구입하였다. 배에서 발견된 많은 양주(揚州) 제품은 이 배가 강소성(江蘇省) 양주(揚州)까지 북상하여 도자기를 가득 실은 후, 남쪽 국제무역항인 광동성(廣東省) 광주(廣州)로 이동하였음을 짐작하게 한다. 광주에서는 관충요(官沖窯)의 대형 항아리를 구입하여 도자기를 안전하게 포장하였다. 항아리 안에 찻잔과 완, 접시류 등을 겹겹이 포개어 넣은 다음, 빈 공간에는 파손을 막기 위해 볏짚이나 차잎을 넣어 고정하였다. 모든 도자기를 대형 항아리에 포장한 것은 아니다. 형요 백자, 당청화자기, 녹유자기 등의 명품들은 뱃머리와 가까운 곳에 선적하였다.

장사요 완 중에는 바다 부분에 "寶歷二年七月十六日"이라는 명문이 음각(陰刻)으로 새겨진 자기도 확인되었다. 이 명문의 연대인 826년은 난파선의 침몰시기와 가장 근접한 시기로 추정되는 절대연대 편년 자료로서 매우 중요하다.

벨리퉁의 아랍 침몰선은 해상실크로드를 따라 아시아를 왕래하던 대형 무역선이었으며, 아랍, 인도, 동남아시아, 중국의 해상무역과 교류를 보여준다. 이 시기 해상 실크로드는 압바스 제국과 당제국이었다. 양자 간의 교류는 문화의 황금기를 이루었으며 무역, 예술, 과학, 의학의 발달에 서로 큰 영향을 미쳤다.

참고문헌

Regina Krahl(ed), 2011, *Shipwrecked Tang Treasures And Monsoons Winds*, Smithsonian Books.

주경미, 2015, 「인도네시아 벨리퉁 침몰선의 발굴과 연구 현황」, 『해양문화재』8, 국립해양문화재연구소.

국립해양문화재연구소, 2018, 『바다의 비밀 9세기 아랍 난파선』, (한국싱가포르국제교류전), 국립해양문화재연구소.

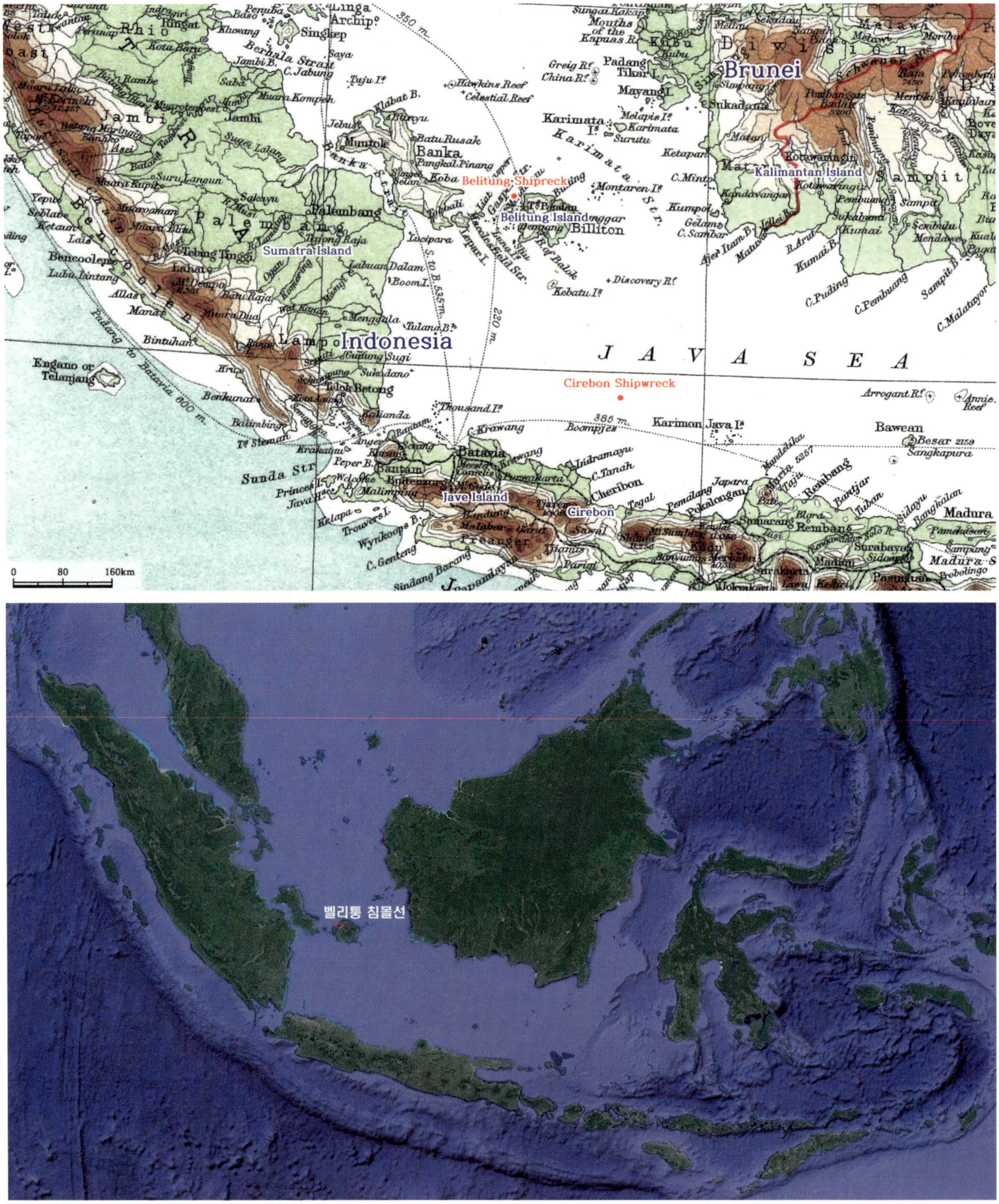

Ⅳ. 유라시아歐亞 해로海路의 유적遺蹟과 유물遺物

그림 Ⅳ-17. 인도네시아Indonesia 벨리퉁침몰선Belitung shipreck

1. 벨리퉁(Belitung), 치레본(Cirebon)침몰선(沈沒船) 위치(位置)
2. 벨리퉁(Belitung)침몰선(沈沒船) 위치(位置)
3~8. 당(唐) 도자기(陶磁器)

119

Ⅳ. 유라시아歐亞 해로海路의 유적遺蹟과 유물遺物

10. 인도네시아Indonesia의 유적遺蹟과 유물遺物

9. 이슬람(Islam) 유리병(琉璃甁)
10. 이슬람(Islam) 도기(陶器)
11~13, 15. 당(唐) 금은기(金銀器)
14. 동경(銅鏡)
16. 주석괴(朱錫塊)

2) 치레본침몰선 Cirebon Shipwreck

치레본침몰선은 자바(Java)해역의 치레본(Cirebon)부근에서 2003년 인도네시아의 한 어부에 의해 발견되었다. 2004년 4월부터 2005년 10월까지 발굴 및 인양이 이루어졌다. 인도네시아 정부의 후원하에 두바이의 사설 인양업체인 Cosmix Underwater Research and Recovery에서 조사를 수행하였으며, 뤽 에이망(Luc Heymans)과 고고학자들, 전문 잠수부들의 협조 속에서 진행되었다. 치레본침몰선은 치레본항 북쪽 90해리 지점 수심 57m 깊이에서 발견되었으며, 수중발굴선인 사이렌호(MV Siren)가 동원되어 총 24,000회의 잠수를 통해 조사가 이루어졌다. 처음 발견되었을 당시 선체는 3-3.5m의 퇴적물과 모래 속에 묻혀있어 양호한 보존 상태를 유지할 수 있었다. 봉토의 1/3지점에서는 자기류가 완전히 노출되어 있었다. 2/3지점 모래층에서는 유약성분이 탈락된 채, 3/3지점 진흙층에서는 유약성분이 온전한 채로 자기가 발견되었다. 치레본침몰선(Cirebon shipwreck)은 훼손과 도굴의 피해 없이 보존 상태가 매우 양호해 당시 선박의 제조과정과 항해에 관한 정보를 제공한다. 또한 중국 당대 월주요 청자, 동남아시아 불교 공예품, 금은기 등 250,000점의 유물이 출수되어 10세기 동남아시아 교역에 대한 많은 부분을 밝혀줄 수 있는 발견이라 할 수 있다.

이 침몰선은 10세기 후반의 무역선으로 선체 길이는 32-35m로 추정된다. 선체에는 1.5m 높이의 판재가 온전히 남아 있어 수하물이 보호될 수 있었다. 일반적으로 선박의 건조에 쓰이는 못이 발견되지 않고 나무못으로 판재가 결구되었으며 그것들은 다시 끈을 사용해 고정되었을 것으로 추정된다. 갑판과 관련된 흔적이 발견되지 않았기 때문에 전체적으로 혹은 부분적으로 개방된 화물선일 가능성이 크지만 일부에 갑판과 선실이 있었을 가능성 또한 배제할 수는 없다. 선미재(船尾材)와 삭구(索具), 방향타(rudder) 등은 발견되지 않았으나, 중국에 기원이 있을 것으로 보이는 닻이 바닥에서 2점 발견되었다.

치레본침몰선은 큰 범주 안에서 오스트로네시안(Austronesian) 유형의 선박이며 베트남 북부, 말레이시아, 인도네시아 등지로부터 출항하였을 것으로 추정한다. 침몰의 원인에는 여러 가지 요인이 있을 수 있지만 그중 하나의 가능성은 과선적이다. 수화물이 퇴적물이 쌓인 봉토 주변에서 거의 흩어지지 않았고 선체에 충격의 흔적이 발견되지 않았다. 적재된 금속광물의 무게가 약 150톤으로 추정되는 점에서도 그러하다.

최초 파악된 유물은 총 500,000점이었으나 현재 250,000점만이 보전된 상태이다. 침몰선에서 출수된 유물로는 자기류, 철괴, 유리기, 원석, 수정, 금제품, 동전, 동경, 도장, 조각품, 불교 및 힌두교 관련 공예품, 장식용품, 선상 생활용기 등이 있다. 그중 가장 많은 수량을 차지하는 유물은 중국 월주요와 주변에서 생산된 청자로 대략 204,000점에 이른다. 이 침몰선의 연대는 출수된 동전 가운데 917년 남한(南漢)에서 제작된 건형통보(乾亨通寶)가 있어 중국의 오대십국시대(五代十國時代)임을 알 수 있다.

치레본침몰선에서는 다수의 이슬람 유리기가 출수되어 주목된다. 유리기는 절자문이 시문된 비교적 상품으로 주자, 병, 소형 병 등으로 구성되었다. 그 가운데 소형 병에는 내용물이 담겨있어 향료 등을 넣은 채로 이입된 것을 알 수 있다. 이슬람 유리기는 당과 오대십국시대에 인도네시아의 수마트라를 중계로 중국에 이입되었으며, 이후 송과 거란에도 지속적으로 들어왔다.

침몰선에서 출수된 유물은 양과 질 모두에서 동남아시아 최대 규모라 할 수 있으며 그 산지가 중동에서 극동아시아까지 다양하여 교역 범위 역시 추정이 가능하다. 10세기 전후의 해양 실크로드 연구의 귀중한 자료이다.

참고문헌

Liebner, Horst Hubertus, 2014, *The Siren of Cirebon: A Tenth-Century Trading Vessel Lost in the Java Sea*. Ph. D. Dissertation of the University of Leeds.

Carrolyn Swan Needell, 2018, Cirebon: Islamic Glass from a 10th-Century Shipwreck in the Java Sea. *JOURNAL OF GLASS STUDIES 60*. The Corning Museum of Glass.

주경미, 2015, 「동남아 수중문화유산의 발굴과 연구 현황」, 『역사와 경계』97, 부산경남사학회.

박천수·전세원, 2019, 「세계의 유적 인도네시아 치레본 침몰선」, 『한국고고학보』109, 한국고고학회.

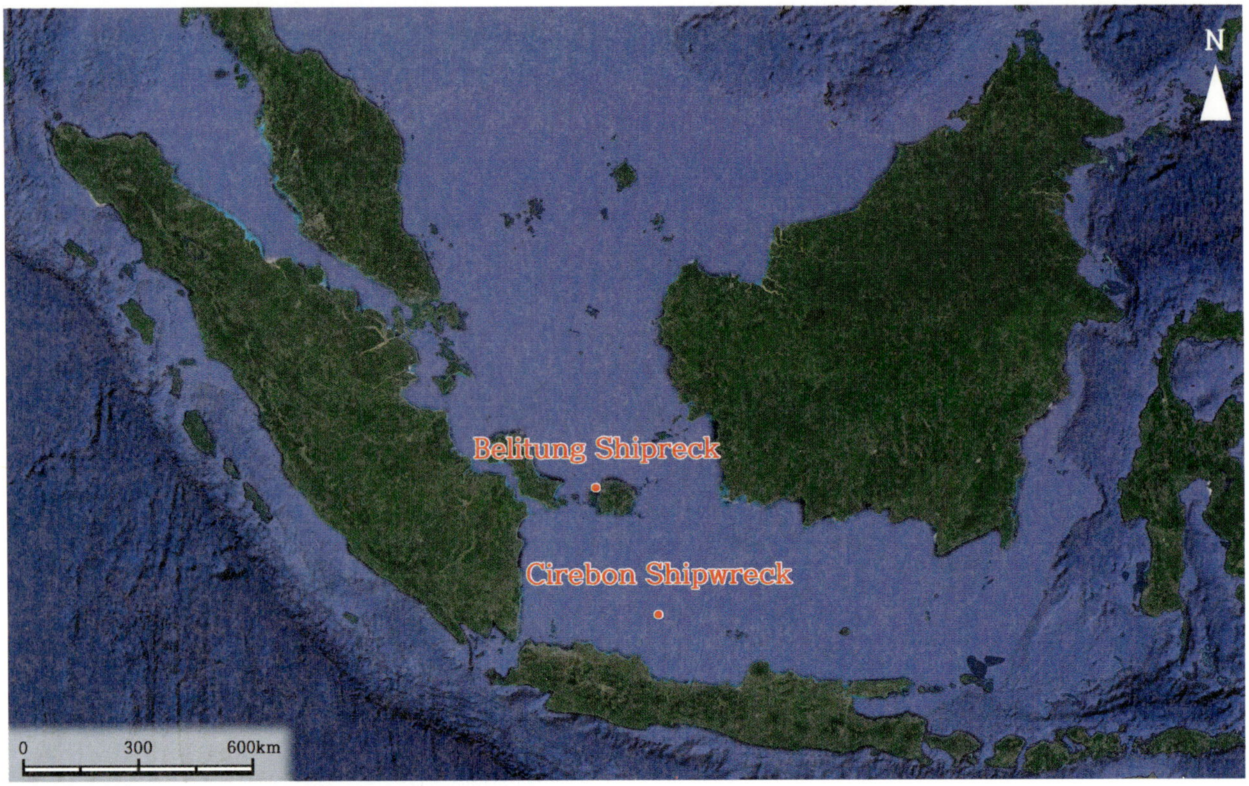

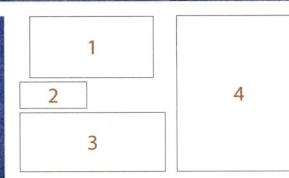

그림 Ⅳ-18. 인도네시아^{Indonesia} 치레본침몰선^{Cirebon Shipwreck}

1. 치레본(Cirebon)침몰선(沈沒船) 위치(位置)
2. 치레본(Cirebon)침몰선(沈沒船)
3. 중국(中國) 도자기(陶磁器)
4. 이슬람(Islam) 유리기(琉璃器)

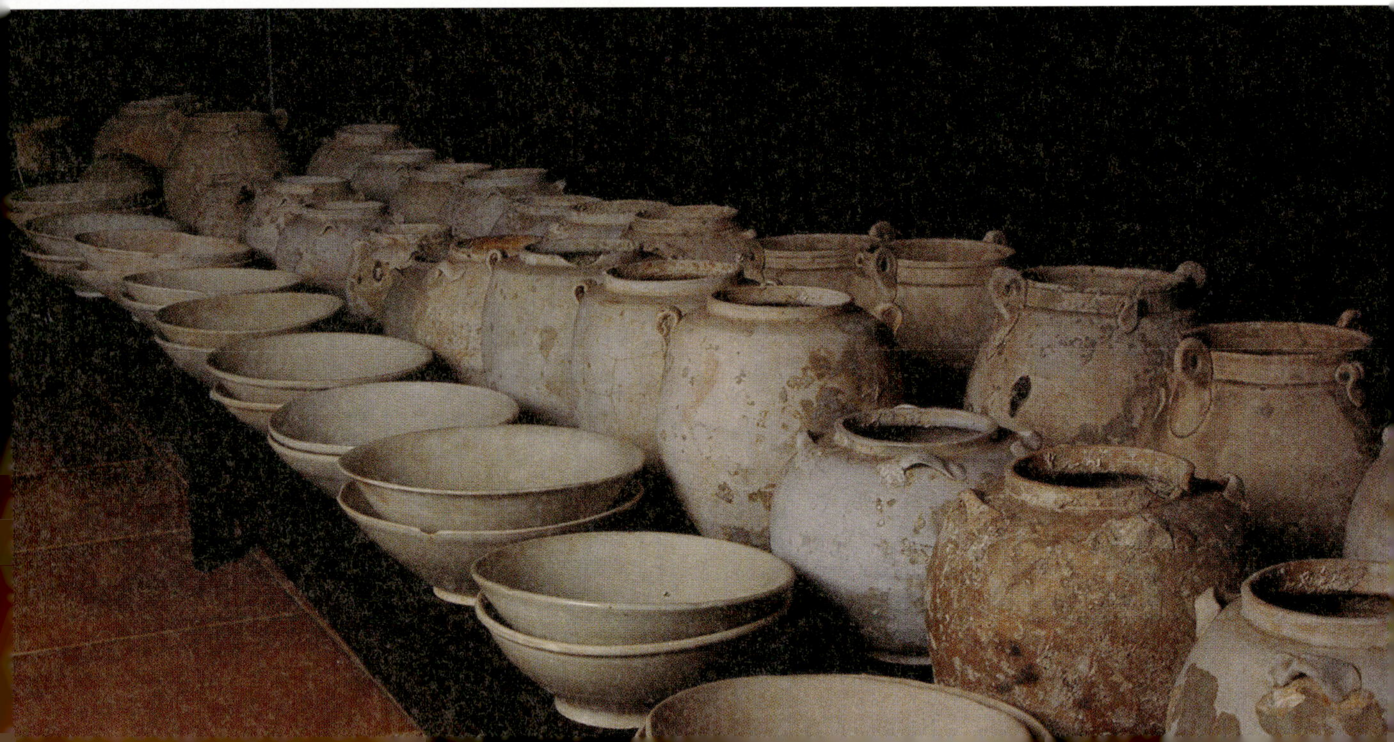

11. 태국Thailand의 유적遺蹟과 유물遺物

1) 푸카오퉁유적Phu Khao Thong site

푸카오퉁유적은 라농주(Ranong Provine) 수크삼란(Suksamran district)의 푸카오퉁(Phu Khao Thong), 밤클루아이녹(Bam Kluai Nok), 카오클루아이(Khao Kluai), 라이나이(Rai Nai)를 포함하고 있다. 안다만해(Andaman Sea)에 인접한 항시(港市)유적이다.

푸카오퉁유적에서는 구슬 덩어리, 구슬용 석재, 미완성 유리와 석제구슬이 출토되었으며, 특히 파타남(Pattanam)유적에서 보이는 로마(Rome) 유리기인 모자이크유리기편이 출토되어 주목된다. 그리고 인물문(人物文) 카메오(Cameo)도 로마(Rome)에서 수입된 것으로 보인다.

푸카오퉁유적에서 웅크린 사자 펜던트가 발견되었는데 태국에서 홍옥수로 만들어진 사자가 발견된 반돈타벳(Ban Don Ta Phet), 타차나(Tha Chana)유적이 있다.

푸카오퉁유적에서는 다양한 지역의 도자기들이 확인되었다. 인도의 도자기는 생산 기술과 점토 구성 및 모양이 완전히 다른데 푸카오퉁에서 발견된 도자기 중 타밀어 비문이 새겨져 있었다. 이를 통해 푸카오퉁과 인도지역의 교류를 짐작할 수 있다.

그리고 이곳에서는 BC 3세기에서 AD 1세기 인도와 스리랑카의 유적에서 대량으로 발견되는 라울렛 웨어(Rouletted Ware)가 출토되었다. 라울렛 웨어는 남인도 타밀 나두지방에서 제작된 것으로 추정되는데, 이 유적 출토품에 대한 분석 결과 동일한 생산지임이 확인되었다.

푸카오퉁유적은 인도와 동남아시아를 연결하는 무역항으로서 기능을 하였다.

참고문헌

Pierre-Yves Manguin·A.Mani Geoff Wade, ed. 2011. *Early Interactions Between South And Southeast Asia*. Manohar.

李靑會·左駿·劉琦(外), 2019, 『文化交流視野的漢代合浦港』, (合浦縣新報海上絲綢之路世界文化遺産中心編), 廣西科學技術出版社.

그림 Ⅳ-19. 태국Thailand 푸카오퉁유적Phu Khao Thong site
1. 푸카오퉁(Phu Khao Thong)과 카오삼케오(Khao Sam Kaeo)유적(遺蹟) 위치(位置)
2. 푸카오퉁(Phu Khao Thong) 위치(位置)

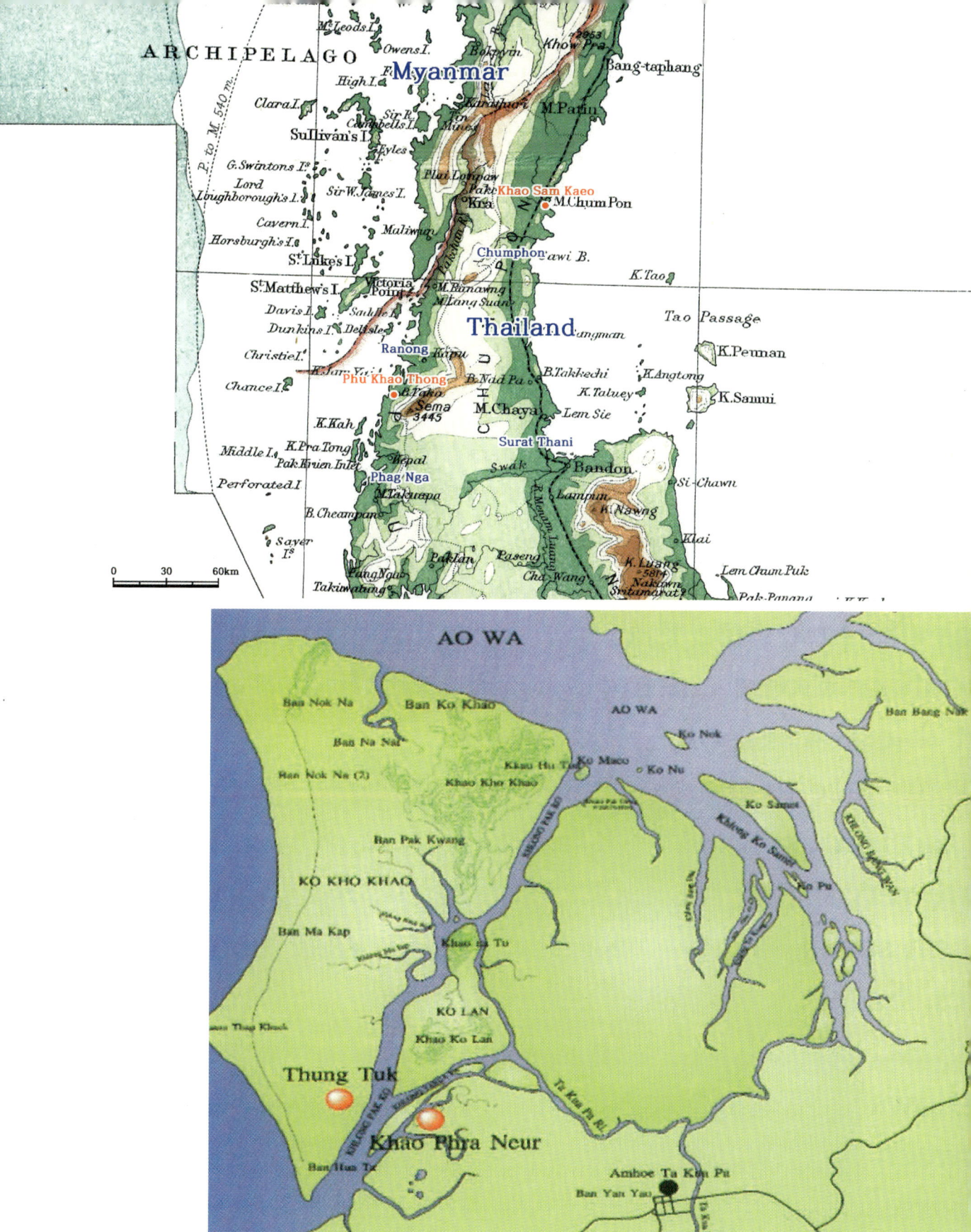

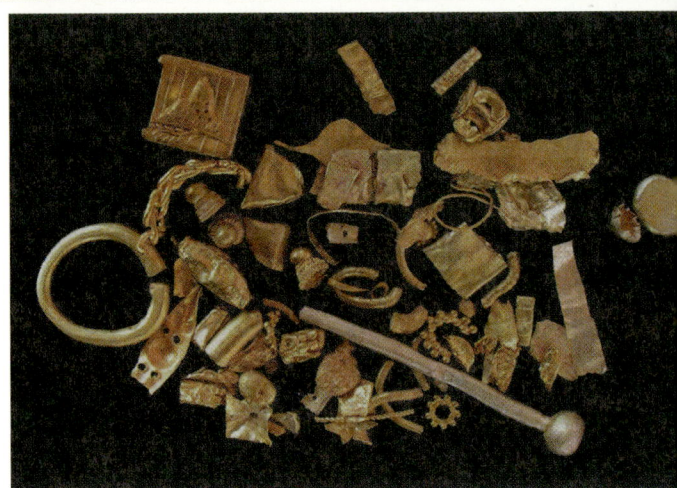

3. 푸카오통(Phu Khao Thong)
4. 브라흐마(Brahmā) 문자(文字) 금제품(金製品)
5. 금제품(金製品)
6. 장신구(裝身具) 원석(原石)
7. 마노제(瑪瑙製) 지륜(指輪) 장식(裝飾)
8. 로마(Rome) 유리기(琉璃器)
9. 로마(Rome) 카메오(Cameo)
10. 인도(India) 석각(石刻)
11. 수정제(水晶製) 사자형(獅子形) 수식(垂飾)
12. 브라흐마(Brahmā) 문자(文字) 토기(土器)

2) 카오삼케오유적 Khao Sam Kaeo site

카오삼케오유적은 말레이시아와 미얀마 남부 사이의 태국 내 좁은 크라 이스무스의 서해안으로 가는 교통로상에 위치한다. 타파오강 옆에 있는 네 개의 언덕 위에 넓게 펼쳐진 건물지가 조영되었다. 이 유적은 벵갈만과 남중국해를 잇는 끄라지협(Kra地峽)을 횡단하는 교통로의 출구에 위치한 무역의 거점이었다.

유적은 1997년부터 발굴조사 되어온 태국 동해안의 무역 거점으로 BC 4세기~AD 2세기에 걸친 유적이다. 인도, 베트남, 중국으로부터 상인들과 장인들이 왕래한 수공업과 무역 거점이었던 이 유적에서는 로마산 유리주, 인도산 마노(瑪瑙), 홍옥수(紅玉髓), 금제품, 청동제 완, 베트남산 동고, 중국산 인문도, 성운경, 인장 등 매우 다양한 외래계 유물이 출토되었다.

카오삼케오는 강과 육로를 통해 다양한 자원에 접근이 용이한 곳에 위치해 있었다. 오늘날 카오삼케오는 내륙에 위치해 있지만 과거에는 배들이 정박할 수 있는 해안가 석호나 만 가까이에 있었을 것으로 추정된다. 그러나 국제적 항시(港市)가 있었던 이곳은 퇴적으로 인해 바다로의 접근성이 떨어지게 되었고, 토양침식, 강줄기의 변화, 진전퇴적 등으로 인해 결국 폐기된 것으로 추정된다.

정착지는 성벽으로 둘러싸여 있고, 정착지를 둘러싼 토성은 이중 구조로 목책이 있었던 것으로 추정된다. 성벽은 두 단계에 걸쳐 축조되었는데 두 번째 축조는 북쪽으로의 확장이었다. 성벽은 여러 언덕들을 가로지르는데 위치에 따라 다양한 역할을 가지고 있었다. 첫 번째 언덕에 있는 성벽의 역할은 범람 구역을 유지하는 제방으로 그곳은 배를 매어두는 계류장이었을 가능성이 있다. 그리고 세 번째 언덕에 있는 성벽은 물줄기가 서쪽으로 가는 것을 막는 역할을 함으로써 정착지 내에서 농업에 필요한 물이 충분히 확보될 수 있도록 하였다. 성벽으로 둘러싸인 점유지에는 주거지가 밀집해 있었고, 철기, 금, 유리 등의 생산 공방도 있었다. 그리고 두 번째 언덕의 서부에는 묘지가 있었을 것으로 추정된다. 카오삼케오 토성내 도시유구의 건축자재와 배치가 인도의 것과 유사한 점이 주목된다.

카오삼케오에서는 다양한 지역의 도자기들이 확인된다. 인도 파인웨어(Fine Ware)를 비롯하여 남중국해 일대에 분포하는 사후인 칼라나이(Sahuynh-Kalanay) 문양의 도기, 그리고 중국의 도기 등이 출토되었다. 카오삼케오에서 출토되는 한과 관련된 도기와 중국 청동기는 대부분 BC 1세기대의 것이며 이 시기는 한(漢)이 중국 남부와 베트남 북부를 지배했던 시기이다. 한과 관련된 도기의 대부분은 중국 남부에서 온 것으로 보이지만 일부는 중국 중부와 베트남 북부에서 온 것으로 보인다.

카오삼케오에는 서로 다른 기술과 의장을 가진 네 가지의 석제 장신구 생산 그룹이 존재했던 것으로 보인다. 첫 번째 유형은 남중국해 규토질 유형으로, 인도의 숙련된 기술로 양질의 장신구를 생산했다. 선사시대 늦은 시기의 태국 중부와 반도, 베트남 해안가 사후인 지역, 그리고 팔라완 섬 타본 동굴 등 남중국해 일대와 의장을 공유하고 있다. 두 번째 유형은 연옥, 운모 등을 사용하며 첫 번째 유형과 같이 남중국해 일대와 의장을 공유하지만 타이완을 포함하는 동북쪽으로 확장된 범위이다. 세번째 유형은 인도 원석과 숙련된 기술을 사용하며 남아시아와 관련된 종교적 상징 등이 나타나는 남아시아계 규토질 유형이다. 네 번째 유형은 늦은 시기 남아시아 유형으로 보이나 적은 양이 출토되어 성격을 파악하기 어려운 상태이다.

카오삼케오에서는 2,500점의 유리 제품이 출토되었다. 유리제 구슬과 완륜(腕輪)뿐만 아니라 폐기물과 완륜(腕輪) 파편으로 볼 때 BC 4세기 전문적인 유리 공방이 존재했음을 알 수 있다. 유리 폐기물이 집중되어 있는 두 번째 언덕 남쪽 부근에 공방이 있었을 것으로 추정된다. 북동부 인도 유리와 인도의 정교한 형태 가공 기술을 사용한 일부 구슬들은 이곳에 인도 장인이 존재했을 가능성을 시사한다. 화학조성과 형태가 카오삼케오 출토품과 유사한 유리 제품들이 필리핀, 베트남 등 동남아시아에서 확인되는 것으로 보아 지역 내에서 소비되는 것에 그치지 않고 원거리 무역을 통해 동남아시아 각지에 교역된 것으로 보인다.

카오삼케오에서는 인장을 비롯하여 글귀를 새긴 다양한 음각 공예품들이 확인되었다. 의장과 문자로 보아 인장의 대부분은 남아시아에서 기원했거나 영향을 받은 것으로 판단된다. 그러나 일부 미완성품이나 특이한 제품들은 현지에서 제작되었을 것으로 가능성이 있다. 문자와 문양으로 볼 때 대부분 BC 2세기에서 AD 1세기 사이에 제작된 것으로 보인다. 카오삼케오의 인장들은 이곳에 인도인이 존재했음을 나타낸다. 두 점의 중국 청동 인장들도 마찬가지로, 무역상들이 사용했을 것으로 추정된다.

카오삼케오에서는 또한 서기 2세기 중반-3세기 초에 제작된 것으로 보이는 전쟁의 신 마르스를 새긴 로마(Rome)의 음각 장신구 출토되었다. 로마 음각 장신구 또한 인장으로 사용되었을 것으로 보이지만 장신구의 역할로도 사용되었을 것이다.

소유주의 이름이 새겨진 인도와 중국 인장들은 분명히 남아시아나 동아시아에서 온 사람의 존재를 나타내며 카오삼케오유적의 국제적 성격을 보여준다.

참고문헌

Pierre-Yves Manguin·A.Mani Geoff Wade, ed. 2011. *Early Interactions Between South And Southeast Asia*. Manohar.

李靑會·左駿·劉琦(外), 2019, 『文化交流視野的漢代合浦港』, (合浦縣新報海上絲綢之路世界文化遺産中心編), 廣西科學技術出版社.

11. 태국Thailand의 유적遺蹟과 유물遺物

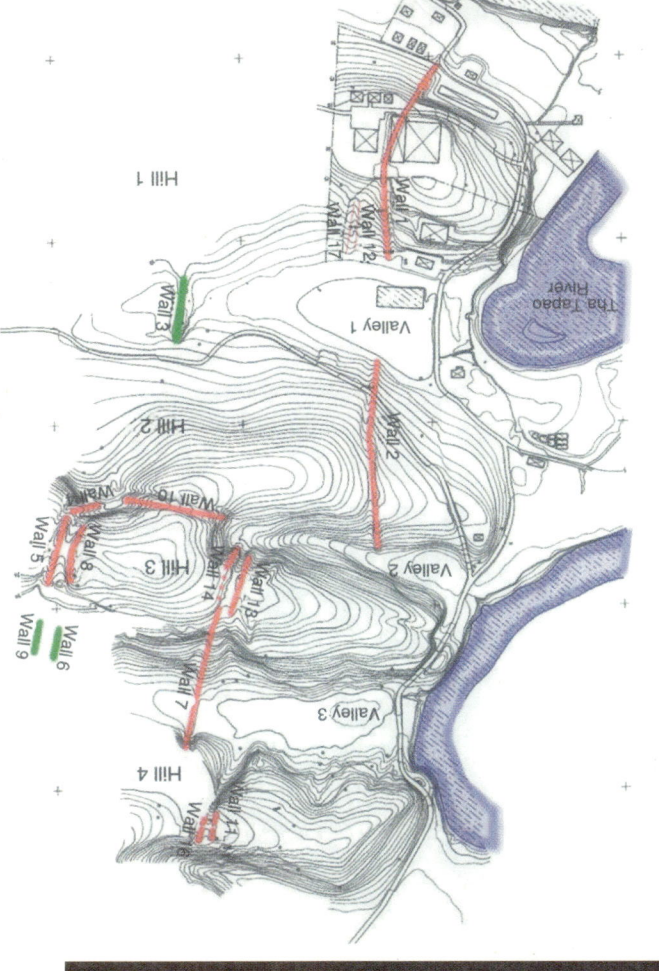

그림 Ⅳ-20. 태국Thailand
카오삼케오유적Khao Sam Kaeo site

1. 카오삼케오(Khao Sam Kaeo) 배치도(配置圖)
2. 장신구(裝身具)
3. 장신구(裝身具)와 원석(原石)

133

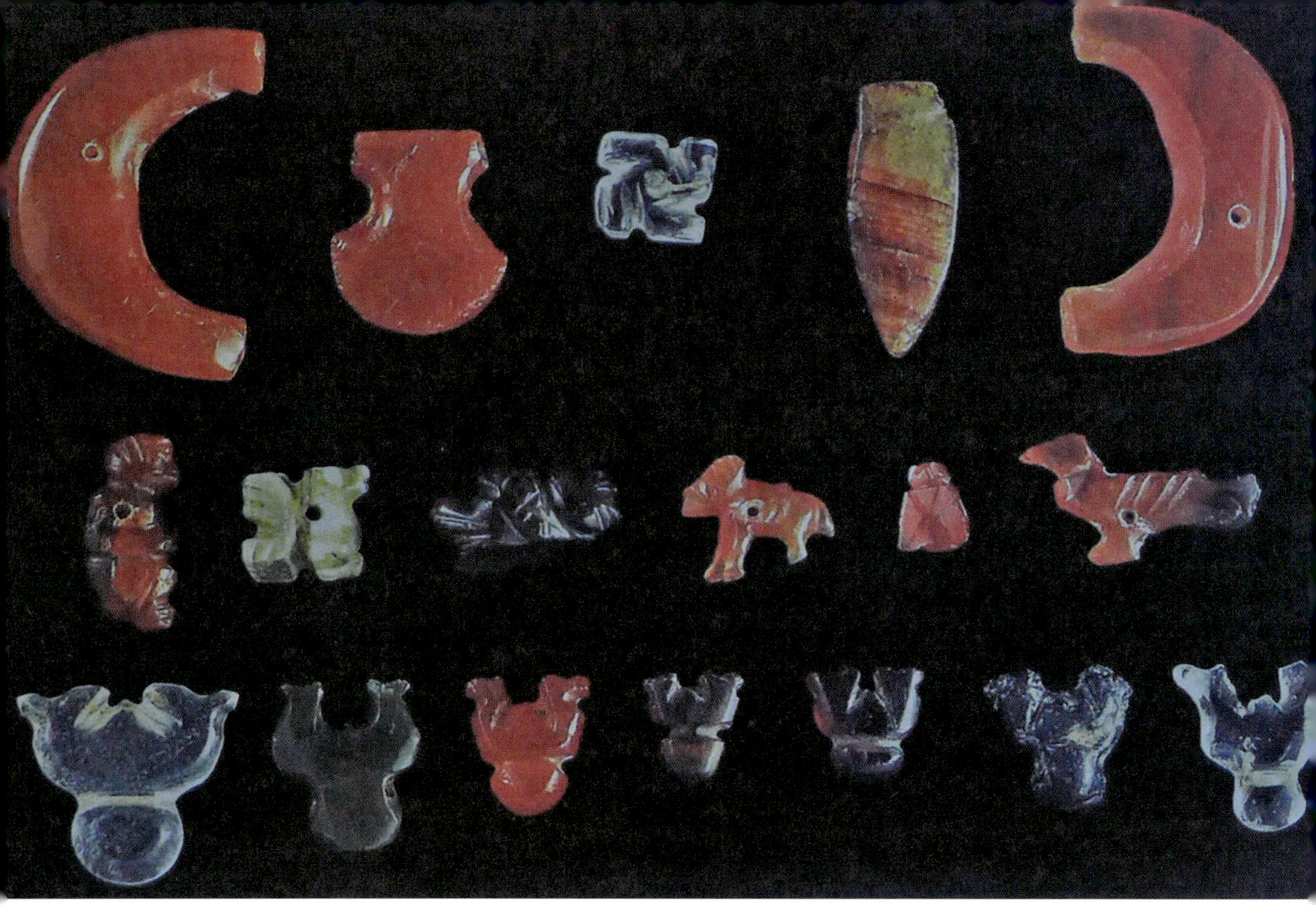

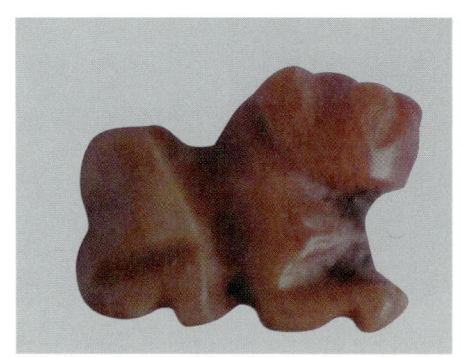

4. 장신구(裝身具)
5. 홍옥제(紅玉髓製) 사자형(獅子形) 수식(垂飾)
6. 금제(金製) 소환연접구체주(小環連接球體珠)
7. 중국(中國) 토기(土器), 동경(銅鏡), 인장(印章)

12. 베트남Vietnam의 유적遺蹟과 유물遺物

1) 옥에오유적^{Oc Eo site}

옥에오유적은 베트남 남부 안장(An giang)성 트아이선(Thoai Soi)현에 위치하며, 운하에 의해 서쪽 바다와 연결되고 동쪽으로는 메콩강 삼각주 타케브(Takev)와 다노이, 앙코르보레이로 연결된다. 메콩강 하류역의 동서안에 넓게 분포하는 옥에오유적은 1941년이래 프랑스 국립극동연구원의 고고학자 루이 말레(Louis Malleret)에 의해 발굴되었으며, 조사 결과, 5세기를 전후한 부남(扶南)의 외항으로 밝혀졌다. 유적은 바테(Ba The)산 주변의 450ha 일대의 가로 3.2km 세로 1.6km 직사각형 형태 해자와 성벽, 도시 내 수로를 이용해 10개 구역으로 나누어지며, 그 내부에 상업 종교 관련 유적 집중한다. 건물지는 화강암 석조 주택, 벽돌 주택, 목조 건물이 있는데, 화강암과 벽돌은 인도에서 영향을 받은 것으로 판단된다.

옥에오문화는 1-7세기 사이에 베트남과 캄보디아 남부 메콩강 삼각주의 광활한 지대에서 발달했다. 옥에오유적은 인도차이나반도의 메콩강 지류인 허우강과 타이만 사이에 있는 충적평야 지대의 낮은 구릉에 입지한다. 해안으로부터 25km 떨어진 높이 226m 바테산 남쪽 기슭에 있으나, 부남국(扶南國)의 정치적 중심지로 추정되는 앙코르보레이와 운하로 연결된 항구도시였다. 현존 규모는 폭 1.5km, 길이 3km, 전체 면적은 약 4.5km²에 달하는데, 유구는 35곳의 낮은 구릉에 산재해 있다. 메콩강 삼각주에서 발견된 옥에오문화의 유적은 150여 개소에 달한다.

옥에오에 거주한 토착 거주민 집단에 대해서는 정확히 알 수 없으나, 사후인 문화를 일구었던 오스트로네시아 계통의 참족 혹은 현재의 옥에오 지역에 살고 있는 크메르족으로 보고 있다.

옥에오는 규칙적인 구획 배치를 한 계획도시로서 주요 항구 및 수도가 거대한 운하로 연결되었다. 또한 메콩강 삼각주 사이의 유적지들에서 발견되는 유물로 볼 때, 옥에오는 사후인, 동선, 그리고 인도, 중국, 지중해와 연결되어 있었다.

옥에오는 약 40여 년에 걸친 고고학 조사 결과에 따르면 인구 밀집도가 높은 정착지로서, 주민들은 지중해·인도·동남아시아 등지에서 수입된 원료를 가공하여 제조품을 수출한 것으로 보인다. 비록 특정한 공예에 특화된 구역이 있었다는 증거는 발견되지 않았지만, 이곳에서 확인된 다양한 종류의 광물들과 가공도구 등은 이 유적의 성격을 보여준다. 즉 옥에오는 가까운 항구에서 운송되는 물품의 집산지이자 가공지로 기능했던 도시였다.

옥에오에는 인도, 중국, 지중해 물품을 포함하여 다양한 장소의 문물이 집산하였다. 특히 인도의 영향이 지배적이었는데, 이는 유리구슬의 제작법, 힌두교 사원과 간다라(Gandhāra) 및 아마라바티(Amarāvatī) 양식의 조각상, 초기 인도 문자 및 힌두교의 도상들이 새겨진 금판과 인장, 산스크리트어가 새겨진 주석판과 비문, 인도식 명칭의 사용 등을 통해 알 수 있다. 옥에오에는 인도의 문물뿐만 아니라 종교사상과 통치방식도 이입되었다. 토착 지배계층은 이를 수용하고 활용하여 정치·행정적 발전를 이루었다. 옥에오의 지배자들은 교역을 통해 획득한 부를 재분배하는 방식으로 정치 동맹을 맺고 사회를 통합·확장하였으며, 정교한 힌두교 의례에 의해 권위를 정당화하였다.

그리고 로마와 중국의 문물이 이곳에 이입되었다. 대표적인 로마의 유물로는 손잡이가 달린 마가라(Makara) 모양 램프와 황제의 이름과 초상이 새겨진 금화가 있다. 금화 중 하나는 '안토니누스 피우스(Antoninus Pius)' 황제의 이름과 초상, 그리고 즉위 15년(152)이란 글자가 새겨진 것이고, 다른 하나는 '마르쿠스 아우렐리우스 안토니우스(Marcus Aurelius Antonius)' 황제 시기(161-180)의 금화이다. 보석세공품 중에는 인도식 또는 로마식의 인물 흉상을 음각한 것, 유리질의 원형 광석에 이란식 인물상을 새긴 것들이 있다. 중국의 것은 후한의 기봉경과 불상 등이 있다.

부남은 1세기 메콩강과 그 삼각주지역을 지배했고 2세기 이후 동남아 해상강국으로 발전하였다. 3세기 전반 중앙아시아의 쿠샨왕국과 통교하고 이후 3세기 동안 동진, 송, 제 등과 긴밀한 교섭하였다. 543년 백제 성왕이 왜에 부남산 물품 등을 보낸 기록이 존재한다. 옥에오 출토 유리구슬 화학 성분 분석 결과 마한 백제 권역의 유리구슬과 동일한 고알루미나 소다유리로 판명되어 한반도 및 일본열도 출토 고알루미나 소다유리 생산지 중 하나가 옥에오일 가능성이 크다.

이 상업 중심지는 내란과 교역로의 변화로 쇠퇴하여 결국 600-650년경 사라졌다. 5세기 이후 동남아시아 해상 무역의 중심은 더 먼 남쪽의 말라카(Malacca)해협과 자바(Java)해인 근으로 이동하였으며 부남왕국은 쇠퇴의 길로 가게된다.

참고문헌

Malleret Louis, 1959·1960·1962·1963, *L'Archeologie du Delta du Mekong. Tome II. La Civilisation Materielle d'Oc-Eo*. Texte et Planches. Paris, École Française d'Extrême-Orient.

부산박물관, 2010, 『베트남 홍강에서 메콩강까지』, 부산박물관.

한성백제박물관, 2019, 『베트남 옥에오 문화-바다로 연결된 부남과 백제-』, 한성백제박물관.

한성백제박물관, 2019, 『백제의 대외교섭과 베트남 옥에오문화』, 한성백제박물관.

그림 Ⅳ-21. 베트남^{Vietnam} 옥에오유적^{Oc Eo site}

1. 베트남 옥에오(Oc Eo)와 종까보 (Giong Ca Vo)유적(遺蹟) 위치(位置)
2. 옥에오(Oc Eo)유적(遺蹟)(대한문화재연구원 베트남 공동조사)

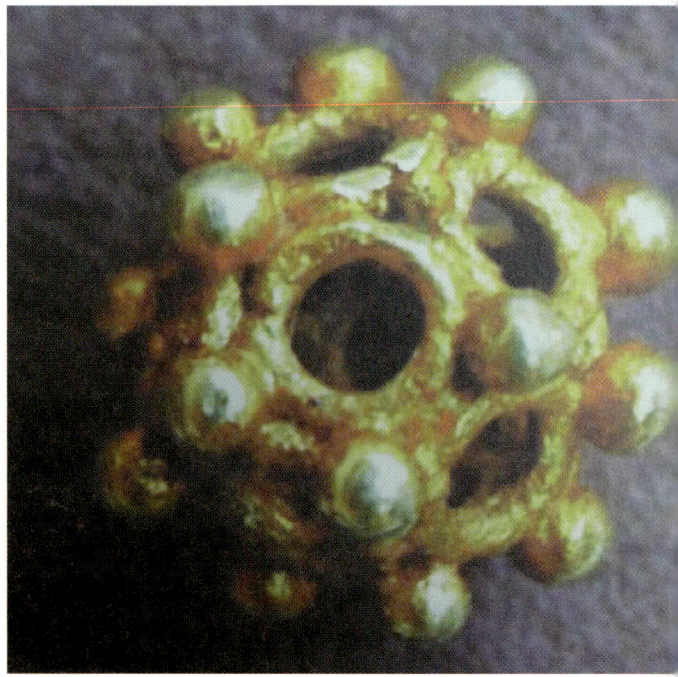

3. 옥에오(Oc Eo)유적(遺蹟)
4. 옥에오(Oc Eo)유적(遺蹟)
5~6. 옥에오(Oc Eo) 건물지(建物址)
7. 로마(Rome) 금화(金貨)
8. 금제(金製) 소환연접구체주(小環連接球體珠)
9. 호마노주(縞瑪瑙珠)
10. 홍옥수(紅玉髓), 수정(水晶), 유리주(琉璃珠)
11. 연리문(練理文) 유리주(琉璃珠)
12. 홍옥수(紅玉髓) 동물형(動物形) 수식(垂飾)

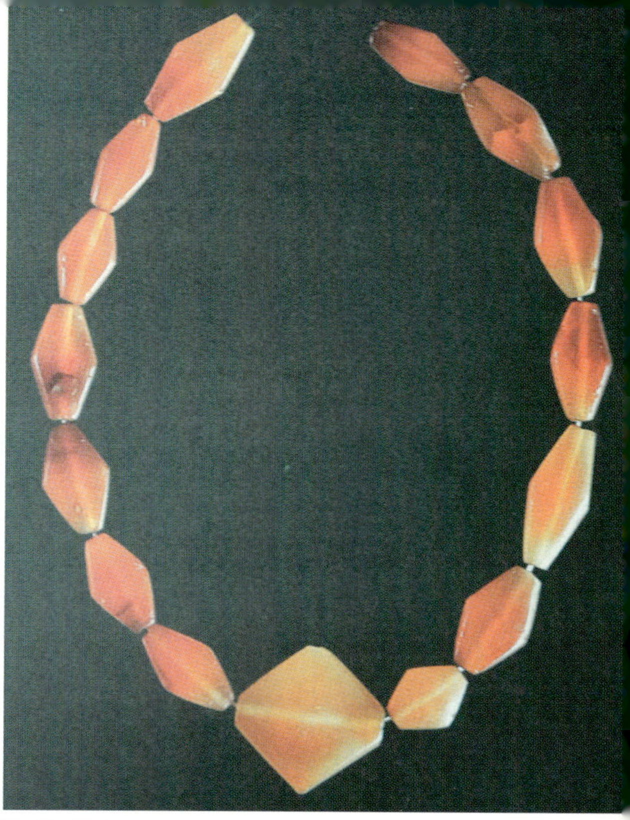

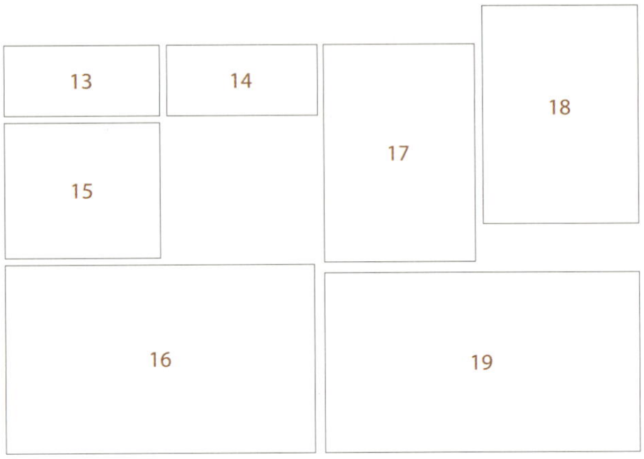

13. 에머럴드(Emerald) 상감(象嵌) 지륜(指輪)
14. 로마(Rome) 유리기(琉璃器)
15. 기봉경(夔鳳鏡)
16. 링가(Linga)와 요니(Yoni)
17. 육조(六朝) 불상(佛像)
18. 힌두(Hindu) 신상(神像)
19. 불상(佛像)

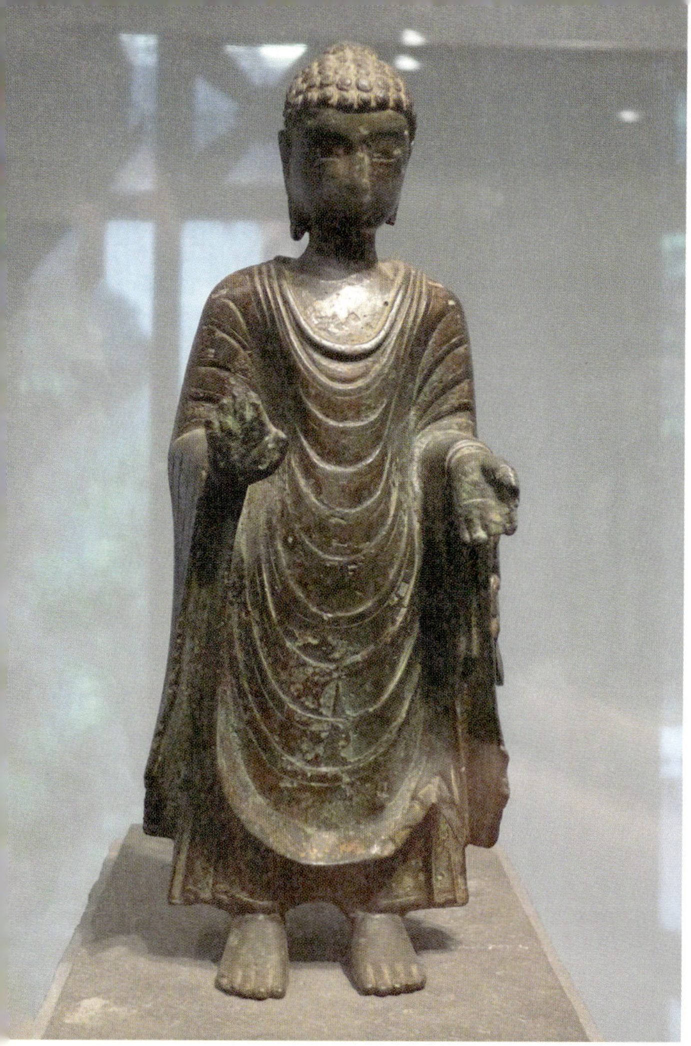
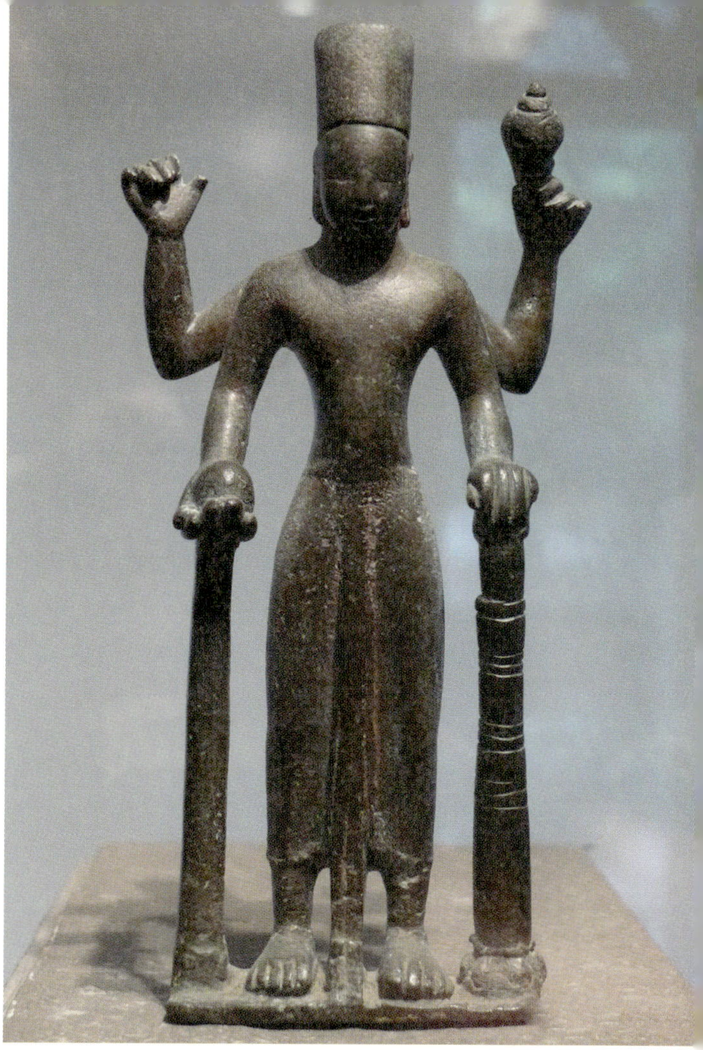
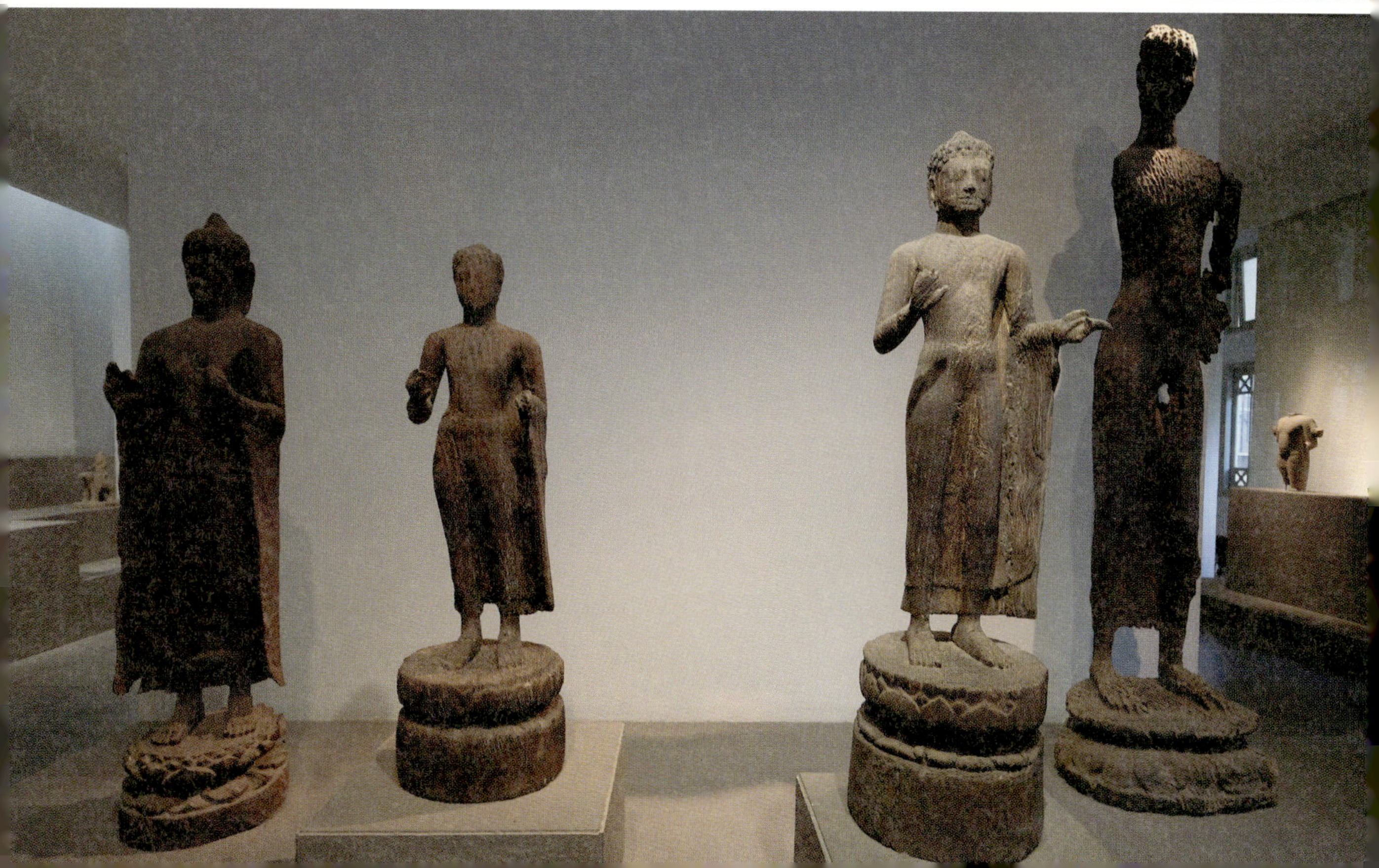

2) 종까보유적 Giong Ca Vo site

종까보유적은 호찌민(Ho Chi Minh) 껀져(Can Gio)현 롱화(Lomg Hoa)읍 화이엡(Hoa Hiep) 마을 인근 하탄(Ha Thanh)강으로부터 서쪽 약 100m 정도 떨어진 곳에 위치한다. 이 유적은 동쪽 해안으로 나가는 관문인 가인라이(Ganh Rai)만의 남쪽 사구상에 입지한다.

이 유적은 1993년에 2번, 1994년에 1번으로 총 3번에 걸쳐 약 7,000㎡ 정도가 조사되었다. 세 차례의 조사 결과, 옹관묘 301기, 토광묘 1기가 확인되었다. 유적의 토층은 상층과 하층 두 개의 층으로 나누어진다. 하층은 토기편, 조개껍질, 생선뼈, 동물뼈 등이 출토된 문화층이고, 상층은 바로 분묘유적에 해당한다.

종까보유적에서 조사된 수많은 옹관묘에서는 대부분 인골이 확인되었으며, 옹관 내에는 다양한 유물이 부장되었다. 옹관은 크게 두 가지 종류로 구분할 수 있다. 첫째는 형태가 구형(球形)으로, 구연부는 인위적으로 파손하여 사용하였다. 동체부의 외면에는 승선문(繩線文)이 시문되어 있다. 저부는 대체로 원저이지만 일부는 첨저(尖低)도 확인된다. 다른 하나는 원통형에 가까운데, 급격한 내만구연이며, 이로 인해 견부가 뚜렷하다. 동체부 외면에는 문양이 시문되어 있다. 두 종류 중 전자가 다수를 차지하며, 후자는 소수이다. 대부분의 옹관은 단옹식(單甕式)이며, 1점의 옹관만 합구식(合口式)이다. 이 합구식 옹관의 경우 비교적 작은 구형 호가 조합되었다.

유물은 크게 장신구류, 생활용구류, 토기류로 구분된다. 장신구는 대다수가 마노, 옥, 유리로 제작되었으며 토제(土製)도 있다. 종류는 이식(耳飾), 경식(頸飾), 완륜(腕輪) 등으로 구성된다. 이식(耳飾)은 특히 다양한 형태가 확인되었는데 동물의 머리가 서로 반대를 향하는 장식이 부착된 쌍수두형이식(雙獸頭形耳飾), 세 개의 돌기가 각기 다른 방향에 부착된 삼중돌기형이식(三重突起形耳飾), 부채꼴을 이루는 것 등이 있다. 경식(頸飾)은 다른 것들에 비해 다양한 재질로 만들어졌던 것 같다. 마노, 옥, 유리 이외에도 금, 청동의 금속제, 동물뼈, 패각류 등 골제(骨製)로도 제작되었다. 생활용구는 청동제 또는 철제가 많다. 종류는 방울, 도끼, 작살, 낚시바늘 등이 있다.

토기는 만드는 방식에 따라 수제품(手製品)과 녹로성형품(轆轤成形品)로 구분할 수 있다. 기형은 개(蓋), 병, 대접, 반(盤), 분(盆), 화분형 토기 등의 용기류, 도가니, 동물 또는 인물을 표현한 상형토기, 탑형(塔形) 토제품 등이 있다.

종까보유적은 '껀져(Can Gio) 및 롱썬(Long Son)유적군'에 해당하며, 이 유적군의 대표 유적 중 하나로 평가되고 있다. 껀져 및 롱썬 유적군은 가인라이(Ganh Rai)만을 경계로 약

10km가량 떨어져 위치한다. 껀져유적군은 BC 8세기부터 기원 전후까지 존속하였다. 그리고 롱썬유적군은 BC 3세기부터 1-2세기으로 판단되고 있다. 즉 롱썬 유적군의 연대는 껀져유적군의 늦은 시기 연대와 상당 부분 겹치며, 이 시기는 옥에오(Oc Eo) 초기 문화기에 해당한다. 롱썬유적군의 형성에 관해서는 거주민의 증가로 생산 원료의 재원이 고갈되고 거주 면적이 비좁아지자 껀져지역 거주민들이 롱썬지역으로 이주한 것으로 이해되고 있다.

가인라인만은 선박를 통해 인도차이나반도를 경유하는 해양교통로상에 입지하고 있어 외부 지역과 교류하기에 매우 편리한 곳이었다. 이러한 껀져-롱썬 유적군의 입지적 특성은 유물상을 통해서도 알 수 있다.

가장 특징적인 것은 옥제 쌍수두형이식(雙獸頭形耳飾)과 삼중돌기형이식(三重突起形耳飾)이다. 이들은 베트남 중부 사후인(Sa Huynh) 문화의 표지적인 장신구이다. 그리고 각종 녹로성형토기와 금속제 장신구류들 또한 이들과 유사하다. 이러한 사후인 문화의 유물군은 주변의 필리핀, 인도네시아, 캄보디아 등지에서도 넓게 확인된다. 당시의 항해술이 연안항로에 한정되었을 것을 감안하면, 중부지역의 사후인에서 껀져-롱썬을 경유하여 운반되었을 것으로 추정된다.

더욱이 껀져-롱썬유적군은 인도, 이란, 지중해와 남중국해 지역과도 관련성이 엿보인다. 장신구 제작에 사용된 홍옥수(紅玉髓)와 수정(水晶)원석은 인도 서부 구자라트(Gujarat)와 남인도 일대에서 유입되었던 것으로 이해된다. 그리고 탑형 토제품, 금제, 토제 링가(Linga)은 인도와 종교적으로도 밀접하였다는 것을 보여준다. 또한 지중해산으로 추정되는 금제 유물이 확인되기도 하며, 중국 서한(西漢)시기 오수전(五銖錢)도 출토되었다.

종까보유적은 부남의 항구인 옥에오(Oc Eo) 이전 시기부터 가인라이(Ganh Rai)만을 무대로 활동한 지역민들에 의해 형성된 토기 생산과 장신구를 가공하는 수공업 중심지와 관련된 항시(港市)이며 해상 실크로드를 통한 교류를 보여준다.

참고문헌

首都博物館, 2012, 『越南歷史文物』, 首都博物館.
국립나주박물관, 2016, 『베트남의 옹관묘』, (동아시아 옹관묘 8), 국립나주박물관.
국립해양문화재연구소, 2019, 『베트남 남부의 고대 무역항』, (학술총서57), 국립해양문화재연구소.
허진아, 2020, 「옥에오Óc Eo의 구슬 생산과 교역, 동아시아 교류네트워크」, 『베트남 옥에오 문화-고대 해상 교역의 중심 옥에오-』, 국제교류전 전시도록, 국립해양문화재연구소.

그림 Ⅳ-22. 베트남Vietnam 종까보유적Giong Ca Vo site

1~3. 종까보(Giong Ca Vo)유적(遺蹟)
4. 종까보(Giong Ca Vo)유적(遺蹟)
5~6. 토기(土器) 출토상태(出土狀態)
7. 호마노(縞瑪瑙) 경식(頸飾)
8. 홍옥수(紅玉髓) 경식(頸飾)
9~10. 유리(琉璃) 완식(腕飾)
11. 샤후인(Sa Huynh)양식 이식(耳飾)
12. 이식(耳飾) 착장(着裝) 인골(人骨)

12. 베트남Vietnam의 유적遺蹟과 유물遺物

3) 꾸라오참유적 Cu Lao Cham Site

꾸라오참유적은 베트남 꽝남(Quang Nam)성 호이안의 대안에 있는 꾸라오참섬에 위치하는 유적이다. 꾸라오참섬은 호이안에서 동북동으로 배로 2시간 거리에 있다. 이 섬은 참파 왕국으로 항해할 때의 표지였다. 꾸라오참섬은 서쪽인 호이안방향에는 입강(入江)이 형성되어 있으나 동쪽은 높은 단애로 되어 있어 남중국해가 조망된다. 이 섬의 서쪽 취락에서 청유의 이슬람 도기와 이슬람 유리기, 당 장사요 자기가 출토되었다. 이슬람 유리기는 법문사(法門寺) 출토 첩부문병(貼付文甁)의 문양(文樣)과 유사한 유리병 파편과 러스터(luster)문 유리기가 포함되어 주목된다. 당 법문사의 유리기도 해상 실크로드를 경유하였을 가능성 크기 때문이다.

꾸라오참 침몰선은 15세기 무역선으로 꾸라오참 섬에서 동쪽으로 약 20km 지점 해상에서 발견되었다. 1997년 5월부터 2000년 6월까지 3년간, 베트남 역사박물관과 베트남 침몰선 인양회사(Visal)와 사가호라이즌사(Saga Horizom Co)가 공동으로 발굴하였다. 발견 당시 바닷속 70-72m에 난파선 1척과 다량의 도자기가 산재해 있었으며, 선박은 길이 29.4m, 폭 7.2m 정도 남아있었다. 발굴에서 총 240,000점의 유물을 출수하였으나, 비용과 보관 조건, 보존 등의 문제로 배는 인양하지 않았다. 다만, 선박 목재 분석을 위해 목재의 일부만 수집했다. 선체는 길이 29.4m, 폭 7.2m의 티크로 건조한 목선으로 내부는 19개의 칸으로 나누어져 있다. 선박의 구조적 설계 측면에서 보면 15세기에서 18세기의 아시아 지역 고대 난파선과 유사하다. 목재 분석을 통해, 침몰선은 태국에서 건조한 것으로 밝혀졌다. 침몰선에서는 베트남·태국·중국 도자기, 청동 공예품, 금속 주방용품과 그릇, 중국 동전, 절구, 향신료, 식물씨앗 등 약 24만여 점의 유물이 출수되었고, 선원으로 추정되는 인골 11점이 발견되었다.

도자기는 베트남산이 가장 많은 양을 차지하며, 참파와 중국, 태국 도자기가 함께 확인되었다. 베트남 도자기는 북부의 홍강 연안 탕롱(Thang Long)의 시타델요와 하이즈엉(Hai Duong)의 쭈더우(Chu Đau)요에서 생산된 것이다. 청화, 청자, 백자, 갈유, 남유 등 유약의 종류와 장식이 다양하며, 기형은 향로와 숙우를 제외하고는 병, 주전자, 대접, 접시, 합, 촛대 등의 식생활 용기와 저장 용기이다. 대표적으로, 삼채로 장식한 봉황 모양 물병과 말을 탄 사람, 물고기, 동자 등 상형 도자기, 코발트색 청화백자와 자청색 유약을 바르고 금박을 입힌 옥호춘병·합이 있다.

중국 도자기는 절강성 용천요의 청자 접시와 잔, 강소성 경덕진요의 청화백자, 남유 주전자 등이 출수되었다. 특히, 청화백자접시에는 14세기 말에서 16세기 초 중국 청화백자의 장식 소재 중 하나인 유니콘과 매듭무늬를 장식한 것이 확인된다. 난파선에서 출수된 중국 도자기는 15세기경에 제작된 것으로 추정된다.

타이 도자기는 청자류인 녹색병, 항아리, 황색병 등과 갈색 유약 도자기가 확인된다. 갈색 유약 도자기는 크기 3.7-7cm의 작은 항아리와 59.5-66cm, 주자형 물병, 절구형 도기 등이다. 서아시아산 이슬람 녹유 도기도 확인된다.

꾸라오참침몰선의 선박은 15세기에서 18세기에 아시아 일대의 난파선과 유사한 구조를 보인다. 또한, 14세기부터 활발한 도자기 생산과 수출이 진행된 베트남의 상황과 확인되는 중국 도자기가 14세기 말에서 16세기 초에 유행한 장식을 가지는 점에서, 배가 15세기 초에 건조되어 물자들 실어 출항한 것으로 추정된다.

베트남은 인도차이나반도 동쪽 끝에 북에서 남으로 길게 자리하고 있어, 동북아시아에서 해로를 통해 서역으로 가기 위해서 반드시 거쳐야 하는 지리적 위치에 입지한다. 이러한 지리적 이점과 더불어 출수된 다양한 국적의 도자기를 통해, 베트남은 15세기 해상 실크로드에서 활발하게 활동한 지역이었으며, 당시 가장 중요한 무역 물품은 도자기였음을 고고학적으로 입증한다.

출수된 약 24만여 점의 유물 중 10%는 호치민에 위치하는 베트남 국립역사박물관에 전시되고 있으며, 나머지 90%는 미국 샌프란시스코의 버터필즈(Butterfields) 옥션에서 경매되어 국외로 판매되었다.

참고문헌

平井聖(編), 2002, 『昭和女子大學國際文化硏究所紀要8ベトナム·ホイアン地域の考古學的硏究』, 昭和女子大學國際文化硏究所.

國立歷史民俗博物館, 2002, 『國立歷史民俗博物館研究報告』94, 國立歷史民俗博物館.

주경미, 2015, 「동남아 수중문화유산의 발굴과 연구 현황」, 『역사와 경계』97, 경남사학회.

응오 테 밧(Ngo The Bach), 2011, 「베트남 꽝남(Quang Nam) 꾸라오참(Cu Lao Cham) 난파선」, 『고려의 난파선과 문화사』, (2011년 국제학술대회), 국립해양유물전시관.

국립해양문화재연구소, 2017, 『대항해시대 바닷길에서 만난 아시아도자기』, 국립해양문화재연구소.

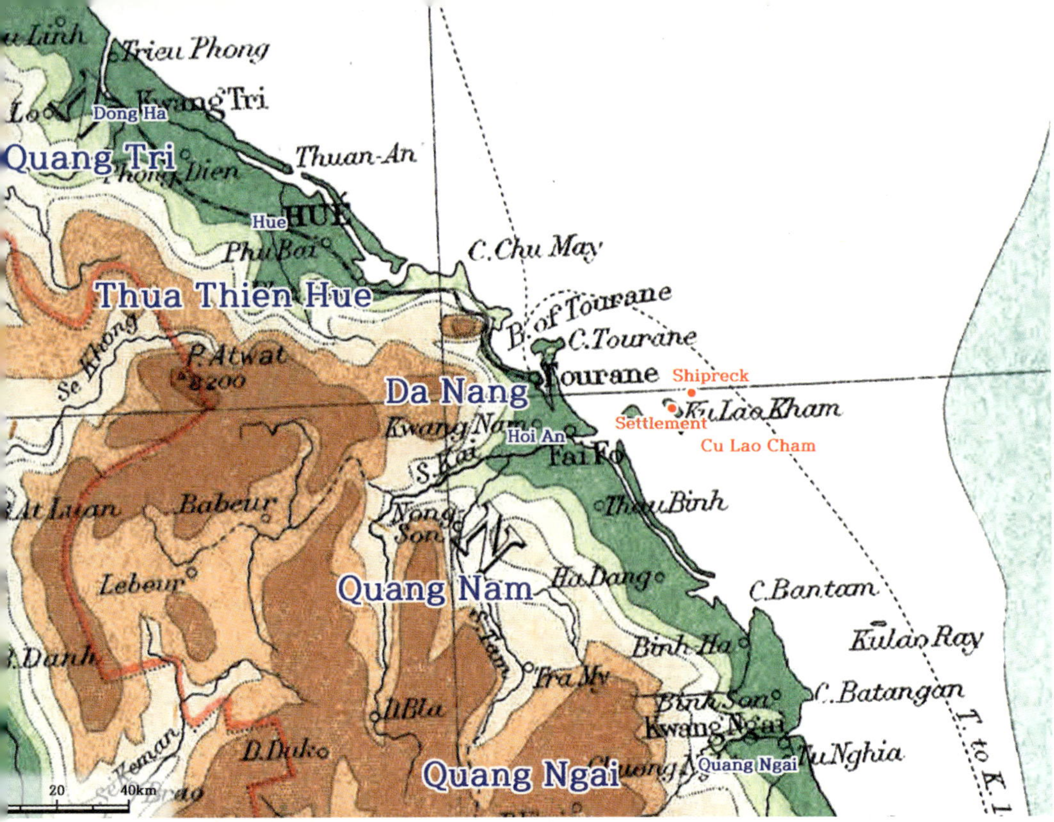

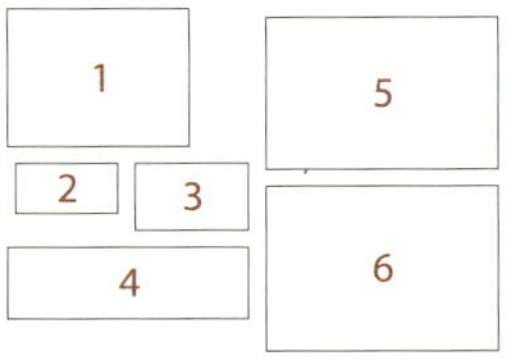

그림 Ⅳ-23. 베트남Vietnam 꾸라오참유적Cu Lao Cham Site

1. 꾸라오참(Cu Lao Cham)유적(遺蹟) 위치(位置)
2. 꾸라오참(Cu Lao Cham)유적(遺蹟) 위치(位置)
3. 꾸라오참(Cu Lao Cham)유적(遺蹟) 원경(遠景)
4. 꾸라오참(Cu Lao Cham)유적(遺蹟)
5~6. 이슬람(Islam) 유리기(琉璃器)

Một số hiện vật thủy tinh trong Di chỉ khảo cổ học Bãi Làng
Some glass artifact found at The Bai Lang archaeological

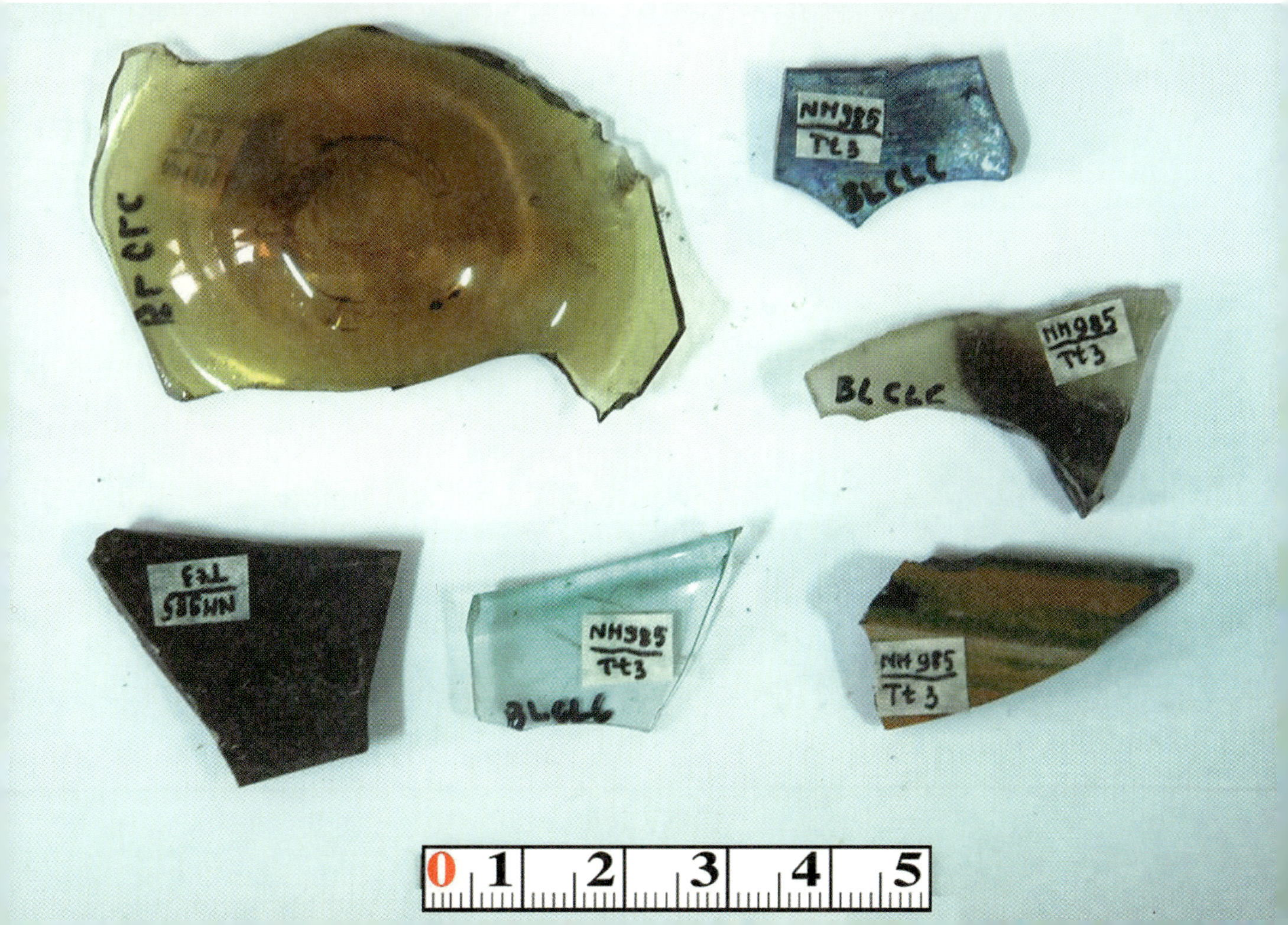
NH985
Tt3
BLCLC
0 1 2 3 4 5

7. 이슬람(Islam) 유리기(琉璃器)
8~10. 이슬람(Islam) 도기(陶器)
11. 중국(中國) 도자기(陶磁器)

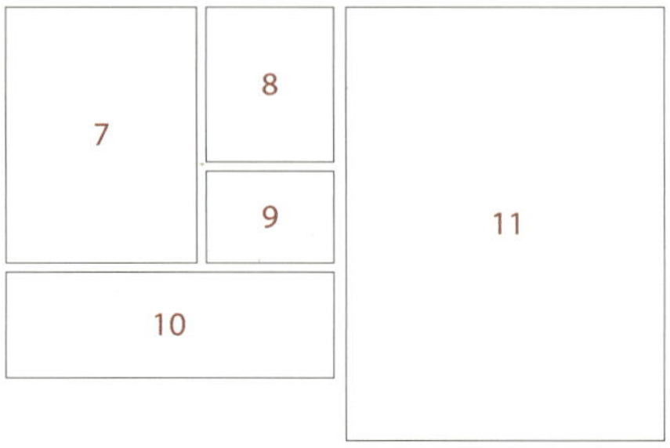

IV. 유라시아歐亞 해로海路의 유적遺蹟과 유물遺物

13. 중국China의 유적遺蹟과 유물遺物

1) 석채산고분군石寨山古墳群, Sichaisan tombs   이가산고분군李家山古墳群, Lijiasan tombs

석채산고분군과 이가산고분군은 운남성(雲南省) 진녕현(晉寧縣)의 전지(滇池)주위에 위치한다. 전지(滇池)지역은 운령(雲嶺)산맥의 운남(雲南) 중부에 해당하며 토지가 비옥하고 기후가 온난한 고원 분지이다.

석채산은 동쪽으로 진녕현까지는 약 5km, 서쪽으로 전지까지는 약 0.5km 정도 떨어져 있으며, 전지(滇池)지역 동안의 평지에 위치하는 남북 500m, 동서 200m, 높이 33m의 석회암 구릉이다. 서쪽면은 호수 침식으로 가파르고, 동쪽면은 평탄하다. 고분군은 대부분 석채산의 중턱에 집중 분포하며 평지에서 잘 조망되는 곳이다. 이 고분군은 1955년 이래 5차례에 걸쳐서 발굴되어 모두 86기의 고분이 확인되었다.

일반적으로 소묘의 크기는 길이 약 2m, 폭 1m, 깊이 0.5-1m 정도이고, 하나의 시신과 약간의 부장품을 묻었다. 이들 소묘는 바위 사이의 틈에 매장했기 때문에 특별한 관은 확인되지 않는다. 한편 대형묘는 보통 길이가 3-4m이고, 5m 이상이 되는 경우도 있으며, 폭은 2-3m 정도이고 가장 넓은 경우는 4.7m에 달하는 경우도 있다. 깊이는 일정하지 않지만 2-2.85m에 이르는 것도 있다. 모두 수혈토광묘이며, 묘도는 없고, 요갱이나 두상(頭箱)과 같은 부속시설도 없다. 일부 대형묘 중에는 생토로 이층대(二層臺)를 만든 것도 있다. 또 일부 대묘에는 습기방지를 위해 바닥에 목탄을 깔기도 했다. 두향은 남아있는 인골을 통해 서쪽이라는 점을 확인할 수 있다. 앙신직지장이고 일부 앙신굴지장, 부신직지장, 단지장, 이차장도 보인다. 비교적 큰 고분에는 칠관을 사용했다. 칠관은 장방형이며, 머리 부분이 비교적 넓고 다른 쪽이 좁은 형태이다. 일부의 대묘에는 목관 바깥 쪽에 목곽이 있는 경우도 있다.

이 고분군은 6호묘에서 전왕지인(滇王之印)의 금인(金印)이 출토되어 『사기史記』서남이열전(西南夷列傳)에 보이는 BC 4세기에서 AD 1세기에 걸친 전국(滇國)시기 왕묘역임이 확인되었다.

부장품은 청동 농구·청동 취사기 등 다양한 종류의 청동기가 발견되었다. 전국(滇國)의 특색이 가장 잘 나타나는 것은 다양한 인물이 사실적으로 표현된 청동 저패기(貯貝器)이다. 저패기의 형식에 따라 속요원통형(束腰圓筒形)·동고형(銅鼓形)·이형(異形) 등으로 분류하기도 하지만, 저패기의 상부에 표현된 여러 종류의 생활풍습이 주목을 끈다. 이 중 127명의 사람과 간란식(干欄式) 건축, 각종 동물로 구성된 제사 장면은 제사장과 그 시종, 그리고 기둥에 묶인 사람 희생(犧牲) 등이 생생하게 표현되어 있다. 그밖에 7개 부족이 특산품을 공납하는 장면, 금박을 한 기사(騎士)의 전쟁 장면 등 중원에서는 찾아볼 수 없는 독특한 모습이 보인다.

이가산고분군(李家山古墳群)은 석채산고분군(石寨山古墳群)의 남쪽 40km 떨어진 옥계시(玉溪市) 강천구(江川區) 강성읍(江城邑) 온천촌(溫泉村)의 성운호(星雲湖)의 서북(西北)에 위치한다. 1966년 발견되었으며, 1972년 이래 지속적으로 조사되어 58기의 고분이 확인되었다. 고분의 매장주체부는 수혈식토갱묘(竪穴式土坑墓)이며 대형묘에는 목관이 사용되었다. 신전장으로 1인장이 대부분이며 또는 2인이 합장된 것도 있다. 부장품(副葬品)은 의장구(儀仗具), 공구(工具), 악기(樂器), 저패기(貯貝器), 마구(馬具), 무기(武器), 금은기(金銀器), 옥기(玉器), 홍옥수(紅玉髓), 마노(瑪瑙), 수정(水晶), 보패(寶貝), 칠기(漆器), 토기(土器) 등이 있다.

특히 출토유물 중 청동기는 중원(中原)지역의 청동기(靑銅器)와는 조형(造型)과 문양(文樣)이 다르며, 각종 저패기(貯貝器), 동고(銅鼓), 장식품(裝飾品)이 많다. 청동기에는 인물과 동물을 새겨 생활(生活), 전쟁(戰爭), 전쟁(祭祀) 등의 장면을 표현하였는데, 전(滇) 문화의 특징을 보여주고 있다. 청동기의 대량 제작은 운남(雲南) 각종 비철금속(非鉄金属)의 산출지이며, 동(銅)과 석(錫)의 대량 채굴(採掘)과 제련(製鍊)은 그 토대가 되었다.

전(滇) 문화의 청동기는 중원(中原)에는 무기(武器), 예악기(禮樂器)가 많으나, 동산(銅傘), 동침(銅枕), 방적도구(紡績道具), 문방구(文房具), 가옥(家屋), 무대(舞臺) 등이 주류(主流)를 이룬다. 양 고분군의 청동기는 서남 실크로드의 결절점으로 다민족(多民族)과 다양한 문화의 요소가 보인다. 동준(銅樽), 화형동부(靴形銅斧) 등은 동남아시아, 말 장식과 동물투쟁문 장식은 초원 기마민족문화, 동모(銅矛)는 중원(中原), 동개(銅鎧) 등에는 중앙아시아와 서아시아의 영향이 엿보인다.

전국(滇國)은 BC 122년 장건(張騫)이 대하(大夏) 즉 박트리아에서 확인한 촉(蜀)의 문물이 인도로 가는 중계지로서 번성하였다. 석채산(石寨山)11·12호묘에서 출토된 은합은 광동성(廣東省) 광주시(廣州市) 남월왕릉(南越王陵)에서 보이는 파르티아산이다. 이가산(李家山) M68X1호묘, M51호묘 등에서 출토된 돌출첩안문유리주(突出帖眼文琉璃珠)는 동부 지중해에서 제작된 것이며, 양 고분군에서 출토된 식화홍옥수주(蝕花紅玉髓珠), 홍옥수(紅玉髓), 마노(瑪瑙), 보패(寶貝), 유리주(琉璃珠)는 인도로부터 수입된 것으로 운남(雲南)이 서남 실크로드의 결절점(結節点)이며 그 중심지가 곤명(昆明)임을 알 수 있다.

Ⅳ. 유라시아歐亞 해로海路의 유적遺蹟과 유물遺物

참고문헌

雲南省博物館, 1959, 『雲南晉寧石寨山古墓群發掘報告』, 文物出版社.

古代オリエント博物館(外), 1994, 『雲南省博物館靑銅器展』, 東京, 東京新聞·中日新聞社.

雲南省文物考古硏究所·玉溪市文物管理所·江川縣文化局(編), 2007, 『江川李家山-第二次發掘報告-』, 文物出版社.

김병준, 2009, 「진녕 석채산 전묘(晉寧石寨山滇墓)」, 『韓國考古學 專門事典-古墳編-』, 國立文化財硏究所.

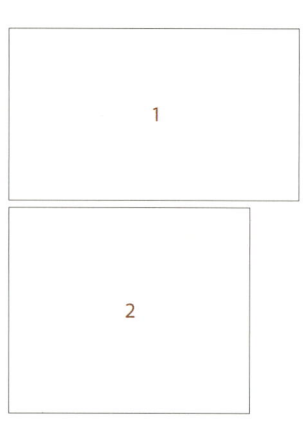

그림 Ⅳ-24. 중국(中國)China 석채산고분군(石寨山古墳群)Sichaisan tombs
이가산고분군(李家山古墳群)Lijiasan tombs

1~2. 석채산(石寨山)과 이가산(李家山)유적(遺蹟) 위치(位置)

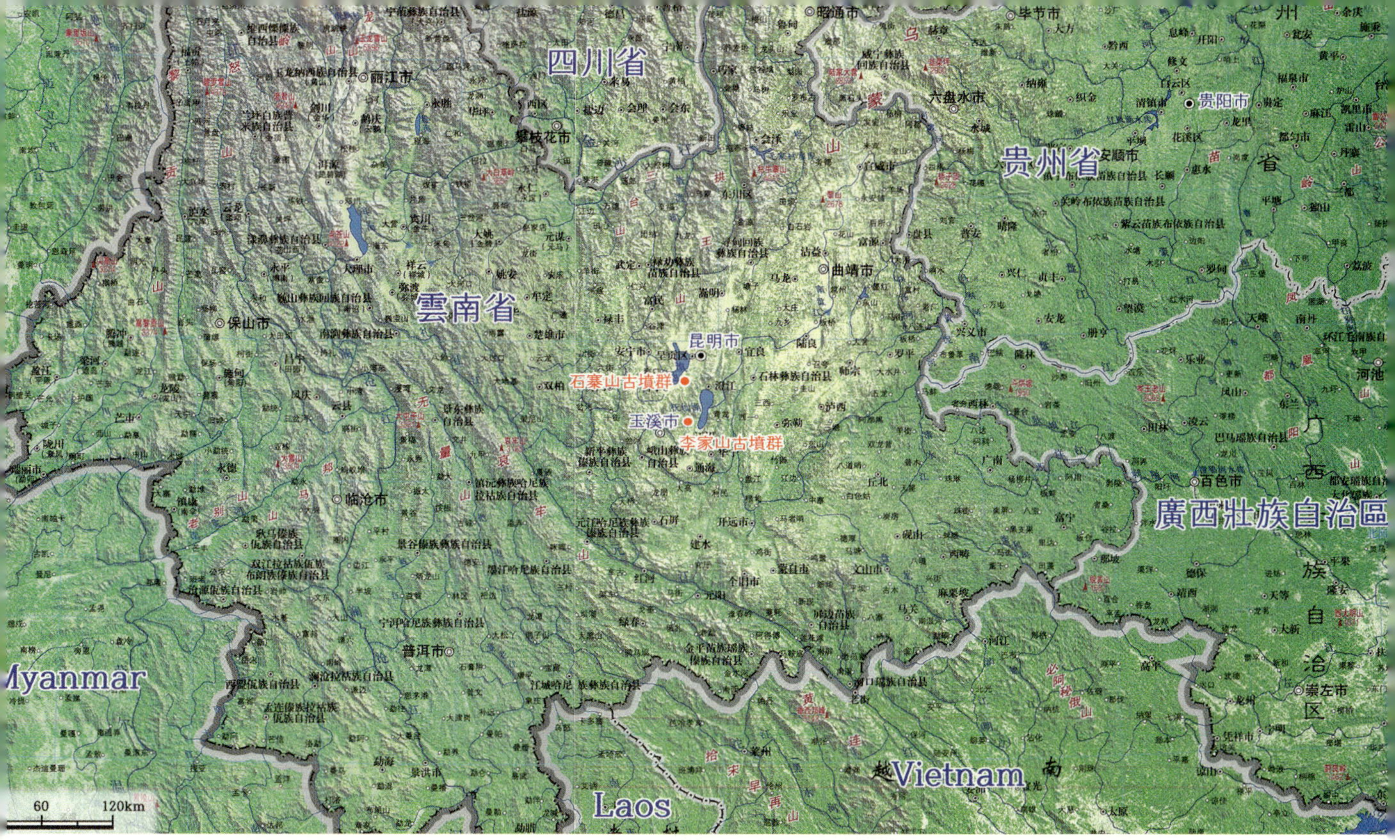
四川省
貴州省
雲南省
廣西壯族自治區
昭通市
毕节市
六盘水市
贵阳市
丽江市
攀枝花市
曲靖市
保山市
昆明市
石寨山古墳群
玉溪市
李家山古墳群
临沧市
普洱市
百色市
河池市
崇左市
Vietnam
Laos
60
120km

КУНЬМИН
昆明
滇池
石寨山古墳群
撫仙湖
李家山古墳群
玉溪
7.5
15km

3. 석채산고분군(石寨山古墳群)
4~5. 이가산고분군(李家山古墳群)
6~7. 이가산(李家山)M69호묘
8. 석채산(石寨山)M6호묘 지중해(地中海)산 유리주(琉璃珠)
9. 석채산(石寨山)M6호묘 은기(銀器)
10. 석채산(石寨山)M71호묘 저패기(貯貝器)
11. 석채산(石寨山)M71호묘 금제(金製) 도검(刀劍) 장식(裝飾)
12. 이가산(李家山)M51호묘 동고(銅鼓)

Ⅳ. 유라시아歐亞 해로海路의 유적遺蹟과 유물遺物

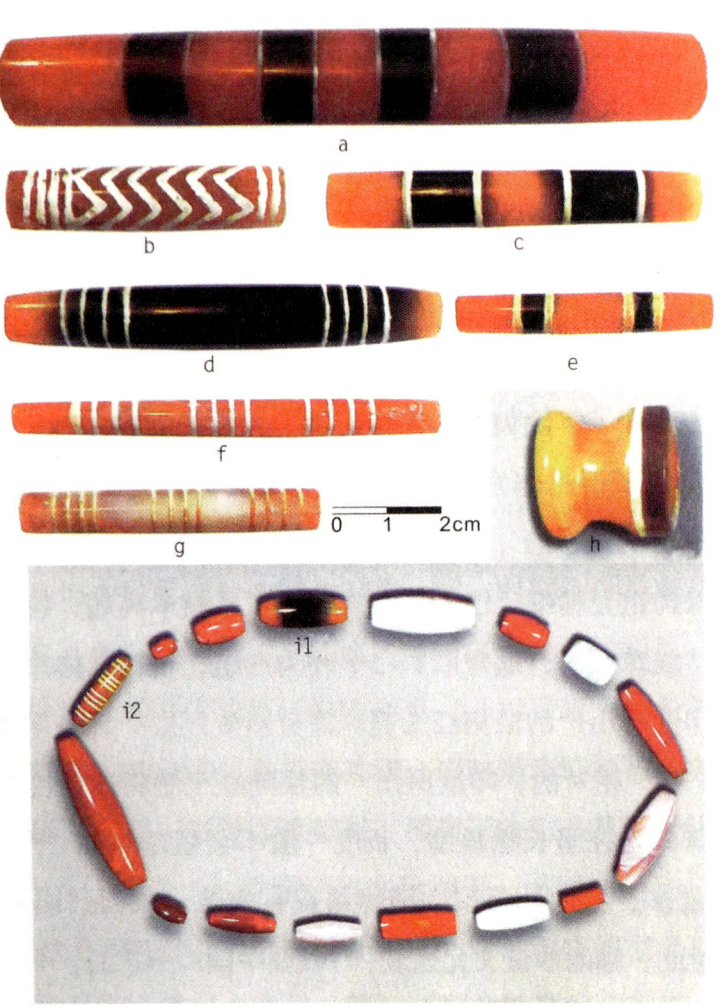

13. 이가산(李家山)M51, 68호묘 지중해산(地中海産) 유리주(琉璃珠)
14. 석채산(石寨山)M1호분 마노(瑪瑙), 홍옥수주(紅玉髓珠)와 미얀마(Myanmar) 출토품(a~g. 미얀마 h~1석채산(石寨山)M1호)
15. 이가산(李家山) 유리(琉璃), 석제주(石製珠)

2) 합포고분군 合浦古墳群, Hepu tombs

합포고분군은 광서장족자치구(廣西壯族自治區) 북해시(北海市) 합포현(合浦縣)에 위치한다. 합포(合浦)는 중국과 베트남의 접경지대인 통킹만에 입지하는 남해무역의 거점항으로 다수의 한대(漢代) 고분과 성지(城址)가 분포하고 있다.

홍령두(紅嶺頭) 11호와 34호묘는 전한만기(前漢晚期) 고분이다. 이 두 고분은 1988년 합포현박물관에 의해 발굴되었다. 각각 유리완 2점, 1점이 출토되었다. 11호묘의 유리기 2점 중 1점은 짙은 남색(藍色)의 반구형으로 저부가 말각평저이다. 또한 기벽이 두껍고 녹로에 의한 연마흔이 보이며 동부(胴部) 상위에 1조의 돌대문을 돌렸다. 34호묘에서 출토된 것도 이와 유사하나, 동부 상위에 2조의 돌대문을 돌렸다.

문창탑(文昌搭)70호묘는 전한만기(前漢晚期)의 고분이다. 1987년에 발굴된 평면형이 장방형의 토갱묘에서 유리완 1점이 출토되었다. 녹색(綠色)의 반구형으로 저부는 말각평저이다. 기벽이 두껍고 녹로에 의한 연마흔이 보이며 동부(胴部) 상위에 4조의 돌대문(突帶文)을 돌렸다. 문창탑1호묘에서는 동남아시아산인 각륜형돌기장식유리천(角輪形突起裝飾琉璃釧)이 출토되었다.

황니강(黃泥崗)1호묘는 후한조기(後漢早期)의 고분이다. 1990년에 합포현박물관에 의해 발굴되었다. 지면에 벽돌(磚)을 깔고 그 뒤에 목곽을 설치한 전목병용(磚木倂用)구조의 묘이다. 유리완 1점, 누금입방체주(鏤金立方體珠)와 함께 서문령인(徐聞令印) 활석제명인(滑石製冥印), 진포(陳褒) 귀뉴동인(龜鈕銅印)이 출토되고 피장자는 생전에 합포군(合浦郡) 서문군현령(徐聞郡縣令)인 진포(陳褒)라는 인물로 밝혀졌다. 유리완은 녹색(綠色)의 반구형으로 저부는 말각평저이다. 기벽이 두껍고 녹로에 의한 연마흔이 보이며 동부(胴部) 상위에 1조의 돌대문(突帶文)을 돌렸다 저부에는 촘촘한 동심원문이 있다.

요미(寮尾)M14호묘은 후한만기(後漢晚期)의 고분이다. 2008년에서 2009년에 걸쳐 34기의 묘가 발굴조사되었다. 14호묘는 평면 장방형의 묘실로 좌우로 3개의 측실(側室)을 가진 전실묘(磚室墓)이다. 이 고분에서는 유리완 1점이 누금 포도문장식 금제판과 같이 출토되었다. 유리완은 남색(藍色)의 반구형으로 저부는 말각평저이다. 기벽이 두껍고 녹로에 의한 연마흔이 보이며 동부(胴部) 상위에 2조의 돌대문(突帶文)을 돌렸다. 요미(寮尾)13B호묘에서는 파르티아산 청유도기가 출토되었다.

심정령(深釘嶺)12호묘는 귀항시(貴港市) 전한만기(前漢晚期)의 고분이다. 1991년에 도로건설에 의해 심정령(深釘嶺) 부근에서 발굴되었다 이 고분은 경사(傾斜)진 묘도를 갖는 평면장방형의 목곽묘이다. 2점의 유리배가 출토되었다. 그 가운데 1점의 완은 남색(藍色)의 반구형으로 저부는 말각평저이다. 기벽이 두껍고 녹로에 의한 연마흔이 보이며 동부(胴部) 상위에 4조의 돌대문(突帶文)을 돌렸다.

귀현화차참한묘(貴縣火車站漢墓)는 귀항시(貴港市)에 위치하는 후한(後漢)의 고분이다. 1957년 조사묘에 유리완 1점이 출토되었다. 완은 남색(藍色)의 반횡타원형으로 저부는 말각평저이다. 기벽이 두껍고 녹로에 의한 연마흔이 보이며 동부(胴部) 상위에 2조의 돌대문(突帶文)을 돌렸다.

앞에서 살펴본 바와 같이 합포(合浦)의 한묘(漢墓)에서는 20여 점의 유리기가 출토되었다. 이는 한대(漢代) 동아시아 최대의 로마 유리기의 집산지임을 알 수 있다. 이 유리기는 대부분 주조 후 절삭 마연하여 제작된 것으로 공중 불기 기법이 발명되기 이전의 전형적인 전기 로마 유리기이다.

이 시기 강소성(江蘇省) 한강(邗江) 광릉왕(廣陵王) 류형묘(劉荊墓)에서는 로마 유리기인 종릉문완(縱稜文盌)이 이입된다. 이 종릉문완과 하남성(河南省) 낙양시(洛陽市) 동교(東郊) 후한묘(後漢墓) 출토 호문병(縞文瓶)도 합포(合浦)를 경유한 것으로 보인다. 그런데 합포에 이입된 문물은 인도 파타남(Pattanam)유적에서도 한강(邗江) 광릉왕(廣陵王) 류형묘(劉荊墓)에 부장된 종릉문완(縱稜文盌)이 출토되어 양자가 인도를 경유하는 해로를 거쳐 이입된 것을 알 수 있다.

더욱이 합포 한묘에서는 인도, 태국, 베트남에서 출토되는 홍옥수주(紅玉髓珠), 호마노주(縞瑪瑙珠), 유리관주(琉璃管珠), 누금소환연접구주(鏤金小環連接球珠), 금제지륜(金製指輪) 등이 다수 출토되었다. 특히 풍문령(風門嶺)26호묘에서는 홍옥수제 사자형주(獅子形珠) 1점, 당배(堂排)2호묘에서는 11점의 사자를 비롯한 홍옥수제 동물형주(動物形珠)가 확인되었다.

최근 중국학계에서는 합포 출토 유리기에 대하여 기형과 성분 분석을 통하여, 지중해산은 문창탑(文昌搭) 한묘 출토품, 인도산은 문창탑(文昌搭) 70호묘, 동남아산은 황니강(黃泥崗) 1호묘로 구분하고 있으나, 소재인 유리괴가 이동하기 때문에 산지 추정은 주의가 필요하다.

BC 111년 한(漢) 무제(武帝)가 남월국(南越國)을 멸망시킨 뒤 역시 광주(廣州)에 남해군(南海郡)의 군치인 번우현(番禺縣)을 두었다. 그 후 인도, 동남아시아와의 최대 교역 중심지는 중국 합포(合浦) 일대로 옮겨진다. 합포(合浦)는 BC 111년 한 무제에 의해 설치된 9군의 하나로서 남해 무역의 거점항이다.

합포(合浦)에 이입된 문물은 인도를 경유한 것이 확인된다. 서부 해안의 최대 무역 거점인 파타남(Pattanam)유적에서 로마 유리기, 유리주, 인도산 홍옥수(紅玉髓)와 마노주(瑪瑙珠), 누금(鏤金) 제품이 출토되었기 때문이다. 또한 인도 동부 해안의 로마와의 최대 무역 거점인 아리카메두(Arikamedu)유적에서는 로마 유리기와 홍옥수주(紅玉髓珠)가 출토되었으며, 이곳에서는 합포(合浦)에서 보이는 동일 형식의 로마 유리기가 확인되었다.

참고문헌

廣西文物保護與考古研究所·合浦縣文物管理局, 2006, 『合浦風門嶺漢墓-2003-2005發掘報告-』, 文物出版社.

黃珊·熊昭明·趙春燕, 2013, 「廣西合浦縣寮尾東漢墓出土靑綠油陶壺硏究」, 『考古』8, 考古雜誌社.

廣西文物保護與考古研究所, 2017, 『廣西合浦文昌塔汉墓』, 文物出版社.

熊照明·富霞, 2019, 『合浦漢墓』, (合浦縣新報海上絲綢之路世界文化遺産中心編), 廣西科學技術出版社.

金秉駿, 2019, 「古代 東아시아의 海洋 네트워크와 使行 交易」, 『韓國上古史學報』106, 韓國上古史學會.

廣西文物保護與考古研究所·合浦縣文物管理局, 2020, 『2009-2013合浦漢晉墓發掘報告』上·下, 文物出版社.

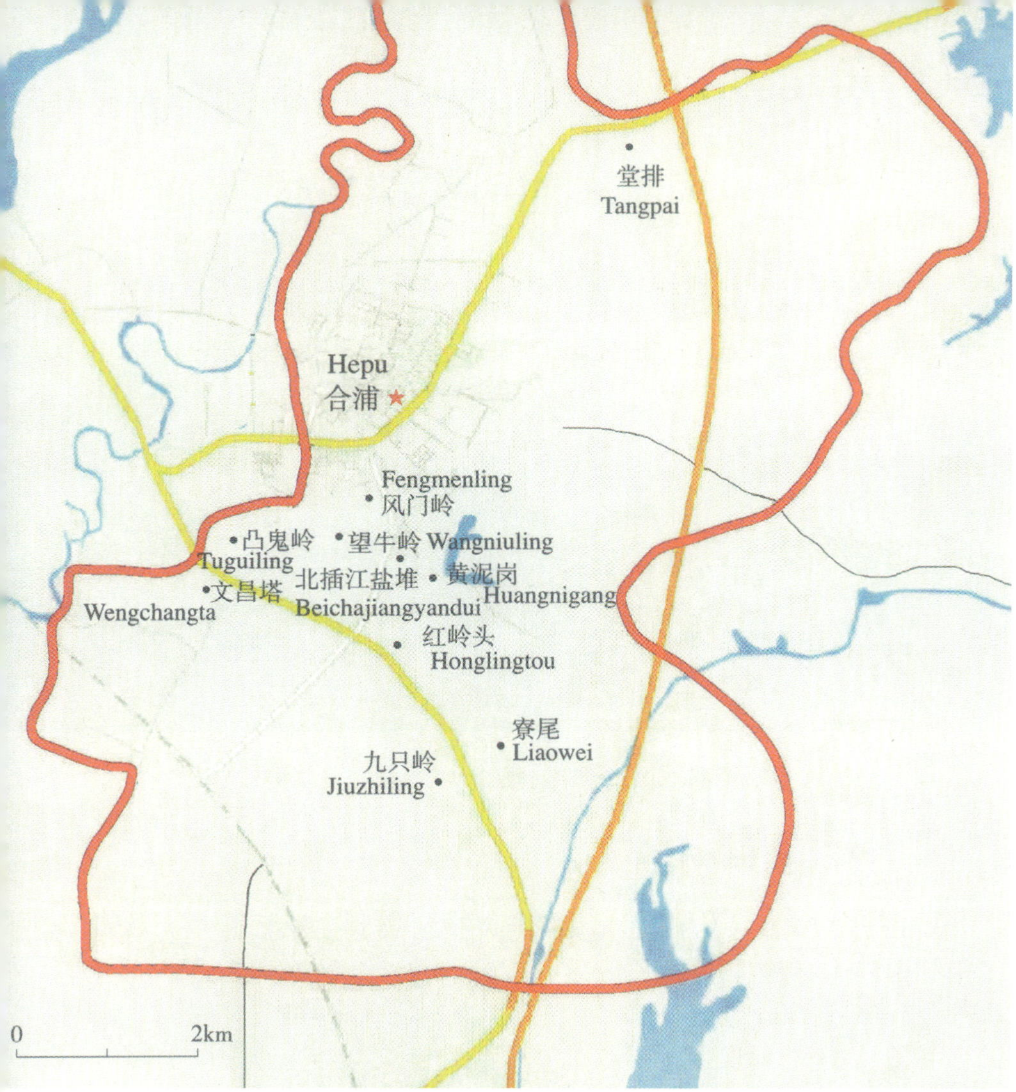

그림 Ⅳ-25. 중국(中國)China 합포고분군(合浦古墳群)Hepu tombs
1. 중국(中國) 광서(廣西), 광동성(廣東省) 유적(遺蹟) 분포도(分布圖)
2. 합포고분군(合浦古墳群) 위치(位置)
3. 합포고분군(合浦古墳群) 분포도(分布圖)
4. 문창탑(文昌塔) 한묘(漢墓)

13. 중국China의 유적遺蹟과 유물遺物

5. 합포(合浦) 한대(漢代) 문화박물관(文化博物館)
6. 사방령(四方嶺)36호 한(漢) 전실묘(塼室墓)
7. 사방령(四方嶺)36호 한(漢) 전실묘(塼室墓) 현실(玄室)
8. 문창탑(文昌塔)70호묘 로마(Rome) 유리완(琉璃盌)
9. 문창탑(文昌塔) 한묘(漢墓) 로마(Rome) 유리완(琉璃盌)
10. 심정령(深釘嶺)12호묘 로마(Rome) 유리완(琉璃盌)
11. 황니강(黃泥崗)1호묘 로마(Rome) 유리완(琉璃盌)
12. 구지령(九只嶺)6A호묘 금제(金製) 소환연접구체주(小環連接球體珠)
13. 한묘(漢墓) 마노제(瑪瑙製) 사자형(獅子形) 수식(垂飾)

Ⅳ. 유라시아歐亞 해로海路의 유적遺蹟과 유물遺物

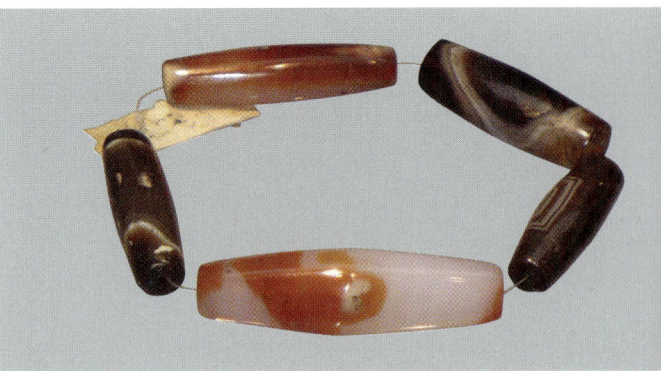

14. 한묘(漢墓) 홍옥수주(紅玉髓珠)
15. 한묘(漢墓) 호마노주(縞瑪瑙珠)
16. 한묘(漢墓) 유리주(琉璃珠)

14	15
16	

3) 수계현 남조교장유적遂溪縣窖藏遺蹟, Nanchao Suixi cellar site

수계현교장유적은 광동성(廣東省) 수계현(遂溪縣)에 위치한다. 이곳은 중국 대륙 최남단 뇌주반도(雷州半島)의 북부에 해당한다. 뇌주반도에 한대(漢代) 서문현(徐聞縣)이 설치된 점에서 해남도(海南島)를 통과하는 해로의 요충임을 알 수 있다.

1984년 수계현(遂溪縣) 부성구(附城區) 변만촌(邊灣村)의 현성(縣城)에서 약 2km 떨어진 지점에서 공사중 발견되었다. 지금은 해역(海域)이 동쪽으로 10km 거리에 있으나 고대에는 인접했던 것으로 보고 있다. 높이 30cm의 유개사이부호 내에 매납되어 그 시기가 남조인 점에서 수계현(遂溪縣) 남조교장(南朝窖藏)으로 부르고 있다.

이곳에서는 샤프르3세(Shapur III, 재위 383-388년) 3점, 야즈데게르드2세(Yazdegerd II, 재위 438-457년) 5점, 페로즈(Peroz, 재위 459-484년) 등의 사산조 페르시아 은화 20매를 비롯하여 금제와 은제 완륜(腕輪), 은제 잠(簪) 등의 장신구와 용기 등 다수의 금은제품이 출토되었다. 용기는 점렬문으로 소그드어로 새긴 은완 1점, 연화문과 당초문, 그리고 봉황문이 장식된 은합 1점, 그리고 귀갑문이 연속되어 타출되었고 저면이 뾰족한 금동완 2점이 있다. 이들 중 소그드어가 새겨진 은완은 수입품이며, 금동완은 중국제로 보고 있다. 은제 완륜(腕輪)과 잠(簪)은 형태와 문양으로 볼 때 페르시아 또는 인도로부터 이입된 것이다.

금동완은 완보다 깊이가 깊고 구연부가 내만하며, 그릇 구연부와 저면에는 당초문과 연화문이 그리고 몸체에는 어(魚)·가릉빈가(迦陵頻迦)·연화(蓮花)·보병(寶瓶) 등을 포함한 귀갑이 연속하여 타출되었다.

이 금동완은 귀갑문의 문양 구성면에서 신라 황남대총 북분에서 발견된 은완과 유사하다. 황남대총 북분의 은완에는 구연부와 저면에는 연판문이 둘러져 있고, 그 외면에는 날고 있는 자세의 사람, 용, 봉황, 노루 등이 포함된 귀갑문과 반 귀갑문이 연결되어 표현되었다. 그 저면에는 육엽(六葉)의 연화문(蓮華文)이 장식되어 있고, 그 안에는 봉황처럼 보이는 새가 있다. 형태는 다르지만 연화문과 동물문 등을 내부에 장식한 귀갑문이 주된 문양이라는 점에서 이 남조교장의 금동완과 황남대총의 은완은 유사하다.

수계현(遂溪縣) 남조교장(南朝窖藏)의 은완은 해상 실크로드에서의 소그드인이 활동한 것을 보여주는 점에서 중요하다.

참고문헌

遂溪縣博物館, 1986,「広東遂溪縣発現南朝窖藏金銀器」,『考古』3, 考古雜誌社.
이송란, 2019,「중국 남북조시대 서방계 금은기의 수입과 제작」,『숭실사학』43, 숭실사학회.

그림 IV-26. 중국(中國)China 수계현 남조교장유적(遂溪縣 南朝窖藏遺蹟)Nanchao Suixi cellar site
1. 수계현(遂溪縣) 남조교장(南朝窖藏) 위치(位置)
2. 남조교장(南朝窖藏) 사산조 페르시아(Sassanian Persia) 은화(銀貨)
3. 금동제(金銅製) 구갑문(龜甲文) 완(盌)
4. 구갑문(龜甲文) 완(盌) 세부(細部)

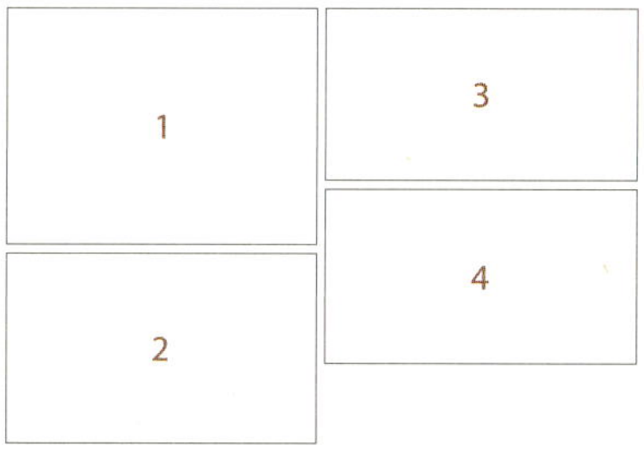

Ⅳ. 유라시아歐亞 해로海路의 유적遺蹟과 유물遺物

5. 소그드(Sogd) 은기(銀器)
6. 사산조 페르시아(Sassanian Persia) 은제(銀製) 완식(腕飾)
7. 금화장식(金花裝飾)
8. 금완(金盌)

13. 중국China의 유적遺蹟과 유물遺物

5	7
6	8

4) 남해1호 침몰선南海1號沈沒船, Nanhai 1 shipreck

남해1호는 광동성(廣東省) 양장시(陽江市) 남해 해역에서 발견된 침몰선이다. 남해1호가 발견된 구역인 천산군도는 상천도, 하천도 두 개의 큰 섬, 그리고 기타 작은 섬들로 구성되어 있다. 이곳은 광동 중부에서 서부 해상으로 통하는 교통로이다.

남해1호는 남송 초기에 건조된 선박으로, 현재까지 발견된 송대 최대의 선박이다. 1987년 영국 사우스햄프턴의 해양 탐사 및 복구 PLC(MER PLC)팀에 의해 발견되었다. 2004년 3월 1일 광동성 정부는 양강시 해릉도에 남해1호를 위한 해상 실크로드 박물관을 건립할 것을 계획하였고 2005년 12월 16일, 광동해상 실크로드 박물관이 정식으로 착공되었다. 2006년 12월 8일 광둥성 문물고고연구소는 교통부 광주 인양국과 '남해1호' 고고 인양 계약을 체결해 남해1호의 본격적인 인양작업을 시작하였다. 2007년 해저 50m에서 남해1호 전체가 인양되었다. 남해1호는 인양된 이후 광동 해상 실크로드 박물관에서 전시됨과 동시에 많은 연구자들의 연구대상이 되고 있다.

남해1호는 길이 30.4m, 폭 9.85m, 선내실 최대 깊이 2.7m, 선골(船骨)의 두께를 더하면 3m가 넘는다. 배 전체는 15개의 선실로 나누었으며, 선실은 칸막이로 분리되어 있었다. 13개의 선실이 배의 뒷부분에 좌우 대칭으로 배치되고, 2개는 끝칸이 있다. 일부 격실에는 갑판이 존재한다. 좌우현판(左右舷板), 수선갑판(水線甲板), 격실판, 조승공(舵承孔) 등의 선체 구조와 선중 돛대 보, 갑판, 선각판, 바닥판과 작은 칸막이 등이 남아 있다. 선체 구조와 선형 공법으로 볼 때 남해1호는 수밀 칸막이 기술로 안전도가 높고 풍랑에 강한 데다 선적량(裝積量)이 많아 원양 항해에 적합했을 것이다.

남해1호에서 도자기, 청동기, 금은기, 화폐, 동식물 잔해, 식물 및 과일의 씨 등 수십만 점의 유물들이 출수되었다.

금제품은 경식, 완식 등이 있으며, 송대에는 도시의 번영과 함께 시장경제의 발전으로 금은기를 비롯한 귀금속 제작이 성행함으로써 금은제품은 상품화되었다.

은기(銀)는 송대에 백은(白銀)의 가치가 크게 향상되었고, 민간과 관인 사이에서 보편적으로 사용되어 전국적으로 통용되었다. 크기가 다르며, 50, 25, 12, 7, 3냥(兩) 등의 무게로 측정되었다. 큰 덩어리의 양 끝은 철정과 같이 양 단부가 벌어지며 허리를 묶은 형태이다. 지명, 용도, 중량, 관리, 장인명 등이 기록되어 있다.

도자기는 다수가 다음과 같은 요지에서 생산된 것들이 출수되었다.

의요(義窯)는 복건성 복주시 민청현에 위치하며, 제품은 배, 주자, 상자, 발, 잔, 동물상 등으로 다양하다. 청백자의 장식 수법은 각색, 압인 등을 사용한다. 두루마리, 구름 등이 주요 문양으로 장식되어 있다.

덕화요(德化窯)는 복건성 덕화현에 위치하며, 복건 연안 지역의 자기 중요 생산지 중 하나이다. 송대 덕화요는 청백자 생산이 주를 이루고 있고, 그 외에도 청유와 흑유도자기가 있다. 종류가 다양하고, 정교하며 태질이 얇고, 촘촘하고 단단하면서 유약이 희고 푸르며 광택이 난다. 해외 판매 수요에 부응하기 위해 이국적인 스타일을 띄는 것도 있다.

경덕진요(景德鎭窯)는 강서성 경덕진에 있으며 송대에 아주 중요한 요 중 하나이다. 경덕진요는 당대부터 청자, 송대에는 청백자를 번조하였다. 경덕진요 청백자는 태질이 깨끗하고 희고, 태가 얇고 단단하며, 유약은 청백색이다.

용천요(龍泉窯)는 절강성 용천시에 위치하고 있으며, 송대의 유명한 청자 산지이다. 용천요는 삼국(三國)의 진(晉)에서 제작되기 시작하여 송대에 전성기를 맞이한다. 남송 이후 용천요가 발전을 거듭하면서 청자의 질이 눈에 띄게 향상되어 분청, 매실청과 같은 청록색의 유약을 만드는 데 성공했다. 남송의 용천요 청자는 조형이 다양하고 수려하며, 장식은 꽃을 새기고, 꽃을 그리고, 도장을 찍는 등의 기법이 보편적으로 적용되었다.

자조요(磁灶窯)는 복건성 진강시에 위치하고 있으며, 원대 화남 연안의 중요한 외판 도자기 산지이다. 도자기 생산은 남조 말기에 시작되어 당대에 흥하고, 송원 때는 절정에 달한다.

중국 고고학계는 남해1호의 발굴 과정을 공개하여, 대중들에게 문화유산을 홍보하고 있다.

참고문헌

國家文物局水下文化遺産保護中心·中國國家博物館, 2017, 『南海1号沈船考古報告之一 - 1989-2004年調査 上下册』, 文物出版社.

그림 Ⅳ-27. 중국(中國)China 남해1호침몰선(南海1號沈沒船)Nanhai 1 shipreck

1. 남지나해(南支那海)
2. 광동해상실크로드박물관(廣東海上絲綢之路博物館)
3. 남해1호선(南海1號船)
4. 남해1호선(南海1號船) 복원(復元)
5~6. 도자기(陶磁器)
7. 금제(金製) 경식(頸飾)
8. 금제(金製) 완식(腕飾)

Ⅳ. 유라시아歐亞 해로海路의 유적遺蹟과 유물遺物

9. 은정(銀鋌)
10. 진사(辰砂)

9

10

5) 광주廣州, Guangzhou

광주는 광동성(廣東省) 중국의 4대 하천 중 하나인 주강(珠江) 하구에 위치한다. 이곳은 주강(珠江) 델타지대의 거미줄처럼 연결된 지류의 중심에 있으며, 동남아시아로 향하는 항로와 호남성 장사로 이어지는 내륙 교통로가 형성되어 있는 해상 육상교통의 결절점이다.

광주는 조타(趙陀)가 중국의 남부와 베트남 북부지역을 아우르는 지역을 바탕으로 BC 203년에 건국하고 이후 5대 93년의 기간 동안 존속한 남월(南越)의 수도였다. 남월왕묘에서 출토된 페르시아, 인도, 동남아시아산 문물은 이곳이 해상 실크로드의 중심지인 것을 알 수 있다. BC 111년 한(漢) 무제(武帝)가 남월국(南越國)을 멸망시킨 뒤 광주에 남해군(南海郡)의 군치인 번우현(番禺縣)을 두었다. 당대에도 황포항이 해상 실크로드의 중요 기항지였다.

광주는 오대십국(五代十國)시대 광동, 광서, 해남3성, 월남북부를 영역으로 한 국가인 남한(南漢)의 수도였으며 해상 실크로드의 관문이었다.

광주시의 북쪽 월수구(越秀區)의 상강산(象岗山)에는 남월의 2대 왕인 조애(趙眛)의 남월왕릉이 위치한다. 그 남쪽에는 남월궁서지가 위치한다.

월수구(越秀區)에 위치하는 광효사(光孝寺)는 중국 영남 지방에서 가장 오래되고 큰 영향을 끼친 큰 규모의 사찰이다. 원래 이 절이 있던 자리에는 남월 때는 왕족의 사저가 있었고, 이후 사찰로 전용되어 내려오다가 동진(東晉) 때인 401년에 인도 승려 담마야사(曇摩耶舍)가 광주에 와서 이곳에 새로 불전을 세우고 기거하면서 불경을 번역하고 포교를 시작함으로써 이름을 왕원조연사(王苑朝延寺)라고 하였다. 이것이 광효사의 시초이다. 중국 선종의 시조로 추앙받는 달마(達摩)대사를 비롯하여 선종 6조 혜능(惠能 638-713)선사 또한 이곳에 와서 설법하였다. 광효사는 여러 차례의 개명을 거쳐 남송(南宋, 1127-1279) 때인 1151년에 광효선사(廣孝禪寺)라는 지금의 이름을 얻었다.

예발탑(瘞髮塔)은 머리카락을 묻은 탑이라는 의미의 이름을 가진 탑이다. 육조발탑(六祖髮塔)이라고도 부른다. 8각 7층 구조이고 높이는 7.8m이다. 내부에는 사리함이 모셔져 있었다고 전해진다. 육조 혜능선사가 출가하여 머리를 깎고 수계를 받은 곳이 바로 이곳 광효사라는 것을 기념하여 667년 4월에 건립하였다. 예발탑 뒤의 보리수나무는 502년 인도 승려인 지약선사가 중국 불교계에 위대한 인물이 날 것을 예언하면서 혜능대사가 수계받기 170년 전에 심었다. 중국에서 가장 오래된 보리수로 전해진다.

광효사에는 동, 서 두 개의 철탑이 있는데 그중 서쪽에 자리한 것이 서철탑(西鐵塔)이다.

오대십국(五代十國)시대 광동지역에 자리했던 남한(南漢, 917-971)시대에 주조한 탑이다. 원래는 4층 탑이었는데 1930년대에 태풍으로 인해 맨위층이 붕괴되어 지금처럼 3층 철탑의 모습이 되었다. 남북조-당대 석굴사원의 전통을 모방한 듯한 외관을 하고 있다. 대웅보전은 동진시대에 창건되어 당대에 중수되었으며, 화남 고대 건축예술의 독특한 풍격을 지닌다.

광주에는 아랍인들만의 거주지인 번방(蕃坊)이 설치되기도 하였다. 이들을 통해서 광주는 유럽에 칸푸(Khanfu)라는 이름으로 알려졌으며 이후 영국인들이 캔톤(Canton)으로 부르면서 별칭이 되었다.

광주에 많은 아랍 상인들이 왕래하자 이에 따라 그들을 위한 이슬람교 사원도 생겨났는데, 이 중 대표적인 것이 월수구(越秀區)에 위치하는 회성사(懷聖寺)이다. '무함마드를 마음속에 품고 그리워한다'는 의미의 회성사는 광탑사(光塔寺), 용봉사(龍鳳寺) 등으로도 불리며, 7세기에 세워진 당 최초의 이슬람 사원이다. 이 중 회성사 광탑은 중화인민공화국의 전국 중점 문화재 보호 단위로 지정되어 있다. 당 고조(高祖)대(618년-626년)에 이슬람교 선지자 무함마드는 4명의 제자들을 중국에 보내 선교를 하였는데, 그중 사드 이븐 아비 와카스(Sa'd ibn Abi Waqqas)는 당 정관 원년(627년) 해상 실크로드를 거쳐 광주에 상륙해 중국에서 선교를 시작했다. 정관 원년에 와카스와 광주에 거주하는 아랍 무슬림들이 이 사원을 조영하였다. 회성사는 원 지정 3년(1343년)에 소실되었다가 7년 만에 중건되었고, 현재 건물은 청 강희제 34년(1695년)에 재건축된 후의 모습이다. 회성사는 1949년 이후 세 차례에 걸쳐 대대적인 보수공사를 거치면서도 기존 건축 양식을 유지했다.

회성사(懷聖寺)는 주축선상으로 삼도문(三道門), 간월루(看月樓), 예배전(禮拜殿), 장경각(藏經閣)을 배치한 구조이다. 예배전은 서쪽 방향으로 지어져 예배할 때 성지 메카를 마주하고 있으며, 건물의 비례, 색, 장식이 모두 서아시아풍이다. 사원 안에는 높이 36m의 광탑(光塔)이 있는데, 이 탑은 아랍풍으로 벽돌을 이용해 쌓은 것으로 바닥은 원형이고 표면에 회반죽을 칠하고 탑의 몸체에는 장방형의 작은 구멍을 뚫어 창을 내었다. 탑 안에는 2 나선형 계단이 탑의 중심을 돌아가며 탑 꼭대기로 통한다. 탑 꼭대기에는 벽돌을 줄지어 겹쳐 쌓았는데, 원래는 금계(金鷄)가 그 위에 서 있어서 바람에 따라 회전하여 바람의 방향을 나타낼 수 있었다. 흰색의 원추형으로 지은 이 탑은 이슬람 지역의 미나레트와 등탑(燈塔)의 기능을 하였다.

그런데 회성사에는 14세기의 라마단(剌馬丹)이라는 고려인 무슬림의 묘비석이 소장되어 있어 주목된다. 이 묘비석에는 쿠란 제 2장 255절이 아랍어로 인용되어 새겨져 있고 그의 삶이 기록되어 있다. 고려 출신인 라마단이 광서도(廣西道) 용주(容州) 육천현(陸川縣) 지방관인

다루가치(達魯花赤)에 임명되었다가 지정(至正) 9년(1349년) 3월 23일에 38세로 사망해 그 해 8월 18일에 광주성(廣州城) 북쪽 유화교(流花橋) 계화강(桂花崗)에 묻혔다는 내용이다.

해방북로(解放北路) 계화강(桂花崗)에 위치하는 청진선현고묘는 당 정관 2년인 629년에 건립되었다. 고분의 최초 매장자는 무하마드의 명으로 중국에 파견되었던 사브 이븐 아비 와카스이다. 그를 비롯한 4명의 제자가 중국으로 파견되어 이슬람 포교 활동을 하였는데 아비 와카스는 광동성에서 활동하다 사망했고 현재 이 위치에 묘가 만들어졌다고 한다. 이후 중국 국내외에서 온 이슬람 선교사들, 순례자들, 그리고 중국과 한국을 비롯한 이슬람교도들을 부장했으며 청대까지 지속적으로 매장되었다.

광주시의 동남쪽 번우구(番禺區) 주강(珠江)변에 입지하는 해발 18m 낮은 구릉 소곡위도(小谷圍島)에는 오대십국시대 남한의 황제릉인 덕릉(德陵)과 강릉(康陵)이 위치한다.

광주는 진한시대에는 남월국, 오대십국시대에는 남한국의 도성으로 정치의 중심지였으며, 중국의 해상 관문으로 번성하였다.

참고문헌

海上絲綢之路研究中心(編), 2012, 『跨越海洋』, 寧波出版社.
國家文物國(編), 2014, 『海上絲綢之路』, 文物出版社.
경상대학교 실크로드 문화지도 DB 구축 사업단, 2017, 실크로드 역사문화지도(Historic Cultural Atlas of the Silk Road).

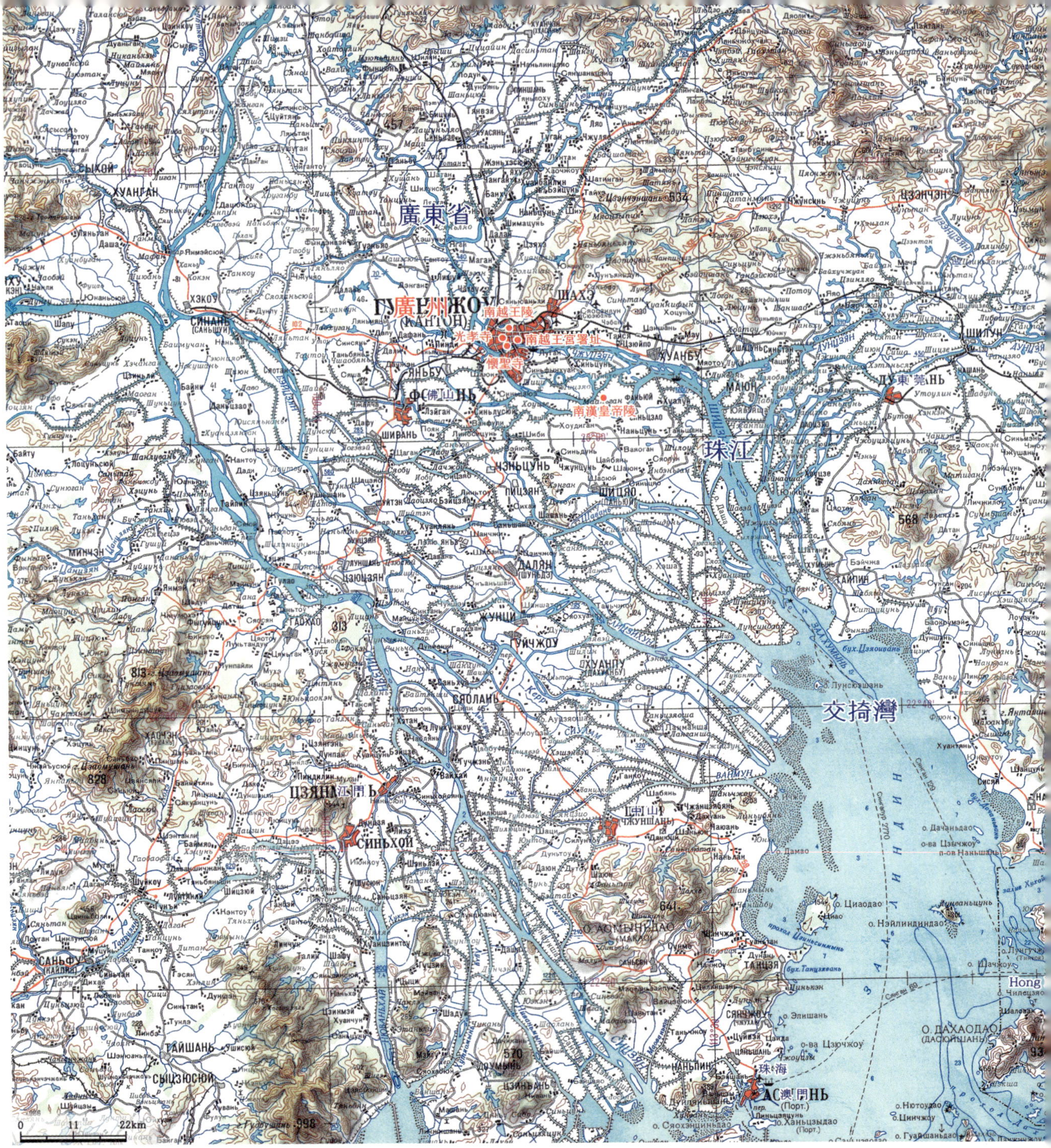
廣東省
廣州
南越王陵
光孝寺
南越王宮署址
懷聖寺
佛山
南漢皇帝陵
東莞
珠江
交掎灣
江門
中山
珠海
澳門
0 11 22km

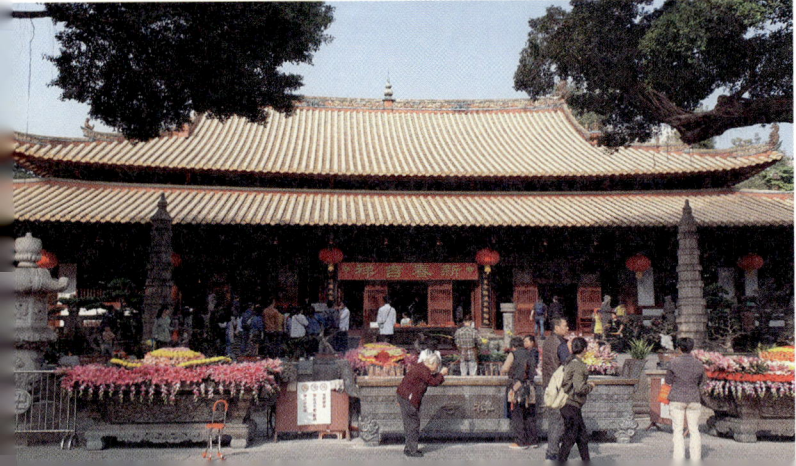

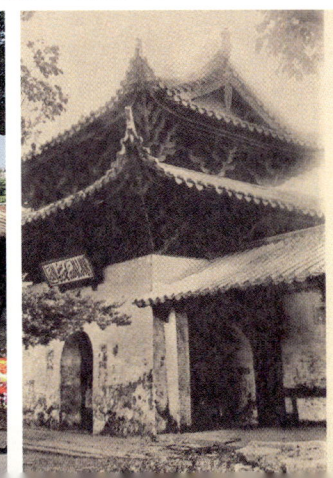

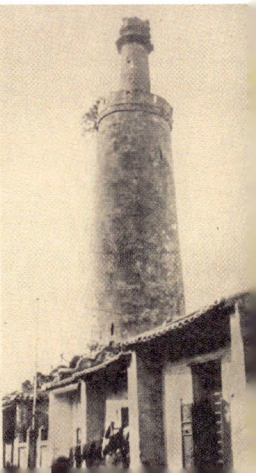

그림 Ⅳ-28. 중국(中國)China 광주(廣州)Guangzhou
1. 광주(廣州)유적(遺蹟) 분포도(分布圖)
2. 광효사(光孝寺)
3. 회성사(懷聖寺)
4. 남해신묘(南海神廟)
5. 약재시장(藥材市場)
6. 약재시장(藥材市場)
7. 회성사(懷聖寺) 광탑(光塔)
8. 월수구(越秀區) 출토 이슬람(Islam) 청유호(靑釉壺)

6) 남월왕릉南越王陵, Nanwe king tomb

남월왕묘는 광동성(廣東省) 광주시(廣州市)의 북쪽 월수구(越秀區) 해방북로(解放北路)에 위치한다. 1983년 6월 상강산(象崗山)에서는 아파트를 세우기 위한 기초공사중 발견되어 조사되었다. 조사 결과 상강산 전체가 하나의 단독묘라는 것이 확인되었다. 묘도 전체에 거대한 바위가 쌓여있었고 그중 가장 거대한 바위는 2톤에 달하여 대형 크레인을 동원해야만 발굴을 계속할 수 있었다.

묘도는 장방형의 경사진 형태를 띠고 있으며, 그 규모가 길이 10.5m, 폭 2.5m, 깊이 3.2m에 이른다는 것이 밝혀졌다. 묘실의 앞 4m 정도 되는 곳에서 묘도가 수직갱으로 바뀌었고, 그 수직갱에는 청동기, 토기 등의 부장품이 다량 쌓여있었으며 아울러 '장락궁기(長樂宮器)'라고 새겨진 인장이 발견되었다. 묘도에는 석문(石門)이 있었고 묘실을 개방하자, 매우 정교하게 채색된 묘실이 드러났고, 네 벽에는 검붉은 색의 구름무늬가 그려져 있었다. 동시에 묘실에서 거대 동정(銅鼎), 옥패(玉佩), 옥벽(玉璧), 철도 2점, 경항령인(景巷令印) 등이 출토되었다. 동쪽의 측실(側室)은 길이 약 2m, 폭 약 1.7m, 높이 약 1.8m의 크기로 상강산 내부의 암반을 굴착하여 완성한 것이었다. 측실의 내부에서는 금(金), 은(銀), 옥(玉), 석(石), 상아(象牙), 칠목(漆木), 도기(陶器) 등의 부장품으로 가득 차 있었고, 그 중에서도 청동제(靑銅製) 및 석제(石製) 악기(樂器)가 주목되었다. 그중 주조된 편종(編鐘)은 용종(甬鐘) 5점, 뉴종(紐鐘) 14점이 출토되었다. 편종 부근에는 석제 편경(編磬)이 두 종류로 그 크기는 대소 다양하게 총 18점이 출토되었다. 그 외에도, 동슬(銅瑟), 동금(銅琴) 약간, 칠목금(漆木琴) 2점이 출토되었다.

이 묘는 부장된 '문제행새(文帝行璽)'가 새겨진 금인(金印)으로 볼 때 남월의 2대 왕인 조애(趙眜)묘인 것으로 밝혀졌다. 남월왕묘는 조(早)자형 석실묘로 8개의 수혈(竪穴)로 구성되어 있으며 면적은 약 100㎡에 이른다. 고분은 앞쪽의 알현 장소와 뒤편의 관실로 이루어진 형식인 전조후침(前朝後寢)에 따라 총 7칸으로 나누어져 있다. 앞쪽의 세 방은 전실(前室)과 동·서 이실(耳室)로 이루어져 있고, 뒤쪽의 네 방은 주관실(主棺室), 동·서 측실(側室), 후장실(后藏室)로 이루어져 있다.

남월왕묘에서는 총 15명의 순장자가 발견되었다. 순장자는 묘도와 전실을 잇는 공간에 2명, 전실에 '경항령(景巷令)' 신분의 1명, 전실의 동측실에 악기(樂器)와 함께 발견되어 악기(樂妓)로 보이는 1명, 주관실의 동측실의 부인 4명, 서측실에 요리도구와 함께 발견되어 요리사 혹은 시종으로 보이는 7명이 발견되었다.

남월왕묘에서 출토된 유물 중 은합(銀盒)은 로제트문이 개(蓋)와 합(盒)에 시문된 반원형이다. 출토 당시에는 내부에 환약(丸藥) 10개가 들어있었다. 이 은합(銀盒)은 운남성(雲南省) 진녕현(晉寧縣) 석채산(石寨山)11·12호묘, 산동성(山東省) 임치시(臨淄市) 제왕묘(齊王墓) 부장갱 등에서도 출토된 파르티아산이다.

　　동호절(銅虎節)은 웅크린 자세로 입을 벌리고 이를 드러내고 있다. 또한, 꼬리는 구부러져 있으며 전체적으로 금상감(金象嵌)이 베풀어져 있다. 절(節)은 외교 및 군사상의 증표로 호절(虎節), 용절(龍節), 인절(人節)이 있다. 특히, 이 동호절에는 '왕명차도(王命車徒)'라는 금상감이 베풀어져 있다.

　　옥의(玉衣)는 한대(漢代) 특유의 상장(喪葬) 염복(殮服)으로 옥편(玉片)을 엮는 연결구의 재질에 따라 옥의의 등급이 정해지고, 금루(金縷), 은루(銀縷), 동루(銅縷)가 있어 제후왕은 금루 혹은 은루 옥의를 사용한다. 남월왕묘에서 출토된 것은 중국에서 발견된 유일한 사루(紗樓) 옥의이다. 옥의는 두의(頭衣), 상의(上衣), 좌우 소매(袖筒), 좌우 하의(褲筒), 장갑(手套)과 신발(鞋) 총 10부분으로 구성되어 있으며 총 길이는 1.73m이다. 총 2,300매에 이르는 옥편(玉片)이 사용되었는데, 두의에 260여 매, 상의에 530여 매, 좌우 소매에 약 210여 매, 좌우 하의에 각각 266매와 388매, 좌우 장갑에 각각 113매와 21매, 좌우 신발에 각각 108, 109매가 사용되었다. 모든 옥편은 주홍색 비단실로 꿰어 만들었으며, 그 줄의 구성과 문양이 매우 정교하다. 옥편의 재질은 모두 동일하지 않고, 그 색도 모두 같지 않은데 주로 황갈색이 많은 것으로 보아 그 재질은 대체로 연옥(軟玉)이다.

　　옥패(玉佩)는 약 130여 점이다. 대표적으로는 코뿔소옥영(犀形玉瑛)이 있는데, 여기에는 투조(透彫)기법을 사용하여 코뿔소가 웅크리고 앉아있는 모습이 표현되어있다. 이외에도 좌우 대칭의 쌍용문옥영(雙龍文玉瑛), 봉황문옥패(鳳凰文玉佩), 용봉문중배옥패(龍鳳文重环玉佩) 등 다양한 옥패가 있다.

　　인장은 문제행새(文帝行璽) 금인(金印)와 태자(泰子) 금인(金印)과 우부인새(右夫人璽) 금인(金印)이 출토되었다.

　　상아(象牙)는 총 5점으로 그중 가장 큰 것은 길이가 1.2m였다. 이 상아는 아시아코끼리의 가느다란 상아와는 뚜렷하게 구별되고, 굵고 길어서 아프리카코끼리의 것으로 보고 있다. 이는 해상 실크로드를 통해 남월에 수입되었을 가능성이 있으며, 상아제로 조각된 유물들이 발견되어 상아가 조각의 원료로 수입된 것임을 알 수 있다.

　　남월왕묘에서는 파르티아산 은기(銀器), 아라바이산 유향(乳香), 페니키아산 첨안문유리주(中層帖眼文琉璃珠), 아프리카산 상아(象牙), 산호(珊瑚) 등이 부장되어, 남월이 해상 실크로드의 중심적인 역할을 담당한 것을 보여준다. 고분의 구조가 한(漢)대에 보이지 않은 대형 석제를 사용한 횡혈식석실과 인접한 남월 궁서지의 입주석(立柱石)과 같은 석조유구도 인도, 동남아시아의 영향으로 보고 있다.

참고문헌

廣州市文物管理委員會·中國社會科學院考古硏究所, 1991, 『西漢南越王墓』, 文物出版社.

每日新聞社, 1996, 『中國南越王の至宝-前漢時代 廣州の王朝文化』, 每日新聞社.

西漢南越王博物館, 2017, 『南越王墓与海上絲綢之路』, (西漢南越王博物館研究叢書), 広東人民出版社.

13. 중국China의 유적遺蹟과 유물遺物

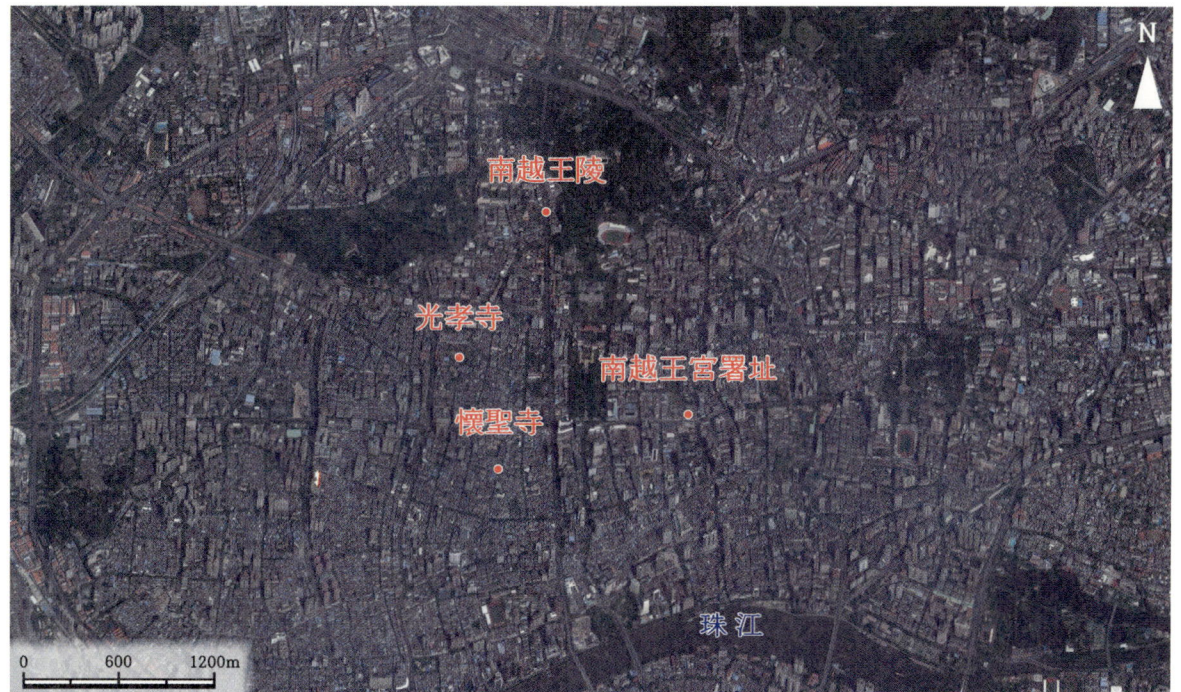

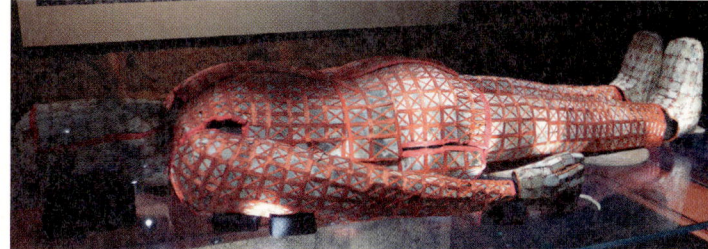

그림 IV-29. 중국(中國)China 남월왕릉(南越王陵)Nanwe king tomb
1. 광주 남월왕릉(南越王陵)과 남월궁서지(南越王宮署址) 위치(位置)
2. 남월왕릉(南越王陵)
3. 남월왕릉(南越王陵) 현문(玄門)
4. 칠장식목관(漆裝飾木棺)
5. 옥의(玉衣)

185

6. 현실(玄室)
7. 동기(銅器)
8~9. 금인(金印): 문제행새(文帝行璽)
10. 파르티아(Parthia) 은합(銀盒)
11. 유향(乳香)
12. 유리(琉璃) 상감(象嵌) 과대(銙帶)
13. 금제(金製) 장식(裝飾)

6	7	8	9
		10	11
		12	13

7) 남월궁서지南越王宮署址, Nanwe king palace and office site

남월궁서지는 광동성(廣東省) 광주시(廣州市) 월수구(越秀區) 북경가도(北京街道) 우산사구(禺山社區) 중산4로(中山四路)에 위치한다. 남월국의 도성이었던 '번우성(番禺城)'의 위치는 『사기史記』, 『한서漢書』 남월전에 언급되지 않아 그 비정에 있어 많은 어려움이 있었다. 번우성의 위치에 대해 비교적 일치되는 견해가 송(宋) 대 광주 3성 중 하나인 동성(東城)이라는 설이었는데, 이는 현재의 광주 중산4길(中山四路) 일대였다.

1975년 중산4길의 어린이공원 발굴에서 규모가 방대한 진(秦)의 조선소유적을 확인하였는데, 그 상면에 약 20m가 되는 석제 도로 유구가 발견되었다. 이 후 지속적인 발굴 조사가 이루어져 남월 왕궁의 규모와 구조가 확인되었다.

남월왕궁은 면적 약 15만m²에 이른다. 어원은 유적의 동쪽에 있으며, 면적 약 4,000m²의 석조 저수시설과 길이가 180m가 넘는 수로로 구성되어 있다. 석제 수로의 북쪽 끝은 저수시설 바닥과 맞닿아 있고, 북쪽에서 남쪽으로 길게 뻗은 후 구불구불하게 서쪽으로 돌아가 결국 서쪽 끝의 수로와 맞닿게 되어있다. 수로의 동쪽 끝에는 월형(月形)의 석지(石池)가 있고 석지에는 두 개의 석담장과 두개의 팔각석주(八角石柱)가 세워져 있으며 바닥에는 대량의 거북, 자라의 유해가 있었다. 수로의 옆으로는 모래땅이 펼쳐져 있으며 수로 서쪽 끝에는 크고 두터운 석축 교량이 있다. 교량은 남북방향이며 북쪽 끝에는 디딤돌이 0.6m 간격으로 호형으로 배치되어 있다.

이 왕궁지에서는 남월 시기 건축자재와 실생활 공구들이 다량 발견되었다. 특히, 전(塼), 와당(瓦當), 석(石) 등의 건축자재가 수천 점 발굴되어 남월 시기의 건축 양식을 그대로 파악할 수 있었다.

남한(南漢), 송(宋), 명(明), 청(淸)에 이르기까지 수많은 유물이 출토되었고, 남한(南漢) 대의 이슬람 유리기, 송 대의 유리탑(琉璃塔) 모형(模型)과 당 대의 귀면와(鬼面瓦) 등이 확인되었다. 한편, 2004년의 발굴조사에서 출토된 목간은 궁의 관리, 직관제도, 법조문 등 남월국 궁중생활의 각종 제도가 서술되어 있다.

남월 궁서지의 입주석(立柱石)과 같은 석조유구에 대해서는 남월 왕릉과 같이 인도, 동남아시아의 영향으로 보고 있다.

참고문헌

南越王宮博物館籌建所·廣州市文物考古研究所, 2008, 『南越宮苑遺址』上下, 文物出版社.
南越王宮博物館, 2020, 『南越國南漢國宮署遺址与海上絲綢之路』, 文物出版社.

그림 Ⅳ-30. 중국(中國)China
남월궁서지(南越王宮署址)Nanwe king palace and office site
1. 남월궁서지(南越王宮署址)
2~3. 남월궁서지(南越王宮署址) 석조유구(石造遺構)

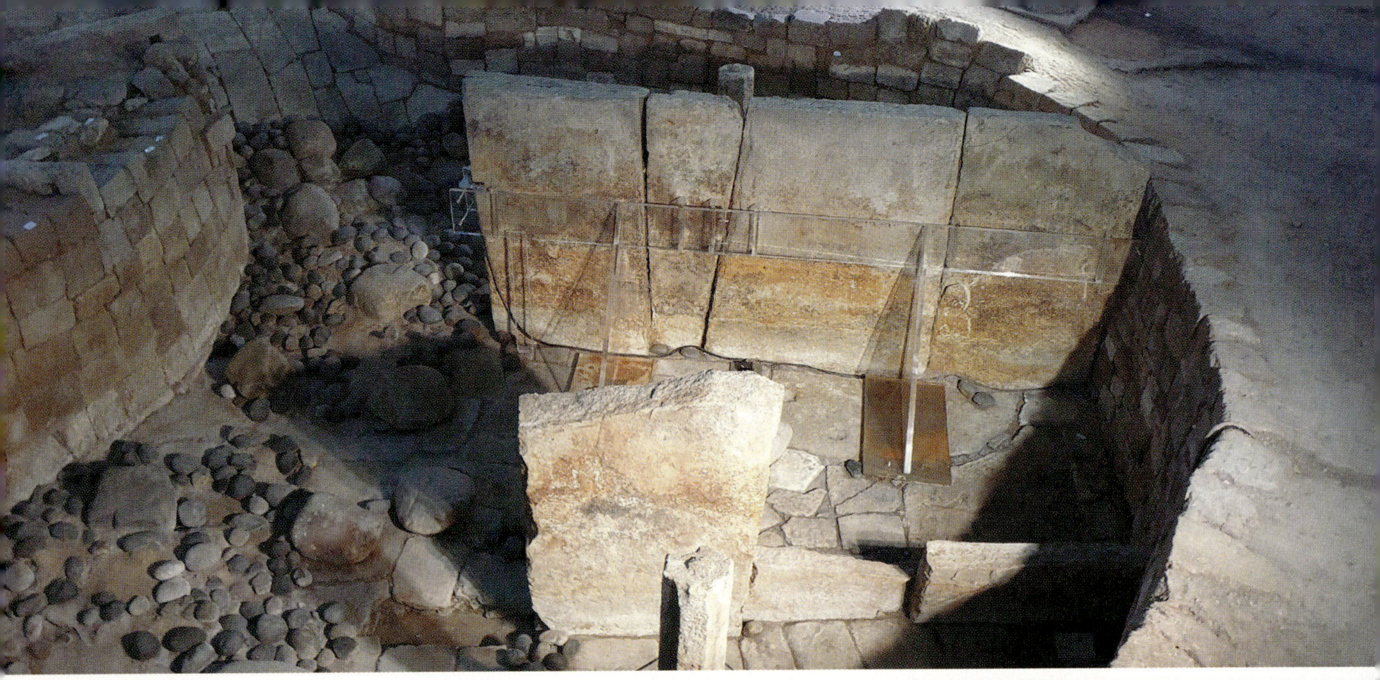

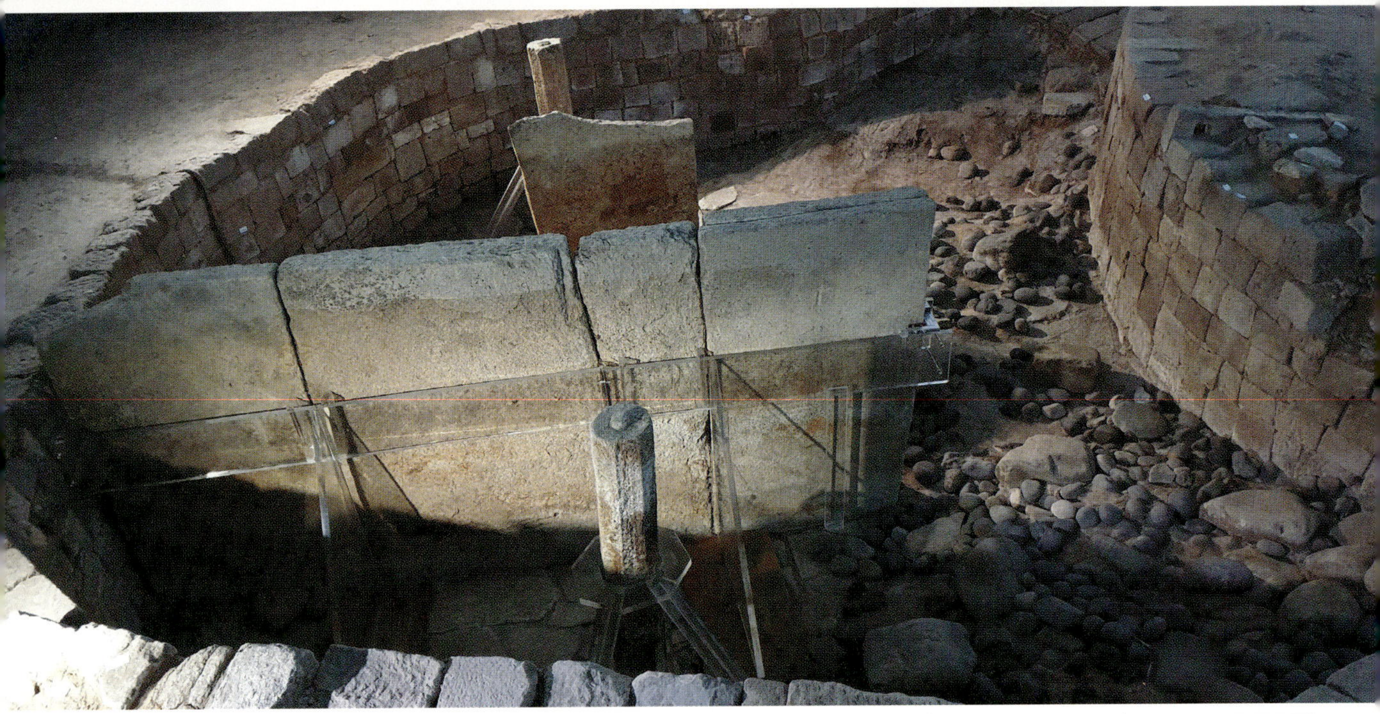

4~5. 남월궁서지(南越王宮署址) 석조유구(石造遺構)

4

5

8) 남한황제릉南漢皇帝陵, Nanhan Emperor tombs

오대십국시대 남한의 황제릉인 덕릉(德陵)과 강릉(康陵)은 광동성(廣東省) 광주시(廣州市) 번우구(番禺區) 소곡위도(小谷圍島)에 위치한다. 소곡위도(小谷圍島)는 광동성 중심부에 흐르는 주강(珠江)에 입지하는 해발 18m 낮은 구릉이다.

2003년 3월 광주대학교(廣州大學校)의 새 캠퍼스 부지 공사 중에 남한(南漢) 덕릉(德陵)과 강릉(康陵)의 분구가 확인되어 광주시문물고고연구소(廣州市文物考古硏究所)가 2003-2004년 소곡위도에 대한 발굴조사를 실시하였다.

덕릉(德陵)은 분구가 대부분 삭평되었으며, 매장시설은 전실묘(磚室室)로 묘도, 연도, 전실, 후실의 구조이다. 묘광은 남북 길이 26.47m, 동서 3.4-5.82m이다. 묘도는 묘실의 북단에 위치하며 잔존 길이 12m, 폭 3.08-3.21m로 천장형태는 유실되어 확인되지 않는다. 묘도와 전실 사이 남북으로 약 1.53m, 동서로 약 3.21m 범위로 청자와 화유도(和釉陶)가 부장되었다. 묘실은 길이 10.43m, 높이 3.04-3.45m, 전(塼)으로 축조되었으며 천장형태는 아치형이다. 장축방향은 남향이다. 전실부터 바닥면의 높이가 묘도에 비해 약간 낮다. 전실의 평면형태는 장방형으로 장축 6.27m, 단축 3.14m이다. 후실은 명면형태가 방형으로 장축 3.77m, 단축 3.48m이다. 도굴로 인해 훼손된 상태이었으나, 도자관(陶瓷罐)와 유도관(釉陶罐)이 다수 출토되었다. 청자관(青瓷罐)은 총 190점, 유도관(釉陶罐)은 82점이 확인되었다. 덕릉(德陵)은 남한의 고조 유엄(劉龑)의 형인 추존황제 열종(烈宗) 유은(劉隱)의 무덤이다.

강릉(康陵)은 덕릉의 남동쪽으로 약 800m 떨어져 있다. 강릉의 분구는 거의 삭평되었으나 남북 약 160m, 동서 80m, 면적 12,800m²의 능원(陵園)이 확인된다. 능원은 담장, 망루, 능문, 문전건물지, 능대로 구분할 수 있다. 담장은 판축기법으로 만들었으며 전체적으로 장방형의 형태를 보인다. 담장의 네 모서리에는 망루를 세웠으다. 능문은 능원의 남벽 정중앙에 위치하며, 능문에서 남측으로 약 20m 떨어진 곳에 문전 건축물이 있다. 복도식의 구조로 동서 약 23m 정도의 건축물이 확인된다. 능대는 능원의 북편에 위치하고 평지에 흙으로 능대를 세웠으며, 능대 아래는 지궁이 있다. 강릉(康陵)의 매장시설은 전실묘(磚室墓)로 묘도, 문, 연도, 전실, 중실, 후실로 구성되어 있다. 묘도는 장방형의 길이 18m 경사묘도이며 입구에서 안쪽으로 들어갈수록 폭이 줄어든다. 묘도와 전실 사이에는 2중으로 구성된 문이 있다. 묘실 내부는 길이 9.84m 폭 3.16m, 최고 높이 3.28m의 규모로 축조되었으며 전실, 중실, 후실 모두 폭은 동일하다. 전실은 상대적으로 짧으며 복도로 중실과 떨어져 있다. 평면형태는 횡장방형으로 길이 1.34m, 폭 3.16m, 높이 3.3m 규모이고 애책(哀册)이 출토되었다. 중실로 들어가는 입구에는 문 비석이 세워져 있다. 문비석은 두줄로 문자가 새겨져 있다. 통로는 전실과 중실을 이어주며, 중실은 장방형으로 길이 2m이고 그 외는 전실과 동일하다. 후실은 전실과 폭과 높이가 같으며 길이는 5m 규모로 축조되었다. 후실의 내부에는 돌을 낮게 쌓아 간격을 두며 중앙부에 관상(棺床)이 배치되어 있다. 중실과 후실의 양벽에는 2단으로 7개씩 총 14개의 감실이 있다. 부장품은 24점의 이슬람(Islam) 유리기(琉璃器), 육이관(六耳罐) 14점, 무이관(無耳罐) 2점, 합(盒) 8점, 분합(粉盒) 3점, 화구완(花口碗) 3점, 잔(盞) 등의 자기(瓷器), 사이관(四耳罐) 92점, 완(碗) 등의 도기(陶器)가 있다.

강릉(康陵)은 애책(哀册)에 의해 917년 개국한 남한(南漢) 고조(高祖) 유엄(劉龑)의 능묘로 밝혀졌다. 남한은 971년까지 존속하였으며 광동, 광서, 해남3성, 월남북부를 영역으로 한 국가로서 오대십국(五代十國)시대 중국 해상 실크로드의 관문이었다.

현재의 광동(廣東), 광서(廣西), 해남(海南) 3성, 베트남 북부에 이르는 영역을 아우르게 917년에 건국되었으며 이후 971년에 북송(北宋)에 의해 멸망하였다.

당(唐) 말기에 유겸(劉謙)은 봉주(封州)의 지방관을 맡아 전함(戰艦)은 백여척에 이르렀으며 그 군병이 만명을 넘겼다고 한다. 유겸(劉謙)이 죽자 그의 아들 유은(劉隱)은 이를 물려받아 점차 영남(嶺南)을 통일하고 청해절도사로 올랐다. 907년, 유은(劉隱)은 후량(后梁)으로 부터 대팽군왕(大彭郡王)로 봉해졌고, 909년 다시 남평왕(南平王)으로 봉해졌다. 이듬해에는 다시 남해왕(南海王)으로 변경되었다. 유은(劉隱)이 죽은 후, 그의 동생 유척(劉陟)이 남해왕으로 다시 봉해졌다. 이후 그의 뒤를 계승한 유엄(劉龑)은 서기 917년에 번우(番禺)에서 스스로 황제를 칭하고, 국호를 대월(大越)이라 하였으나 이듬해에 한(漢)으로 개칭하였다. 942년 유엄(劉龑)이 죽은 후, 계승권 다툼으로 인해 혼란이 일어난다. 유엄의 3남인 유분(劉玢)이 뒤를 잇자, 그를 동생 유성(劉晟)이 살해하고 자신이 즉위한다. 유성(劉晟)은 제위를 다투던 동생들을 모두 살해하고 제위를 안정시킨 뒤, 초(楚)의 내란을 틈타 출병하여 영토를 확장하였다.

958년 유성(劉晟)이 죽은 후, 장남 유창(劉鋹)이 왕위를 계승하였으나, 그는 문관을 모두 살해하고 그 자리를 모두 환관으로 메우면서 조정은 환관이 독점하게 된다. 이후 북송(北宋)의 침공으로 인해 971년 남한은 멸망하였고, 북송에 통합되었다.

강릉(康陵)에 부장된 24점 이상의 이슬람(Islam) 유리기(琉璃器)는 남한(南漢)의 해상 실크로드를 통한 교역을 보여준다.

참고문헌

廣州市文物考古研究所, 2006, 「廣州南漢德陵, 康陵發掘簡報」, 『文物』7, 北京, 文物出版社.

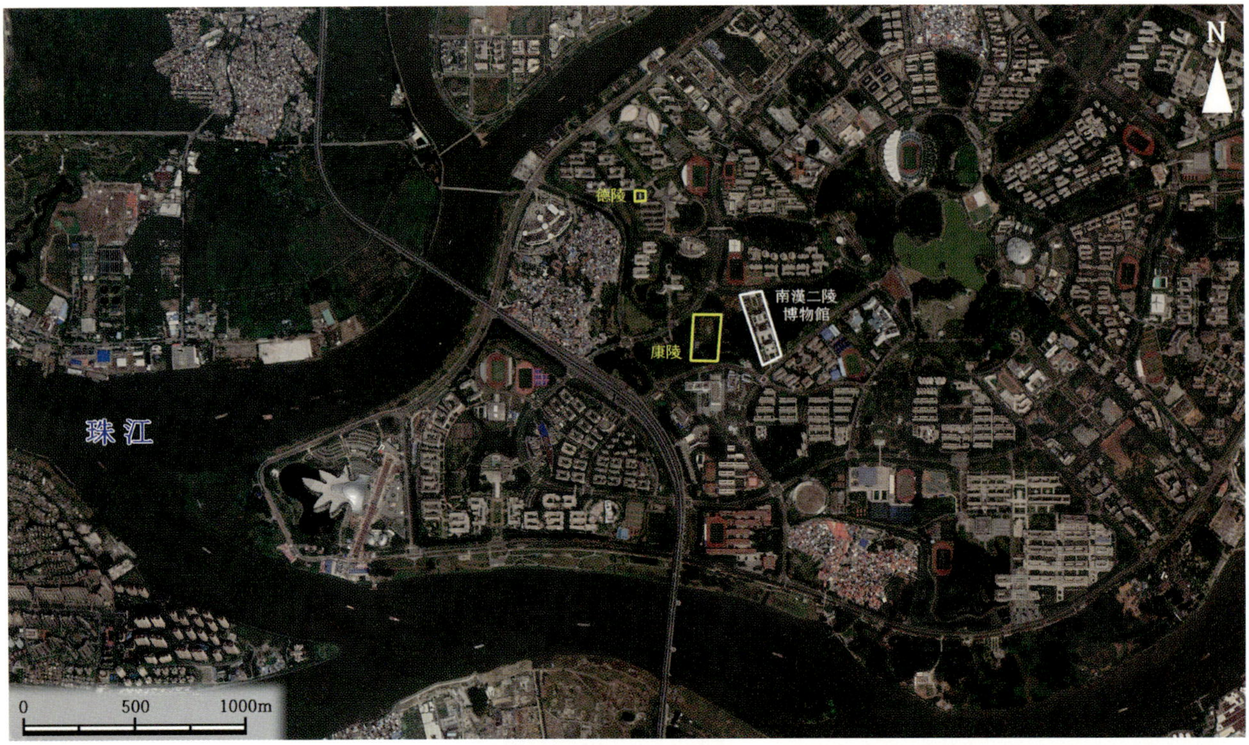

Ⅳ. 유라시아歐亞 해로海路의 유적遺蹟과 유물遺物

13. 중국China의 유적遺蹟과 유물遺物

그림 Ⅳ-31. 중국(中國)China 남한황제릉(南漢皇帝陵)Nanhan Emperor tombs

1. 남한황제릉(南漢皇帝陵) 분포도(分布圖)
2. 강릉(康陵) 묘역(墓域) 복원(復元)
3. 강릉(康陵) 현실(玄室) 현문(玄門)
4~5. 강릉(康陵) 이슬람(Islam) 유리완(琉璃盌)
6~7. 강릉(康陵) 이슬람(Islam) 유리호(琉璃壺)
8. 강릉(康陵) 이슬람(Islam) 유리병
9. 소릉(昭陵) 석수(石獸)

195

9) 천주泉州, Chuanzou

천주는 복건성(福建省) 동남부의 진강(晉江) 하류 천주만에 위치한다. 당(唐) 대에 진강현이 설치되어 천주의 치소가 되었다. 송(宋) 대인 1087년, 원 대인 1277년에는 무역을 통제·관리하는 시박사(市舶司)가 설치되었다.

천주에는 아라비아인들이 거주하는 번방(蕃坊)이 설치되었다. 13세기 천주를 방문한 마르코폴로는 세계의 부가 이곳에 몰려있다고 하였고, 14세기 아라비아의 여행가인 이븐 바투다는 세상에서 가장 큰 항구라고 언급할 정도로 중동, 인도, 동남아지역과의 무역의 중심이었다. 마르코 폴로가 일 칸국으로 원(元)의 왕녀를 호송하고 베니스로 귀향할 때 출항한 항구가 천주였다. 명(明) 중기 이후에는 부근의 복주(福州)·하문(廈門) 등이 개항됨으로써 차츰 쇠퇴하였다.

시내 서북쪽 진강(晉江) 부근에 위치하는 개원사(開元寺)는 당 현종 개원26년(738년) 황제의 칙명에 의해 주요 도시의 각지에서 세워진 국영사찰이다. 개원사의 중앙에는 부처를 모신 대웅보전이 있고 양 옆으로 200m 간격으로 쌍탑이 있다. 동쪽 탑을 진국탑(鎭國塔), 서쪽 탑은 인수탑(仁壽塔)으로 불린다. 현존하는 중국 내 쌍탑 중 가장 높은 것이다. 진국탑은 860-873년 간에 건립되었으며, 원래는 목탑이었으나 남송 때 보수하여 1238년 석탑으로 재건되었다. 높이 48.24m, 지름 18.5m, 각 변의 길이는 7.8m이다. 탑신 아래에는 낮은 수미좌(須彌座) 형태의 기단이 있고, 기단의 아래위로 연꽃과 권초(卷草)가 각각 1층씩 새겨져 있다. 8개의 전각부(轉角部)에는 큰 기단부를 떠받치고 있는 역사상(力士像)이 각각 1개씩 조각되어 있다. 탑신(塔身)은 외벽, 외주랑(外走廊)과 내회랑(內回廊), 탑심주(塔心柱) 등으로 나뉜다. 탑신 각 층의 전각부에는 일반 고건축에서는 보기 드문 특이한 기법의 원형 의주(倚柱)가 조각되어있다. 각 층의 탑신에는 모두 발코니형 난간이 주위를 감도는 외랑(外廊)을 구성한다. 이는 북방지역의 전탑(塼塔)에서 보기 드문 구조이다. 인수탑은 오대십국의 양(梁) 916년에 건립되었다. 진국탑과 마찬가지로 원래는 목탑이었으나 훼손되어 남송 때 석탑으로 재건되었다. 높이 44m이며, 형태와 구조는 진국탑과 대체로 비슷하다. 개원사의 대웅보전의 후랑(後廊)에는 힌두교 신상들과 이와 관련된 설화가 조각된 인도식 쌍주(雙柱)가 남아있다. 인도식 쌍주는 주두(柱頭)가 중국식 목제로 교체된 점, 이것과 조합되는 인도식 주두(柱頭)가 천주해외교통사박물관에 소장된 점에서 원래 소재지에서 이동된 것으로 보고 있다. 쌍주는 앙련과 복련으로 장식한 사각기단, 그 위에 16각으로 깎은 주신, 처마와 연결되는 중국식 목제 주두로 구성되어 있다. 주신은 3단으로 구획하고 이를 편편한 4각면으로 하여, 이 부분에 직경 30cm

의 원을 구획하고 그 내부에 힌두신상, 동물, 식물 문양을 조각하였다. 사각면의 모퉁이에는 5엽의 연봉, 16각으로 연결되는 긴 부분에는 당초문을 조각하였다.

천주해외교통사박물관 소장 주두(柱頭)는 인도에서 일반적으로 보이는 복발형이 아니라 전체적으로 상부로 갈수록 벌어지는 하부가 짧은 판형이며 중간의 사각형 구획안에 식물 문양이 시문된 형식이다. 이는 남인도 타밀라두지역의 촐라왕조의 치담바람(Chidambaram) 사원의 기둥양식에서 찾고 있다. 개원사 쌍주(雙柱)에는 비슈누(Vishnu)신상이 다수 조각되어 있고 천주해외교통사박물관에 비슈누신상이 소장되어 있는 점에서 힌두교사원에 있었던 것으로 보고 있다.

청정사(淸淨寺)는 1009년 북송대 남송-원대 이슬람교도가 거주한 통회대가(通回大街)에 시리아 다마스쿠스의 이슬람사원의 건축양식을 따라 창건되었으며, 양주(揚州)의 선학사(仙鶴寺), 광주(廣州)의 회성사(懷聖寺), 항주(杭州)의 봉황사(鳳凰寺)와 더불어 중국의 4대 이슬람사원으로 꼽힌다. 청정사의 면적은 2.1km²로 주요 건물은 정문, 봉천단(奉天壇), 명선당(明善當)으로 구성되어 있다. 문은 남쪽으로 향하였는데, 청정사 경역은 메카를 향하기 위해 동서로 나있다. 문은 12.3m의 높이에 폭이 6.6m이고, 문 내부 공간에 천장 돔을 삼중으로 구성했다. 문 뒤 벽에는 아랍어로 사찰 창건 당시 중수기와 초기 명칭을 기록해 놓았다. 문 뒤 북쪽 벽에는 명(明) 영락(永樂)5년(1407년)에 이슬람 사원을 보호하라는 성지(聖旨)를 기록해 놓은 석각인 영락상유(永樂上諭)가 있다. 사원의 서쪽에 위치한 봉천단은 이슬람교인들의 예배를 올리는 곳이다.

청진고묘(淸眞古墓)는 천주시(泉州市) 북쪽 교외의 청원산(淸源山) 경내에 위치하는 이슬람묘지이다. 명대 하교원(何橋遠)의 민서(閩書) 기록에 따르면 무하마드가 네 명의 선교사를 중국으로 보냈는데 광주, 양주, 천주 등지로 보내 포교 활동을 하도록 했다. 이때 천주에서 활동하던 선교사가 사망하자 영산에 장사지냈다고 한다. 묘지 부근에는 송, 원, 명 시대 이슬람교를 신봉했던 신도들의 석관묘가 남아있는 것에서 오랜 기간 조영되어 왔음을 알 수 있다. 청진고묘의 중심에는 화강암으로 만든 정자가 있다. 비문에 의하면 묘에는 원래 정자가 있었으나 현재 고분 위에 만들어진 화강암 정자는 1962년에 중건된 것이다. 정자 내부에는 두 개의 고분이 병렬로 배치되어 있으며 회랑에는 5기의 비석이 존재한다. 정자내의 묘는 화강암으로 조각되었으며 덮개를 세 개의 층으로 나누어져 마치 계단 형태로 만들어졌다. 높이는 60cm이며 사면에는 부조연판문양이 있다. 석비는 회랑에 존재한다. 중앙에 위치한 비석은 원(元) 지치(至治)2년(1301년)에 세운 비석으로 아랍어가 새겨져 있다. 이는 정자 아래에 위치한 2기의 묘주인 선교사들에 관한 내용이다. 이 비석을 중심으로 우측 비석은 '정화행향비(鄭和行香碑)'로 명(明) 영락(永樂)15년(1417년) 정화(鄭和)의 제5차 항해 중 천주를 경유하며 이곳에서 향을 피우고 제사를 지낸 내용이 보인다.

청진고묘의 한쪽에는 송원시대 세계 각지에서 온 무슬림인들의 공동묘지와 명청시대 이슬람식 분묘가 존재하는데 모두 이슬람교에서 흔하게 사용되는 구름, 달 문양이나 코란이 새겨져 있다.

천주시가의 동북에 있는 만안교(萬安橋)는 북송시대에 창건한 장대한 석조의 횡목다리로 만안교 석비와 함께 유명하다.

육승탑(六勝塔)은 천주시(泉州) 진강현(晉江) 석사진(石湖)의 동쪽 10km 떨어진 금채산 산상의 천주만에 접하여 위치한다. 육성탑은 북송 정화(政和) 3년 승려 조혜(祖慧) 등에 의해 건립되었다. 평면은 팔각형이며 오층 누각식 석탑으로 높이는 36m다. 송 말기 전란으로 훼손되었으나 원대 1285년, 1336년 중수되었다. 육승탑 탑좌는 2층으로 된 수미좌를 만들었다. 탑신 각 층에는 금강상, 보살상이 부조되어 있는데 등탑(燈塔)의 역할을 겸하였다.

1973년 천주만(泉州灣) 내에서 발굴한 목선이 천주고선박물관에 전시되고 있다. 선수(船首) 높이는 10.5m이며 적재량은 370여 톤이다. 갑판의 일부만이 손상을 입고 선체는 거의 온전한 상태를 유지하고 있다. 2-3중의 겹 구조로 된 현측(舷側)이나 배 바닥은 소나무(松) · 삼나무(杉) · 남나무(楠)로 건조하였고, 13개의 선창(船艙)을 가지고 있다. 적재품은 주로 침향목(沈香木)과 단향목(檀香木)이며, 유향(乳香)도 출수되었다. 송 말 또는 원 초에 침몰된 상선으로, 선적물로 볼 때 동남아시아를 항해하고 온 것으로 추정된다.

천주 남안시(南安市)에는 신라원(新羅院), 신라사(新羅寺), 신라촌(新羅村) 등의 지명이 있다. 고려시대에는 천주상인이 고려에 10여 회 왔다는 기사와 남송시기 남부의 지방지인 『보경사명지寶慶四明志』원대의 『지정사명속지至正四明續志』에는 고려상인이 가져간 고려동기(高麗銅器), 고려청자(高麗靑磁), 신라칠(新羅漆), 인삼(人蔘), 잣(松子) 등과 그들이 가져온 침향(沈香), 채단(綵緞), 채금(綵錦), 궁시(弓矢), 서적(書籍) 등이 기록되어 있다.

천주항을 통해 고려와 활발하게 교역했음을 알 수 있다. 천주시 구 시기에 고려항(高麗港), 천주 남안시(南安市) 금도진(金陶鎭) 심휘촌(深輝村)에 고려착(高麗厝), 천주시 영춘현(永春縣) 봉호진(蓬壺鎭) 고려산(高麗山) 아래 고려촌(高麗村)이 있다.

참고문헌

이송란, 2006,「中國 泉州 開元寺의 印度式 雙柱와 바닷길 貿易」,『미술사연구』16, 미술사연구회.

(재)해상왕장보고기념사업회, 2008,『장보고기념관 개관 기념 특별전 장보고와 해상실크로드의 관문 천주』, (재)해상왕장보고기념사업회·완도군·국립해양유물전시관·중국천주해외교통사박물관.

이현국, 2014,『중국고탑의 조형과 예술』, 황매희.

Ⅳ. 유라시아歐亞 해로海路의 유적遺蹟과 유물遺物

13. 중국China의 유적遺蹟과 유물遺物

그림 Ⅳ-32. 중국(中國)China 천주(泉州)Chuanzou

1. 천주(泉州), 복주(福州) 위치(位置)
2. 천주(泉州) 위치(位置)
3~4. 천주(泉州) 고선박물관(古船博物館)

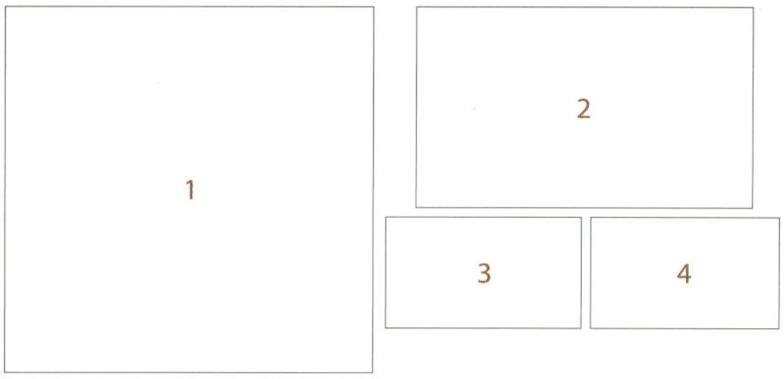

202

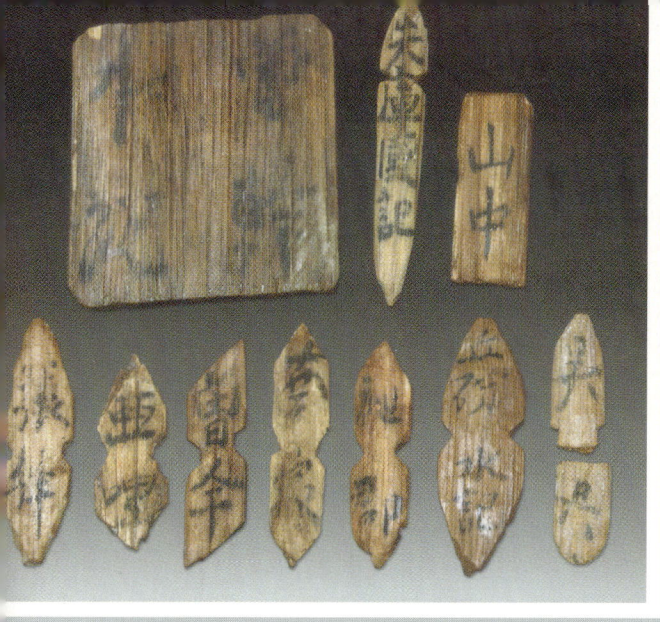

5. 천주(泉州) 고선박물관(古船博物館)
6. 개원사(開元寺)
7. 경교(景教) 묘비(墓碑)
8. 비슈누(Vishnu) 신상(神像)
9. 힌두교(Hindu教) 석조(石造) 사원(寺院)
10. 고선(古船) 목간(木簡)
11. 고선(古船) 향목(香木)
12. 고선(古船) 유향(乳香)
13. 고선(古船) 대모(玳瑁)
14. 고선(古船) 석재(石材) 닻(anchor)

Ⅳ. 유라시아歐亞 해로海路의 유적遺蹟과 유물遺物

15~16. 청정사(清淨寺)
17. 청진고묘(清眞古墓)
18. 육승탑(六勝塔) 해역(海域)
19. 송대(宋代) 무역선(貿易船) 복원(復元)
20. 육승탑(六勝塔)

15	16
17	18
19	20

10) 복주福州, Fuzhou

　　복주는 복건성(福建省)의 민강(閩江) 하류역에 위치하고 있으며, 바다 건너 타이완(臺灣) 북부와 마주하고 있다. 전국시대(戰國時代) 월(越)이 초(楚)를 멸하고 월인(越人)이 이곳에 이입하여 민월(閩越)로 불리었다. BC 220년 민월(閩越)을 정복한 진(秦) 시황제(始皇帝)는 이곳에 민중군(閩中郡)을 설치하였다.

　　당(唐) 개원(開元)13년 (725) 복주도독부(福州都督府)가 설치되었다. 당말(唐末)에는 왕심지(王審知)가 민국(閩國)을 건국하고 복주(福州)를 수도로 하였다.

　　송(宋)대에는 자사(刺史)가 설치되었다. 원(元)대에는 복건행중서성(福建行中書省)이 설치되었다. 명(明)대는 시박사(市舶司)가 설치되었으며 유구왕국(琉球王國)의 지정입항지(指定入港地)로서 유구관(琉球館)이 설치되었다. 복주는 13세기 마르코 폴로가 『동방견문록』에서 언급한 크고 부유한 도시가운데 하나이다.

　　나성탑(羅星塔)은 복주시(福州市) 마미구(馬尾區) 마미항(馬尾港) 뒤편 나성산(羅星山) 산상에 위치한다. 복주시에서 동남쪽으로 21km 떨어진 민강(閩江)과 오룡강(烏龍江)이 합류하는 지점에 입지한다. 북송시대에 축조되었으며, 명 만력(萬曆) 연간 탑이 지진으로 인해 무너졌으나 명 천계(天啓) 연간 보수되었다. 1884년 마강해전(馬江海戰) 때 프랑스군의 포격으로 크게 파괴되었다가 1964년 중수하여 현재의 모습으로 남아있다. 나성탑은 벽돌과 석재를 다듬어 쌓아 올려졌다. 평면은 팔각형이며 총 7층이다. 탑의 높이는 31.5m이며 탑좌의 직경은 8.6m이다. 각 층 모두 아치문을 두고 계단을 통해 탑 정상에 올라갈 수 있도록 만들었다. 외관에는 돌로 난간을 만들었으며 탑신에는 등불을 밝힐 수 있는 등감(燈龕)이 잘 보존되어 있는 점을 미루어보아 등탑(燈塔)으로 활용되었다는 사실을 알 수 있다.

　　1965년 복주성박물관(福建省博物館)에서 발굴한 유화묘(劉華墓)는 복주시(福州市) 교외 전판향(戰坂鄉) 연화봉(蓮花峰) 아래에 위치한다. 이 고분은 오대십국(五代十國) 시대의 쌍실전실묘(雙室塼室墓)이다. 이 묘는 민(閩) 3대 왕인 왕연균(王延鈞)의 부인인 유화(劉華)임을 알 수 있었다. 유화묘에서는 3점의 이슬람 도기, 3점의 석조복련좌(石雕覆蓮座), 36점의 인물용(人物俑) 및 48점의 도용(陶俑) 등이 출토되었다. 3점의 이슬람 도기는 대형의 청유첨부망문호(青釉添附網文壺)이며 표면 장식에는 차이가 있다. 2점은 견부에 3개의 작은 고리가 부착되었고 동체 상부에는 3조의 아치형 문양, 동체 하부에는 굵은 밧줄 모양의 문양이 부착되었다. 다른 한 점은 견부에 4개의 작은 귀가, 4조의 굵은 밧줄 모양의 문양이 동체를 둘러 부착되었다. 3점의 청유첨부망문호(青釉添附網文壺)는 유색(釉色), 조형, 문양 등의 특징과 더불어 이라크 사마라(Samarra)유적, 이란 시라프(Siraf)유적, 파키스탄 반보르(Banbhore)유적 등에서 같은 유물이 출토되는 점에서 이슬람 도기로 판명되었다. 유화묘에서 이슬람 도기가 출토된 이후 양주(揚州), 영파(寧波), 광주(廣州) 등에서도 출토되었다.

    이란 또는 이라크에서 제작되어 해상 실크로드로 따라 이입된 유화묘(劉華墓) 출토 이슬람 도기는 복주가 교역망의 중심지임을 밝혀준다.

참고문헌

福建省博物館, 1975, 「五代閩國劉華墓發掘報告」, 『文物』1, 文物出版社.
이현국, 2014, 『중국 고탑의 조형과 예술』, 황매희.

13. 중국China의 유적遺蹟과 유물遺物

그림 Ⅳ-33. 중국(中國)China 복주(福州)Fuzhou
1. 복주(福州) 위치(位置)
2. 복주(福州) 나성탑(羅星塔)과 해역(海域)

3. 나성탑(羅星塔)
4. 유화묘(劉華墓)
5. 유화묘(劉華墓) 도용(陶俑)
6. 유화묘(劉華墓) 이슬람(Islam) 청유호(靑釉壺)
7. 이슬람(回敎) 묘비(墓碑)
8. 경교(景敎) 묘비(墓碑)

13. 중국China의 유적遺蹟과 유물遺物

11) 온주溫州, Wonzhou

온주는 저장성(浙江省) 남동부의 350km에 달하는 해안을 보유한 항구도시이다. 온주는 동쪽으로 온주만이 면하고 있으며, 북쪽에 영파항, 남쪽에 복주항, 동남쪽에 타이완(臺灣)이 위치한다. 후한(後漢)대에 영녕현(永寧縣)이었으나 수(隋)대에 영가현으로 바뀌었다. 당(唐)대에는 온주(溫州), 송(宋)대에는 서안부(瑞安府), 명(明)·청(淸)대에는 온주부(溫州府)가 설치되었다. 온주 시가는 10세기에 축조된 성벽으로 둘러싸여 있으며 유서 깊은 옛 건축물과 사원이 많다.

초도(椒島)의 강심산(江心山)에 있는 용상사(龍翔寺)는 남송선림십찰(南宋禪林十刹)의 하나이다.

혜광탑(慧光塔)은 온주시(溫州市) 구해구(甌海區) 선암진(仙岩鎭)에 위치한다. 혜광탑은 선암사(仙岩寺) 남쪽에 위치하며 송 대에 '선암사탑'이라 불렸고 원 대 연우(延祐) 연간에 지금의 이름으로 바꾸었다. 건립연대는 북송 경력(慶曆) 3년 이전이다. 혜광탑은 육각형이며 7층으로 총 3개의 문이 있다.

1966년 혜광탑 지궁이 발굴되어 사리함과 사리장엄구가 출토되었다. 탑에서 출토된 유물은 총 69점으로 주로 북송 경력(慶曆) 3년 이전의 것으로 판단된다. 청대의 유물도 보이는데 이는 청대 강희(康熙) 연간 탑을 수리하면서 이입된 것으로 판단된다. 북송시대 유물은 사경(寫經), 각경(刻經), 사리함, 불상 등이 있다. 사경은 총 8권으로 보존이 잘 되어있다. 사리함은 방형으로 내부에서는 목조천왕상과 사주대성좌상이 나왔다. 이외에도 금기와 이슬람 유리기가 출토되었다. 혜광탑 지궁에서는 당시 인도와 이슬람과의 교류가 있었다는 사실을 알 수 있는 유물이 출토되어 주목된다. 즉 사경 가운데 일부가 산스크리트어로 기록되어 인도와 교류가 있었던 것을 알 수 있다. 또한 사리기로 사용된 이슬람(Islam) 절자문(切子文) 유리병(琉璃瓶)이 출토되었다.

온주는 혜광탑 출토 이슬람 유리기에서 알 수 있듯이 송대 해상실크로드의 거점이었으며, 배후에 유라시아 각지에 유통된 용천요 자기 산지가 위치하고 있어 원대에도 그 역할을 담당하였다.

참고문헌

浙江省博物館, 1973,「浙江瑞安北宋慧光塔出土文物」『文物』1, 北京, 文物出版社.

溫州博物館(編), 2011,『白象慧光·溫州白象塔·慧光塔典藏大全』, 文物出版社.

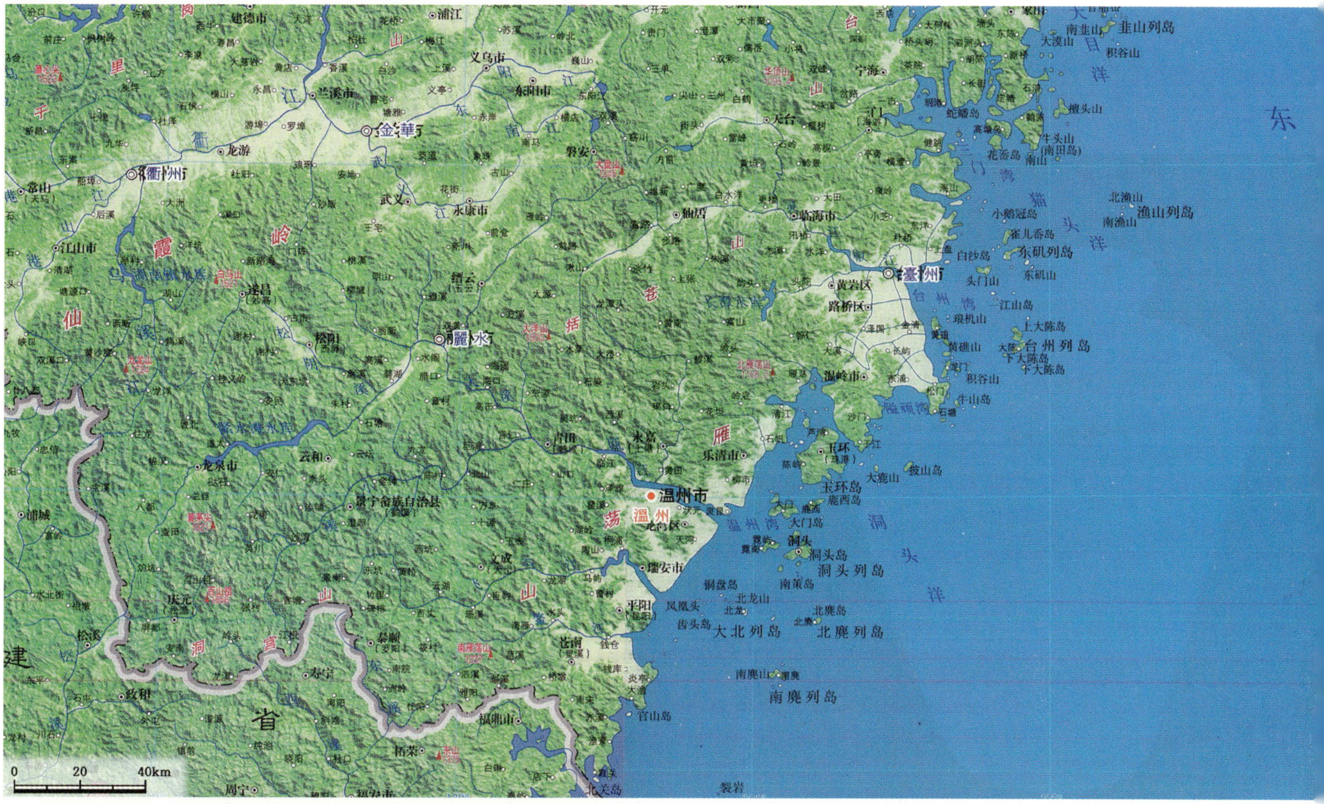

그림 Ⅳ-34. 중국(中國)China 온주(溫州)Wonzhou

1~2. 온주(溫州) 위치(位置)

1

2

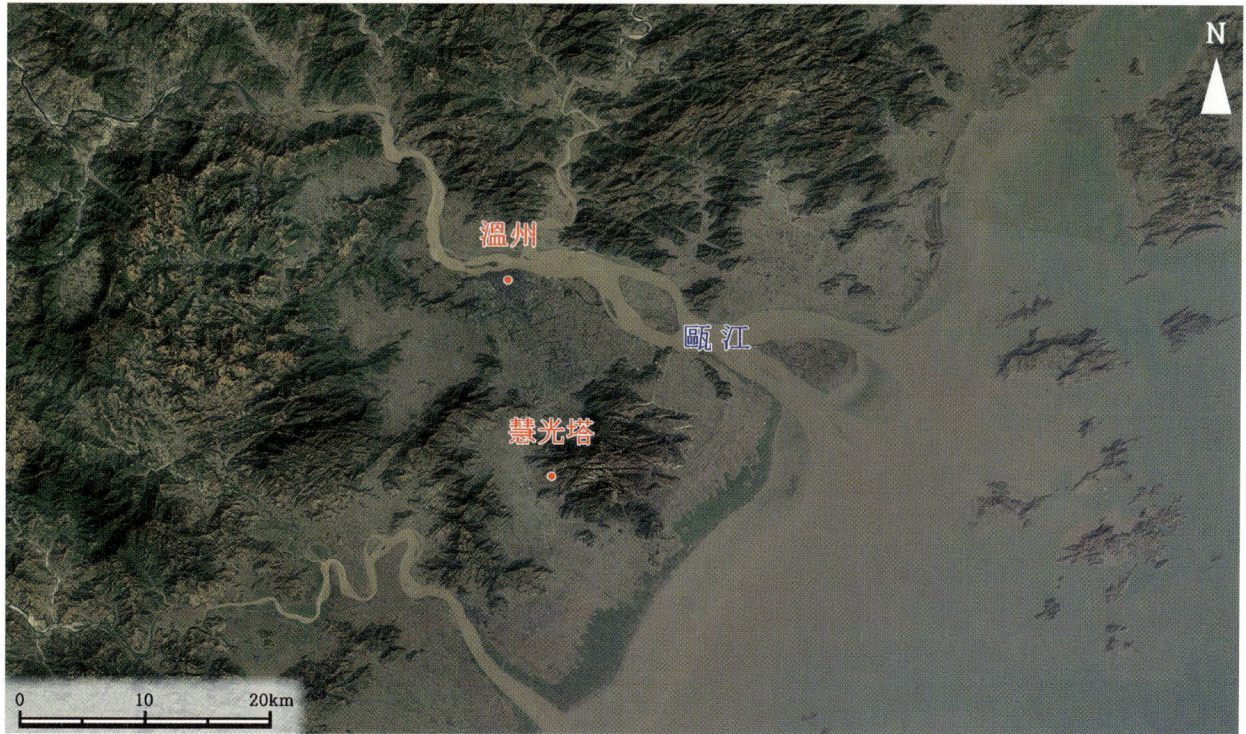

3. 혜광탑(慧光塔)
4. 사리기(舍利器)
5. 소탑(小塔)
6. 이슬람(Islam) 절자문유리병(切子文琉璃瓶)
7. 혜광탑(慧光塔) 금병(金瓶)
8. 혜광탑(慧光塔) 아난존자상(阿難尊者像)

| 3 | 4 | 5 |
| 6 | 7 | 8 |

12) 영파寧波, Ningbo

영파는 절강성(浙江省)의 동부의 도시로서 항주만(杭州灣)에 위치하는 수륙교통의 요충으로 해외무역항으로 번영했다. 춘추시대에는 월국(越國)의 운읍, 진한시대에는 무현에 속했다. 동진 때에는 회개군에 속했고 융안4년(400)에 구장현이 합해져서 수 당시대까지 갔으나, 당 개원 26년(738)에 남서쪽 사명산의 명주(明州)의 치소로 오대의 후량 개평 2년(908)에 운현으로 개칭하였다. 영파는 1128년 송의 남도(南渡)이후 수도인 항주을 연결하는 물자집산지로서 번영하였다. 남송 경원원년(1195)에는 경원부로 승격하였고, 원대에는 경원로, 명대에는 명주부, 후에 영파부로 고쳤다.

천봉탑(天封塔)은 시가의 동남쪽 해서구(海西區) 대사니가(大沙泥街)에 위치한다. 탑은 696년 건립되어 송대에 재건되었으며, 높이 51m로 총 14층으로 지궁을 포함하고 있다. 평면은 육각형으로 한변의 길이 5.5m, 면적 79.2m²이다. 1982년 복원 공사에 동반한 사전 발굴조사가 지궁(地宮)을 중심으로 실시되었다. 천봉탑의 지궁은 1층 탑실(塔室)의 중심부 아래 자리잡고 있었으며, 그 중앙에는 석함이 놓여 있었다. 석함에서 발견된 유물 중 가장 주목되는 것은 마치 불전(佛殿)을 축소한 것처럼 보이는 전각형태의 정교한 은제 사리기이다. 이 사리기는 정면의 처마 밑에 현괘된 현판에 천봉탑지궁전(天封塔地宮殿)이라 새겨져 있다. 또한 석함의 뚜껑과 지궁전의 서벽에 새겨진 명문을 통해 1144년에 명주의 조윤 일가가 발원한 것임을 알 수 있다. 불상, 유리병, 은탑(銀塔), 은패(銀牌), 은제 훈로(薰爐) 등이 출토되었다.

불상(佛像)은 금동, 금, 철, 석제의 21점이 출토되었다. 이 중 신라에서 제작된 것으로 보이는 불상이 있어 주목된다. 불상은 은제 불전에서 출토되었으며, 아미타불로 높이가 약 31cm이며 광배가 있다. 광배에는 백색 진주를 감장하여 장식성을 높였다. 이 불상은 송대의 불상과 공반된 것에서 남송대의 것으로 보았지만 불상양식을 통해 볼 때 통일신라시대의 것으로 밝혀졌다. 이 불상은 영파에 거주한 신라인들이 봉헌한 것으로 추정되어 상당수의 신라인이 거주한 것을 알 수 있다. 천봉탑의 유물은 중국 영파박물관에 전시되고 있다.

서긍(徐兢)의 『고려도경高麗圖經』의 매잠(梅岑)조에는 신라인들이 산서성(山西省) 오대산(五臺山)에 가서 관음상을 조상하여 배에 싣고 신라로 귀국하려고 했는데, 배가 출항하자 곧 좌초하여 그 관음상을 암초에 안치하였다는 기록이 보인다. 영파의 동쪽 항주만의 남쪽 주산군도의 주산시 보타산에는 신라상인들이 좌초했다는 신라초(新羅礁)가 있다.

영파 시내에 위치한 월호는 당대 건설된 인공호수로 호수 주변에 고려사관이 있다. 고

IV. 유라시아歐亞 해로海路의 유적遺蹟과 유물遺物

려사관(高麗使館)은 영파시 해서구(海曙區) 진명로(鎭明路)에 위치하는 고려의 외교시설이다.

1074년 고려가 송에 중국으로 드나들 수 있는 출입항으로 명주를 개방할 것을 요청하며 고려와 송간의 교역이 이때부터 본격화되었다. 이후 양국 간의 무역 규모가 확대되면서 북송 정화 7년인 1117년 명주 태수가 휘종 황제에게 고려 사신과 무역사절 업무를 관장할 수 있는 고려사 설치를 건의했고 이에 휘종이 국가급 영빈관을 갖춘 고려사행관 건립을 허가했다. 이에 고려사와 고려사관이 설치됨으로써 북송에 대한 대고려교역의 주요 창구가 된 것이다.

고려사관 설립 이전 영파에는 신라방으로 불리는 신라 상인들의 집단 거주촌이 있었던 것으로 추정되며, 그 외곽에는 신라의 사신과 상인들이 거주한 위원성(威遠城)이 있었다는 점을 고려하여 고려사관 터에 신라관이 있었던 것으로 본다.

고려사관 인근에서 아라비아 상인들이 묵던 파사관(波斯館)이 있어 주목된다. 이는 고려인들이 이곳에서 일상적으로 이슬람인들을 접했음을 알 수 있다. 고려사관은 1981년 건물이 복원되었으며, 1999년 복원하지 못한 토지를 대상으로 유적 일부를 발굴하였다.

영파항은 고대부터 중국 대륙에서 세계로 나아가는 항구였다. 당대 이후에는 중국 동남 연해 4대 항구로 발전하면서 9세기 초에는 장보고선단의 교역 중심지가 되었다. 당은 영파항을 국제무역항으로 신라와 아라비아 상인들이 교역하도록 했다. 송대가 되면서 해상 실크로드의 전성기를 맞이한다.

영파항은 절강성 동부 해안지역에 자리잡고 있어 한반도와의 무역 중심지이다. 특히 북방민족에 의해 육로를 통한 한반도와의 교류가 불가능하게 되자 영파는 고려와의 무역을 위한 유일한 합법 항구였다. 그래서 고려사관이 설치된 이후 고려 사절들이 통행증을 발급하면서 한반도와의 중심 교역항으로의 역할을 담당했다.

참고문헌

林士民, 1991, 「浙江寧波天封塔地宮發掘報告」, 『文物』6, 文物出版社.

해상왕장보고기념사업회, 2004, 『해상왕 장보고 유적 유물 도록』, 해상왕장보고기념사업회.

丁友甫, 2011, 「江寧波天封塔基址發掘報告」, 『南方文物』1, 浙江寧波文物考古研究所.

海上絲綢之路硏究中心(編), 2012, 『跨越海洋』, 寧波出版社.

이승혜, 2015, 「지하의 정토: 영파 천봉탑 출토 지궁전(地宮殿) 연구」, 『미술사학』30, 한국미술사교육학회.

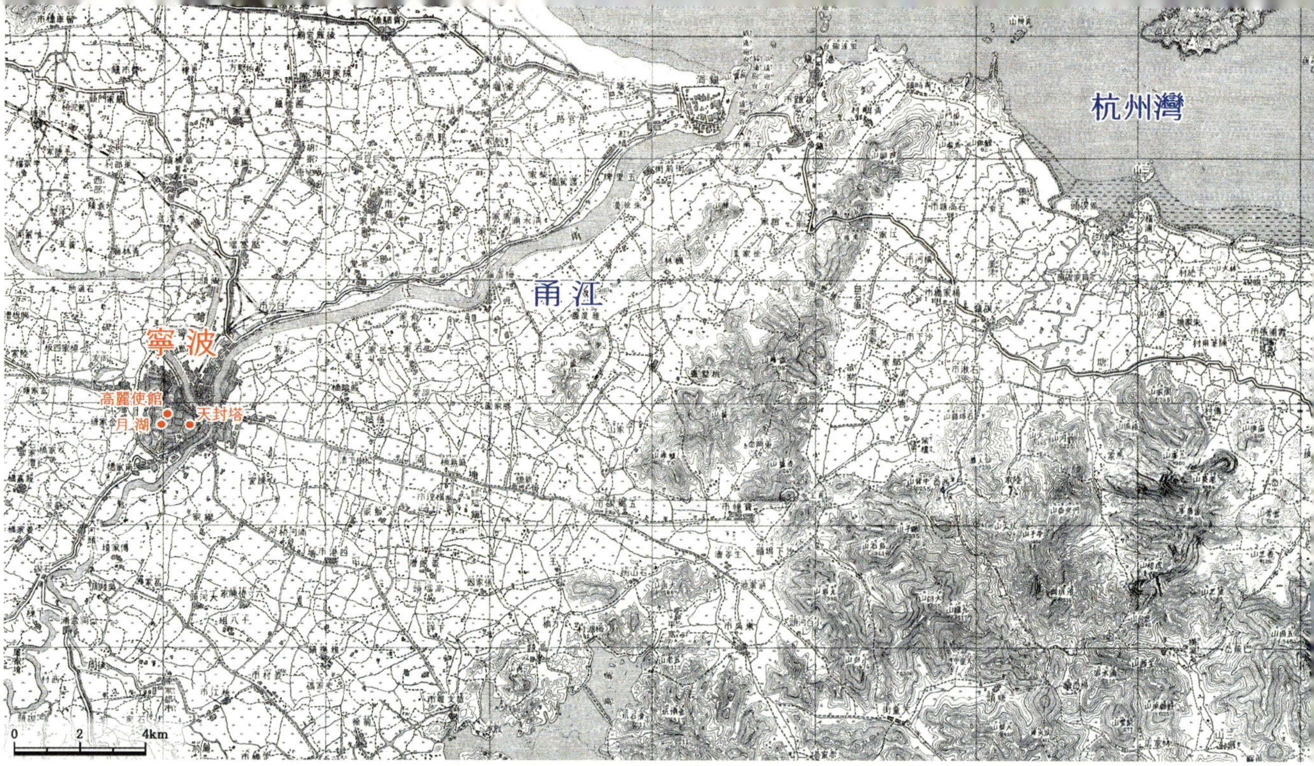

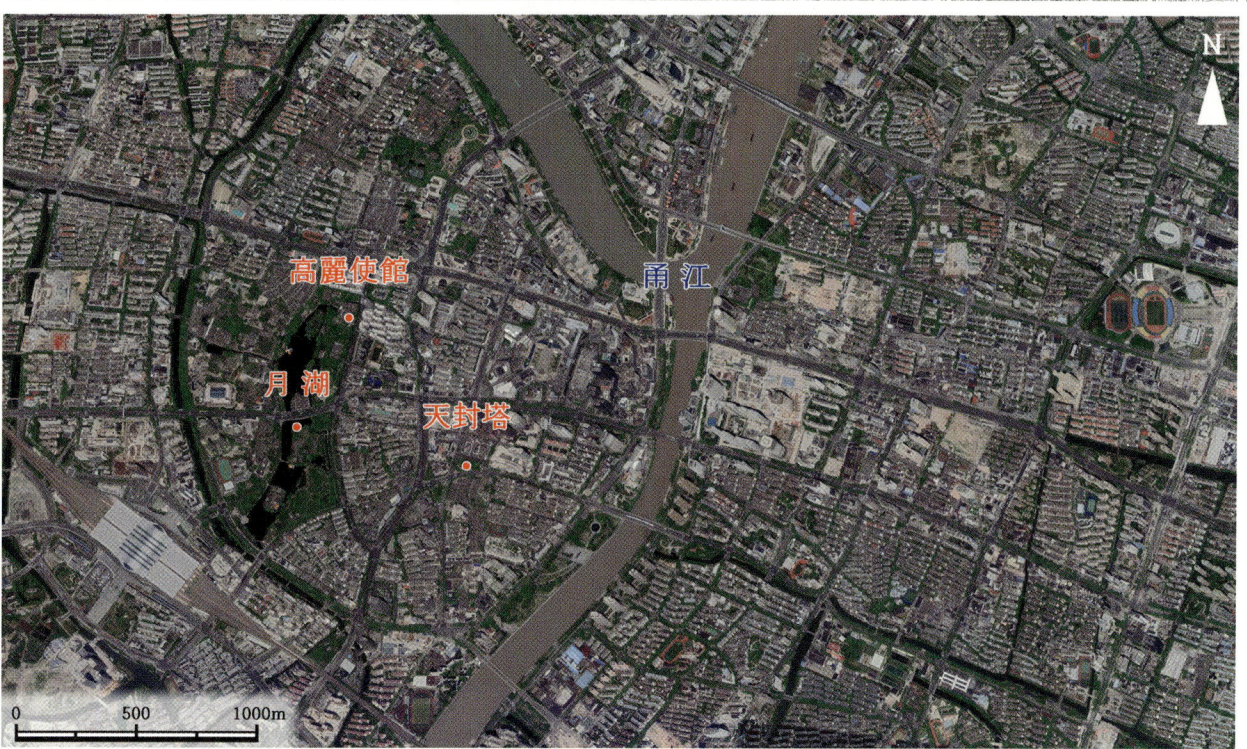

그림 Ⅳ-35. 중국(中國)China 영파(寧波)Ningbo

1. 영파(寧波) 위치(位置)
2. 고려사관(高麗使館), 천봉탑(天封塔) 위치(位置)

1

2

3~4. 천봉탑(天封塔)

5. 천봉사(天封寺)

6. 천령사탑(天寧寺塔)

7. 천봉탑(天封塔) 신라(新羅) 불상(佛像)

8. 고려사관(高麗使館)

9. 이슬람사원(回教寺院)

10. 이슬람(Islam) 도기(陶器)

13) 항주杭州, Hangzhou

항주는 절강성(浙江省) 전당강(錢塘江)의 하류항으로 항주만(杭州灣)에 위치한다. 강남지방의 중요한 교통과 상업의 중심지이다. 춘추시대에 항주는 오(吳)와 월(越)이 다투는 지역이었다. 처음에는 월에 속해 있다가 오에 속하게 되었고, 월이 오를 멸망시킨 후에 다시 월에 속했다가 전국시대에는 초(楚)에 귀속되었다. 진(秦)이 통일한 이후 항주는 전당(錢塘)이라고 불리고 회계군(會稽郡)에 속하게 되었다. 수(隋)대에 처음으로 성벽이 만들어지고, 강남운하를 개착하면서 진강(鎭江)에서 소주(蘇州), 가흥(嘉興)을 거쳐서 항주에 이르는 400여km의 운하가 만들어졌다. 이를 통해 항주는 대운하의 기점이면서 교통의 중추이자 상업 중심지의 지위를 확립하였다.

화북 지역이 전란으로 황폐해지고 절도사들의 분권 경향이 심해졌던 당(唐)대 후기에는 당의 재정을 지탱했던 강남지방의 가장 중요한 지역으로 부상하였다. 오대십국 시기에는 지역정권인 오월(吳越)이 항주에 건도(建都)하였다. 성벽(城壁)이 둘러진 시(市)의 중심부(中心部)의 서쪽에는 서호(西湖)가 있다.

남송(南宋)이 수도로 삼기 전에도 항주는 강남지방에서 인구가 가장 많은 지역이었다. 항주가 정치적으로 가장 중요했던 시기는 남송(南宋)대이며 1127년 개봉(開封)이 함락된 이후 1129년 수도로 정해졌다.

남송대에는 관요가 설치되었으며 남송관요(南宋官窯)는 크게 수내사관요와 교단하관요로 이루어진다. 현재 항주에 있는 남송관요박물관에는 다양한 도자기들이 소장되어 있다.

항주는 강남의 중심지였으며, 북송(北宋)의 수도였던 개봉과 마찬가지로 경제 도시였다. 상업 지역과 상인 조직도 크게 발전하였다. 마르코 폴로의 『동방견문록』에는 수많은 사람, 말, 수레로 혼잡한 거리, 호수의 유람선 안에서 금은으로 만들어진 식기에 담겨나오는 음식과 술, 각종 외국인을 대상으로 호객행위를 하는 수많은 기녀들 등 발달한 수로와 활발한 상업 활동, 상업 조직의 발전과 부유한 주민들, 서호에서의 유람 등 세계적 대도시로서의 모습을 유지하던 항주의 모습이 보인다.

육화탑(六和塔)은 항주시(杭州市) 서호구(西湖區) 전당강(錢塘江)에 위치하는 월륜산(月輪山)에 있다. 전당강은 안휘성에서 시작하여 항주를 거쳐 동중국해로 이어지는 698km 길이의 강이며, 상해와 영파를 거쳐 해수가 유입된다. 육화탑은 970년 지각선사가 전당강의 역류를 진정시키고자 건립했다고 전해진다. 본래 전당강은 삼각주 지역과 맞닿아 있어 바다의 수위가 높으면 역류하는 현상이 발생하여 홍수를 일으켰다고 한다. 육화탑은 종교의 힘을 통해 이 현상을 예방하고자 건립한 것이다. 이와 더불어 전당강을 오고 가는 등탑(燈塔)의 역할까지 겸했다. 북송 대에 소실되었으나 남송 대에 중건하였다. 본래 9층으로 건립되었으나 중수되면서 외관은 7층으로 바뀌었으며 청대에 13층의 외관이 완성되었다. 탑의 높이는 59.9m이며 내부는 벽돌(塼)로 쌓은 7층 구조이다. 탑은 외벽, 복도, 내벽 및 탑실 네부분으로 나누어진다.

중국의 10대 선종 사찰인 영은사(靈隱寺)에는 신라 왕자 김교각(金喬覺 696-794)을 지장보살로 추앙하여 대웅전의 관음보살 정상에 그 상을 모시고 있다. 고려의 대각국사 의천(義天 1055-1101)은 중국 화엄종 중흥의 본간인 남산의 혜인원 고려사(高麗寺)에서 불법을 탐구하였다.

항주는 강남의 중심지였으며, 북송(北宋)의 수도였던 개봉(開封)과 마찬가지로 경제 도시의 성격을 지니고 있었다. 항주는 경항운하(京杭運河)와 해로를 연결하는 활발한 상업 활동을 통하여 번성한 해상 실크로드의 중심 도시였다.

참고문헌

강호동(역주), 2000, 『마르코 폴로의 동방견문록』, 사계절출판사.

해상왕장보고기념사업회, 2004, 『해상왕 장보고 유적 유물 도록』, 해상왕장보고기념사업회.

海上絲綢之路硏究中心(編), 2012, 『跨越海洋』, 寧波出版社.

이현국, 2014, 『중국 고탑의 조형과 예술』, 황매희.

경상대학교 실크로드 문화지도 DB 구축 사업단, 2017, 실크로드 역사문화지도(Historic Cultural Atlas of the Silk Road).

安徽省
杭州市
杭州
绍兴市
越州窑
宁波市
宁波
舟山市
浙江省
嘉兴市
宁海
0 20 40km

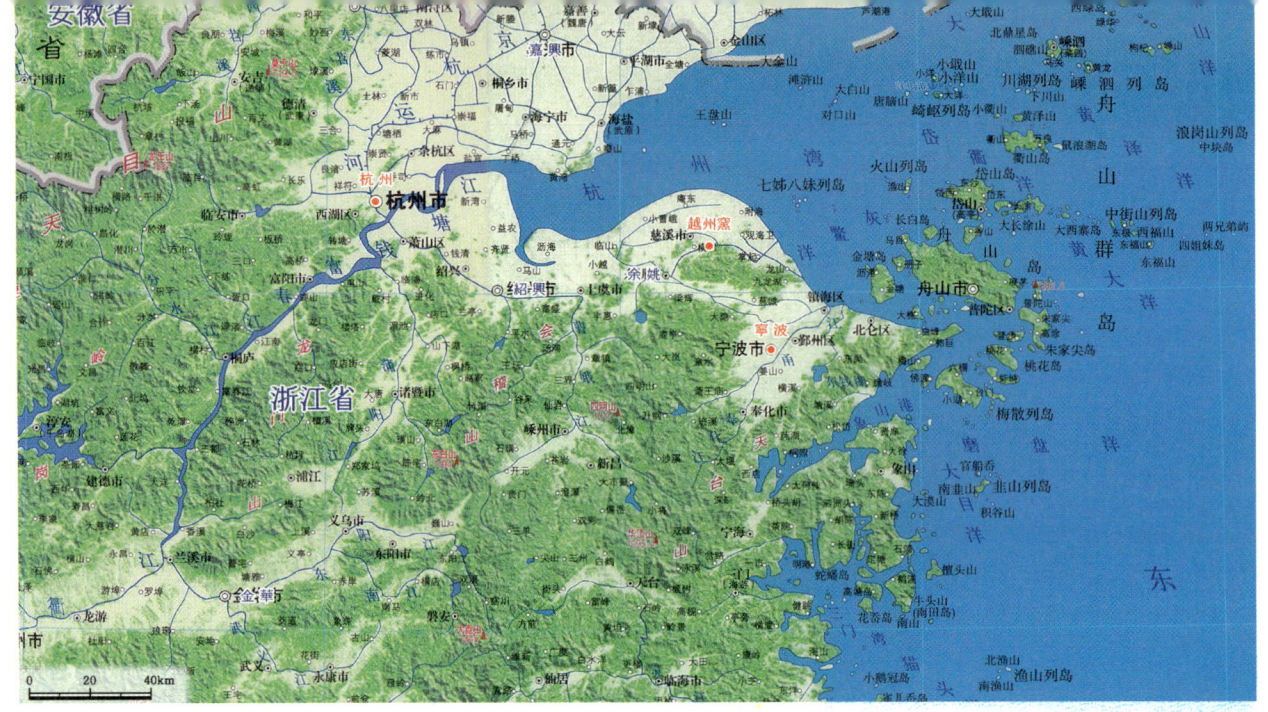

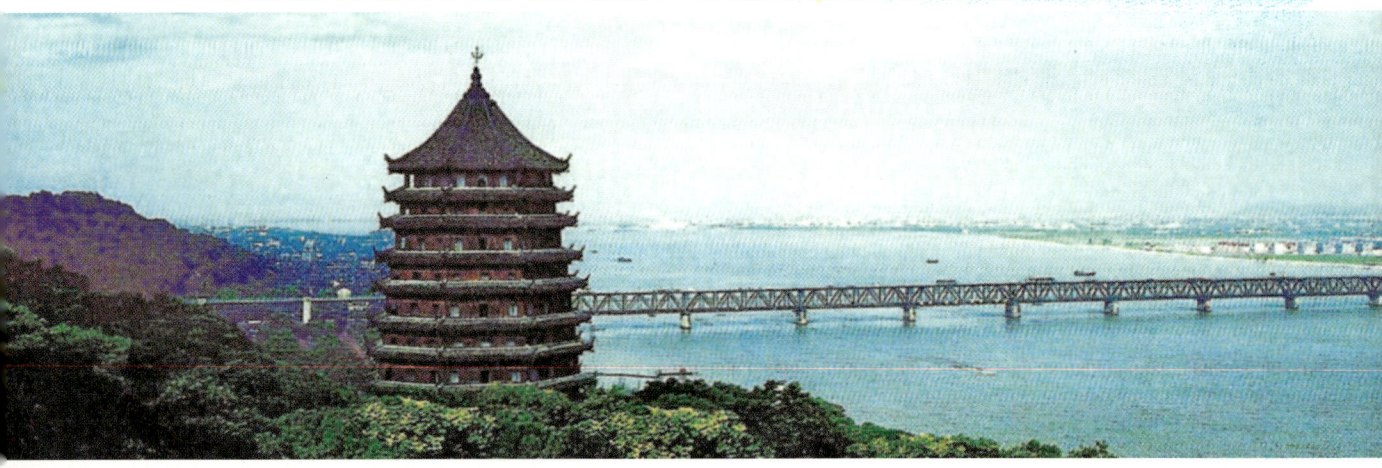

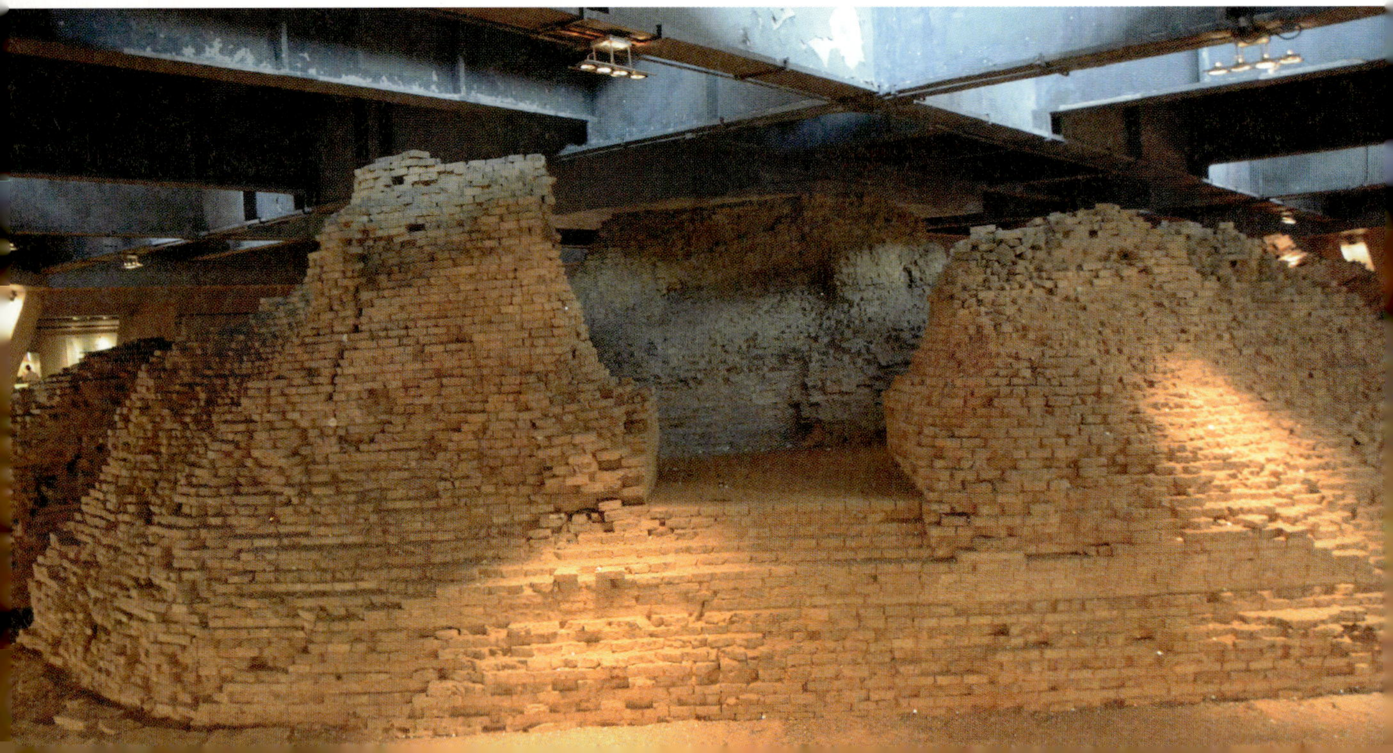

그림 Ⅳ-36. 중국(中國)^{China} 항주(杭州)^{Hangzhou}

1. 항주(杭州), 월주요(越州窯), 영파(寧波) 위치(位置)
2, 4. 항주(杭州) 뇌봉탑(雷峰塔)
3. 뇌봉탑(雷峰塔) 지궁(地宮)
5. 남송관요(南宋官窯)
6. 뇌봉탑(雷峰塔)에서 본 서호(西湖)
7. 서호(西湖)에서 본 뇌봉탑(雷峰塔)

14) 월주요越州窯, Weizouyao

월주요는 절강성(浙江省) 상우(上虞), 여요(余姚), 영파(寧波) 등지에 있는 도요지(陶窯址)이다. 그 지역이 옛 월주(越州)에 속하므로 월주요라 부른다. 전한(前漢)부터 남송(南宋)까지 청자 제작지로 유명하다. 월주요가 위치한 곳은 항주만(杭州灣)에 인접한 상림호(上林湖) 연안에 분포하고 있어 수상교통이 편리하고 수자원이 풍부하며 수목이 우거져 땔감이 풍부하다. 월주요 도자는 항주만(杭州灣)에 연한 영파(寧波)와 같은 국제무역항을 통하여 유라시아 전역으로 수출되었다.

초기의 월주요에서 생산된 원시청자를 소위 '고월자(古越磁)'라 하는데, 회유도(灰釉陶)에서 발전된 것이다. 이는 장석(長石)과 같은 규산 물질을 재에 첨가하여 만들어낸 고화도 유약을 바른 것으로, 1,200℃ 이상의 고화도(高火度)의 환원염으로 번조하면 유약에 포함된 적은 양의 철분으로 인하여 청록색의 색조가 생긴다. 유약이 두껍고 매끈하게 용해되어 회유도에서 자기의 단계로 다가서는 과정의 것으로 주로 당대(唐代) 이전까지 월주요에 속하는 덕청요(德淸窯)과 구엄요(九嚴窯)에서 제작된 청자를 일컫는다.

육우(陸羽)의 『다경茶經』은 형주요의 백자에도 앞서는 찻잔으로 월주요의 청자를 들고 있다. 그후 당 말 오대에는 항주를 거점으로 하는 오월(907-978) 전씨(錢氏)의 월주(越州) 여요요(余姚窯)에서 비색 청자를 구워 송자(宋磁)의 선구가 되었다.

중당(中唐)기부터 북송대까지 가장 번성했는데, 이때 도자기의 유색이 맑고 영롱해서 '유빙(類氷)', '유옥(類玉)'이라 불렀다. 또한 치밀한 태토와 유약 밑에 선조된 아름답고 섬세한 음양각의 장식이 특징이다. 월주요의 도자기는 국내뿐 아니라 해외에까지 일찍부터 수출되었다.

이집트 프스타트지역에서는 중국 도자기 특히 월주요 청자의 영향으로, 9세기에 도기질의 이슬람 도기완, 채유완을 양산하게 된다. 이슬람 도기완은 도기질의 태토에 유약을 발라, 월주요 청자의 해무리굽을 모방하여 만든 것이다. 채유완은 해무리굽으로, 월주요 청자의 굽과 유사하며, 고대(高臺)의 바닥면까지 유약이 발라져 있으며 유색을 황록이다.

한국에서 출토된 월주요 청자는 9세기의 것이 대부분이고, 10세기의 것은 소량에 지나지 않는다. 이에 반하여 일본에서 출토되는 월주요 청자는 9세기의 것이 적고 오히려 10세기의 것이 대부분을 차지하는 경향을 보이고 있다.

월주요 청자는 초기 무역도자로서 중국의 국내 소비용뿐 아니라 장사 동관요, 형요 백자와 함께 동아시아, 동남아시아, 중근동 지역에 수출되었던 당대의 세계적인 무역 도자기였다.

참고문헌

中国上海人民美術出版社, 1981, 『中國陶瓷全集4 越窯』, 美乃美.

金寅圭, 2003, 「中國 越州窯靑磁의 硏究史」, 『中國史硏究』25, 中國史學會.

金寅圭, 2003, 「越州窯靑磁의 輸出과 靑磁文化圈의 擴大-韓國 初期靑磁의 出現 背景과 時期를 中心으로-」, 『中國史硏究』26, 中國史學會.

김인규, 2007, 『월주요 청자와 한국 초기청자』, 일지사.

亀井明德, 2014, 『中國陶瓷史の硏究』, 六一書房.

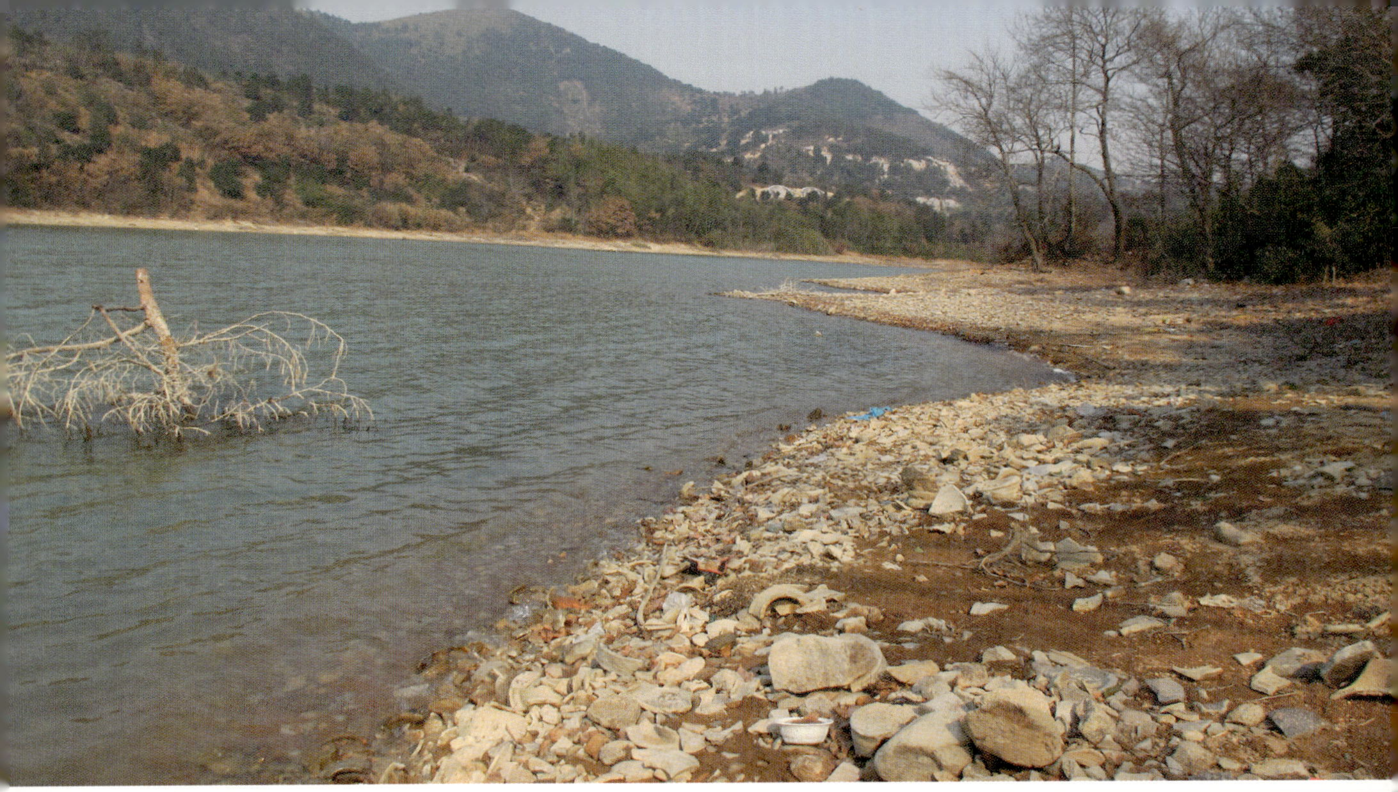

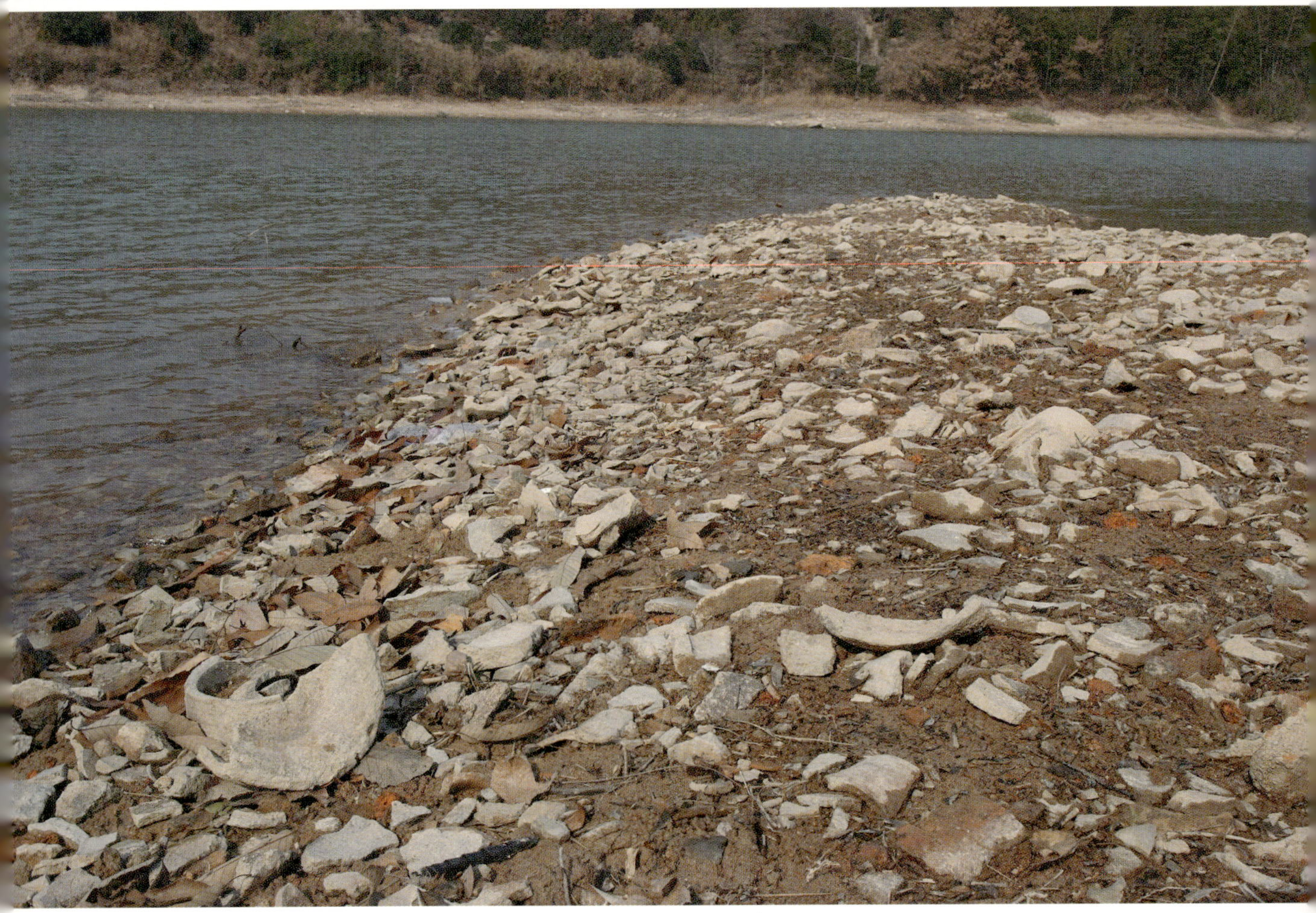

그림 Ⅳ-37. 중국(中國) China
월주요(越州窯) Weizouyao kilns

1~4. 자계(慈溪) 상림호(上林湖)
　　　월주요(越州窯) 요지(窯址)
5. 월주요(越州窯) 주자(注子)

1		3	
2		4	5

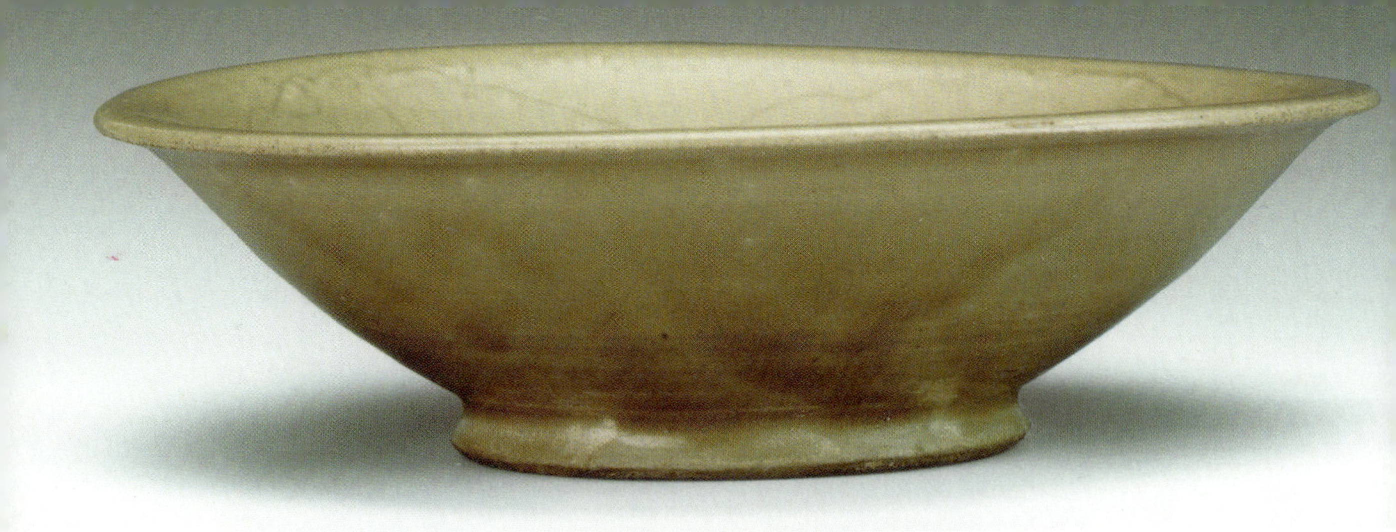

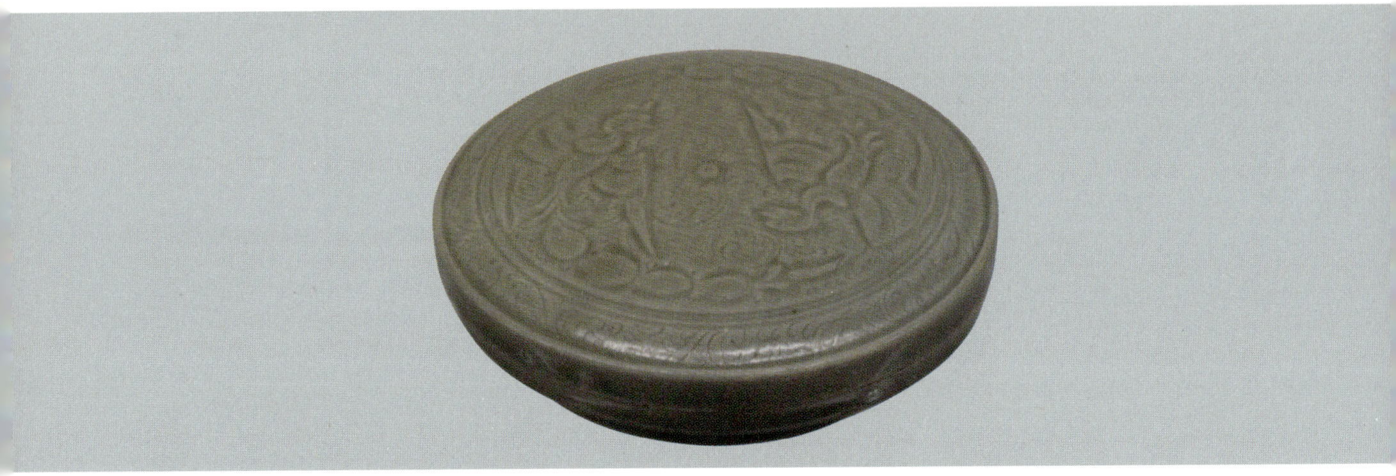

6. 월주요(越州窯) 완(盌)
7. 월주요(越州窯) 합(盒)
8. 월주요(越州窯) 타호(唾壺)

6
7
8

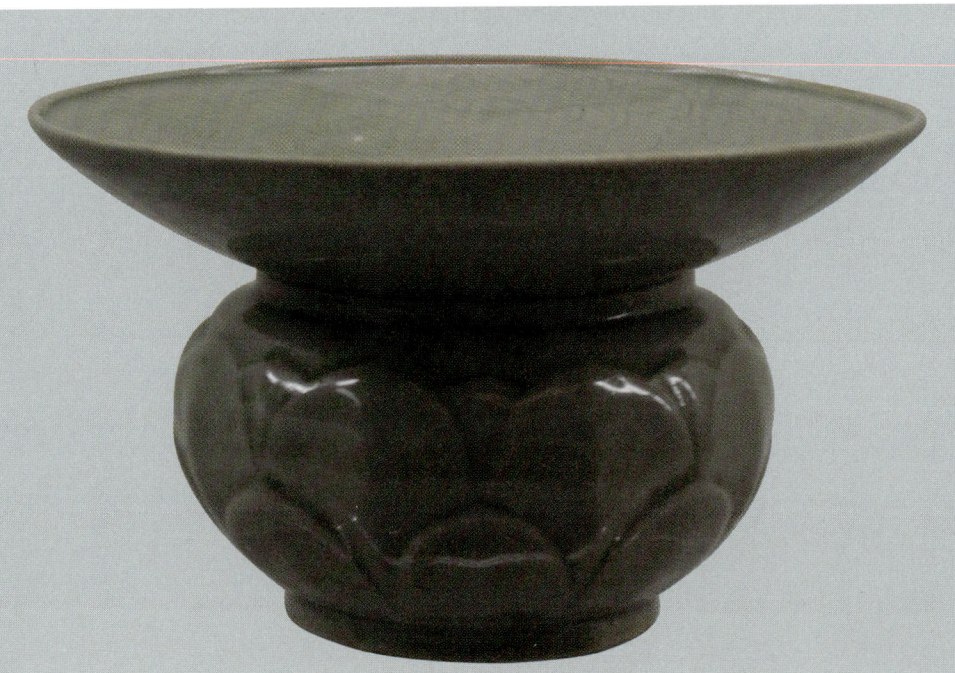

15) 남경南京, Nanjing

남경은 강소성(江蘇省)의 중심도시로서 '육조고도(六朝古都)', '십조도회(十朝都會)'라고 불릴 정도로 여러 왕조가 도성을 두었던 중국의 대표적인 고도이다.

BC 571년에 초(楚)에서 이 지역에 당읍대부(棠邑大夫)를 두었다는 기록이 있고, 춘추 말에는 오왕(吳王) 부차(夫差)가 야성(冶城)을 축조했다. 그리고 월(越)이 오(吳)를 멸망시킨 이후에는 범려(范蠡)가 월성(越城)을 축조하였다. 이러한 기록을 통해 일찍이 춘추 시대부터 남경이 지방도시로서 중요한 위상을 차지하고 있었음을 알 수 있다.

남경이 본격적으로 핵심적인 정치 중심지로 부상한 것은 삼국시대 이후이다. 오(吳)의 손권(孫權)이 도성을 설치하고 건업(建業)이라고 개칭한 이래, 동진(東晉) 및 남조(南朝)의 송(宋), 제(齊), 양(梁), 진(陳)이 건도(建都)하였다. 그래서 남경은 '육조고도'라는 이름으로 불리게 되었고, 당시의 세계적인 대도시로 성장하였다. 이른바 '육조(六朝)' 이후에도 오대십국(五代十國) 시기의 남당(南唐), 영락제(永樂帝)의 북경 천도(遷都) 이전의 명(明), 19세기의 태평천국(太平天國), 20세기의 남경국민정부 등 여러 왕조와 정권들이 남경을 수도로 삼았기 때문에 '십조도회(十朝都會)'라는 별칭으로 남경을 부르기도 한다.

명의 창업군주인 홍무제(洪武帝)는 1368년 명을 건국하면서 남경을 경사(京師)로 삼고, 27년에 걸쳐 현재까지도 그 모습을 볼 수 있는 거대한 규모의 성벽을 건설하였다. 그러나 영락제가 북경의 황궁 건축과 대운하의 건설을 거쳐 1421년 정식으로 베이징으로 천도한 이후에는, 여전히 남경에도 육부(六部) 등의 기구가 남겨지고 순천부(順天府)와 응천부(應天府)라는 형식적인 양경(兩京) 제도를 유지했으나 정치적 중심지는 베이징으로 옮겨가게 되었다.

남경은 강남의 중심으로 했던 정권들의 중심지이면서 비한족 왕조와 대결하던 왕조의 근거지라는 이미지가 존재하지만, 원대나 명대의 사료에는 남경에 이슬람 교도를 비롯한 비한족이 많이 거주했음을 전하고 있다.

남경의 유적은 시가지에 위치하는 남조의 건강성과 석두성, 남조 황제릉이 있다. 남조 능묘의 분포는 남경시 주변과 거기에서 약 90km 동쪽으로 떨어진 단양시 주변으로 크게 구별된다. 남경 주변에는 현재 27개소의, 단양 주변에는 13대소의 능묘가 각각 분포한다.

남조 능묘의 석주와 사자는 이전 시기 중국에 보이지 않던 것으로, 해상 실크로드를 왕래한 구법승과 정보의 전달에 의해 도입된 것으로 추정된다. 더욱이 남경은 황제릉과 귀족묘에서는 로마 유리기와 사산조 페르시아 유리기가 다수 출토되고, 송대 대보은사에서 이슬람 유리기가 3점과 유향 등이 출토되어 오대(吳代)이래 해상 실크로드의 중심지로서 번성하였음을 알 수 있다.

참고문헌

류쑤펀(劉淑芬)(저)·임대희(역), 2007.『육조(六朝)시대의 남경(南京)』, 경인문화사.
이도학·송영대·이주연, 2014.『육조고도 남경』, 주류성.
경상대학교 실크로드 문화지도 DB 구축 사업단, 2017, 실크로드 역사문화지도(Historic Cultural Atlas of the Silk Road).

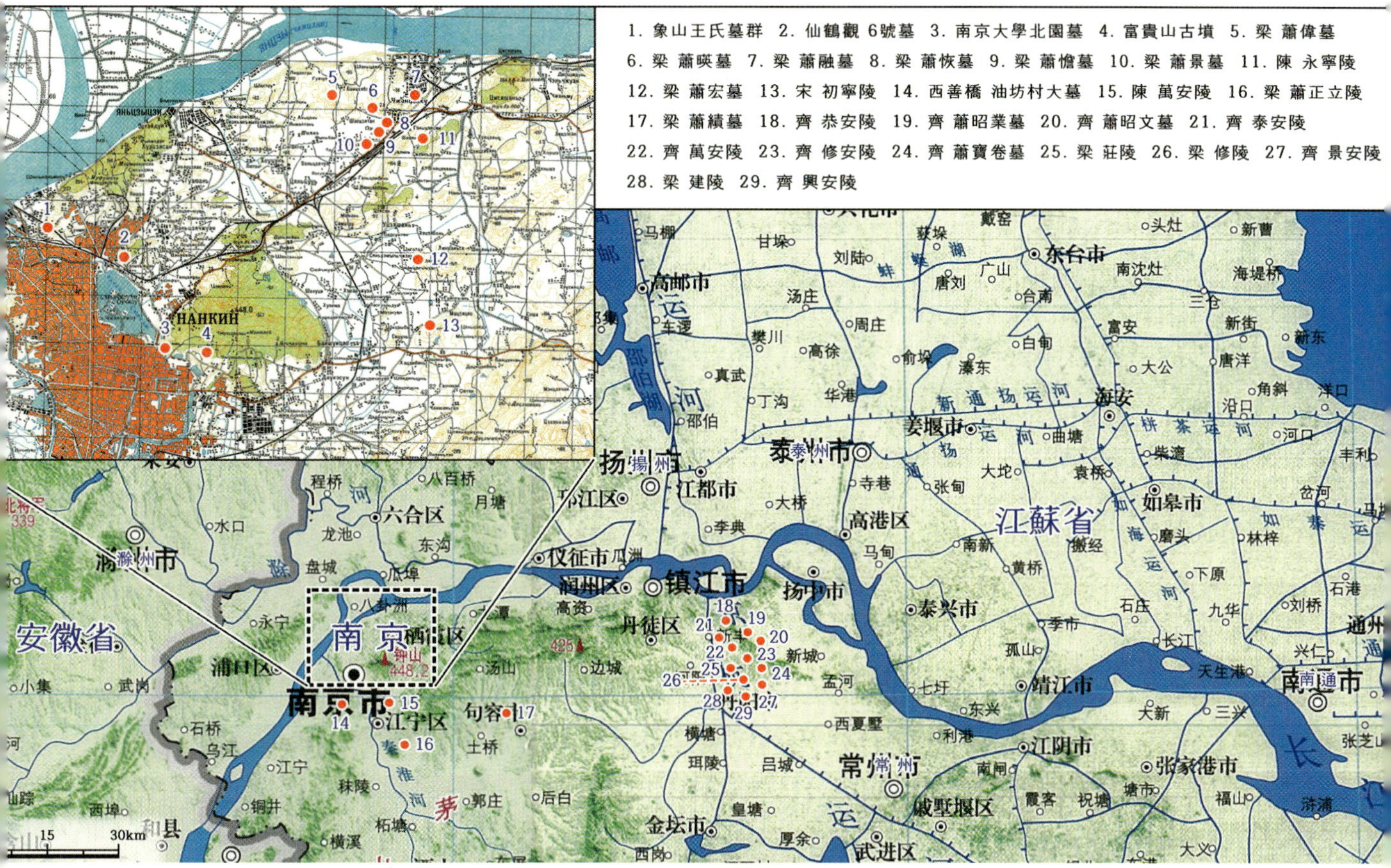
1. 象山王氏墓群 2. 仙鶴觀 6號墓 3. 南京大學北園墓 4. 富貴山古墳 5. 梁 蕭偉墓
6. 梁 蕭暎墓 7. 梁 蕭融墓 8. 梁 蕭恢墓 9. 梁 蕭憺墓 10. 梁 蕭景墓 11. 陳 永寧陵
12. 梁 蕭宏墓 13. 宋 初寧陵 14. 西善橋 油坊村大墓 15. 陳 萬安陵 16. 梁 蕭正立陵
17. 梁 蕭績墓 18. 齊 恭安陵 19. 齊 蕭昭業墓 20. 齊 蕭昭文墓 21. 齊 泰安陵
22. 齊 萬安陵 23. 齊 修安陵 24. 齊 蕭寶卷墓 25. 梁 莊陵 26. 梁 修陵 27. 齊 景安陵
28. 梁 建陵 29. 齊 興安陵
НАНКИН
南京
南京市
安徽省
江蘇省
镇江市
扬州市
泰州市
常州市
丹徒区
江宁区
句容市
0 15 30km

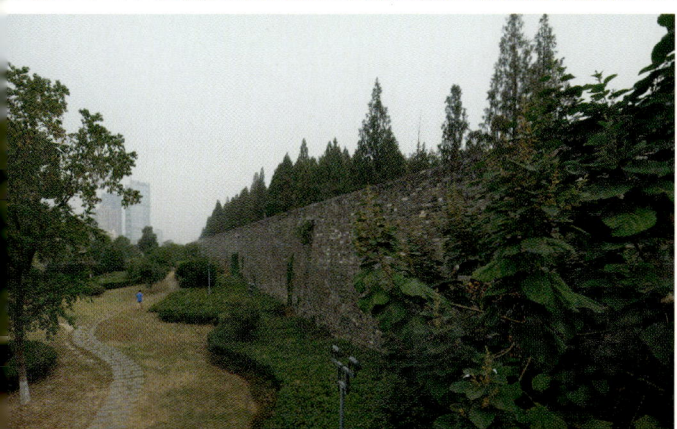

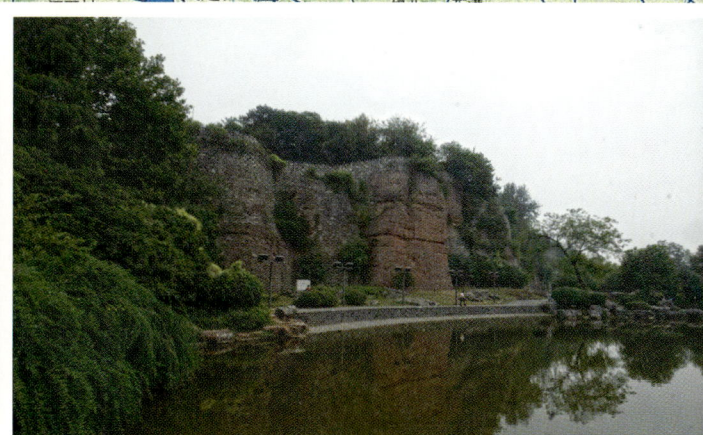

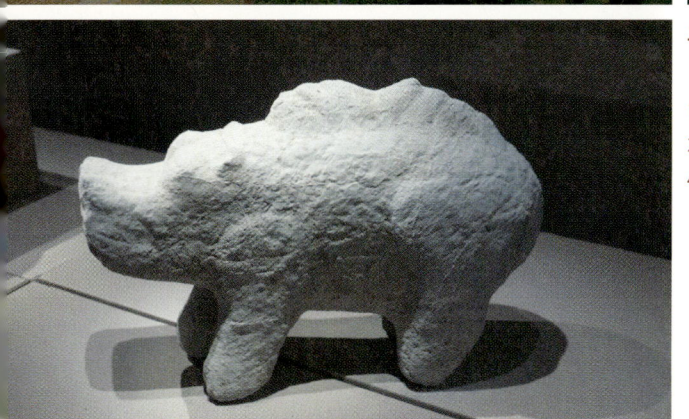

그림 Ⅳ-38. 중국(中國)China
남경(南京)Nanjing

1. 남경(南京)유적(遺蹟) 능묘(陵墓) 분포도(分布圖)
2~3. 남경(南京) 석두성(石頭城)
4. 남경(南京) 남조묘(南朝墓) 출토 진묘수(鎭墓獸)

1	
2	3
4	

5. 남경(南京) 명(明) 효릉(孝陵)
6. 남경(南京) 남당(南唐) 이릉(二陵)

16) 남조황제릉 南朝皇帝陵, Nanchao emperor tombs

　　남조황제릉는 강소성(江蘇省) 남경시(南京市)와 주변에 위치한다. 능묘와 석각(石刻)의 연구는 비교적 오래전부터 행해져 왔다. 1934년에는 주희조(朱希祖)·주설(朱偰) 부자 등의 조사에 의해서 28개소의 능묘가 확인되고, 1979년 나종진(羅宗鎭)은 31개소, 1994년 33개소의 능묘의 존재를 제시하였다.

　　남조황제릉는 풍수에 따라 즉, '배의산봉(背椅山峰), 면임평원(面臨平原)'의 땅에 묘를 조성하였다. 분구는 높지않고, 묘실은 전실이며, 묘 앞에는 석각이 있다. 남경부근의 석각은 33개소이고 그 가운데에 제왕릉의 석각은 12개소, 양(梁)의 문제(文帝)의 건릉(健陵)에는 석수 한 쌍, 석주 한 쌍, 석비 한 쌍, 석초 한쌍의 8기의 석각이 있다. 일반적으로는 석초를 뺀 3쌍의 석각이 있다. 이들 석각은 육조의 매우 뛰어난 고도의 석각기술과 예술성을 나타내고 있다.

　　남조황제릉의 분포는 남경시 주변과 그곳에서 약 90km 동쪽으로 떨어진 단양시 주변으로 크게 구별된다. 남경 주변에는 현재 27개소, 단양 주변에는 13개소의 능묘가 각각 분포한다.

　　남조황제릉는 묘실을 내장한 분구와 그 앞면에서 뻗어나가는 신도(神道), 신도의 입구인 신문(神門)을 꾸미는 석각(石刻)으로 되어있고 이것들을 포괄하는 능묘역(陵墓域)을 가진다.

　　분구는 직경 30m를 넘지 않는 정도 크기의 성토분이다. 묘실은 철(凸)자형의 묘광(墓壙) 내에 구축된 전실묘(磚室墓)로 모두 단실구조이다.

　　능묘역의 선정에는 풍수가 중시되었는데, 분구는 능선에서 내려온 골짜기의 안쪽의 경사면에 위치했는데, 후방에 구릉을 두고 입지하는 경우가 전형적이다. 신도는 길고 짧음이 있지만, 긴 것으로는 양(梁) 소경묘(蕭景墓)의 1,200m, 양 소융묘(蕭融墓), 소굉묘(蕭宏墓), 소수묘(蕭秀墓)의 1,000m, 양 소위묘(蕭偉墓)의 900m, 제(齊) 소보권묘(蕭宝券墓)의 800m 등이고, 짧은 것으로는 송(宋) 문제(文帝) 장녕릉(長寧陵)의 400m, 제 경제(景帝) 수안릉(修安陵)의 510m 등이 있다. 또, 신도는 반드시 직선은 아니고, 지형에 따라서 곡선인 것이 오히려 많다.

　　신도의 입구가 신문이다. 여기에는 석수(石獸), 석주(石柱), 석비(石碑) 등으로 구성되는 석각이있다. 석각이 잔존하는 33예(능구를 제외) 가운데, 16예는 석수가 남아있을 뿐이다. 이 외, 석수와 석주의 편성이 5예, 석수, 석주, 석비의 편성이 4예, 석주만 있는 것이 6예이다. 송(宋), 제(齊)대의 능묘에는 석주, 석비가 현존하는 것은 없고, 석주, 석비를 확인할 수 있는 것은 양(梁), 진(陳)대의 능묘에 한정된다. 귀부(龜部)만이 잔존하는 예를 포함해도 석비의 존재가 알려지는 것은 6예로, 그중 4예는 피장자가 분명한 양대 능묘이다. 또 석주 가운데 진대

능묘라고 생각할 수 있는 것은 영녕릉(永寧陵) 1예로, 그것도 석주의 기둥머리를 장식했다고 보이는 작은 석수의 출토가 소개되는 것에 지나지 않는다.

석비는 귀부만 있는 것을 포함해도 현존 자료가 불과 4예로 적고, 모두 양대의 것이다.

양대 능묘의 석수, 석주, 석비의 배열에 대해서 보면, 현존하는 순서에서는 양 문제 건릉이 석수-방형석좌-석주-석비, 양 소수묘가 석수-석비-석주-석비, 소경묘가 석수-석주, 소적(蕭績)묘가 석수-석주, 소굉묘가 석수-석주-석비의 순이다.

이러한 예로부터 석수를 가장 앞에 두는 것은 어느 곳에서나 공통되는 배치였다고 생각할 수 있다. 석주와 석비의 관계에 대해서는 석비가 2개 있는 경우에는 앞의 비석이 석주의 앞에 들어가기도 하지만, 기본적으로 석주가 앞에 오는 것이라고 추정되어, 석수-석주-석비의 순서가 일반적인 순서였다고 생각할 수 있다. 그리고 수릉제례(守陵祭禮)를 위한 묘전건축이 존재했다고 추정하고 있다.

남조 능묘의 석주와 사자는 이전 시기 중국에 보이지 않던 것으로, 시간차는 있으나 그 기원은 인도에 있다. 해상 실크로드를 왕래한 구법승과 정보의 전달에 의해 도입된 것으로 추정된다.

참고문헌

朱希祖·朱偰, 1935, 『六朝陵墓調査報告』, (中央古物保管委員會照査報告1),

羅宗眞, 1979, 「六朝陵墓及其石刻」, 『南京博物院集刊』1, 南京博物院.

奈良縣立橿原考古學研究所(編), 2002, 『南朝石刻: 図錄·中國南朝陵墓の石造物』, (社團法人橿原考古學協會調査研究成果 第6冊), 橿原考古學協會.

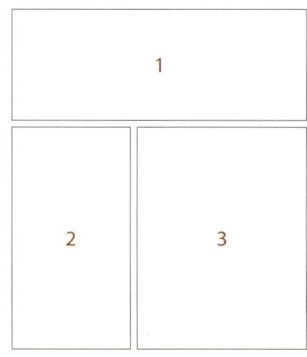

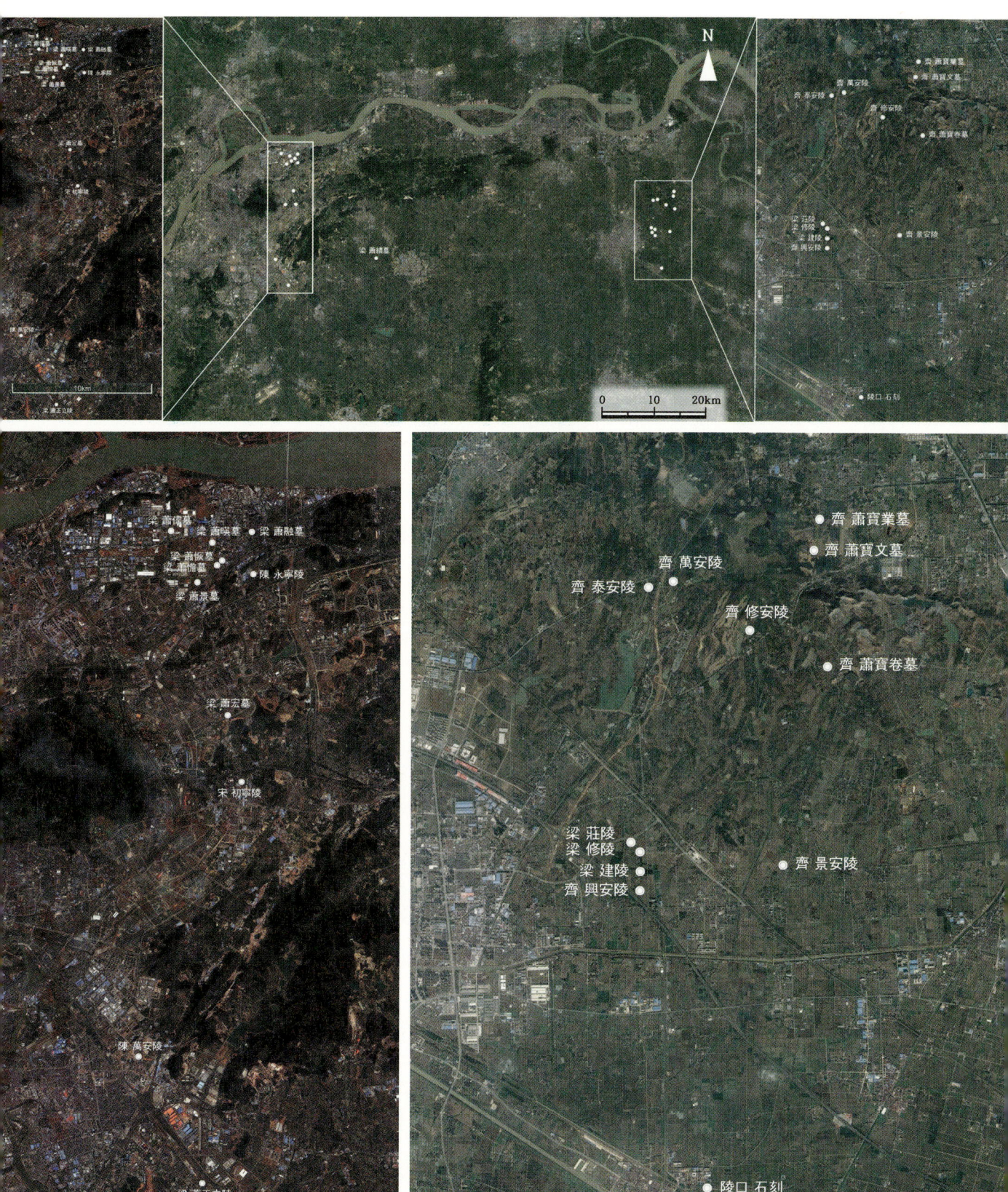

그림 Ⅳ-39. 중국(中國)China 남조황제릉(南朝皇帝陵)Nanchao emperor tombs
1. 남경(南京) 남조황제릉(南朝皇帝陵) 분포
2. 남경(南京) 서쪽(西側) 남조황제릉(南朝皇帝陵)
3. 남경(南京) 동쪽(東側) 남조황제릉(南朝皇帝陵)

4~5. 남제(南齊) 경제(景帝) 수안릉(壽安陵) 석수(石獸)와 신도(神道), 현궁(玄宮)
6~9. 양(梁) 소적묘(蕭勣墓) 석수(石獸)

17) 남조능묘南朝陵墓와 고분古墳, Nanchao tombs

『건강실록建康實錄』에 따르면 남조 능묘는 건강성(建康城) 막부산(幕府山)과 자금산(紫金山) 산록 및 계롱산 북쪽 일대에 위치하며, 동진 1대 원제(元帝; 沒 322; 건평릉 建平陵), 2대 명제(明帝; 沒 325; 무평릉 武平陵), 3대 성제(成帝; 沒 342; 흥평릉 興平陵), 6대 애제(哀帝; 沒365; 안평릉安平陵) 4인이 안장되었다고 전해진다. 또한 이 지역으로부터 동쪽으로 약 2km가량 거리에는 부귀산대묘(富貴山大墓)부터 동진시기 주요 왕릉구인 종산(鐘山)이 위치하고 있다. 자금산 서남 산록의 부귀산대묘(富貴山大墓)는 부근에서 「진공제현궁(晉恭帝玄宮)」으로 기록된 비석(石碣)이 출토되어, 동진공제사마덕문(東晋恭帝司馬德文)의 충평릉(沖平陵)임으로 밝혀졌다. 이 단계의 황제릉(皇帝陵)은 도성에 근접한 산록에 선택 축조되었다. 송, 제, 양, 진 단계가 되면 그 분포 범위는 계속 확대하고 건강성의 중심에 장강(長江)을 배경으로 하여 반원모양으로 분포한다.

남경대학북원묘(南京大學北園墓)는 남경시(南京市) 건강(建康) 도성의 북쪽 외곽 계롱산(鷄籠山)의 고루강(鼓楼崗)에 위치한다. 계롱산은 동진(東晉)시기 왕릉이 밀집 분포하던 지역 중 하나이다. 1972년 이 일대에 대한 발굴조사가 진행되어 북송시기 문화층 아래에서 무너져 내린 묘정부(墓頂部)의 전(塼)이 노출되어 이 고분이 확인되었다.

이 고분의 묘제는 주실(主室)에 측실(側室)이 딸려있는 쌍실분을 전으로 쌓아 축조하였으며 전체 크기는 남북 8.04m, 동서 길이 9.9m이다. 매장주체부의 가장 바깥에는 배수로가 위치하며, 봉토부에서 연도로 들어가는 입구를 막아 외부와 차단하는 기능을 하는 봉문장(封門墻)이 있고 그 내부에는 봉토부와 주실을 연결하는 연도가 있다. 길이는 3.5m, 폭 1.5m 정도이다. 이 연도에는 두 개의 목제 문이 설치되었을 것으로 추정된다. 전(塼)을 요철(凹凸)상으로 쌓아 문틀을 만든 것이 확인되기 때문이다. 주실은 남북 길이 4.4m, 동서길이 4m로 방형에 가까운 평면형이다. 주실의 천장은 '사우권진식궁륭형천장(四隅券進式穹隆形天障)' 즉 네 모서리부터 둥근 형태로 점차 좁혀나가며 궁륭상을 띠는 천장구조이다. 주실의 동쪽에는 측실이 위치하는데, 두 방 사이에는 둘을 연결하는 연도가 위치한다. 묘주(墓主)는 주실의 가장 안쪽에 안치되었는데, 동서로 병렬한 2기의 관이 위치하고 있었다. 동측의 관에는 남성, 서측의 관에는 여성이 위치하였으며, 측실의 연도에도 여성 한 명이 매장되어 있었다.

부장품은 유리기 편, 계수호(鷄首壺), 사이호(四耳壺), 육이소관(六耳小罐), 반(盤), 이배(耳杯), 발(鉢), 사이병(四耳瓶) 등의 청자는 32점, 안(案), 반(般), 이배(耳杯), 분(盆), 발(鉢), 호(壺) 등의 도기가 총 58점 출토되었다. 금속제품의 경우 금제 장식 편, 소금주(小金珠) 등이 출토되었다.

이 남경대학북원묘는 규모가 대형이라는 점에 근거하며, 피장자의 위계가 상당하였을 것으로 추정된다. 또한 목제 문을 두곳에 설치하는 방식은 묘주의 위계가 황제급에 상응한다는 것을 의미한다.

한편 연대에 관하여는 주실의 천장구조인 '사우권진식 궁륭형 천장'이 주목된다. 이러한 궁륭형 천장구조는 앞선 서진(西晉)시기 도읍인 낙양에서 유행하였던 방식으로, 주실과 측실로 구성된 쌍실분의 묘제 또한 후한(後漢)이나 동오(東吳)시기에 유행하였던 것으로, 이후 동진 중기 이후부터 확인되는 단실(單室)의 구조와는 확연하게 다른 점이다. 또한, 출토된 청자류는 서진대에 유행하였던 기형을 계승한 것이 확인되기도 하는데, 이는 이 고분의 연대가 건강으로 남천(南遷)한 지 얼마 되지 않아 축조되었음을 의미한다. 즉, 남경대학북원묘의 피장자는 동진 조기에 해당하는 황제급의 인물로 이해할 수 있는데, 중국 학계에서는 묘주를 1대 원제(元帝; 沒 322)의 건평릉(建平陵)으로 파악하고 있다.

이 고분 출토 유리기는 파편으로 원형을 잘 알 수 없으나 구연에 소형 원문이 동부에 종타원형 절자로 시문되어있다. 이 유리기는 절자문이 있으나 덴마크(Denmark) 출토 로마 유리기 가운데 유사한 것이 보이는 것에서 로마 유리기의 범주에 포함된다.

상산왕씨묘군(象山王氏墓群)은 남경시(南京市) 신민문외(新民門外) 서하구(棲霞區) 매고교(邁皐橋) 상산(象山) 남록의 완만한 경사면에 위치한다. 동진(東晉) 상서(尙書) 왕빈(王彬)의 가족묘지(家族墓地)이다. 7호묘는 천장부가 사우권진식 기법을 이용해 축조되었다. 전체 길이 5.3m, 폭 3.2m, 높이 3.4m이다. 좌우 묘벽이 동장되어 있고, 좌우벽과 후벽에 영가창을 시설해 놓았으며, 바로 상단에 감실을 만들어 놓았다. 감실에는 조명용으로 사용되었던 청자완이 한 점씩 부장되었다. 이 고분은 왕씨묘 중 규모가 최대이고 구조가 복잡하며 부장품도 풍부하다. 묘주(墓主)는 영창원년(永昌元年 322年) 몰(歿)한 왕익(王廙)으로 추정되며, 그는 왕빈(王彬)의 형(兄)으로 평남장군(平南將軍), 형주자사(荊州刺史), 무릉후(武陵候)를 제수받았다. 이 고분군에서는 7호묘에서 유리기가 출토되어 주목된다. 유리기는 남녀 묘주에 각 1점 부장되었으나, 1점은 파편으로 완형과 같은 형식이다. 유리기는 황녹색의 구경부(口頸部)의 경계(境界)가 없는 원통형(圓筒形)이다. 상위에는 구연부 직하에 폭이 넓고 깊은 횡대각문과 그 아래에 폭이 좁고 얇은 횡대각문을 2열로 시문하여 구획한 후 그 사이에 36개의 작은 타원문을 전면에 시문하였다. 중하위에는 이중종타원형의 7개의 절자문을 시문하고 그 사이에는 종방향의 각문을 시문하였다. 이 유리기는 전형적인 사산조 페르시아 전기의 유리배이며 절자의 기법은 정치하지 못하다.

상산 왕씨묘는 묘지가 출토되어 고분의 절대연대를 파악할 수 있고 동진 초기 남방지역의 가족묘에 대한 여러 정보를 제공해준다. 나아가 7호묘 출토 사산조 페르시아 유리기는 이 시기 해상 실크로드를 통한 남조와 페르시아의 교류를 상징한다.

부귀산고분(富貴山古墳)의 남경시(南京市) 동북의 종산(鍾山) 서남쪽에 연하는 높이 80m 정도의 낮은 산에 입지한다. 부귀산 일대는 육조기에 "종산용미(鍾山龍尾)"라고 불린 동진의 능구이다. 이 고분과 관련된 최초의 자료는 부귀산 남쪽 사면에서 1960년에 발견된 석갈(石碣)이다. 이 석갈에는 '송영초2년태세신유12월을사삭7일신해 진공황제현궁(宋永初二年太歲辛酉十二月乙巳朔七日辛亥晉恭皇帝之玄宮)'이라는 명문이 새겨져 있어 이 부근이 동진 공제의 충평릉(衝平陵)임을 추정할 수 있게 되었다.

이 고분의 경우, 묘광은 산과 산 사이의 움푹 패인 땅을 길이 35m, 저부 폭 6.85m, 상부 폭 7.5m, 깊이 4.3-6m 정도의 L자 상으로 굴광한 뒤 매장주체부를 설치하였고, 분구는 주변 구릉과 같은 높이로 조성하였다. 고분의 가장 바깥에는 배수로가 설치되었는데 잔존 길이 87.5m, 깊이 4.3-5m, 폭 0.6-0.7m 정도이다. 배수로는 고분의 전면부에 있는 저수지에 배수된 물을 방류하였다고 추측되기 때문에 본래 길이는 100m 정도로 추정된다. 현실에는 시신을 안치한 뒤 전으로 쌓아 외부와 차단하는 봉문장(封門牆)이 설치되었다. 봉문장 내부에는 연도가 설치되었다. 연도는 남북 길이 2.7m, 동서 폭 1.6m, 복원 높이는 3.3m 정도이다. 연도 내부에 2기의 목제 문(門)이 설치되었던 것으로 보인다. 조사 당시에 목제 문은 이미 썩어 없어졌지만, 전(塼)을 요철(凹凸) 형태로 쌓아 문틀을 만든 것이 확인되었기 때문이다. 묘실 천장은 권정형(券頂形) 즉 ∩형이다. 현실의 규모는 남북 길이 7m, 동서 폭 5.1m, 잔존 높이 2.4m, 복원 높이 5.1m이다. 현실 내부에는 옻칠한 목관의 흔적이 확인되었으며, 관의 수량과 크기로 보았을 때 피장자는 한 명으로 판단된다.

부장품은 유리기와 청자 계수호, 발, 완, 도기, 도용, 옥기, 철제 관정, 동제 관정, 구슬, 동제 환 그리고 용과 호랑이를 본뜬 도제 제대(祭臺) 등이 출토되었다.

부귀산고분(富貴山古墳)은 11대 충평릉(衝平陵)으로 추정되며 이름은 사마덕문(司馬德門)이고 시호는 공황제(恭皇帝)로, 동진의 마지막 황제이다. 사마덕문은 사마덕종의 친동생이며, 418년 사마덕종이 죽자 뒤를 이어 황제가 된다. 사마덕문이 36세에 유유에 의해 살해되면서 동진이 멸망한다.

이 고분 출토 유리기는 기벽이 얇고 무문인 점, 구형(球形)으로 구경부(口頸部)의 경계(境界)가 C자형으로 형성된 전형적인 로마 유리완으로 이 시기 해상 실크로드를 통한 남조와 로마의 교류를 알 수 있게 한다.

선학관6호묘(仙鶴觀6號墓)는 강소성(江蘇省) 남경시(南京市)의 태평문(太平門)에서 약 10km 떨어진 선학산(仙鶴山)의 선림농목장(仙林農牧場)에 위치한다. 1990년, 1996년 남경시박물관(南京市博物館)에 의해 선학산(仙鶴山) 남록(南麓)과 서록(西麓)에서 동진묘(東晉墓)와 남조묘(南朝墓) 각 1기를 발굴하였다. 1998년 남경사범대학(南京師範大學) 선림신교구(仙林新校區)의 도로공사중 동남록(東南麓) 해발(海拔) 50m 지점에서 육조(六朝)시기의 전실묘(塼室墓)6기를 발굴하였다. 그 가운데 3기의 동진묘(東晉墓)는 고분군의 서측(西側)에 있었으며, 묘지로 부터 진(晉)의 명신(名臣) 광릉(廣陵) 고송(高崧)의 가족묘(家族墓)임이 확인되었다.

M6호분은 2, 3호분이 남쪽에 있으며, 그 서쪽에는 고분과 관련된 건물지가 있다. 묘도는 폭 3.5m. 잔존길이 4.4m이며 경사도는 18도이다. 묘실은 길이 7.4m이며, 연도는 길이 1.7m, 폭 1.1m. 높이 1.5m이다. 묘실은 봉문이 있으며 장방형으로 궁륭상천장이다. 현실은 길이 4.9m, 폭 2.9m, 높이 3.4m이다. 현실에는 남북방향으로 목관이 동서로 2기 확인되었다. 동관(東棺)은 저판이 잔존하였으며 길이 3.2m, 폭 0.8m, 두께 10cm이며 동제(銅製) 관정(棺釘)이 사용되었다. 부장품은 동연(銅硯), 칠반(漆盤), 금동제연적(金銅製硯滴), 청동제노기(青銅製弩機), 철검(鐵劍), 옥제대장식구(玉製帶裝飾具), 수정제주(水晶製珠)가 출토되었으며, 피장자는 남성으로 추정된다. 서관은 관이 부식되었으나, 흔적으로 볼 때 길이 3m, 폭 0.8m로 추정되며, 관정(棺釘)을 사용하였다. 부장품은 유리완(琉璃盌), 칠합(漆盒), 칠이배(漆耳杯), 은저(銀著), 도금은정(鍍金銀鼎), 동이배(銅耳杯), 금제선문관식(金製蟬文冠飾)을 비롯한 장신구(裝身具), 녹송석제패식(綠松石製佩飾), 금동제지가(金銅製支架), 동전(銅錢) 등이 출토되었으며, 피장자는 여성으로 추정된다.

이 고분 출토 유리기에는 견부에 2열의 가는 횡대 선각문이, 동부의 중위에 1열의 횡대 선각이 돌려져 있다. 중위의 횡대문으로 구획한 상위에는 1열의 소형 종타원형문을 그 하위에는 2열의 소형 종타원형문을 절자문으로 시문하였다. 저부에는 중앙에 8개의 소형 종타원문을 방사상으로 배치하고, 그 외곽에 같은 모양의 문양을 7개를 원형으로 배치하여 화문처럼 장식하였다. 이 유리기는 절자문이 있으나 기벽이 얇고 구형(球形)으로 구경부(口頸部)의 경계(境界)가 C자형으로 형성된 로마 유리완으로 판단된다. 이 시기 해상 실크로드를 통한 남조와 로마의 교류를 알 수 있게 한다.

춘성유송묘(春城 劉宋墓)는 구용시(句容市) 춘성(春城) 진원상촌(鎭袁相村)에 위치하는 남조 유송(劉宋)의 황제묘로 추정된다. 1984년에 진강(鎭江)박물관이 춘성유송묘에 대한 발굴 조사를 실시하였다. 춘성유송묘는 전축분으로 합장묘이며, 평면 凸자형으로 용도와 묘실로 구성되어 있다. 묘실은 평면 장방형으로 길이 5m, 폭 1.9m, 높이 2.5m이다. 묘실 벽은 아래에서 위쪽으로 3·4조씩 전(塼)을 조합하여 축조하였다. 사용된 전(塼)은 청색을 띠는 것으로 품질 상태가 좋으며, 기년명전(記年銘塼)과 초서전(草書塼)이 확인된다. 묘벽의 양쪽에는 작은 방형의 벽감 4개, 뒷벽에는 1개를 설치하였다. 묘문의 천장은 평평하며, 묘실 내에는 2개의 전(塼)으로 된 관대를 설치하고, 그 위에 관을 배치하였다. 관은 녹나무에 칠을 한 것으로, 4면에서 관정이 출토되는 것으로 보아, 관정을 이용하며 결구한 것으로 파악된다. 이 고분은 凸자형의 평면 형태에 삼순1정의 축조법과 벽감을 대칭 배치한 점에서 남경 진강 일대 남조시기 전축분의 전형이다.

부장품은 총 78점으로 유리기, 은기, 청동제품, 청자, 도기, 칠기 등 다양하다. 청동제품은 총 14점으로 완, 반, 전, 숟가락, 삼족기, 초두, 동경 등이 있다. 청자는 총 21점으로 계수호, 반구호, 주호, 완, 반, 삼족연 등이 확인된다. 진강(鎭江)박물관에 유물이 소장되어 있다.

고분의 연대는 벽에 사용된 '元嘉十六年太岁巳'전(塼)으로 볼 때 송(宋) 원가(元嘉)16년(429年)년으로 밝혀졌다.

춘성(春城) 유송묘(劉宋墓)에 부장된 유리기는 남경일대의 남경대학북원동진묘, 상산7호 동진묘에서 출토되었다. 이러한 고분의 묘주는 모두 왕족 혹은 귀족이다.『진서晉書』최홍(崔洪)전에 따르면, 송(宋) 무제(武帝)가 음식을 먹을 때, 유리기를 사용했다는 기록이 있어, 당시 유리는 황실에서 사용했던 매우 귀한 재질에 속했음을 알 수 있고, 구용시 춘성유송묘 묘주 역시 이에 상응하는 신분에 속한 인물이었을 것으로 보인다.

이 고분 출토 절자문완은 구형(球形)으로 구경부(口頸部)의 경계(境界)가 C자형으로 형성된 것으로 무색(無色)으로 투명도가 높다. 견부직하와 동부와 전부의 경계에 각 1줄의 횡대문을 선각하여 구획하고 그 내부에는 육각형(六角形)의 귀갑문을 6열에 걸쳐 정치하게 절자(切子)로 시문하였다.

절자문 장식 유리완은 사산조 페르시아에서 3세기 이후부터 7세기까지 유행하였다. 따라서, 이 유리기는 사산조 페르시아 전기의 유리기이다. 당시 중국 내에서도 유리 생산기술을 보유하고 있었으나, 이입품을 선호하였다. 이 유리기는 상산(象山)7호묘 유리기와 함께 해상 실크로드를 통한 남조와 페르시아의 교류를 상징하는 것이다.

참고문헌

蔚然, 1961, 「南京富貴山發現晉恭帝玄宮石碣」, 『考古』5期, 考古雜誌社.

南京市文物保管委員會, 1965, 「南京象山東晋王丹虎墓和二, 四號墓發掘簡報」, 『文物』10期, 文物出版社.

南京博物院, 1966, 「南京富貴山東晋墓發掘報告」, 『考古』4期, 考古雜誌社.

南京市博物館, 1972, 「南京象山5號·6號·7號墓清理簡報」, 『文物』11期, 文物出版社.

南京大學歷史系考古組, 1973, 「南京大學北園東晋墓」, 『文物』4期, 文物出版社.

NHK大阪放送局1992, 『中國の金銀ガラス展』, NHK大阪放送局.

南京市博物館, 2000, 「南京象山8號·9號號墓清理簡報」, 『文物』7期, 文物出版社.

南京市博物館, 2001, 「江蘇南京仙鶴觀東晉墓」, 『文物』3, 文物出版社.

南京市博物館, 2004, 『六朝風彩』, 文物出版社.

楊寬(著).장인성·임대희(譯), 2005, 『중국 역대 陵寢 제도』, 중국사학총서 4, 서경.

村元健一, 2008, 『秦漢魏晋南北朝時代の都城と陵墓の研究』, 汲古書院.

조윤재, 2009, 「상산 왕씨 가족묘(南京 象山 王氏 家族墓)」, 『韓國考古學專門事典-古墳篇-』, 國立文化財研究所.

鎭江博物館·句容市博物館, 2010, 「江苏句容春城南朝宋元嘉十六年墓」, 『東南文化』3.

朴天秀·松永悅枝·金俊植, 2011, 『東亞細亞 古墳 曆年代 資料集』, 학연문화사.

羅宗眞 著, 정대영 譯, 2012, 『중국 고고학-위진남북조-』, 영남문화재연구원 학술총서 8, 사회평론.

藤井康隆, 2014, 『中國江南六朝の考古學研究』, 六一書房.

齊東方·李雨生, 2018, 『中國古代物质文化史玻璃器』, 开明出版社.

그림 Ⅳ-40. 중국(中國)China 남조능묘(南朝陵墓)와 고분(古墳)
Nanchao emperor tombs and tombs

1. 남경대학북원묘(南京大學北園墓) 로마(Rome)
   절자문유리배(切子文琉璃杯)
2. 춘성유송묘(春城劉宋墓) 사산조 페르시아(Sassanian Persia)
   절자문유리완(切子文琉璃盌)
3. 선학관(仙鶴觀)6호분 로마(Rome) 절자문유리완(切子文琉璃盌)
4. 부귀산고분(富貴山古墳) 로마(Rome) 유리완(琉璃盌)
5. 상산왕씨(象山王氏)2호분 묘지석(墓誌石)
6. 상산왕씨(象山王氏)6호분 사산조 페르시아(Sassanian Persia)
   절자문유리배(切子文琉璃杯)
7. 상산왕씨(象山王氏)1호분 앵무배(鸚鵡杯)

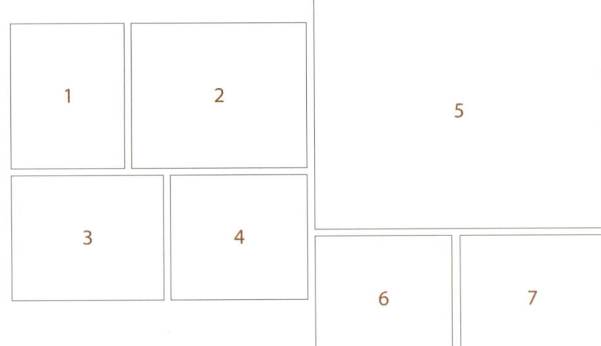

君諱興之字稚隨琅耶臨
沂都鄉南仁里征西大將
軍行參軍贛令春秋卅一
咸康七年十月廿二日薨
丹楊建康之白石於先考
散騎常侍尚書左僕射特
進衛將軍都亭肅矦墓之
長子故刻石為識臧之於墓
次子閭
次子嗣之
次子咸之
次子頵之
次子預之
     出養弟二伯
       字稚容

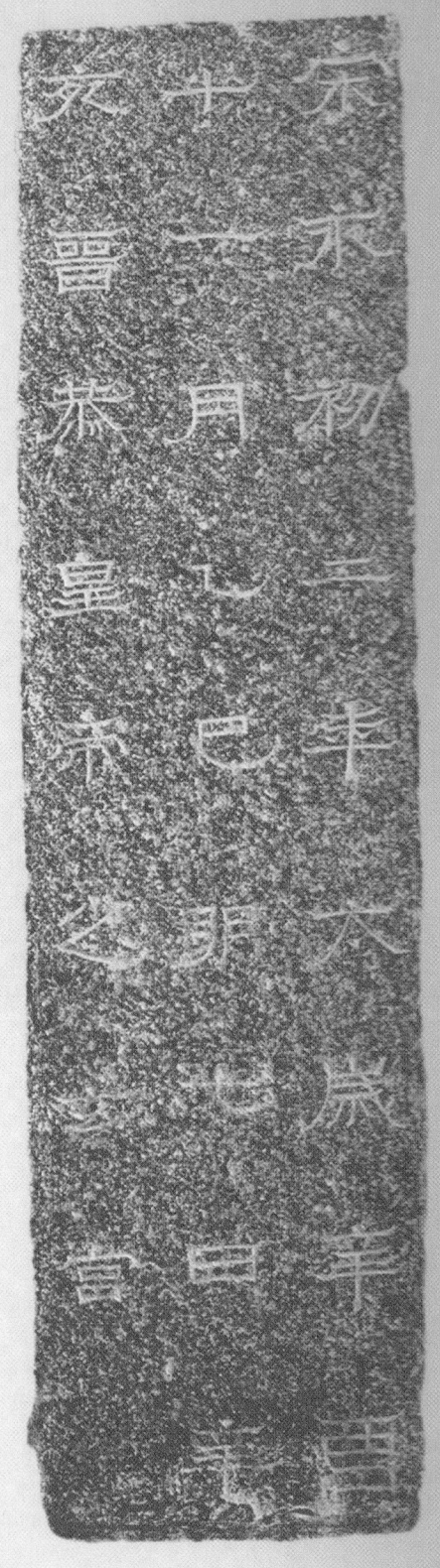

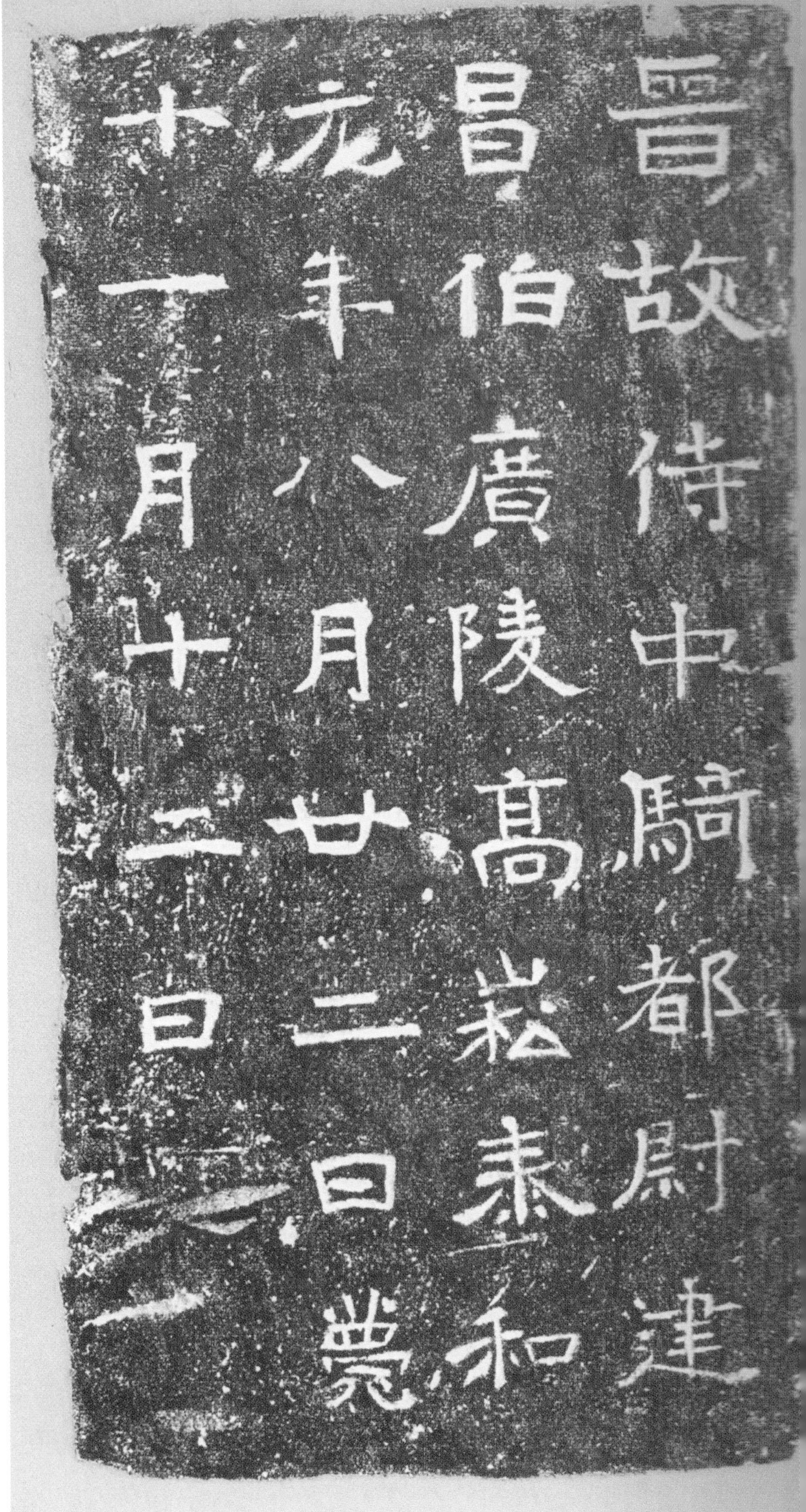

8. 부귀산고분(富貴山古墳) 묘지석(墓誌石)
9. 선학관(仙鶴觀)2호분 묘지석(墓誌石)

8 9

18) 대보은사大報恩寺, Grand Baoens temple

대보은사는 강소성(江蘇省) 남경시(南京市) 대보은사(大報恩寺) 유적공원내에 위치한다. 대보은사는 명(明)나라 금릉(金陵)의 3대 사찰 중 가장 웅장하고 정교한 유리탑(琉璃塔)이 있었다.

대보은사 유리탑은 1412년 시공되어 1428년 준공되었다. 9층 8면으로 높이가 78.2m에 달하였다. 이 탑은 등잔에 불을 밝힌 등탑(燈塔)이었다. 1856년 태평천국 전쟁시기에 폭파되었다. 2004년부터 시작된 복원공사에 수반한 발굴조사 중 2008년 칠보아육왕탑(佛頂骨舍利的七寶阿育王塔)이 지하 궁전에서 출토되었다. 제성사리는 석가모니불 정골(頂骨)사리, 감응사리 등과 함께 대보은사 앞 송(宋)대 장간사(長幹寺) 지궁(地宮)에서 출토되었다. 남경 서하사(南京棲霞寺)에서 출토된 '금릉장간사진신탑장사리석함기(金陵長幹寺眞身塔藏舍利石函記)'는 제성사리는 정골사리, 감응사리와 함께 1011년 장간사(長幹寺) 지궁에 보관되어 있었던 것으로 기록되어 있다.

출토유물은 금은기(金銀器), 유리기(琉璃器), 수정(水晶), 유향(乳香), 단향(檀香), 침향(沈香), 정향(丁香), 각종 견직물(絹織物)이 있다. 그 가운데 병(瓶) 2점, 8곡장반(八曲長盤) 1점의 이슬람 유리기가 포함되어 있다. 특히 후자는 외변 양단에 튤립으로 보이는 화문을 절자(切子)로 시문하여 주목된다. 왜냐하면 그 문양이 쇼소인(正倉院) 소장 8곡장반(八曲長盤)의 문양과 유사하기 때문이다. 대보은사 지궁(地宮) 출토 이슬람 유리기는 공반된 유향 등으로 볼 때 해로를 통하여 이입된 것으로 보인다.

참고문헌

이도학·송영대·이주연, 2014, 『육조고도 남경』, 주류성.
南京市考古研究所, 2015, 「南京大報恩寺遺址塔基與地宮發掘簡報」, 『文物』5, 文物出版社.

玄武湖
太平門
富貴山
漢西門
建康城
水西門
中山門
通濟門
中華門
大報恩寺
光華門
雨花臺
0 700 1400m

北
秦
淮
河
涵洞
J12
寺墙
寺墙
寺墙
寺墙
水闸
L6
J10
J6
夯土台基护墙
J7
J11
J8
J9
伽藍殿
L7
L6
J3
宣德御碑
轮藏殿
画廊
画廊
画廊
香
水
河
香水河桥
天王殿
J5
观音殿
法堂
中轴线
大殿
塔基
DG1
未 发 掘 区
J1
J2
画廊
画廊
永乐御碑
经藏殿
J16
J4
J14
祖师殿
J17
J15
0 20米

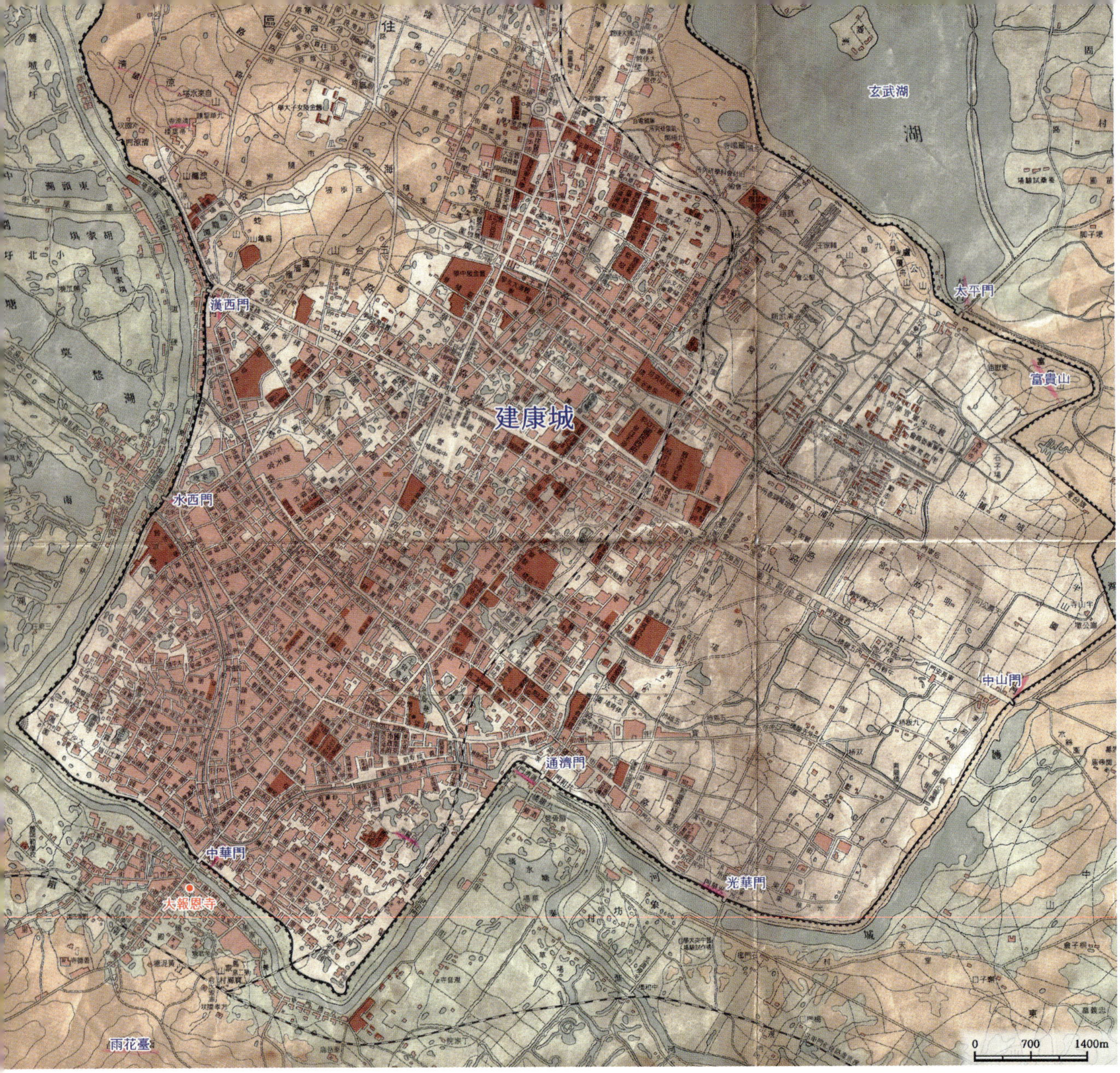

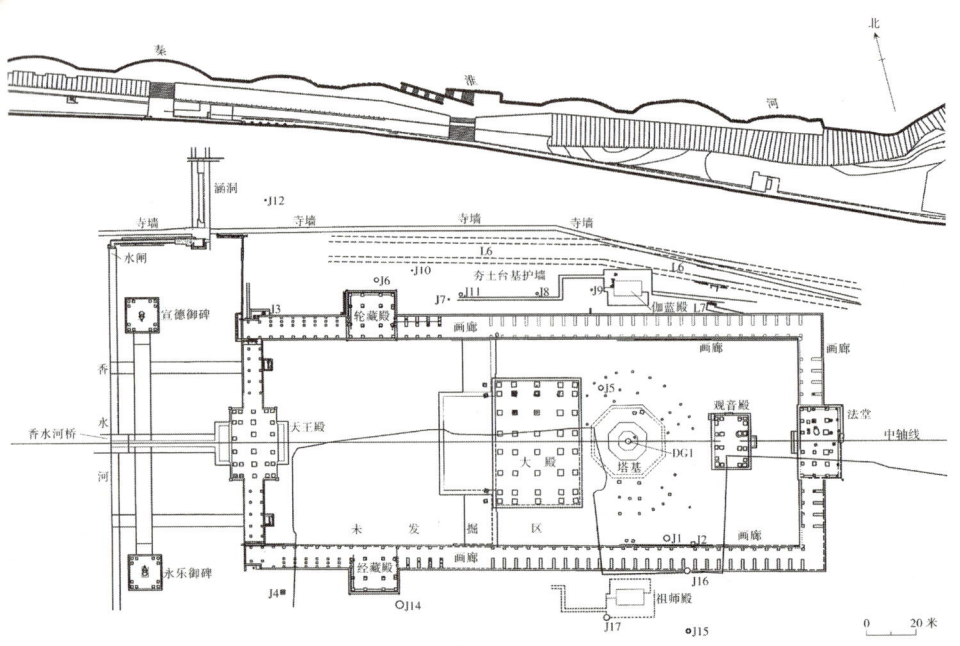

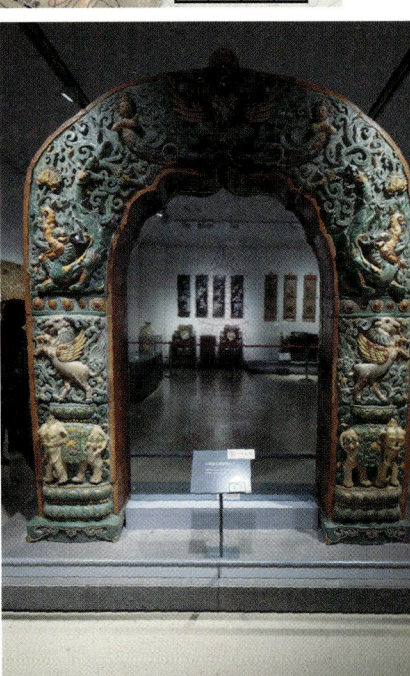

그림 Ⅳ-41. 중국(中國)China 대보은사(大報恩寺)
Grand Baoens temple

1. 대보은사(大報恩寺) 위치(位置)
2. 대보은사(大報恩寺) 배치도(配置圖)
3. 대보은사(大報恩寺) 탑문(塔門)
4. 대보은사(大報恩寺) 지궁(地宮) 아육왕탑(阿育王塔)
5. 대보은사(大報恩寺) 이슬람(Islam) 유리병(琉璃瓶)과 유리명(琉璃皿)
6. 대보은사(大報恩寺) 유향(乳香)

19) 양주揚州, Yangzhou

양주는 강소성(江蘇省) 중부의 도시로서 북쪽으로 서주(徐州), 유주(柳州)와 접하고, 서쪽은 형주(荊州), 남쪽은 조주(趙州)에 접한다. 전국시대에는 초국(楚國)의 광릉읍(廣陵邑), 진(秦)의 광릉현, 한(漢)의 강도현(江都縣)이 있었다.

1980년 양주 시가에서 서북쪽 12km 지점에 있는 한강현(邗江縣) 감천진(甘泉津)의 감천(甘泉)2호묘가 발굴조사되었다. 단실(單室)의 전축분(塼築墳)인 이 고분은 부장품인 동제 안족등(雁足燈) 명문(銘文) 등으로 볼 때 후한(後漢) 광릉왕(廣陵王) 유형묘(劉荊墓)인 것으로 밝혀졌다. 부장품으로 로마 유리기인 모자이크 종릉문완(縱稜文盌)이 출토되어 주목된다. 이 유리기는 인도 서부의 로마와의 무역항인 파타남(Pattanam)유적 출토품과 유사한 형식인 점에서, 양주가 한(漢)대부터 해상 실크로드의 중심지였음을 알 수 있다.

수대(隋代)에 대운하가 개통되어 발전하고 주 이름을 양주(揚州), 치소(治所)를 강도현(江都縣)으로 하고 당대까지 계승되어 양주도독부(都督府)가 설치되었다. 해외에는 칸투(江都)로 알려졌다.

양주 당성(唐城)은 시북변의 촉강(蜀岡) 남록에 있으며, 관아가 있는 주위 약 6km의 자성(子城)과 그 남쪽에 시가에 해당되는 대성(大城)이 있으며, 판축(版築)에 의한 성벽이 보인다. 이슬람 유리기와 도기 등이 출토되었다.

당(唐) 대에는 국제항으로서의 지위를 확립해 활발한 무역이 이루어졌다. 안사의 난 이후 양주는 최고의 상업도시로 부상하였고 남해로(南海路)를 통해 광주로 입항했던 페르시아, 아라비아 상인들과 사막로를 통해 장안일대로 이동했던 소그드인들도 양주로 진출하여 시장을 주도하였다. 또한, 당시 양주는 신라 상인들이 드나들던 거점도시이기도 했으며 페르시아를 비롯해 이슬람 제국, 인도, 발해, 일본 등에서 온 사람들이 이곳에 머무르면서 상업 활동에 종사하였다.

양주에서는 아랍어가 새겨진 청유녹채배수편자호(靑釉綠彩背水扁瓷壺)가 출토되기도 하였으며, 1998년 조사된 인도네시아 벨리퉁침몰선에서 수출된 강심경(江心鏡)에는 "揚子江心百煉造成唐乾元年戊戌十一月廿九日于揚州"라는 명문이 새겨져 있었다. 이를 통해 실려있는 화물과 양주와의 관련성을 엿볼 수 있다.

일본의 견당사를 따라 건너가 불법을 전했던 당의 감진화상(鑑眞和尙) 역시 양주에서 배를 타고 일본으로 건너갔다. 시가의 서북쪽 촉강(蜀岡)의 남쪽에는 감진(鑑眞) 연고의 대명사

(大明寺)가 있다. 당에 유학 온 최치원은 양주에서 4년 정도 관직생활을 하였으며 회남(淮南)에서 거주하면서 쓴 글들을 모아 『계원필경桂苑筆耕』을 남겼다.

『강도현지江都縣志』권16에 따르면, 북송(北宋) 원풍(元豊)7년(1084) 양주에 고려관(高麗館)이 설치되었다. 양주 시가에서는 고려청자가 출토되고 있다. 이 고려관은 당(唐)대 신라관 또는 신라방에서 기원하는 것으로 보고 있다.

참고문헌

南京博物院, 1981, 「蘇邗江甘泉2號漢墓」, 『文物』11, 文物出版社.
해상왕장보고기념사업회, 2004, 『해상왕 장보고 유적 유물 도록』, 해상왕장보고기념사업회.
경상대학교 실크로드 문화지도 DB 구축 사업단, 2017, 실크로드 역사문화지도(Historic Cultural Atlas of the Silk Road).

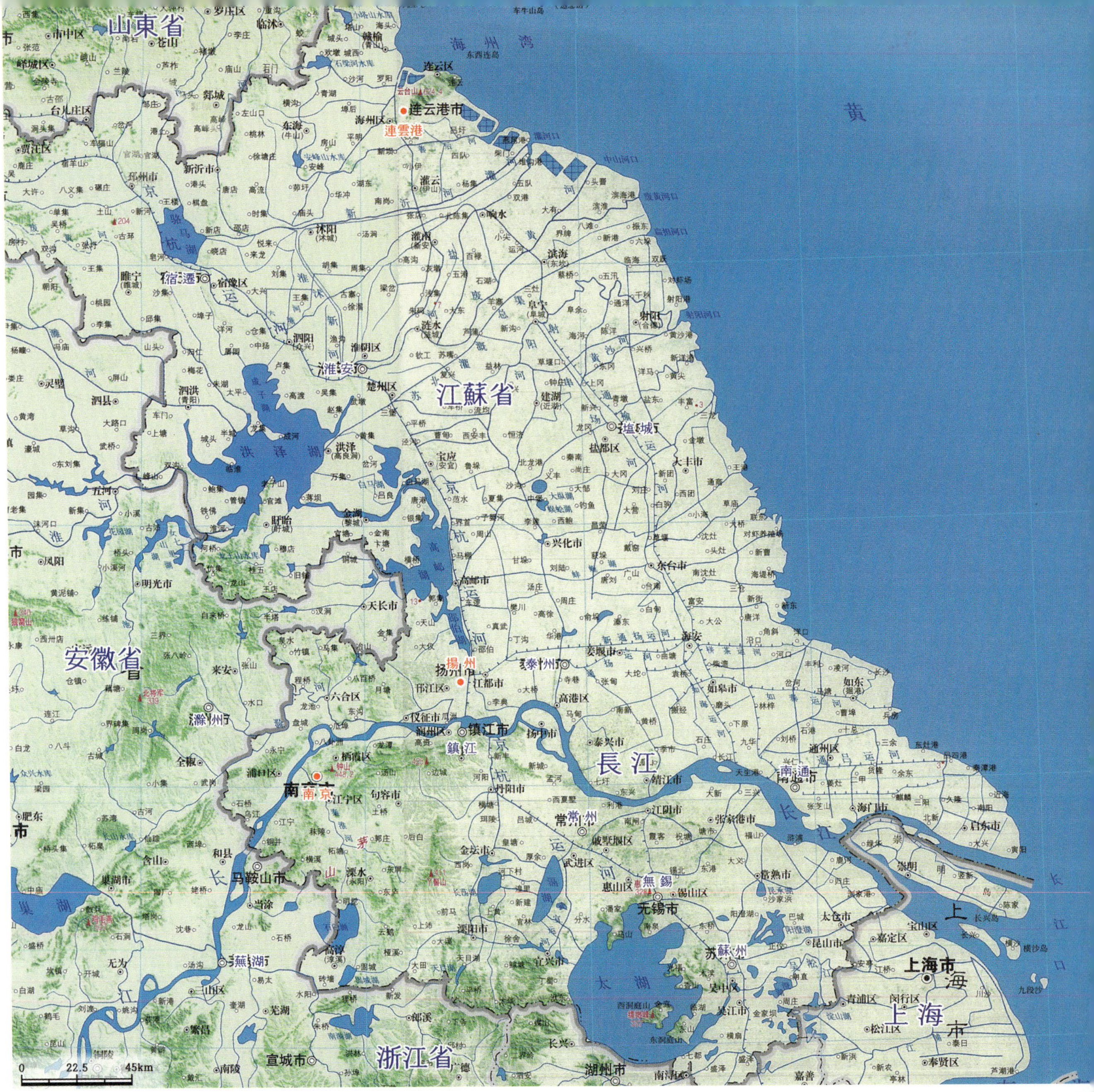
山東省
海州湾
黄
连云港市
連雲港
江蘇省
淮安
宿遷
洪泽湖
安徽省
揚州
扬州市
泰州
镇江市
鎮江
南京
長江
南通市
常州
無錫
无锡市
苏州
蘇州
太湖
上海市
上海
浙江省
马鞍山市
蕪湖
湖州市
宣城市
0 22.5 45km

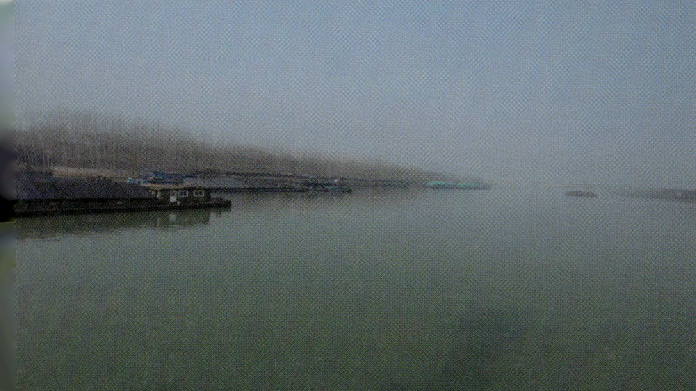

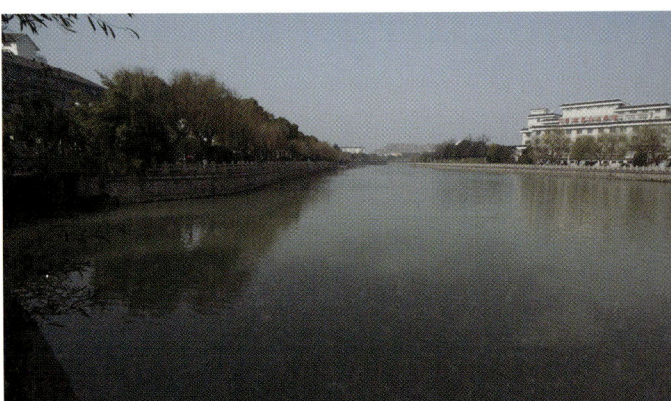

그림 Ⅳ-42. 중국(中國)China 양주(揚州)Yangzhou

1. 양주(揚州), 연운항(連雲港) 위치(位置)
2~3. 양주(揚州) 대운하(大運河)
4. 양주(揚州) 대명사(大明寺)
5~6. 양주(揚州) 당성(唐城)
7. 양주(揚州) 대운하(大運河) 등탑(燈塔)

8. 일본(日本) 견당사선(遣唐使船) 모형(模型)
9. 최치원(崔致遠) 기념관(記念館)
10. 양주(揚州) 이슬람(Islam) 청유호(靑釉壺)
11. 양주(揚州) 서역인(西域人) 승려상(僧侶像)
12. 양주(揚州) 이슬람(Islam) 묘비(墓碑)
13. 양주(揚州) 저울추(分銅)

20) 연운항 連雲港, Lianyungang

연운항은 강소성(江蘇省)의 동북부(東北部)에 있으며 황해(黃海)에 면한 항구도시이다. 항구는 동부 해안의 중앙에 위치하여 서쪽의 육로와 동쪽의 해로를 연결한다. 연운항(連雲港)은 춘추시대(春秋時代)에는 오(吳)를 멸한 중원(中原)의 패자(覇者)인 월왕구천(越王勾踐)에 의해 수도(首都)로 정해진 항만도시(港湾都市)이다.

연운항 근처에 위치한 공망산의 코끼리 바위는 후한 시대의 석상이다. 코끼리 상의 왼쪽 면에는 부조로 조각된 사람이 있는데, 바로 이 조각상의 복식을 통해 조각된 시대를 추정할 수 있었다. 코끼리 발아래 새겨져 있는 연화문은 이 조각이 불교 문화의 영향을 받았음을 보여준다. 총 길이 4.8m, 폭 3.5m, 높이 2.6m에 달하는 코끼리 바위는 동시대에 만들어진 조각 가운데 가장 크고, 무게 역시 300톤 이상으로 가장 무겁다.

후한 시대에 만들어진 마애조상은 전체가 자연 절벽을 그대로 활용해 조각되어 있다. 공망산 서쪽의 가파른 절벽에 새겨진 불교마애조상은 길이 17m, 높이 8m의 절벽 면적위에 불교와 도교 문화의 특징을 보여준다. 이 복식들은 석가와 그의 죽음을 애도하는 제자들의 모습 등 110여 개가 조각되어 있다.

연운항에는 봉토석실분들이 산재하고 있다. 이는 동시기 당의 묘제가 주로 전실인 것과 비교된다. 현재까지 지표조사로 확인된 연운항 일대의 봉토석실분은 총 474기이며, 금병산(錦屛山), 남운대산(南雲臺山), 중운대산(中雲臺山), 북운대산(北雲臺山), 이로산(伊芦山) 5개 지역에 나뉘어 분포하고 있다.

가장 서쪽에 위치한 금병산에서 93기, 시내 중심에 있는 남운대산에서 325기로 가장 많이 조사되었고, 중운대산과 북운대산에서 각각 22기와 10기, 그리고 남서쪽으로 떨어진 지점에 있는 이로산에서 24기의 고분이 조사되었다. 민국시대 이로산에 100기의 고분이 있었다는 조사기록을 참고한다면, 원래는 훨씬 더 많은 고분이 있었음을 짐작할 수 있다.

매장주체부는 대부분 지하형, 반지하형이며 일부는 반지상, 지상형이다. 매장주체부 형태는 대부분 장방형 현실에 연도가 달린 형태이며 천장은 평천장이 대부분이지만, 장동형 및 횡장방형과 같이 변형된 형태도 있으며, 이밖에 감실이 달리거나 천장 가운데가 솟은 형태도 있다. 석재는 고도로 치석된 판석으로 축조된 것과 판할석 혼석, 할석으로 쌓은 것으로 나뉘어지는데, 할석 축조가 훨씬 많다. 그리고 할석으로 축조한 석실분이라도 석재는 약간의 치석이 되어 있고, 벽면은 열과 행을 맞추면서 축조되었다.

석실묘들은 대부분 산지의 남록이나 남서, 남동사면에 축조되었다. 유물은 도기와 자기, 동전, 가위, 관정 등이 출토되었다. 도자기는 완류와 관이 확인되었으며, 시기적으로는 당대 조기에서 중반기의 묘장으로 생각된다. 중국 동북지역이 아닌 중원에서의 봉토석실묘, 그것도 할석으로 축조된 사례는 극히 희귀한 사례이다. 수당의 중국 묘장은 일반적으로 평야나 대지에 입지하며, 전(塼)을 이용해 묘실을 쌓아 지하 깊숙한 곳에 축조하는 것이 보통이다. 그러나 연운항 석실분은 산록에 입지하며, 할석과 절석을 이용해 분구와 같이 쌓은 점에서 큰 차이점이 있다.

이러한 묘실이 분구에 있는 토돈묘는 연운항과 장강중하류역에서는 전국시대에서 서한 시기에 거쳐서 축조된 바 있으나, 약 500년간의 공백을 뛰어넘어 갑자기 연운항 지역에 축조된다는 점에서 양자 간의 상관관계는 상정하기 어렵다. 반면, 석실의 형태와 구조가 한반도에서 확인되는 석실, 특히 백제 사비기 석실분과 아주 유사하고 시기적으로 상통한다는 점에서 한반도 이주민에 의한 축조가 상정된다.

한반도 석실묘 가운데 연운항 석실묘와 가장 높은 상사성을 보이는 것은 사비기 백제 석실묘로 보고있다. 먼저 석실 전체의 평면형이 장방형이라는 점에서 유사성을 보인다. 백제 사비기 석실은 장폭비가 2대 1에 가까운 장방형이 주류를 이루지만, 동시기 고구려와 신라는 방형이 주류이다. 연운항 석실의 경우 백제의 석실과 유사한 장방형이라는 점에서 유사성이 가장 크다. 석실벽 구축 방법과 형태면에서도 백제와 연운항 사이의 유사성이 보인다. 장벽 중하단을 수직으로 쌓아올리고 천장부와 연결되는 상단부만을 내경시킨 점이 그러하다. 또한, 비교적 대평의 편평석을 양 장벽에 걸쳐 가구하는 방식은 동시기 고구려나 신라에서 찾아보기 어려운 백제와 연운항 석실묘의 유사점이다.

그리고 석실 내부구조에서도 연운항은 백제 사비기와 가장 유사하다. 현실 바닥보다 높인 시상을 마련하는 것이 일반적인 신라와 달리, 백제와 연운항은 바닥 전면을 부석하거나 굴착면을 그대로 사용한다는 점에서 유사성이 나타난다.

연운항 석실과 백제 사비기 석실 사이에 봉분 가장자리 마감, 이실(耳室)에서 차이점이 발견되지만, 연운항 지역에서 발견된 석실묘는 그 구조나 평면 형태로 보아 7세기 전반부터 백제가 멸망하는 663년 사이에 중서부 연해 지역에 유행했던 묘제와 가장 유사도가 크다.

축조배경에 대해서는 백제 멸망 후 당에 의해 사민된 백제 유민이 축조하였다는 설과, 백제 멸망 이후 구 백제지역에서 도래한 한반도계 이민이 신라방과 같은 공동체를 형성하면서 축조하였다는 견해가 있다.

연운항은 통일 신라시대 장보고의 해상무역 활동의 근거지 중 하나이며, 신라와 당의 활발했던 교류를 보여주는 장소가 바로 연운항에 있는 신라촌 유적지이다. 그중 하나인 연운항시 연운구 숙성촌의 선산의 명칭은 산 정상의 형상이 배를 엎어놓은 모습을 하고 있었던 것에 붙여졌다. 선산 입구의 왼쪽에는 인공호수가 자리잡고 있으며, 오른쪽에는 10m 넓이의 수로가 개설되어 있다. 그리고 이 수로를 따라 중간에 이르면 선산의 4부 능선 바위에 신라인 계주처의 글자가 조각된 바위가 있다.

참고문헌

高偉, 2013, 「連雲港市 封土石室의 調査 報告」, 『百濟研究』, 百濟研究所.

박순발, 2013, 「連雲港 封土石室墓의 歷史 性格」, 『百濟研究』, 百濟研究所.

連雲港市重点文物保護研究所, 2018, 『連雲港封土石室墓调查与研究』上下, 上海古籍出版社.

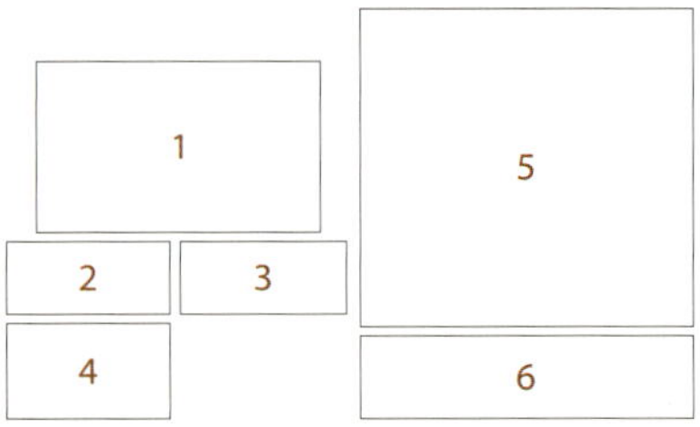

Ⅳ. 유라시아歐亞 해로海路의 유적遺蹟과 유물遺物

그림 Ⅳ-43. 중국(中國)China 연운항(連雲港)Lianyungang

1. 연운항(連雲港) 위치(位置)
2~3. 연운항(連雲港)
4. 연운항(連雲港) 아육왕탑(阿育王塔)
5. 남운대산(南雲臺山) M231호 백제석실묘(百濟石室墓)
6. 남운대산(南雲臺山) Z142호 백제석실묘(百濟石室墓)

21) 봉래蓬萊, Pungrai

봉래는 산동성(山東省) 산동반도(山東半島) 최북단에 있는 연태시(烟臺市)의 속하는 항구도시이다. 해안선을 내만하여 형성된 천연 내항(內港)이며, 봉래(蓬萊) 앞 발해해협(渤海海峽)에는 32개의 섬(島)으로 구성된 146km에 달하는 장산열도(長山列島)가 있다. 봉래(蓬萊)는 장산열도(長山列島)를 통하여 산동반도(山東半島)와 요동반도(遼東半島)를 연결하는 해상 교통의 요충이다. 이 지명은 원광(元光)2년(BC 133년) 한(漢) 무제(武帝)가 이곳에서 발해(渤海)의 봉래산을 보았다는 데서 붙여진 것이다.

봉래성은 현재 봉래수성(蓬萊水城)이라 불리고 있으며 북쪽의 묘도(廟島)군도와 가까운 거리에 있다. 봉래는 수당 대부터 북방의 주요 군사요충지 역할을 담당했으며 한반도에서 해양을 통해 중원(中原)에 들어가는 입구의 역할을 하고 있었다. 또한 등주는 북송 시기와 명청대에 남북해상의 주요 교통로였으며 군사주둔지였다. 238년 위(魏)의 조조는 군사 4만을 이끌고 등주에서 배를 통해 요동지역을 공략했으며, 수는 605-683년에는 고구려와의 전쟁에서 등주를 기지로 하여 수륙 양면으로 고구려를 공격하기도 했다. 이후 등주는 고려와 발해로 들어가는 항구였다. 고려와 발해 역시 등주를 거쳐 당의 수도 장안(長安)에 들어갈 수 있었다.

732년 당의 위협과 압박에 직면한 발해는 등주의 치소(治所)에 상륙하여 기반시설을 철저히 파괴했다. 그곳은 상륙한 발해군을 저지하기 위해 등주자사(登州刺史) 위준(韋俊)이 병력을 이끌고 출동했다. 장문휴가 이끈 발해군은 위준을 전사시키고 휘하 병력을 거의 섬멸하였다. 당 현종은 발해군의 급습으로 등주자사 위준이 전사했다는 소식을 듣자 우령군장군(右領軍將軍) 갈복순(葛福順)에게 반격을 명했다. 하지만 여기에 관한 전투기록은 남아 있지 않다. 갈복순이 병력을 이끌고 등주 현장에 도착했을 무렵 발해군은 철수해버린 듯하다. 이후 당은 733년 대문예(大門藝)에게 유주(幽州)의 병사를 주어 발해를 공격하게 했다. 동시에 신라에 사신을 파견하여 발해 남쪽 국경을 공격하도록 했다. 그러나 당과 신라의 발해 협공은 실패로 돌아갔다.

『발해국장편渤海國長編』에는 "신라사절단은 반드시 해로를 통해야 했고 등주에 도착하는 것이 필수적인 경로였다…. 발해의 사절단도 이곳을 거쳐서 장안으로 갔다."라고 적혀 있다.

특히 중국 당 대(唐代) 산동반도의 대외무역 창구는 등주였으며. 신라와 발해, 그리고 일본이 그 대상이었다. 당과 신라의 교류는 특히 활발하였는데 등주에는 신라인들을 위한 신라관(新羅館)이 만들어졌으며 북쪽의 내주(萊州)와 등주, 그리고 남쪽의 고밀(高密)에 이르기까지 신라관, 신라방(新羅坊) 등이 도처에 설립되었다. 또한 신라와 일본 사절, 상인, 승려가 등주를 통하여 출입국 수속을 하였다. 이는 『입당구법기』에 따르면 엔닌(圓仁)이 양주에서 등주로 가서 출국 허가를 받은 것에서도 알 수 있다. 이후, 고려인의 표류사건과 사신들의 왕래가 잦아지자 1005년 송의 진종(眞宗)은 이들을 위한 거주지를 준비하였고 1015년 등주에 고려사빈관(高麗使賓館)이 설치되었다.

1127년(인종 15) 북송이 멸망하면서 산동지역의 해상노선은 폐지되고 남방항로가 열리게 되었다. 원(元)시기에는 주로 육상교통로를 이용하였으며 해상의 조운 외에는 산동반도의 해상교통은 기록에 잘 나타나지 않는다. 원말 명초에는 중국 연해에 왜구가 출몰하자 중국정부는 해금(海禁)을 실행하여 해상 대외무역에 심각한 피해를 입고 있었다. 고려의 입장에서도 남경의 도읍을 정한 명과의 교류가 절실하였다. 하지만 송도 부근의 항구에서 황해를 건너기란 매우 위험하였고 수차례의 조난이 발생하였다.

1372년(공민왕 21)에 고려는 하평촉사(賀平蜀使)를 명(明)의 수도 남경(南京)으로 보냈다. 정사는 홍사범(洪師範), 서장관은 정몽주(鄭夢周)이다. 사신단이 탄 선박은 황해를 건너 중국대륙에 도달한 후 태창(太倉), 장강(長江)의 내수로 등을 거쳐 남경에 도달했다. 해로를 통해 귀국할 때 항주만 허산(許山) 앞바다에서 격한 폭풍우를 만나 홍사범 등 39명을 익사하고, 정몽주 등 113명은 13일 동안 표류 끝에 간신히 구출되었다. 이번 조난 사고는 남경을 오가는 고려 사행 노선의 중대한 전환점이 되었다. 이때 사행 노선을 안정선이 확보되는 수·육로 겸용 노선으로 변경되었다. 변경 노선은 남경-경항대운하(京杭大運河) 강소 내수로-산동 내륙 육로-산동반도 북단 봉래(蓬萊)-묘도열도(廟島列島) 해로-요동반도 남단-요양 육로-의주-개성으로 이어진 것이다. 경항대운하 강소 내수로는 중국 선박을 이용했고, 묘도열도 해로는 고려 선박을 이용했을 것으로 추정된다. 고려 공민왕은 요동을 경유할 것을 요청하였다. 명(明)은 1376년 등주를 경유하도록 하였고 등주는 다시 한반도 교류의 중심지가 되었다.

이 시기 등주에는 고려 사신을 접대하는 전문기관인 '공관(公館)'을 두었다. 이후 등주는 경진(京津)의 입구가 되었고 군사방어의 요충지가 되었으나 과거의 선박 왕래와 상인 교류는 쇠퇴하였다.

봉래각(蓬萊閣)은 황학루(黃鶴樓), 악양루(岳陽樓), 승왕각(滕王閣)과 함께 사대명루(四大名樓)이다. 북송(北宋) 가우(嘉祐)6년(1061), 등주지주(登州知州)의 주처균(朱处約)은 당대(唐代)의 용왕묘(龍王廟)를 옮기고 봉래각(蓬萊閣)을 건립(建立)하였다. 장산열도(長山列島)의 현응궁(顯

応宮)은 중국북부(中國北部) 최대(最大)의 바다의 여신을 모시는 마조묘(媽祖廟)이다.

봉래수성(蓬萊水城)에서는 고려선이 2척 출토되었다. 1984년 봉래현(蓬萊縣) 정부에서는 봉래수성 일대 해안 지역에 대한 준설 작업을 실시한다. 이 과정에서 대량의 유물과 고선박 잔해가 발견되었다. 1호 고선은 깊이 1.3m 지점 뻘층에서 출현했다. 조사결과 이 고선박은 잔존길이 28.6m에 선체 폭은 5.6m, 잔존 높이 1.2m로 나타났다. 전체적인 모습은 유선형으로 선수는 뾰족하고 선미는 모가 진 두첨미방(頭尖尾方)의 형태를 가리고 있었다. 바닥판이 뾰족한 전형적인 고대 중국 선박이었다. 이 선박에서는 '영락(永樂) 10년 6월'이라는 명문도 발견됐다. 아마도 선박이 건조된 시기가 명(明) 성조(成祖) 황제의 영락 10년(1412)이라는 의미일 것이다. 고려선은 늑골을 설치하여 횡향(橫向)강도를 높이고 보강재를 사용하여 중앙 저판(底板)의 강도를 높혔으며, 외자(桅座)기술로서 돛대를 설치하고 철정(鐵釘)으로 선체를 연결한 새로운 기술이 도입된 것이 특징이다. 1호는 길이(長) 19m, 폭(幅) 6.2m, 높이(高) 1.25m이며, 연화문상감청자 2점 등 고려도기와 자기가 출토되었다.

참고문헌

(재)해상왕장보고기념사업회, 2004, 『해상왕 장보고유적 유물 도록』, (재)해상왕장보고기념사업회.
袁曉春, 2009, 「鄭夢周와 登州」, 『포은학 연구』4, 포은학회.
朴現圭, 2009, 「高麗 賀平蜀使와 수로 교통-정몽주 기록을 중심으로-」, 『포은학 연구』4, 포은학회.
서영교, 2017, 「등주공격(登州攻擊)」, 『한국민족문화대백과사전』, 한국학중앙연구원.

그림 Ⅳ-44. 중국(中國)China 봉래(蓬萊)Pungrai
1. 중국 동해안 일대 유적(遺蹟) 분포도(分布圖)

13. 중국China의 유적遺蹟과 유물遺物

2. 봉래만(蓬萊灣)
3. 봉래성(蓬萊城)
4~5. 봉래수성(蓬萊水城)
6~7. 봉래(蓬萊) 고려선(高麗船)과 고려토기(高麗土器)
8. 봉래(蓬萊) 분청사기(粉靑沙器)
9. 등주(登州) 신라관(新羅館) 복원(復元)

22) 영성榮成, Rongcheng

영성은 산동성(山東省) 산동반도(山東半島)의 최동단(最東端) 황해(黃海)에 면한 항구 도시이다. 시황제(始皇帝) 성두진(成山頭)에 제사를 지냈으며, 서복(徐福)이 출항한 곳이다.

장보고가 건립한 적산법화원(赤山法華院)은 영성시(榮成市) 문등현(文登縣) 적산촌(赤山村) 적산(赤山) 산록에 있다. 법화원은 북쪽으로는 적산이 우뚝 솟아 진산을 이루고 서남쪽은 낮은 산이 병풍처럼 둘러져 있으며 동쪽은 활짝 열려 바로 아래 산동반도 제일의 어항인 석도만이 조망되는 곳에 축조되었다. 법화원(法華院)에는 법당과 장경각, 승방, 니방, 객사, 식당, 창고 등이 있었으며 상주하는 승려가 30여 명이 되며, 연간 500석을 추수하는 장전(莊田)을 가지고 있었다. 이 지역 신라인의 정신적인 중심지로서 법회 때에는 한꺼번에 250여 명이 참석했던 적도 있었다. 이처럼 장보고의 세력이 중국 동해안의 신라인 사회에도 큰 영향력을 끼치고 있었다.

장보고 무역 선단이 이용하였던 항로는 산동반도(山東半島)의 문등현 적산포에서 정동(正東)으로 서해를 횡단하면 신라의 서해안인 경기만 근해에 이르게 된다. 여기에서 뱃머리를 동남 방향으로 잡고 서해의 연안을 따라서 항해를 하여 남하하여 목포 근해에 이르면 방향을 동으로 잡아 진도(珍島)의 물길로 들어선다. 진도의 울돌목을 지나면 완도(莞島) 물길로 들어서게 된다. 완도에 다다르면 탐진(耽津), 강진(康津)으로 들어가는 강줄기를 타고 장보고의 무역 기지인 청해진(淸海鎭)으로 들어간다.

청주병마사 오자진(吳子陳)이 신문왕의 즉위시 사절로서 수행원 30여 명과 법화원을 방문하고 신라로 출항한 곳이 적산포였다.

일본의 입당구법승(入唐求法僧)인 엔닌(圓仁 794-864년)은 838년 일본 큐슈(九州) 하카타(博多)를 출발하여 9년간(838-847) 당에 머물면서 그동안의 행적을 일기인 『입당구법순례행기入唐求法巡禮行記』를 기술하였다. 당으로 유학을 떠나기 시작한 때부터 하카타(博多)에 도착할 때까지 여정을 소상하게 기록하였다. 엔닌(圓仁)의 일기에 의하면, 장보고의 무역 선단을 인솔하고 온 청해진(淸海鎭) 병마사(兵馬使) 최훈(崔薰)이 적산포에서 양주(揚州), 유산포(乳山浦)로 왕래하였다. 그래서 장보고 선단은 산동반도(山東半島)의 적산포(赤山浦)를 근거지로 하여 단산포(旦山浦), 양주(揚州), 연수(漣水), 유산포(乳山浦), 회남(淮南) 등과 그 외의 여러 곳을 활동 무대로 하였다는 것을 알 수 있다. 847년 9월 2일 정오 엔닌(圓仁) 일행은 신라인 김진의 배를 타고 산동의 적산포를 출발하여 귀국 행로에 올랐다. 남해안을 돌고 큐슈(九州)를 거쳐 9월 17일

출발지였던 하카다만(博多灣)에 도착했다. 9년 3개월 만의 귀향이었다. 그의 일기는 총 4권이 있으며, 당의 풍습과 관습, 문화 등 많은 사실적인 기록들이 들어가 있다. 특히 2권에서 그는 해상왕 장보고의 통치 아래 있던 중국 내 신라방에서 베풀어진 배려가 아니었으면, 귀국하기 어려웠다고 기록하고 있다.

엔닌이 소속되었던 엔랴쿠사(延曆寺)에는 장보고 기념비와 당시의 유물들이 많이 남아 있고, 적산법화원에서 오랫동안 신세를 졌기 때문에 귀국 후, 쿄토시 북동부의 히에이산(比叡山)에 엔랴쿠사(延曆寺)의 별원으로 세키잔원(赤山禪院)을 세웠다.

참고문헌

(재)해상왕장보고기념사업회, 2004, 『해상왕 장보고유적 유물 도록』, (재)해상왕장보고기념사업회.

그림 Ⅳ-45. 중국(中國)China 영성(榮成)Rongcheng

1. 영성(榮成) 적산포(赤山浦)와 법화원(法華院) 위치(位置)
2. 법화원(法華院)과 적산포(赤山浦)
3~4. 적산포(赤山浦)

5~7. 법화원(法華院)
8. 장보고상(張保皐像)

23) 장사요 長沙窯, Changsha kiln

장사요는 호남성(湖南省) 장사시(長沙市) 망성구(望城區) 동관진(銅官鎭)의 석저호(石渚湖) 양안에 분포하는 요(窯)이다. 1956년 이래의 조사와 발굴을 통하여 장사요는 북으로 망성현(望城縣) 동관진(銅官鎭)에서 상강(湘江) 동쪽 기슭의 십리하(十里河)를 따라 남으로 석저호(石渚湖) 일대까지 19개소에 분포하는 것이 확인되었다. 망성 동관진에서 석저호까지 5km의 지역은 크게 3개 요지로 구분된다. 즉 동관진요구(銅官鎭窯區), 고성요구(古城窯區), 석저요구(石渚窯區)이다.

2011년 고성요구(古城窯區)의 진가산(陳家山)산록에 위치하는 진가평요지(陳家坪窯址)에서 조사된 Y77요지는 길이 35m, 폭 23m, 80도의 경사를 가진 용요(龍窯)이다. Y77요에서는 대량의 만당(晩唐) 오대(五代)의 장사요 자기편과 갑발이 출토되었다.

석저호(石渚湖) 북안에 위치하는 석저평(石渚坪)광장에서 3기의 공방지가 발굴조사되었다. 다수의 장사요 자기가 출토되었으며, 시기는 만당(晩唐) 오대(五代)로 밝혀졌다.

장사시(長沙市)를 관류하는 상강(湘江)은 북으로 동정호(洞庭湖)와 장강(長江)으로 이어지는 곳으로 수상교통이 편리하고 수자원이 풍부하며 수목이 우거져 땔감이 풍부하다. 또한 주변에 다량의 자토(瓷土)가 분포하고 있으며, 용요(龍窯)를 설치하기에 적합한 지형조건을 갖추고 있어 많은 요가 운영되었다. 장사요 도자는 석저호(石渚湖)에서 상강(湘江)을 따라가면 동정호(洞庭湖)에 달하고 그곳에서 장강(長江)으로 나아가면 양주(揚州)와 명주(明州)와 같은 국제무역항에 도착하여 일본에서 이집트에 걸친 유라시아 전역으로 수출되었다.

장사요 도자기의 생산은 안사의 난(安史之亂) 이후인 8세기 중반에 시작되었는데, 당시 북부의 대규모 인구가 남방으로 이주하면서 풍부한 기술을 갖춘 도공들이 이 지역에 정착하였다. 장사요는 9세기경부터 월주요(越州窯) 청자 양식 위에 산화철(酸化鉄)과 산화동(酸化銅)을 안료로 사용하여 차(茶)와 녹색(緑色)의 유하채회(釉下彩繪)한 생동감 있는 문양을 시문한은 독특한 장식을 개발하여 다량으로 번조(燔造)하였다. 형조(型造)한 첩부장식(貼附裝飾)이 있는 것과 옅은 황색(黃色)의 청자유(青磁釉)가 시유되어 소성된 것도 특징이다. 기종(器種)에는 완(盌)·접시(皿)·호(壺)외에 주구(注口)와 파수(把手)를 가진 주자(注子)가 특징이다.

장사요 자기는 대부분 바깥쪽에는 문양이 없고, 내면에 반원형의 갈반문(褐斑點)을 구연부에 배치하고 그 중앙에 갈색이나 녹색 문양을 그려넣은 독특한 의장을 지니고 있어, 이른바 채화자기라고 한다. 문양은 구름, 봉황, 새, 물고기, 인물, 글자 등 다양하다. 이슬람의 종

IV. 유라시아歐亞 해로海路의 유적遺蹟과 유물遺物

려나뭇잎, 마름모 문양 기호, 문자 등은 당시 중동에서 성행했던 양식과 완전히 일치한다. 이는 당 문화의 포용성과 세계성을 잘 반영하고 있다.

주자(注子)는 짧은 입과 목, 풍만한 복부, 작은 손잡이, 넓은 바닥을 가진 형태이다. 손잡이와 귀에 두 줄의 홈이 파여져 있다. 청갈색 유약이 입혀져 있으며 파수와 양쪽 고리 밑에 호인(胡人)과 같은 첩화인물문이 장식되고 적갈색의 유약이 주변에 덮여있는 것이 특징이다.

인도네시아 벨리퉁 침몰선의 중국 도자기 60,000여 점 중 96%(57,500여 점)는 장사요(長沙窯) 자기이다. 이 많은 자기는 9세기 장사요의 품질, 기술, 다양성, 당시 소비지별 패턴 등을 파악하게 해준다. 그릇에 장식된 아라비아 문자, 열대지역 대추나무, 물소, 코끼리 등 서아시아와 페르시아풍 그림은 장사요 자기의 국제성을 고스란히 담고 있다.

이집트의 퓨스타트유적과 일본의 코로칸유적 등 유라시아 전역에서 장사요 자기가 출토된 것으로 보아, 국제무역에서도 활발히 거래되었다는 것을 알 수있다.

장사요는 9세기경에 절정기를 이루다가 10세기경 양주(揚州)에서 발생한 내란의 영향으로 쇠퇴되었다.

참고문헌

中國上海人民美術出版社, 1982, 『中國陶瓷全集8 長沙銅官窯』, 美乃美.

周世榮 周聰(著) 福田伸男(譯), 2004, 『長沙窯瓷』(中國名窯名瓷シリーズ5), 二玄社.

國家文物國, 2011, 「湖南長沙銅官址」, 『中國重要考古發現』, 文物出版社.

국립해양문화재연구소, 2018, 『바다의 비밀 9세기 아랍 난파선』, (한국싱가포르국제교류전), 국립해양문화재연구소.

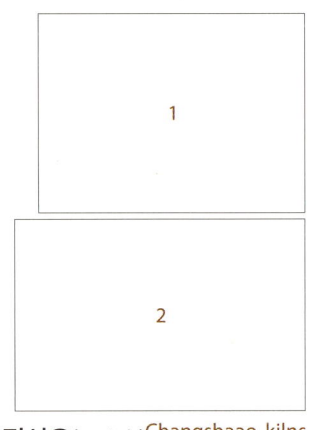

그림 IV-46. 중국(中國)China 장사요(長沙窯)Changshaao kilns
1. 장사요(長沙窯) 위치(位置)
2. 장사요(長沙窯) 요지(窯址) 발굴 전경

長江

洞庭湖

岳陽

常德

湘江

益陽

長沙窯
石渚湖

長沙

0 14 28km

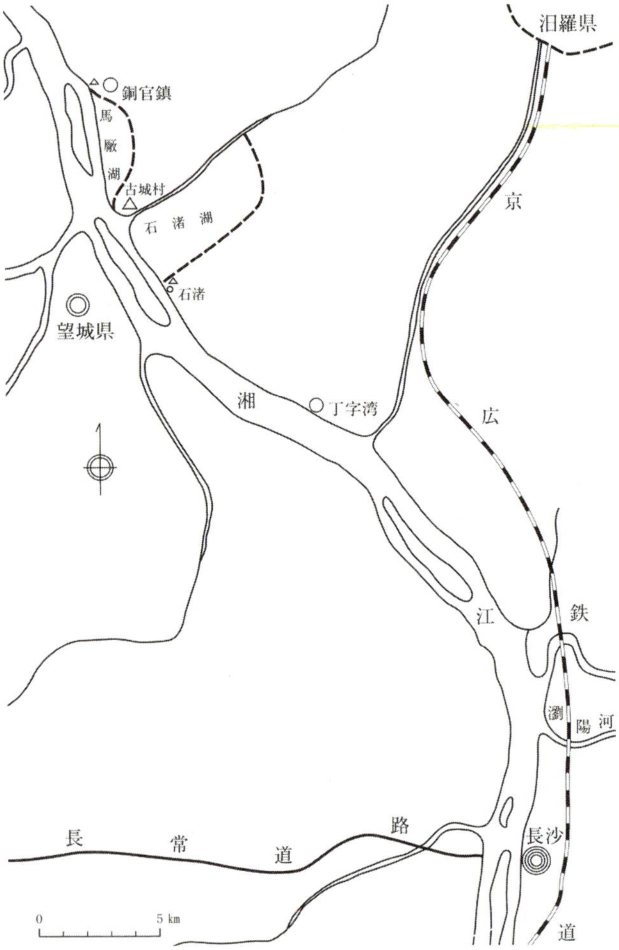

IV. 유라시아歐亞 해로海路의 유적遺蹟과 유물遺物

3. 장사요(長沙窯) 위치(位置)
4~6. 장사요(長沙窯) 요지(窯址) 주자(注子)
7~8. 인도네시아(Indonesia) 벨리퉁침몰선(Belitung shipreck) 장사요(長沙窯) 완(盌)
9. 장사요(長沙窯) 요지(窯址)
10. 장사요(長沙窯) 요지(窯址) 도자기(陶磁器) 출토상태(出土狀態)

Ⅳ. 유라시아歐亞 해로海路의 유적遺蹟과 유물遺物

11. 벨리퉁(Belitung) 장사요(長沙窯) 주자(注子)
12. 장사요(長沙窯) 주자(注子)

24) 정지사탑靜志寺塔, Jingzhi pagodas

정지사탑은 하북성(河北省) 정주시(定州市)에 위치하며 1969년에 진신사리탑지궁(真身舍利塔地宮)이 조사되었다. 정지사탑 지궁(地宮)은 평면이 정방형에 가까운 방형으로 전돌을 쌓아서 만들었으며, 천장은 복두형(伏斗形)이다. 천장 정부는 구멍이 나 있으며, 그 위에는 돌로 만든 지붕 모양의 뚜껑이 덮여 있었다. 지궁의 사방 벽에는 모두 벽화가 그려져 있었고, 지궁의 문은 전(塼)을 아치형으로 쌓아서 만들었으며 지궁의 남쪽면에 위치해 있었다. 문 좌우의 남쪽벽에는 각각 갑옷을 입은 천왕상이 1구씩 배치되어 있었다.

지궁의 벽화는 남벽(南壁)의 천왕상도(天王像圖), 북벽(北壁)의 사리예경도(舍利禮敬圖), 동벽(東壁)의 범천도(梵天圖), 남벽(西壁)의 제석천도(帝釋天圖) 등이며, 공양자들의 이름과 북송 태평흥국(太平興國)2년(977) 5월이라는 제작연대가 묵서로 쓰여 있다. 북벽 중앙에 그려진 "釋迦牟尼佛眞身舍利(석가모니불진신사리)"라는 명문은 10대 제자와 범천, 제석천이 공양하는 석가열반경 변상도의 변형으로 볼 수 있다.

정지사탑 지궁에는 개원통보와 주원통보를 비롯한 각종 동전들을 바닥에 깔았다. 북벽 중앙에 놓인 방형의 대리석제 대석함(大石函)에 탑의 중심이 되는 진신사리를 봉안하였으며, 그 앞에는 나무로 만든 탁자가 놓여 있었다. 탁자 위에는 향로를 비롯한 여러 가지 공양구들이 놓여 있었다. 석함과 탁자 주위에는 소석함(小石函)과 그 뚜껑, 그리고 당대중장기(唐代重葬記)가 쓰여 있는 석함뚜껑, 당대 석관(石棺) 2기 및 그 뚜껑들이 놓여 있었으며, 석함과 석관 사이의 공간에서는 다수의 도자기들이 출토되었다. 뚜껑에 수대(隋代) 606년의 명문이 새겨진 중앙의 대석함 위에는 사리의 중장(重葬)에 관한 송대의 지석(誌石)이 놓여 있었고, 맨 위에는 석조상(石造像) 3점과 목조상(木造像) 2점, 나무로 만든 연꽃가지 등이 놓여 있었다. 석함 내부에서는 금관(金棺) 3점, 금동제 천왕상 1점, 금동제 역사상 1점, 17 은탑 4개, 은향로 및 각종 공양구 등이 발견되었다.

석함 내부와 지궁 내에서 출토된 수많은 유물의 출토 상황과 수량은 자세하게 알려지지 않았지만, 출토 유물의 대부분은 동제불상(銅製彫像) 20여 점, 목제불상(木製彫像) 4점을 비롯한 불교조각과 금은기(金銀器) 60여 점, 동경(銅鏡) 10여 점, 이슬람(Islam) 유리기(琉璃器) 등 37점, 도자기 120여 점 등의 공예품이다.

정지사 지궁(靜志寺地宮)은 북송(北宋) 태평흥국(太平興國)2년(977)에 조영되었으나 전 시기인 북위흥안(北魏興安)2년(453), 수대업(隋大業)2년(606), 당대중(唐大中)12년(858), 용기원년

(龍起元年)(889)의 기년명(紀年)명 석함(石函)과 이에 동반하는 납입물(納入物)이 재매납(再埋納)되었다.

　　북위(北魏) 유물(遺物)은 사리함(舍利函)·금동불(金銅佛)·용수동초두(龍首銅鐎斗)·동법륜(銅法輪)·전화(錢貨)가 있다. 용수동초두(龍首銅鐎斗)는 신라(新羅), 백제(百濟)에서 출토 예가 있다. 운강석굴(雲崗石窟)에 보이는 팔메트문양을 시문하고 있다.

　　수대업(隋大業)2년(606)유물은 사리용기(舍利容器)·병향로(柄香炉)·동완(銅鋺)이 있다. 일본 호류사헌납보물(法隆寺獻納寶物)과 유사하다.

　　정지사 지궁(地宮)에서 출토된 이슬람(Islam) 유리기(琉璃器)는 절자문병(切子文甁) 1, 병(甁) 1, 소병(小甁) 1, 통형배(筒形杯) 2, 세경병(細頸甁) 등이며 다양한 기종과 다수가 매납된 점이 특징이다. 유리기는 수대에 제작된 납유리호(鑞琉璃壺)와 송대에 제작된 표형병(瓢形甁), 포도방(葡萄房) 등이 있으나, 세경병(細頸甁), 절자호(切子壺), 통형배(筒形杯)와 같은 기종은 이슬람 유리기이다. 이 유리기는 송대에 해로를 통하여 이입된 것으로 보인다.

　　정주요(定州窯)의 백자(白磁)도 최고급품으로 구성되어있다.

　　불사리 자체의 성물(聖物)로서의 속성은 여러 시대에 걸쳐 존숭되었기 때문에 불사리의 재매납은 중국 및 동아시아의 불교문화에서는 종종 볼 수 있다. 그러나 정지사탑 출토품과 같이 역대의 재매납 과정을 자세히 검토할 수 있는 명문자료와 공반 유물이 함께 발견되는 것은 매우 드물다는 점에서, 정지사탑 출토 사리장엄구는 매우 중요한 의의를 가진다.

참고문헌

定縣博物館, 1972, 「河北定縣發現兩座宋代塔基」, 『文物』8, 文物出版社.

NHK大阪放送局1992, 『中國の金銀ガラス展』, 大阪, NHK大阪放送局.

出光博物館, 1997, 『地下宮殿遺寶-中國河北定州北宋代塔出土文物展-』, 出光博物館.

河北省文物局(編), 2003, 『定州文物藏珍-河北文物精華之三』, 岭南美術出版社.

周炅美, 2003, 『중국 고대 불사리장엄 연구』, 일지사.

周炅美, 2009, 「宋代 靜志寺塔 地宮의 佛舍利 再埋納과 莊嚴方式 硏究」, 『美術史學』23. 한국미술사교육학회.

桃崎祐輔, 2020, 「定州靜志寺地宮遺物の再檢討-北魏復佛·隋文帝造塔時遺物の分離作業-」, 『第74回 東洋史研究會福岡大學』.

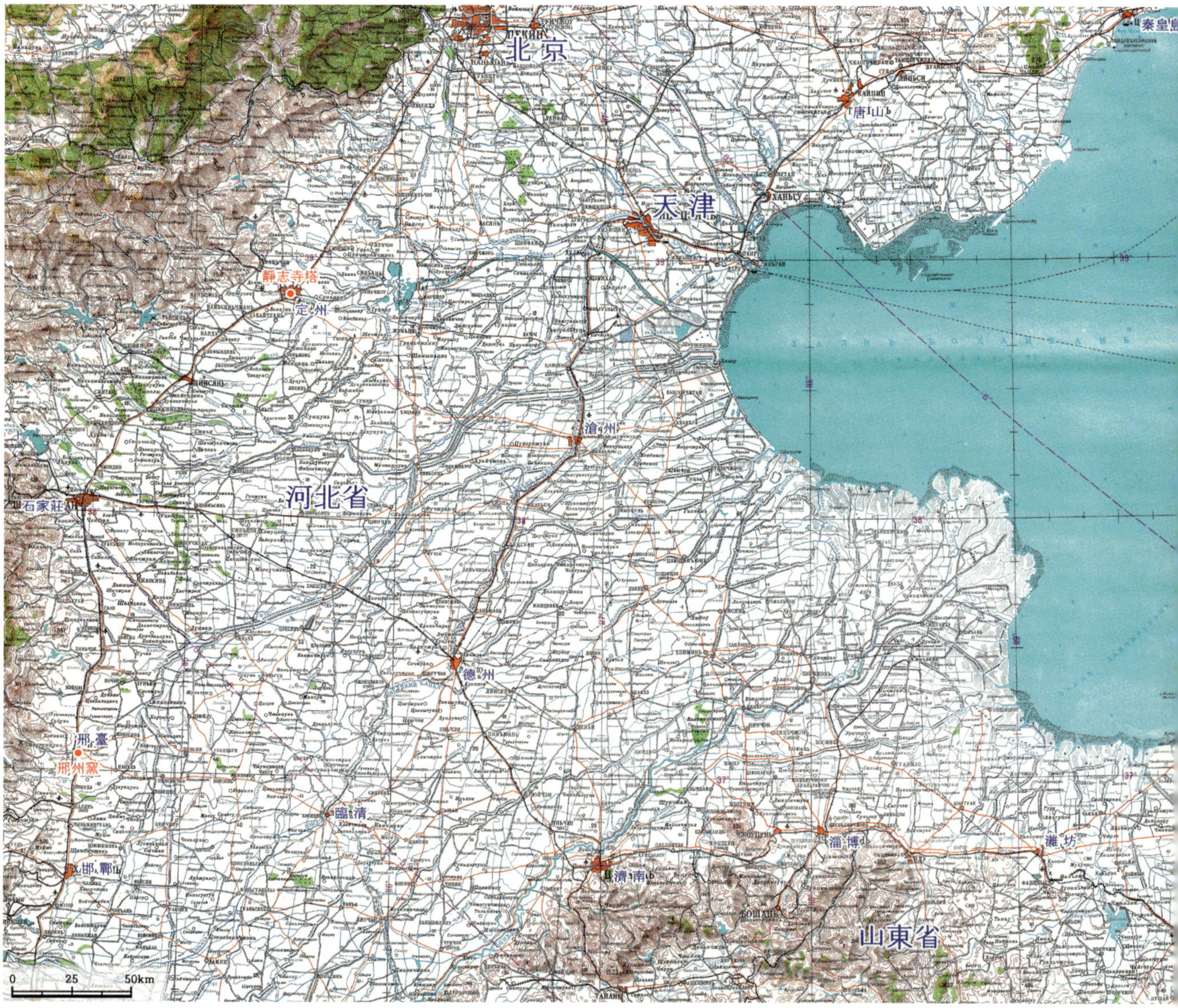

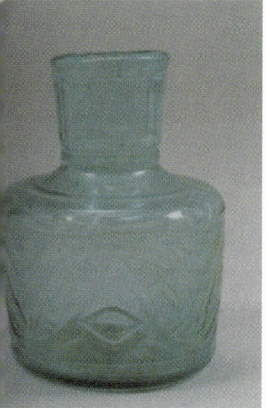

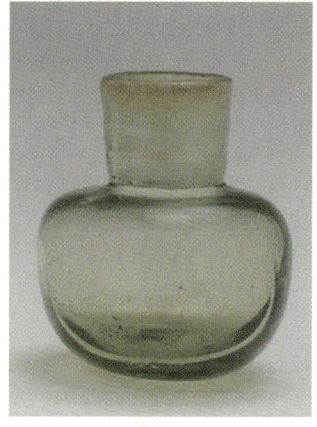

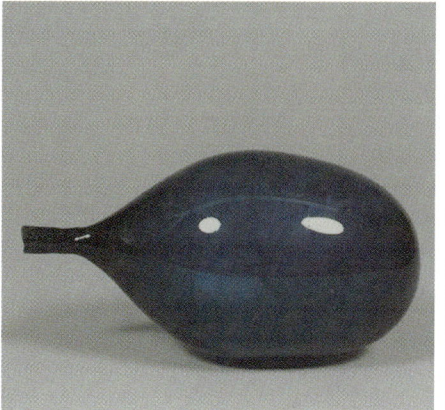

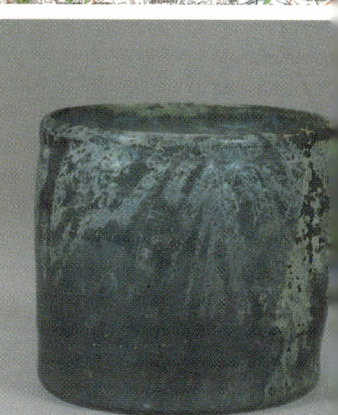

그림 Ⅳ–47. 중국(中國)China 정지사탑(靜志寺塔)Jingzhi pagodas

1. 정지사탑(靜志寺塔), 형주요(邢州窯) 위치(位置)
2. 이슬람(Islam) 유리기(琉璃器)

1

2

Ⅳ. 유라시아歐亞 해로海路의 유적遺蹟과 유물遺物

3. 이슬람(Islam) 유리기(琉璃器)
4. 이슬람(Islam) 유리기(琉璃器)
5. 북위(北魏) 초두(鐎斗)

3	4
5	

25) 형주요邢州窯, Xingzhouyao

형주요는 하북성(河北省) 남부의 형대시(邢臺市)의 내구현(內邱縣)에 위치하는 당대(唐代)의 백자요지이다.

1980년 8월, 내구현 북쪽의 임성현(臨城縣) 강두촌(岡頭村) 등에서 당대의 요지(窯址)가 발견되어 백자편과 갑발(匣鉢) 등이 출토되었다. 옥벽저(玉壁底)의 완(盌)이 가장 많으며 주자(注子), 호(壺) 등이 있다.

당 이조(李肇)의 『국사보國史補』에는 내구(內邱)의 형주요 완과 단계(端溪) 자석연(紫石硯)이 천하에 통용되었다고 되어있다. 또 육우『다경茶經』(760경)에는 형주의 백자를 월주의 청자와 비교해서, 구름의 흰색과 은(銀)의 질감에 비유하고 있다.

형주요에서는 백색 소지(素地)에 투명유(透明釉)을 시유하여, 고화도(高火度)로 소성하는 기술을 사용하여 아름다운 백자(白磁)를 만들었다. 형주요(邢州窯)의 백자(白磁)는 성당기(盛唐期)에 성렬(成熟)하였다.

기종은 사이호(四耳壺), 원호(圓壺), 용이병(龍耳瓶), 봉수병(鳳首瓶), 장경병(長頸瓶) 등과 박산로(博山炉), 옥벽저완(玉壁底盌)과 주자(注子) 등이 있다.

형주요는 8세기부터 한반도, 일본, 동남아시아, 남아시아, 서아시아, 아프리카 등으로 수출되었다. 파키스탄 반보르(Banbhore)유적, 이란 시라프(Siraf)유적, 이라크의 사마라(Samarra), 이집트의 프스타트(Fustat)의 유적에서도 출토되고 있다.

형주요를 비롯한 중국 도자기는 이슬람 유리기와 함께 해상실크로드를 통한 교류를 보여준다.

참고문헌

河北臨城邢瓷研制小組, 1981, 「唐代邢窯遺址調査報告」, 『文物』9, 文物出版社.
楊文山, 1984, 「隋代邢窯遺址的發現和初步分析」, 『文物』12, 文物出版社.
內邱縣文物保管所, 1987, 「河北省內邱縣邢窯調査簡報」, 『文物』9, 文物出版社.
한국사전연구사편집부, 1998, 「형주요[邢州窯, Xingzhouyao]」, 『미술대사전(용어편)』, 한국사전연구사편집부.

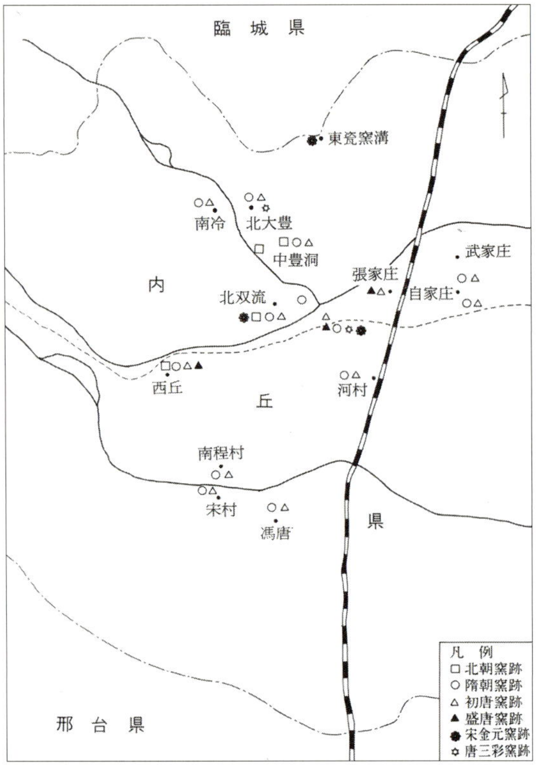

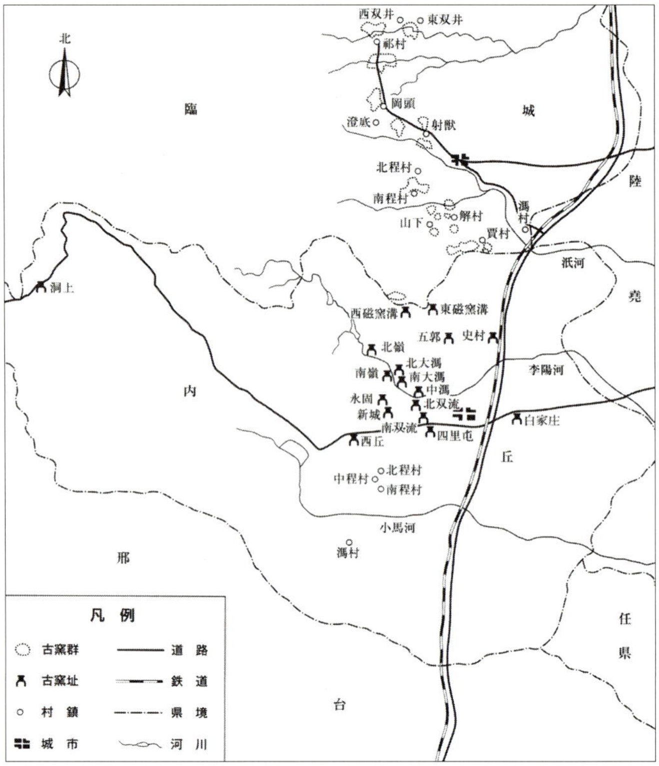

그림 Ⅳ-48. 중국(中國) China 형주요(邢州窯) Xingzhouyao kilns

1~2. 형주요(邢州窯) 위치(位置)
3. 형주요(邢州窯) 주자(注子)
4. 형주요(邢州窯) 완(盌)
5. 형주요(邢州窯) 타호(唾壺)
6. 형주요(邢州窯) 완(盌)

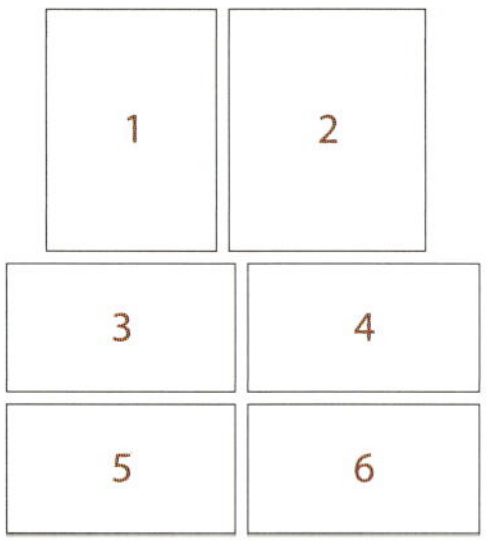

14. 한국韓國, Korea의 유적遺蹟과 유물遺物

1) 낙랑고분군樂浪古墳群, Nangnang Tombs

낙랑고분군은 평양시 대동강 남안의 낙랑군 치지로 비정되고 있는 토성의 동쪽과 남쪽의 구릉상에 분포한다.

일제강점기이래 조사가 실시되어 고분 260여 기가 발굴되었다. 토성의 동남쪽에 위치하는 정백리고분군에서 주목되는 것은 3호분과 37호분이다. 3호분은 소형 목곽을 나란히 설치한 부부합장묘이며, 유물은 인장(印章), 칠이배(漆耳杯), 옥(玉), 세형동모를 비롯한 무기 등이 출토되었다. 37호분도 부부합장묘이며, 부장품은 지절(地節)4년 2월(BC 66년)명 칠기, 은제사자문대장식구, 옥(玉), 무기 등이 출토되었다. 138호분에서는 홍옥수제 다면옥, 호마노제 관옥, 누금소환연접구체주(鏤金小環連接球體珠)가 출토되었다.

3호분의 홍옥수(紅玉髓)제와 37호분의 남색유리제 사자형수식은 중국 남방에서만 발견되어 해상 실크로드를 통하여 산동반도를 거쳐 낙랑으로 이입되었다고 보고 있다. 이 고분군에서 발견된 홍옥수(紅玉髓)제 사자형 수식은 동일한 형식이 중국 합포(合浦) 풍문령(風門岭) M26호한묘 등에서 출토되어 해로를 경유하여 이입된 것이 확인되었다.

138호분에서는 인도의 파타남(Pattanam)유적, 베트남 옥에오(Oc Eo)유적, 중국 합포(合浦) 한대묘의 부장품과 같은 조합의 홍옥수제 다면옥, 호마노제 관옥, 누금소환연접구체주(鏤金小環連接球體珠)가 출토되어 매우 주목된다.

낙랑고분에는 정백리127호분인 왕광묘(王光墓)를 비롯하여 다수의 고분에 대모(玳瑁)제품이 부장된 것이 확인된다. 그런데 왕광묘에서는 방격규구사신경(方格規矩四神鏡)이 2점 부장되었는데 그 가운데 1점에는 태산작(泰山作)이라는 명문이 있어 산동(山東)지역에서 제작된 것이 확인되었다. 이는 합포(合浦)에서 산동반도를 경유하여 남해산과 인도, 동남아시아 문물이 이입된 것을 시사한다.

토성의 남쪽에 위치하는 석암리9호분, 219호분의 금동제와 은제 행엽은 동물문양으로 장식한 것으로 몽골 골모드(Golmod) 흉노고분 출토품과 흡사하다. 이는 고조선이 흉노와 밀접한 관계에 있었으며, 군현(郡縣) 성립 이후에도 초원로를 통한 교류가 일정 부분 지속된 것을 알 수 있다.

한(漢)은 조선을 외신국(外臣國)으로 삼아 동이지역을 간접 경영하고자 하였다. 그러나 조선은 외신의 위치를 지키지 않았다. 위만조선의 역대 왕들은 중국에 친조(親朝)하지 않았음은 물론, 진번(眞番)을 비롯한 주변의 국가들이 중국과 교통하는 것을 차단하였다. 당시, 한(漢)의 주적은 중국 동북 변경(邊境) 지역으로부터 서북 변경 일대에 걸쳐 자리잡고 있던 흉노(匈奴)세력이었다. 조선은 중국인에게 '흉노의 왼팔(左臂)'이라고 인식될 만큼 흉노에 밀착되어 있었다. 반면, 중국에 대해서는 반목하는 외교적 입장을 취하고 있었다.

BC 109년 한(漢) 무제(武帝)는 수륙양군을 동원해 조선을 공격하였다. 1년 동안의 전쟁 결과 조선이 멸망하고 그 지역에는 낙랑군을 비롯한 진번(眞番)·임둔(臨屯)·현도군(玄菟郡)이 설치되었다.

낙랑군은 고조선의 기반 위에 설치된 한(漢)의 군현(郡縣)으로 BC 108년부터 313년까지 420여년간 한반도 서북지방에 존속하였다. 이 고분군은 1호분에서 세형동검과 부조예군(夫租薉君)의 인장이 부장되고, 그 외 고분에서도 고조선계의 화분형토기와 청동기가 부장된 것에서 낙랑에는 토착세력이 한인(漢人)과 혼재하여 존재한 것으로 보인다. 즉 낙랑군은 한의 일반 군현과는 달리 한(漢)이 이식한 군현체제와 토착민의 국읍체제(國邑體制)가 혼합된 형태였다. 국읍(國邑)에는 거수(渠首)로 불리는 토착민 집단의 군장(君長)이 있었다.

낙랑군 설치 이전 BC 111년 한(漢) 무제(武帝)는 남월국(南越國)을 멸망시킨 뒤 남해군(南海郡), 창오군(蒼梧郡), 울림군(鬱林郡), 합포군(合浦郡), 주애군(珠崖郡), 담이군(儋耳郡), 교지군(交趾郡), 구진군(九眞郡), 일남군(日南郡)의 9군(郡)을 설치하였다. 이는 남월이 독점하던 해상 실크로드를 통한 무역을 차지하고, 남해군(南海郡)에서 출발하여 일남군(日南郡)까지 이어지는 연안 항로의 안전을 확보하기 위함이다.

그런데 한이 남월을 멸망시킨 직후 조선을 공략한 것은 사료에 제시된 바와 같이, 조선이 진번(眞番)을 비롯한 주변의 국가들이 한(漢)과 교통하는 것을 차단하고, 흉노(匈奴)세력과 통교한 점이 중요하다. 즉 한이 조선을 공략한 것은 남월과 같이 조선이 독점하던 삼한(三韓), 예(濊), 왜(倭)와의 무역을 차지하려는 의도에 의한 것으로 볼 수 있다.

낙랑은 남부지방의 삼한사회에 많은 영향을 미쳤다. 이는 BC 1세기에 한반도가 낙랑을 매개로 인도, 동남아시아, 북방세계와 연결된 것에서도 잘 알 수 있다. 또한 낙랑고분 명문 칠기의 제작지의 대부분이 사천(四川) 지역인 점에서 앞으로 서남 실크로드와의 관계도 주목된다.

참고문헌

朝鮮總督府, 1927, 『樂浪浪郡時代の遺蹟』, 朝鮮總督府.

大場恒吉·榧本龜次郞(編), 1934, 『樂浪彩篋塚』, (古蹟調査報告第1), 朝鮮古蹟硏究會.

大場恒吉·榧本龜次郞(編), 1935, 『樂浪王光墓』, (古蹟調査報告第2), 朝鮮古蹟硏究會.

梅原末治·藤田亮策, 1958, 『朝鮮古文化綜鑑』2, 養德社.

梅原末治·藤田亮策, 1959, 『朝鮮古文化綜鑑』3, 養德社.

小場恒吉·小泉顯夫(著), 榧本杜人(編), 1974, 『樂浪漢墓』1, 樂浪漢墓刊行會.

小場恒吉·小泉顯夫(著), 榧本杜人(編), 1975, 『樂浪漢墓』2, 樂浪漢墓刊行會.

조선유적유물도감편찬위원회, 1989, 『조선유적유물도감-고조선, 부여, 진국편』, 조선유적유물도감편찬위원회

國立中央博物館, 2001, 『낙랑樂浪』, 國立中央博物館.

한국학중앙연구원, 2017, 「낙랑군[樂浪郡]」『한국민족문화대백과』, 한국학중앙연구원.

國立中央博物館, 2018, 『平壤 石巖里 9號墳』, (日帝强占期資料調査報告30輯), 國立中央博物館.

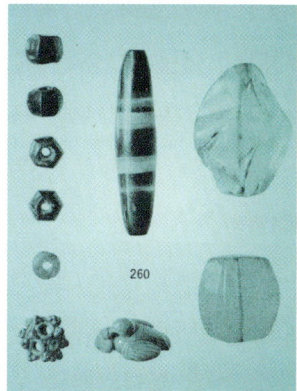

그림 Ⅳ-49. 한국(韓國)Korea 낙랑고분군(樂浪古墳群) Nangnang Tombs

1. 평양(平壤) 낙랑(樂浪)고분군 위치(位置)
2. 낙랑(樂浪)고분 분포도(分布圖)
3. 낙랑(樂浪)토성(土城)과 고분(古墳)
4. 정백리(貞柏里) 왕광묘(王光墓) 평면도(平面圖)
5. 정백리(貞柏里)219호분 은제(銀製) 동물문(動物文) 행엽(杏葉)
6. 정백리(貞柏里)219호분 마노(瑪瑙) 수정주(水晶珠)
7. 정백리(貞柏里)138호분 마노(瑪瑙) 수정주(水晶珠), 누금소환연접구체주(鏤金小環連接球體珠)
8. 정백리(貞柏里)3호분 대모(玳瑁) 홍옥수(紅玉髓) 장신구(裝身具)

2) 흑산도 黑山島, Huksando Island

흑산도는 전라남도 신안군 흑산면에 속하는 섬으로 대흑산도(大黑山島)를 주도로 하여 홍도(紅島)·대둔도(大芚島)·영산도(永山島)·다물도(多物島) 등으로 구성되어 있다. 면적은 17.75km², 해안선 길이 41.8km이다. 흑산도는 섬 서쪽에 깃대봉(378m), 북쪽에 상라산(227m), 남쪽에 선유봉(300m)을 비롯하여 섬 전체가 산지를 이루고 있다.

흑산도는 1999년 목포대 도서문화연구소, 2002년 목포대학교박물관에 의해 지표조사가 실시되었다. 이후 2009년 목포대학교박물관의 시굴조사로 인해 무심사지의 존재가 확인된 이후 2015-2016년 두 차례에 걸쳐 전라남도문화재단 전남문화재연구소에 의해 무심사지가 발굴조사되었다. 또한 2014년 전남문화재연구원에 의해 흑산도 관사지가 발굴조사되었다.

흑산도는 통일신라 및 고려시대에 한·중항로의 주요 거점지로서 기능하였던 것으로 보인다. 한·중항로는 삼국시대까지는 연안항로가 중심을 이루었다. 통일신라 이후 연안항로는 물론 다양한 횡·사단항로가 개발되어 한·중간의 문물교류가 크게 활성화되었다.

황해 횡·사단항로가 활성화됨에 따라 서해와 남해를 이어주는 국내 해상교통의 요충에 위치한 서남해지역은 통일신라 및 고려시대에 각광을 받기 시작하였다. 국내 해상교통의 요지였을 뿐 아니라 서남해지역-흑산도-중국으로 이어지는 이른바 흑산도항로의 발착지점으로도 중시되었다. 장보고 선단은 흑산도항로의 활성화에 크게 기여하였다.

『택리지擇里志』에는 흑산도 항로가 구체적으로 나와 있는데, 그것은 영암 구림-흑산도-홍도-가거도-영파의 항로이다. 흑산도 항로는 다시 2개의 항로로 나누어 볼 수 있으니, 흑산도에서 영파로 이어지는 항로와 흑산도에서 산동반도로 이어지는 항로가 그것이다.

특히 흑산도 안에서도 북측 연안에 위치한 읍동마을이 주목된다. 이곳이 흑산도항로의 핵심적 거점포구였을 것으로 추정된다. 흑산도 북측 연안은 하나의 만이 형성되어 있는데, 서쪽으로부터 옥섬과 외영산도와 내영산도 등이 열을 지어 만을 에워싸고 있다. 그 만의 서쪽에 위치한 읍동마을은 최적의 포구 입지이다. 흑산도의 읍동마을에는 통일신라 및 고려시대의 국제적 거점항이 존재하였을 가능성을 보여주는 다음과 같은 유적이 발견되고 있다.

관사지 추정 유적은 상라산 전망대에서 읍동마을을 향해 뻗어 내려온 동쪽의 끝자락에 형성된 해내지골에 위치하며, 동서 장축 30m 정도의 평탄대지가 형성되어 있다. 발굴조사 결과 이곳에는 건물지 3동, 석축 2개소, 보도시설 1곳, 배수로 등이 있던 것으로 확인되었다.

사지에는 3층 석탑과 석등이 남아있으며, 석탑과 석등은 대개 고려시대나 통일신라시대의 것으로 추정되고 있다. 지표조사 과정에서 수습된 명문기와를 통해 '무심사선원' 이라는 것을 알 수 있게 되었다.

제사지는 해발 226m의 상라산 정상부에 있으며, 철제마 3점을 비롯하여 주름무늬병 및 줄무늬병편, 편병의 구연부편 등 제사관련 유물이 다수 출토되었다.

상라산성은 전체길이 280m의 테뫼식 소형산성으로 상라산의 6부 능선을 따라 남사면에만 만을 반월형으로 성벽을 쌓았고, 바다에 면한 북쪽 능선에는 성벽을 쌓지 않은 대신 100m 이상의 해안절벽이 자연성곽을 이루고 있는 형세이다. 부속시설로는 동문지와 건물지 1개소가 확인되었는데, 건물지는 북쪽 해안과 접하고 있는 능선의 중간쯤에 위치하고 있어, 해로를 감시하기 위한 시설로 보인다. 고려시대에 축조된 것으로 추정된다.

읍동마을에서 관사지와 봉수대와 함께 무심사선원지와 제사지 등이 확인된 것은 매우 중요한 의미를 내포한다. 중국 사신들이 머무는 관사터와 그들의 입경을 알리는 봉수대의 존재가 확인되었다는 것은 읍동마을이 한·중항로 상에서 핵심적인 거점포구로 기능했음을 보여주는 것이라 볼 수 있다. 또한 무심사선원과 제사터가 확인된 것은 사신 일행이나 뱃사람들이 읍동포구에 머무르면서 안전항해를 기원하는 다양한 해양신앙의 의식을 거행했음을 보여준다. 또한 주름무늬병과 줄무늬병, 해무리굽청자 등은 통일신라 후기의 전형적인 유물로서 읍동포구가 통일신라 후기, 즉 장보고시대부터 한·중항로의 중간 해상거점으로 활용되었음을 증언해준다.

서긍(徐兢)의 『고려도경高麗圖經』과 『송사宋史』고려전에는 명주(明州) 정해현(定海縣)을 출항하여 매잠(梅岑)에서 백수양(白水洋), 황수양(黃水洋), 흑수양(黑水洋)을 지나 소흑산도의 협계산, 진도 동쪽의 배도, 흑산도에 도착하여 서해안을 따라 북상하여 나주, 군산, 인천, 강화도를 지나 예성강에서 개경(開京)에 이르는 항로가 기록되어 있다. 서긍 일행은 음력 5월 28일 매잠을 출발하여 3일 뒤인 6월 2일에 협계산에 도착하였고, 3일 후에는 흑산도에 이르렀다. 이와 같이 계절풍을 이용하면 명주에서 5일만에 흑산도에 도달한다. 『속자치통감續資治通鑑』의 고려 사행로에도 명주를 출발하여 4일만에 흑산도에 도착한 것으로 기록되어 있다. 고려 인종 36년(1128) 양응성(梁應誠) 등의 상행길은 5일째에 명주 정해현에 도착하였다. 『송사宋史』고려전에는 정해현(定海縣)을 출항하여 5일만에 흑산도에 도착하고 7일째에는 예성강에 도달한다고 한다.

11-14세기대의 유물로서 녹청자와 상감청자, 송대 동안계요 청자, 고려기와인 어골문 기와편 등이 다수 수습되고 있어 고려시대에 이르러서도 흑산도 항로가 중심이었음을 알 수 있다.

참고문헌

전라남도, 1996, 『한국도서백서』, 전라남도.

목포대 도서문화연구소·신안군, 2000, 『흑산도 상라산성 연구』, 목포대 도서문화연구소·신안군.

윤명철, 2002, 『장보고 시대의 해양활동과 동아지중해』, 학연문화사.

해상왕장보고기념사업회, 2004, 『해상왕 장보고 유적 유물 도록』, 해상왕장보고기념사업회.

전남문화재연구원, 2016, 『신안 흑산도 관사지Ⅱ』, 전남문화재연구원.

강봉룡, 2009, 「고대 한·중 항로와 흑산도」, 『동아시아고대학』20, 동아시아고대학회.

전라남도문화재단 전남문화재연구소, 2018, 『신안 흑산도 무심사지Ⅱ』, 전라남도문화재단 전남문화재연구소.

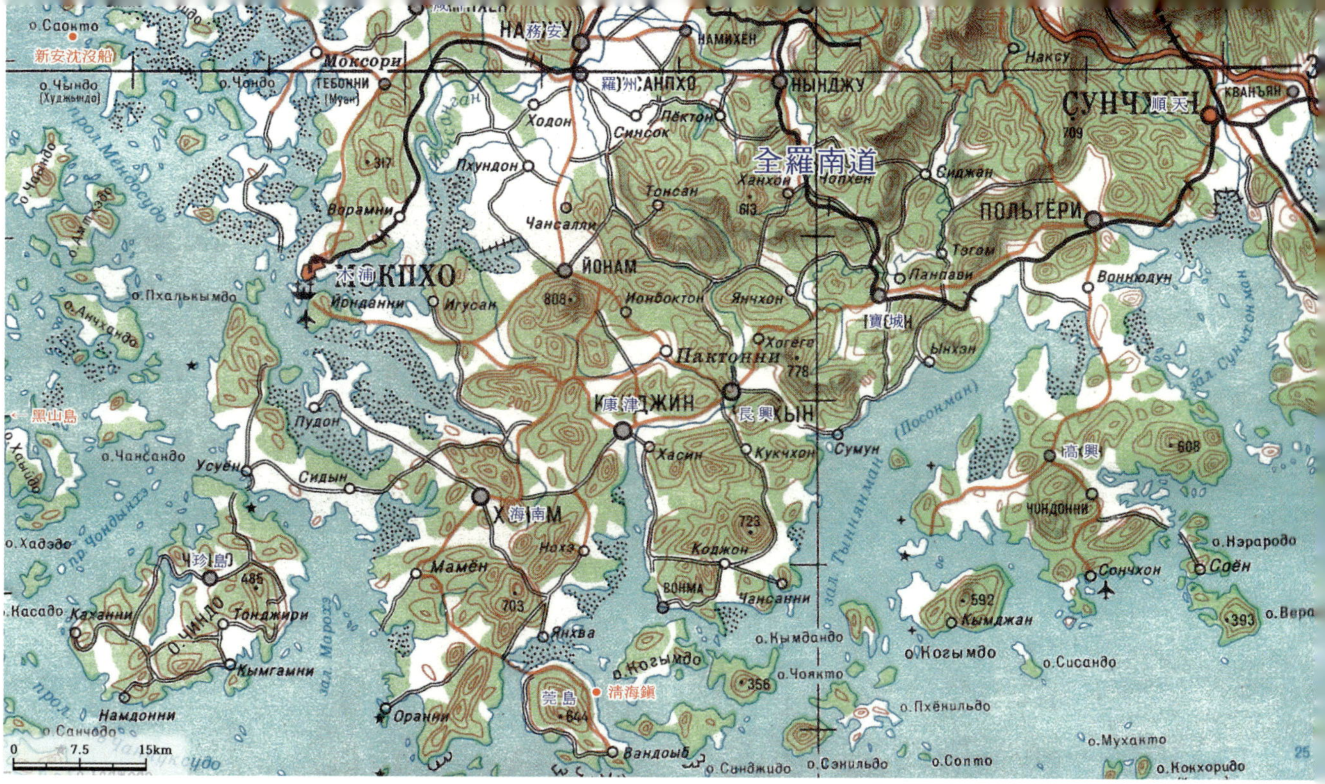

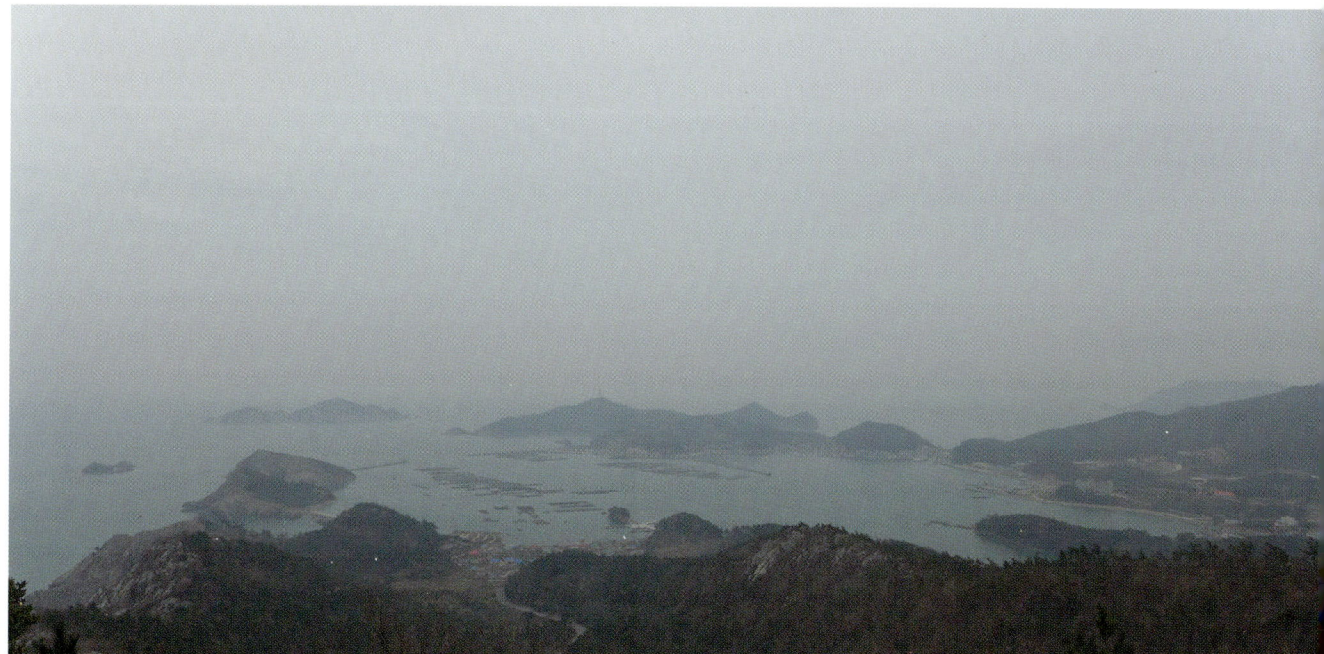

그림 Ⅳ-50. 한국(韓國)Korea 흑산도(黑山島)Huksando Island

1. 흑산도(黑山島), 신안침몰선(新安沈沒船), 청해진(淸海鎭)유적(遺蹟) 위치(位置)
2. 흑산도(黑山島)

1
2

3. 흑산도(黑山島) 상라산성(上羅山城)에서 본 조망(眺望)
4. 흑산도(黑山島)
5. 상라산성(上羅山城) 원경(遠景)
6~7. 흑산도(黑山島) 읍동항(邑東港)

8~10. 흑산도(黑山島)무심사지(無心寺址)

3) 신안침몰선 新安沈沒船, Shinan shipreck

신안침몰선은 전라남도 신안군 증도면 방축리 앞 바다에서 확인되었다. 1976년 봄에 이 해역에서 조업 중이던 어선의 그물에 걸려 수점의 중국 도자기가 인양된 것이 계기가 되어 조사에 착수하게 되었다. 제1·2차의 예비적인 조사에서 약 5,000점의 송·원대 도자기들이 발굴됨으로써 본격적인 발굴계획이 추진되었다.

발굴은 1977년 이래 연차적으로 계속되었다. 1982년부터는 이 유물들을 적재해온 운송선의 잔존 선체에 대한 해체인양이 병행되었다. 다음해 10월에 마지막으로 선저의 용골이 인양되었으며, 1984년 주변 해역에 대한 2차례의 추가 조사가 이루어졌다.

신안선에서 인양된 출수품은 총수는 2만 3,502점(동전 제외)에 달하고 있으며, 그중에서 도자기가 90%를 차지하고 있다. 이 유물들은 수심 20m의 해저에서 인양되었다.

유물은 선체의 내부와 외부에 걸쳐 발견되었다. 선체 내부에 적재된 도자기들은 크기가 70×70×50cm 정도의 목제상자에 수십 개 또는 수백 개씩 정연하게 담겨서 선창에 격납되어 있었다.

목선의 갑판 이상은 이미 완전히 부식되어 그 형태를 잃고 있었다. 조사가 진행됨에 따라 이 목선의 선창은 격벽(隔壁)에 의해 8-9개로 구분되어 있고, 선저(船底)부분에는 막대한 양의 동전과 자단목(紫檀木) 등이 적재되어 있다.

이 침몰선에서 인양된 방대한 양의 물품들은 무역을 목적으로 한 상품들이었다. 목제상자 속에서 발견된 도자기들은 10개 또는 20개씩 신품을 끈으로 묶어서 포장되어 있었다.

완전한 상태로 인양된 상자의 하나에는 호초(胡椒)가 가득 담겨져 있었다. 상자의 외면에는 소유주를 쉽게 구분할 수 있도록 부호와 번호 등을 먹으로 기입한 것으로 보아, 복수의 하주(荷主)가 있었다.

이 무역선의 항해목적지가 일본이었던 것은 화물의 목패로 볼 때 거의 틀림없다. 당시 중국으로부터 일본에 수입된 중요 품목이 도자기와 동전이었다는 사실은 일본의 문헌에 기록되어 있다.

출항지는 인양된 동추(銅錘)에 경원로(慶元路)라는 지명이 새겨진 것이 발견되어 절강성(浙江省)의 영파(寧波)에서 출발한 것으로 판단된다.

신안선은 잔존선체 길이 28.4m, 폭 6.6m, 깊이 3.6m, 복원 규모는 길이 34.0m, 폭 11.0m, 깊이 4.5m이다. 발굴 당시 신안선의 선체는 600여 년 동안 빠른 물살에 쓸리고 바다

해충인 선소에 의하여 많이 부식된 상태였다. 심한 부식 상태와 빠른 물살 때문에 선체를 물속에서 해체한 후 인양했는데, 총 720편의 선편이 인양되었다. 좌측 선체는 모습이 남아 있지 않지만, 우측 선체는 갑판 일부까지 남아 있어서 신안선의 구조를 어느 정도 확인할 수 있다.

신안선은 현판의 중앙횡단면 선형이 V자 모양으로 뾰족한 첨저형(尖底型) 선박이다. 사각 단면의 단조 용골(龍骨)이 배밑에 놓여 있다. 용골 위에 보조 늑골과 칸막이 벽을 세운 다음 삼판의 제 일판인 익판(翼板)을 붙였다. 한 쪽 현측에 모두 15장의 삼판을 반턱을 따서 겹쳐서 이어 붙였다.

선창에는 격창벽을 설치하였다. 격창벽은 선창 안에 판자를 대서 가로로 막은 것을 말한다. 신안선은 7개의 칸막이벽이 설치되어 있다. 용골 위쪽에 수안(水眼)이라고 하는 배수구가 있는데, 필요한 때만 사용하고 그 외는 막아 놓는다.

선각(船殼)을 이루는 판자를 삼판(杉板)이라고 한다. 신안선의 삼판 축조방식은 삼판 아랫면에 반턱을 따고 아래 삼판의 윗면에 겹쳐서 부착하는 클링커 방식(clinker built methods)으로, 삼판은 한 겹으로 되어있다. 삼판의 바깥 면 위에 삼판의 부식과 선소에 의한 침식을 막기 위하여 3cm 두께의 보판재인 부판(付板)을 덧붙였다. 반면, 한선의 삼판 축조 방식은 아래 삼판의 윗면에 반턱을 따고 윗판의 아랫면을 올려 겹쳐서 부착하는 역(逆) 크링커방식이다.

신안선의 이물비우는 용골에 이어져서 올라온 이물 용골 위에 역삼각형을 이루는 평판으로 되어 있고, 고물비우는 양쪽 삼판 안쪽에 수직으로 판자를 대어 막는 방식으로 되어 있다.

신안선에는 돛대 받침대인 대굽(竹蹄)이 두 곳에 있다. 제 4번 격벽(隔壁) 앞에 놓인 대굽은 한판 돛대를 세우기 위한 것이고, 제 7번 격벽 앞에 놓인 대굽은 이물돛대를 세우기 위한 것이다. 제 4번과 제 5번의 격창벽 사이에는 식수를 저장하는 수조가 설치되어 있다

구조로 볼때 이 무역선은 중국에서 건조된 선박임이 판명되었다. 이 목선은 조선기술상 이미 용골(龍骨)과 격벽과 같은 뛰어난 구조가 나타나 있을 뿐만 아니라, 외판(外板)의 연결방법으로는 이른바 클링커식이 고안되어 있다. 발굴의 마지막 단계에 이르러 인양된 용골재(龍骨材)에서 보수공(保壽孔)과 그 속에서 중국동전이 발견됨으로써 증명되었다.

이 무역선이 중국에서 건조된 선박이나, 승선한 선원단의 구성은 단순하지 않았던 것 같다. 선원들의 소지품으로서는 중국식의 취사도구 외에 고려에서 사용하던 수저도 발견되었다. 또한 일본인이 사용하는 목제신발과 장기의 말 등이 인양되었다. 이상과 같은 사실들은 이 무역선이 한·중·일 3국 출신의 선원들에 의해 항해되고 있었음을 추측하게 하는 것이다.

1982년부터 선저부(船底部)에 적재된 동전들을 흡인호스로 인양했을 때 소형 목패가 함

께 인양되었다. 이것들에는 유물의 수량과 구입한 시기를 나타낸 것으로 생각되는 날짜, 소유주의 이름, 그 아래에 수결(手決)이 먹으로 쓰여져 있었다. 그중에서 강사(綱司)라는 이름을 적은 목패가 가장 많았다. 이 이름은 중세의 중국에서 선단주와 선장을 겸한 인물에 대한 호칭으로 사용된 강수(綱首)라는 이름을 연상케 한다.

그 밖에 약간의 승려들의 이름과 함께 일반인의 이름은 대부분 일본인의 인명이 확인되었다. 인명 외에 동복사(東福寺)라는 화물 주문처를 나타낸 것이 10여 점 있다.

1976-1982년에 이르는 6년 동안에 인양된 유물은 1만 6,000여 점에 달하는 도자기와 약 28톤의 동전이 있으며, 자단목은 약 8톤(1,017개)에 달한다.

동전은 한·신·당·북송·남송·요·금·서하·원의 각 시대에 주조된 50여 종이다. 1만 6,000여 점에 달하는 도자기들은 송·원대에 제작된 중국도자기이며, 7점의 고려청자가 발견되었다.

이 무역선의 시기에 대해서는 1310-1330년대에 난파된 것으로 보고 있다. 그 상한연대에 대한 근거로서는 인양된 유물들 중에서 발견된 원의 화폐인 1310년 주조된 지원통보(至元通寶)를 들 수 있다. 또한 동전들과 함께 인양된 목패들 중에 원 지치(至治) 3년(1323)의 묵서명(墨書銘)이 있는 것이 2점 있다. 한편 원에서 1330년대에 제작되기 시작한 청화백자(青花白磁)가 포함되지 않아 그 하한연대를 알 수 있다.

잔존선체는 과학적인 보존처리를 거쳐 현재 목포시에 있는 국립해양문화재연구소에 복원 전시중이다.

참고문헌

문화공보부 문화재관리국, 1983, 『신안해저유물』, 문화공보부 문화재관리국.

문화공보부 문화재관리국, 1983·84·85, 『신안해저유물-자료편Ⅰ, Ⅱ, Ⅲ』, 문화공보부 문화재관리국.

문화공보부 문화재관리국, 1988, 『신안해저유물-종합편』, 문화공보부 문화재관리국.

김영미, 2005, 『신안선과 도자기 길』, 國立中央博物館.

문화재청·국립해양유물전시관, 2006, 『신안선TheShinan WreckⅠ-본문, Ⅱ-청자·흑유, Ⅲ-백자·기타유물』, 문화재청·국립해양유물전시관.

國立中央博物館, 2016, 『發掘40周年記念特別展特別展'신안해저선新安海底船에서 찾아낸 것들』, 國立中央博物館.

한국학중앙연구원, 2017, 「신안해저유물[新安海底遺物]」, 『한국민족문화대백과』, 한국학중앙연구원.

그림 Ⅳ-51. 한국(韓國) Korea 신안침몰선(新安沈沒船) Shinan shipreck

1. 신안침몰선(新安沈沒船) 선체(船體)
2. 신안침몰선(新安沈沒船) 도자기(陶磁器)
3. 신안침몰선(新安沈沒船) 도자기(陶磁器)
4. 자주요(磁州窯) 병(瓶)
5. 길주요(吉州窯) 병(瓶)
6. 용천요(龍泉窯) 병(瓶)
7. 용천요(龍泉窯) 명(皿)

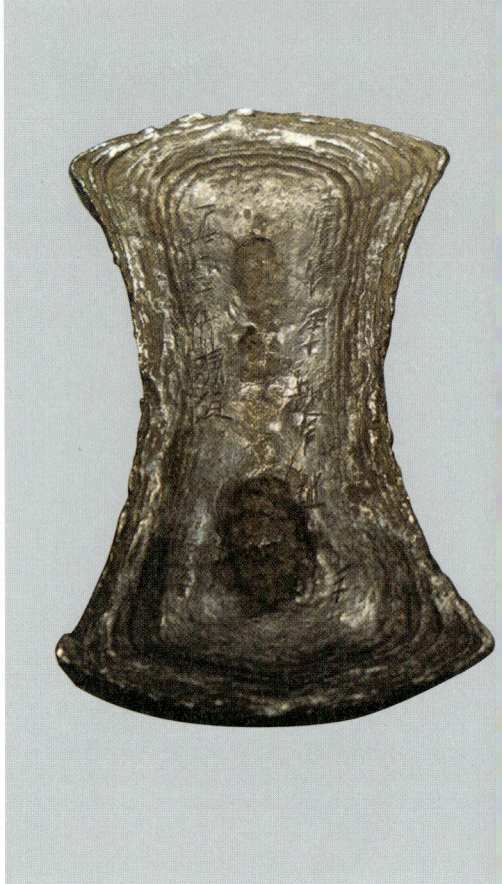

8. 용천요(龍泉窯) 인물상(人物像)
9. 은정(銀鋌)
10. 목간(木簡)
11. 향목(香木)

4) 무령왕릉 武寧王陵, Muryeong king tomb

무령왕릉은 충청남도 공주시 송산리 송산 사면에 위치한 백제 25대 무령왕 부부묘이다. 무령왕릉은 1971년 7월 5일에 발견되었고, 발굴조사는 3일 뒤인 7월 8일에 이루어졌다. 고분 입구의 폐쇄전을 제거하고 내부로 들어가던 중 연도에 놓인 지석(誌石)을 발견하였고 지석에 기록된 '百濟斯麻王(백제사마왕)'이라는 명문에 의해 해당 고분이 무령왕릉임을 알게 되었다.

무령왕릉은 봉분은 직경 20m 내외이며, 높이 7.7m이다. 분구는 고분 주위의 풍화암반층을 편평하게 깎아낸 다음 석회를 섞은 흙으로 겹겹이 쌓아올려 만들었다. 분구의 동남쪽에서는 봉토의 유실을 막기 위한 할석을 4-5단 쌓아 올린 호석이 있다.

매장주체부는 장방형의 현실에 연도를 갖춘 전축묘(塼築墓)이다. 현실은 남북 4.2m, 동서 2.7m, 높이 3.1m이다. 네 벽 가운데 남북벽은 직립하게 쌓아 올렸고, 동·서벽은 차츰 안으로 기울여 쌓아 터널처럼 만들었다. 벽돌 표면을 연화문과 인동초문으로 장식하였다. 전(塼)은 두 가지 방법으로 겹겹이 쌓았는데, 1줄은 세워서 쌓고 그 위의 다른 1줄은 전(塼) 4장씩을 뉘어서 쌓음으로써 견고함을 더하였다. 현실의 세 벽에는 모두 5개의 감실이 마련되었다. 북쪽 벽에 1개, 동서벽에 2개씩 배치된 이 감실에는 남조에서 수입한 청자 등잔이 하나씩 놓여 있었고, 타다 남은 심지가 발견되었다. 감실의 가장자리에는 붉은색 안료로 화염문을 그렸다.

현실의 바닥과 관대는 전(塼)을 2중으로 깔았다. 밖으로 드러나는 윗면의 벽돌은 삿자리 모양으로 배열하였고, 아래 전(塼)은 석회를 발라 암반에 고정시켰다. 관대가 시설된 곳은 다른 곳보다 지반 자체를 높게 남겨두고 그 위에 전(塼)을 깔아 왕과 왕비의 관대로 만들었다.

연도는 현실의 남벽 중앙에 설치되었다. 규모는 길이 2.9m, 폭 1m, 높이 1.4m로 현실과 같은 터널형이며, 바닥 역시 삿자리모양으로 전(塼)을 깔았다. 높이는 관대와 동일하다. 연도의 바닥에서는 시설하였던 것으로 보이는 목제의 봉문편이 발견되었다. 연도 입구의 좌우에는 높이 3m의 전(塼)을 수직으로 쌓았다. 연도의 남쪽에는 풍화암반층을 파내어 길이 9.3m의 묘도를 만들었다. 연도에서 3.4m 지점까지는 바닥이 평탄하나 그 보다 남쪽은 약간 경사져 있다. 전(塼)으로 만든 배수구는 암거방식인데, 현실과 연도의 경계부에서 시작하여 연도의 바닥 밑을 따라 진행하며 묘도를 지나 밖으로 이어진다. 전체 길이는 18.7m에 달한다.

연도 입구를 막고 있던 폐쇄전(閉塞塼) 가운데 '士壬辰年作(사임진년작)'이라는 명문이 새겨진 편이 발견되었는데, 임진년은 왕의 사망 11년 전인 512년에 해당한다.

이 형식의 전축분은 본래 중국에서 크게 유행한 고분이다. 이전 시기 평양 일대의 낙랑고분에 유사한 유례가 있고, 백제의 경우 웅진도읍기에 중국 남조로부터 받아들였으나 크게 유행하지는 못하였다. 그간 발굴조사된 웅진시기의 예로는 무령왕릉과 송산리6호분, 그리고 송산리에 인접한 교촌리2·3호분 등이 있다. 무령왕릉은 벽돌의 번조와 전축분의 축조에 남조의 기술자들이 참여했다. 인접한 송산리 6호분에서 '柒官瓦爲師矣'명 연화문전이 출토되어 이를 간접적으로 뒷받침한다. 즉, 이 명문 역시 판독 및 해석에 다소 논란이 있지만 중국 양(梁) 관영 공방의 기술자가 벽돌의 제작과 전축분의 축조에 관여하였다는 내용을 담고 있다.

무령왕릉은 도굴의 피해를 입지 않았기 때문에 내부에서 108종 2,906점의 유물이 출토되었다. 그런데 2000년대에 왕릉 부장품을 재정리하는 과정에서 유물이 더 발견되었으므로 출토 유물의 수량은 3,000점에 육박할 것으로 보인다.

연도의 입구에서는 제사의례에 사용된 것으로 보이는 청동제 용기와 수저, 청자육이호(靑磁六耳壺)가 출토되었고 연도 중앙에는 왕과 왕비의 지석과 진묘수인 석수가 있었다.

현실 내부에는 일본열도에서 원목을 들여와서 만든 것으로 보이는 왕과 왕비의 금송(金松)제 목관이 있었다. 왕과 왕비의 목관은 약간의 형태차가 있으며, 왕의 목관은 동쪽에, 왕비의 목관은 서쪽에 놓여있었다. 왕의 두침과 족좌, 장신구는 목관 내에, 금속용기와 중국도자기는 목관 밖에 부장되었다.

왕의 유해부에서는 금제 관식, 금제 뒤꽂이, 금제 이식, 금은제 대금구, 금동제 식리가 출토되었고, 왕비의 유해부에서는 금제 관식, 금제 이식, 금은제 천, 금동제 식리가 출토되었는데 이식과 완륜(腕輪)의 경우 각기 4점씩 출토되었다.

왕릉 출토 지석에는 무령왕이 523년에 사망하여 525년에 매장되었고 왕비는 526년에 사망하여 529년에 매장되었음이 기록되어 있다. 하지만, 부장품의 제작시점은 확실하지 않다. 다만 '多利作' 명문이 있는 은제 완륜(腕輪)이 520년에 제작되었다는 점에 주목한다면 520년대를 전후하여 제작된 것이 많다. 부장품은 대부분 왕과 왕비의 격에 맞게 최고급 도안과 기법이 구사되어 화려한 모습을 보여준다.

무령왕의 사망은 523년 7월 7일이고 매장된 것은 525년 8월 12일이다. 왕비는 526년에 사망하였으며 이후 도성의 서쪽에서 빈을 치른 후 529년 2월 12일에 고분에 합장되었다.

무령왕릉 내부에서 출토된 다양한 유물들은 지석의 존재로 인해 5-6세기 동아시아 고고학 자료의 편년의 기준점이 되고 있다. 아울러 지석에는 무령왕의 출생, 백제왕의 계보, 빈장 등의 수많은 정보가 담겨 있었다.

연화와 팔메트, 그리고 포도문으로 구성된 무령왕의 금제 관식의 문양은 남조의 영향을 받은 것으로 판단되나, 포도문을 비롯한 문양구성이 서아시아와 중앙아시아를 경유하여 북조로부터 이입된 것으로 보는 견해가 있다. 이 견해에서는 왕비의 금제 관식에 대하여 현병에서 연화와 팔메트가 탄생하는 연화화생에 대하여 팔메트와 연화가 서아시아에서와 같이 광명과 생명의 상징으로 수용된 것으로 보고 있다. 백제사에서는 개로왕 18년(472) 북위(北魏)에 견사한 후 교섭이 단절되고, 위덕왕 14년(567) 북제(北齊)에 견사한 것으로 보는 것이 일반적이다. 즉 95년간 백제와 북조와의 교섭이 단절된 것으로 보고 있다.

그런데 5세기 후엽으로 편년되는 고창 봉덕리1호분과 나주 정촌고분 출토 식리에는 페르시아 기원의 북위(北魏)에서 성행한 구갑문, 연주문 등의 도상이 보인다. 나아가 백제 금동대항로에는 페르시아 기원의 북위(北魏)에서 성행한 수렵문, 주악문 등의 도상이 더욱 농후하게 보인다. 이는 남조(南朝)가 아닌 위덕왕 14년(567) 북제(北齊) 견사 이후에 북조로부터 도입된 문물의 영향에 의해 제작된 것으로 판단된다. 그 외 이미 지적된 바와 같이 정림사지 출토 용(俑)에도 낙양(洛陽) 영령사(永寧寺) 출토품과 유사성이 보인다. 따라서 고고자료로 볼 때 95년간 백제와 북조와의 교섭이 단절된 것으로만 보기 어렵다.

종래 무녕왕릉은 묘제, 진묘수, 청자 등의 부장품을 통하여 중국 남조와의 관계에만 주목하여왔으나, 북조와의 관계도 주목되며, 근래 해양실크로드를 통하여 이입된 인도 퍼시픽 유리주(琉璃珠)가 다수 부장된 것이 확인되어 백제와 동남아시아 세계와의 교류를 알 수 있게 되었다.

참고문헌

문화공보부 문화재관리국, 1973, 『무령왕릉 발굴조사보고서』, 문화공보부 문화재관리국.

국립공주박물관, 2001, 『백제百濟 사마왕斯麻王 무령왕릉 발굴, 그후 30년의 발자취』, 국립공주박물관.

권오영, 2005, 『고대 동아시아 문명교류사의 빛 무령왕릉』, 돌베개.

이송란, 2019, 「백제 金花 冠飾: 가시화된 세계수」, 『한국미술사교육학회지』38권38호, 한국미술사교육학회.

국립공주박물관, 2021, 『무령왕릉武寧王陵 발굴 50년 1971-2021』, 국립공주박물관.

그림 IV-52. 한국(韓國)Korea 무령왕릉(武寧王陵)Muryeong king tomb

1. 무령왕릉(武寧王陵) 위치(位置)
2. 묘실(墓室) 투시도(透視圖)
3. 현문(玄門)
4. 매지권(買地券)
5. 현문(玄門) 개봉(開封)
6. 현실(玄室)
7. 진묘수(鎭墓獸)와 매지권(買地券)
8. 등감(燈龕) 청자(靑磁) 등잔(燈盞)

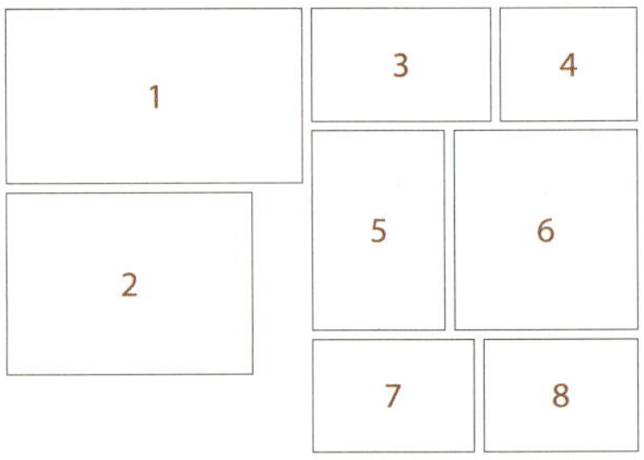

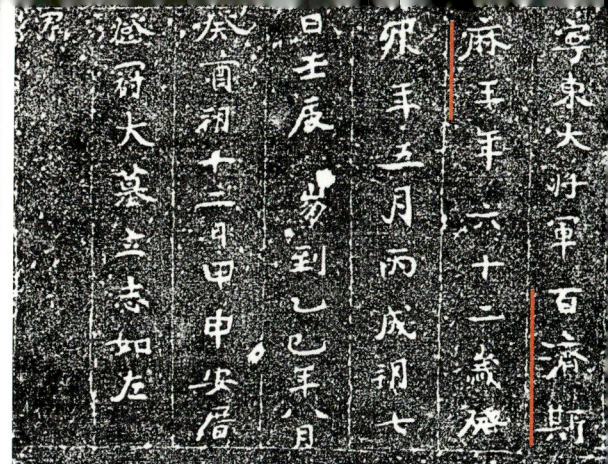

9. 왕비(王妃) 관식(冠飾)
10. 왕(王) 관식(冠飾)
11. 중국(中國) 청자(靑磁)
12. 왕비(王妃) 두침(頭枕)
13. 왕비(王妃) 족좌(足座)
14. 일본(日本) 사가현(佐賀縣) 카가라지마(加唐島) 무령왕(武寧王) 탄생지(誕生地)

9	10
11	12
13	14

5) 청해진유적 淸海鎭遺蹟, Chenghejin site

청해진유적은 전라남도 완도군 완도읍에 있는 통일신라의 군진(軍鎭) 관련 성곽이며 사적 제308호이다. 1991-2001년에 국립문화재연구소가 발굴 조사하였다.

『삼국사기』에 따르면 장보고는 서기 828년 전라남도 완도에 1만의 군사로써 청해진을 설치하였다. 청해진은 해적 소탕이라는 설치 목적에 맞게 군사적 중심지인 한편 한·중·일 삼각무역의 중심기지이기도 하였다. 그러나 장보고의 사망 이후 급속히 폐기된다.

청해진 유적은 완도 앞바다의 작은 섬인 장도에 위치하고 있으며 장도는 완도 본섬의 동쪽 중간쯤에 위치하는 장좌리에서 동쪽으로 약 180m 떨어져 있다. 섬의 동북쪽과 동쪽에는 고금도와 조약도 그리고 신지도가 섬을 에워싸듯 들어서 있고 북쪽으로는 강진과 해남이 보인다. 남동쪽 방면으로는 멀리 청산도가 있다. 장도는 고금도, 조약도, 신지도 등과 같은 주변의 섬들에 의해 만 안에 있는 섬과 같은 형국을 이루고 있으며 장도의 출입 시에는 이들 주변 도서의 해협이 관애(關阨)의 구실을 하게 되어 방어에 유리한 천연요새를 이루고 있다. 섬의 북쪽과 동쪽 그리고 남동쪽에는 가파른 절벽이 있어 지금도 외부로부터의 접근이 힘들며 서쪽과 남서쪽은 비교적 완만한 지형을 이루고 있어 출입이 가능하다. 장도와 장좌리 사이에는 간조시에 바닥이 드러나는 바다가 있어 하루에 두 번 물이 빠졌을 때 통행이 가능하다.

청해진유적은 1991년부터 2001년까지 8차례에 걸쳐 국립문화재연구소에서 발굴 조사하였다. 조사 결과 토성의 총 길이는 890m로 축성방법이 판축기법에 의한 것으로 확인되었다. 섬 입구의 방어용 목책으로 추정되는 원목열은 길이 331m로 대부분 참나무 기둥을 사용한 것이 확인되었다. 또한 건물지 내에 지하 매납 원형 수혈 속에서 출토된 토제 편병, 철제 솥, 청동제 병 등은 인위적으로 매장한 것으로 대부분 제사용기로 판단되는 귀중한 유물이다. 이것들은 『삼국사기』의 "청해진 조음도에서 중사(中祀)를 거행하였다"는 기록을 뒷받침하는 자료로 평가된다.

출토 유물인 연화문 암·숫막새기와, 토기편병, 해무리굽청자편 등과 섬 입구 원목열 시료를 방사성탄소연대측정법으로 의한 분석한 결과, 9세기 중반경의 것으로 확인되었다. 이로써 통일신라시대 장보고가 활동한 9세기에 축성되어 사용된 것이 뒷받침되었다.

섬 전체가 계단식 성의 형태로 이용한 흔적이 남아있으며, 앞바다를 제외한 주변바다는 수심이 얕아 방어용 목책을 박아 외부접근을 막도록 만들었다. 또한 성곽이 종래 내외 이중성으로 알려졌던 것과는 달리, 단일 성곽으로 축조되었음이 새로이 밝혀졌다. 다만 섬 입구

쪽인 서남부부분에만 이중의 성벽을 둘러서 출입구를 보강하고 있다.

성벽은 좌우 내·외측에 기단석렬을 깔고 약간 맞물린 상태에서 그 안쪽으로 흙을 다져 쌓은 판축(版築)토성이다. 판축은 섬 내측(서편)으로 수직면을 형성하고 있는데 그 하부에는 축조시 사용된 것으로 보이는 기둥 구멍이 1개 발견되었다. E31선 동편(바깥쪽)을 먼저 판축 공법으로 시공한 뒤 그 서편(성벽 안쪽)을 성토한 것으로 판단된다. 판축성벽의 외측은 1단의 기단석렬을 놓아 마감하였고 그 바깥으로는 경사진 자연 암반이 나타났다. 성 외측 기단석렬에서 동편으로 5m 지점인 암반층 아래에는 성벽방향과 나란하게 U자형의 패인 곳이 노출되었는데 성벽 축조시 채토한 곳이거나 성외부 배수로 또는 외환도였던 것으로 추정된다.

서성벽 절개조사는 폭 2m에 걸쳐 실시되었다. 이곳에서는 성벽을 쌓은 경사진 기반부, 성벽 내·외 측 2중 기단석렬과 판축성벽, 성벽 안쪽에 나 있는 또 다른 석렬, 그 안쪽의 구유상 수혈유구 등이 모두 층위상으로 확인되었다. 성벽은 내·외측 모두 2중 기단석렬이며, 판축성벽이고, 폭은 5-6m, 잔존 최대 높이는 생토면에서 판축층 상면까지 2.9m이었다.

성벽은 섬의 지형을 이용하여 능선을 따라 축조하였고 전체적으로 섬의 서쪽 경사면을 껴안은 듯한 포곡식(包谷式)을 이루고 있다. 평면상 섬 모양과 흡사한 부정형이며 내성벽을 사이에 두고 내부가 동서로 양분되는 양곽 구조로 되어 있다. 동곽의 5개의 모서리마다 관측소의 역할을 하였을 치와 고대가 위치한다.

내성벽은 길이 72.4m, 폭 5-6m, 최대 잔존높이 2.5m이다. 성벽 내측(동측)과 외측(서측)에서 성벽의 기저부를 이루는 1단 내지 2단의 기단석렬이 각각 확인되었다. 외측 기단석렬의 바깥쪽은 판축 당시의 것으로 보이는 기둥구멍열과 같은 구(溝)의 흔적이 발견되었다.

장도 청해진유적은 크게 보아 섬 내의 토성과 섬 입구의 'ㄷ'자형 옹성 그리고 섬 입구 해안과 바다의 원목렬과 잔목렬이라는 삼원적 구조로 이루어져 있다고 할 수 있다. 즉 완도 본섬의 장좌리에서 장도의 성안으로 들어가기 위해서는 먼저 바다를 건너 잔목렬과 원목렬을 지나고 다시 섬 입구의 'ㄷ'자형 옹성을 거쳐 성문에 도달하게 되어 있는 것이다. 그런 다음 성 입구와 내성벽에 나있는 두 문을 통과하고 나서야 성내의 중요지역으로 들어갈 수 있게 된다. 성벽 관련시설로는 고대(高臺)시설 1개소, 관측시설인 치(雉) 4개소, 내성문 및 외성문 각 1개소, 배수구 1개소 등이 확인되었다. 섬 정상부에는 굴립주 건물지 2동을 비롯하여 폐와무지 등이 조사되었고 그 서쪽 경사면에서는 제사와 관련된 것으로 추정되는 건물지와 매납유구, 연도유구, 배수로유구 등이 확인되었다. 성의 서곽 내에서는 적심유구와 연도유구 그리도 다양한 종류의 수혈유구가 노출되었다.

섬 입구 성벽 부분에서는 문지(門址)가 확인되었다. 성 입구 문지와 남벽의 연결부분 성벽에서는 외측 기단석렬과 석심 역할을 하였을 내측의 석축, 그리고 그 사이의 판축이 확인되었다. 성벽의 외측에서는 부분적으로 1차와 2차의 2중 기단석렬이 관찰되었다. 내측의 석축은 자연 경사면을 따라 쌓아 위쪽으로는 단의 수가 적고 아래쪽으로는 단의 수가 많다.

법화사지는 1990년에 문화재연구소가 2차에 걸쳐 발굴조사를 실시하여 출토유물과 노출된 유구를 통해 사찰의 중심연대가 12-13세기 고려시대이고 이후 16-17세기 조선시대 중기 이후까지 계속해서 사용되었다. 법화사지 출토 주름무늬병은 청해진 시대의 것으로 확실시되고 있는 장도유적에서 출토된 것들과 기형과 문양이 동일하며 옥벽저 청자 역시 그러하다. 중국의 월주요에서 생산한 것으로 여겨지는 옥벽저 청자는 중국에서는 7세기경부터 나타나기 시작하여 9세기 전반기에 크게 유행하였다. 따라서 법화사지의 창건은 통일신라시대 청해진 운용시기에 이루어졌을 가능성이 매우 높다고 할 수 있다.

청해진 유적에서 출토된 주요 유물을 몇 가지 살펴보면 먼저 가장 특징적인 토기로 사면편병을 비롯한 편병류와 주름무늬병이 다수 확인되었다. 그외 중형과 대형의 호와 동이 그리고 시루라고 할 수 있고, 그 외에도 장도 청해진유적에서는 편호, 잔, 뚜껑, 소형의 호형토기, 완류 등과 같은 토기가 출토되었다.

주름무늬병은 덧띠무늬병과 함께 유병(油瓶)이었던 것으로 생각된다. 익산 미륵사지에서는 주름무늬병과 덧띠무늬병이 편병, 돌대호, 중국 월주요계 옥벽저 자기, 기타 장도 청해진유적에서 출토된 것과 동일한 등잔, 잔과 함께 출토되었다. 미륵사지 승방지의 기단토와 접한 층에서 "大中十二年彌勒寺"명의 대형 호편이 월주요 옥벽저 백자편, 주름무늬병과 덧띠무늬병, 등과 함께 공반 출토되었다. 대중 12년은 서기 858년에 해당되기 때문에 이 유물들은 대체로 9세기 중엽에 해당된다고 볼 수 있을 것이다.

중국산 자기 중에는 절강성 월주요에서 생산한 옥벽저 청자가 대표적이다. 옥벽저 청자완은 7세기에 나타나 9세기 전반기에 크게 유행했던 것으로 장도유적의 교차편년에도 좋은 자료가 되고 있다. 장도에서는 백자도 출토되었는데, 하북성 형주요에서 만든 옥연형(玉緣形) 구연을 갖는 백자편이다.

장보고는 당에는 대당 매물사(大唐賣物使)라는 물건 구입자, 즉 수입상인들을 '교관선'이라고 부르는 무역선에 실어 파견하였다. 그리고 당 제품뿐만 아니라 자단(紫檀)·침향(沉香) 등 동남아시아와 아라비아산의 사치품을 수입하여 신라 귀족들에게 매매하였다. 물론 신라의 여러 가지 물품들도 당에 수출했다. 선단을 거느리고 일본을 직접 방문하였고, 현재 큐슈

(九州)의 하카다(博多)에 지점을 설치하고 회역사(廻易使)라는 무역선을 보내었다.

　　장보고는 군사력을 바탕으로 환 황해의 거점도시들을 유기적으로 연결하며 신라 정부와 국적이 다른 신라인의 민간상인조직을 연결시켰다. 그리고 본거지를 군항임과 동시에 자유 무역항으로 만든 청해진에 두어 재당 신라인과 재일 신라인, 본국 신라인을 동시에 관리하고, 역할분담을 조정할 수 있었다.

참고문헌

윤근일·김성배·정석배, 2003, 『청해진에 대한 종합적 고찰』, 재단법인 해상왕장보고기념사업회.

국립문화재연구소, 2001, 『장도청해진 유적발굴조사보고서Ⅰ』.

국립문화재연구소, 2002, 『장도청해진 유적발굴조사보고서Ⅱ』.

문화재연구소, 1992, 『완도 법화사지』.

윤명철, 2014, 「장보고의 활동과 동아지중해 질서」 『한국 해양사』, 학연문화사.

한국학중앙연구원, 2017, 완도 청해진유적 [莞島 淸海鎭遺蹟], 『한국민족문화대백과』, 한국학중앙연구원.

그림 Ⅳ-53. 한국(韓國)Korea 청해진유적(淸海鎭遺蹟)Chenghejin site
1. 청해진(淸海鎭)
2~4. 청해진(淸海鎭) 성벽(城壁)
5. 청해진(淸海鎭)과 남해(南海)

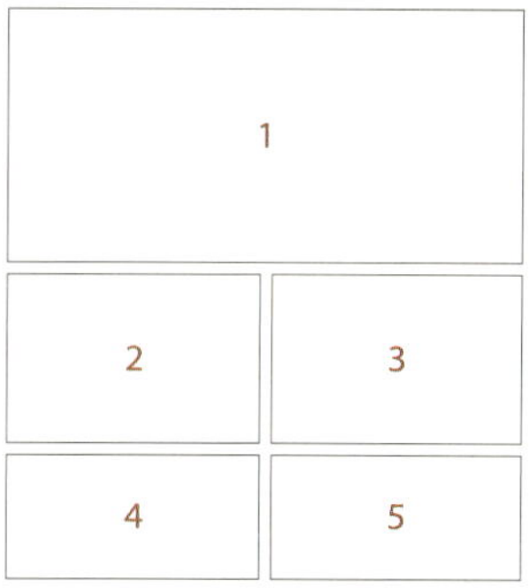

Ⅳ. 유라시아歐亞 해로海路의 유적遺蹟과 유물遺物

6~7. 청해진(淸海鎭) 해저(海底) 목책(木柵)
8. 청해진(淸海鎭) 중국(中國) 도자기(陶磁器)

6	
---	8
7	

6) 안압지 雁鴨池遺蹟, Anapji site

안압지는 신라 제30대 문무왕이 674년 조영한 궁원지로 현재는 안압지 바로 서편에 세운 동궁의 정전 자리와 함께 '동궁과 월지'로 유적명이 바뀌었다. 안압지란 이름은 신라의 멸망 이후 본래의 모습을 잃고 방치된 상태에서 오리와 기러기들이 날아다니는 것을 보고 조선시대 묵객들에 의해 불리게 된 것이다.

신라는 삼국 통일을 위해 15년 이상 전쟁을 계속했으며, 전쟁 과정에서 문화적 교류로 백제나 고구려의 궁, 당의 궁성 등의 영향도 받았을 것으로 생각된다.

1975년 3월 24일부터 1976년 12월 30일까지 2년에 걸쳐서 문화재연구소에서 연못 안과 주변 건물터를 발굴하였다. 이 발굴조사 결과 전체 면적이 15,658m^2이며, 3개의 섬을 포함한 호안석축의 길이가 1,285m로 밝혀졌다. 연못 서쪽과 남쪽의 건물지와 연결 건물지를 조사한 결과 건물지 26동, 담장터 8개소, 배수로 시설 2개소, 입수구 시설 1개소 등이 발굴되었다. 1980년에는 문화재관리국에서 복원 정화 공사를 하여 연못 서쪽 호안에 접하여 세워졌던 5개소의 건물지 중 3개소에 건물을 추정 복원하였으며, 건물지의 초석들을 복원하여 노출시키고, 주변의 무산 12봉을 복원하였다.

연못의 전체 규모는 동서 200m, 남북 180m이며 남북 호안과 서쪽 호안의 지형은 북동쪽 지형보다 2.5m 높다. 호안석축은 북쪽과 동쪽에는 40여 개의 굴곡이 있는 곡선이며 높이 1.5m 안팎으로 수직에 가깝에 한 단으로 쌓아올린 석축이다.

호안석축에 접하여 건물지가 있는 서쪽은 직선으로 높이 1.8m 내외의 1단이며, 건물지가 없는 곳에는 하층 호안과 상층 호안이 폭 2m를 사이에 둔 2단인 곳도 있다. 건물터와 접한 호안석축의 기단은 물에 잠기는 부분은 모두 자연 괴석으로 앞면만을 다듬어 쌓았고, 수면 위에 보이는 부분에는 대부분 길고 높은 장대석을 다듬어 쌓았다. 모든 호안석축의 바닥에는 직경 60cm 안팎의 냇돌을 등 간격으로 기대어 놓아 석축이 무너지는 것을 막았다.

직선과 곡선의 다양한 변화로 이루어진 호안석축으로 만들어졌는데, 동쪽 호안석축에서는 서쪽으로 돌출된 2개의 반도를 곡선으로 축조했다. 서쪽 호안석축은 동쪽으로 돌출된 5개소의 건물 기단을 겸한 직선 형태로 축조되어 있다. 이것은 연못의 좁은 공간에서 넓은 바다를 연상하도록 꾸민 것이다.

연못의 바닥은 두께 50cm 안팎으로 점토와 자갈 등을 섞어 강회다짐하여 물이 밑으로 새지 않도록 하였고, 그 위 전면에 모래와 흑색 바닷돌을 깔아 놓았다. 못 가운데에는 연못에 수초를 번식시키기 위한 한 변 120cm 정방형의 나무로 만든 귀틀 유구가 있었다.

　　남쪽 호안은 거의 단조로운 직선 형태이며 호안과 땅 위와의 거리는 경사면으로 만들고 그 사이에 자연 괴석을 놓고 꽃을 심어 조경을 하였다. 북쪽 호안은 석축이 약간의 굴곡을 가진 형태인데, 모두 1단 호안이며 건물은 없다. 호안의 축조는 간단히 가공한 사괴석으로 쌓았다. 석축이 발굴 당시 2, 3단만 남아 있었던 곳과 12, 13단 남아 있어 그 높이가 1.4m 되는 곳이 있었다. 석축 내부의 적심은 점토로 채웠으며, 곡선으로 된 호안의 축조는 경사가 완만하게 쌓았다. 이 호안석축이 동쪽으로 가다가 남쪽으로 방향을 바꾼 곳에 연못 안의 물을 밖으로 내보내는 시설인 출수구가 있었다. 입수구는 동쪽 호안의 남동 모서리에서 발견되었다.

　　못의 동북쪽은 북쪽 호안석축과 동쪽 호안석축이 계단형으로 이루어진 구조에 의하여 만나게 되었는데, 이 부근 못 바닥에서 배를 묶어 놓기 위한 기둥이 세워져 있는 것이 발견되었다. 따라서 이곳에서 배를 대고 지상으로 올라간 것으로 추정되고 있다.

　　못 가운데 3개의 인공섬이 있는데 가장 큰 것이 남쪽, 중간 크기의 것이 서북쪽, 가장 작은 것이 못의 중간에서 약간 남쪽에 치우친 곳에 있다. 높이 1.7m 내외로 쌓은 석축 위에 흙으로 산을 만들고 그 위에 자연 괴석 등을 놓았다.

　　입수구는 자연석과 가공석으로 만들어진 수로, 2개의 석조, 작은 못, 3개의 판석 등 5단계로 되어 있다. 물은 제일 먼저 석구를 통과한다. 석구는 지표에서 50cm 깊이가 되는 바닥에 자연석을 깔고 그 양옆으로 자연석을 2, 3단 쌓았으며, 바닥에는 물에 섞여 들어오는 쓰레기 등을 제거하기 위해 철봉을 세웠던 작은 구멍이 있다. 이 석구를 통과한 물은 다시 가공판석으로 만들어진 수로를 통과하여 남북 방향으로 놓인 2개의 거북 모양의 석조에 이르고 다시 작은 못과 마지막 수로를 통과해 연못으로 흘러가게 된다.

　　출수구는 수위를 조절하는 특수 시설, 장대석으로 쌓은 석구, 목제 수구, 장대석 석구 등 4단계로 되어 있다.

　　유물은 금동 가위, 금동 용두, 금동 봉황장식, 청동 숟가락, 여러 불상 등 3만여 점이 출토되었다. 이슬람(Islam) 유리기(琉璃器)나 당에서 수입된 자기편도 출토되었다. 금동제 가위는 정교한 모양으로 몸체를 다듬고 화려한 문양을 섬세하게 조각한 이 가위는 초의 심지를 자르는데 사용한 것으로 추정된다. 그런데 일본의 쇼소인(正倉院)에도 이 가위와 똑같은 모양의 가위가 있다.

　　쇼소인(正倉院)의 소장품에는 일본 황실과 귀족이 사용하던 생활용품들도 다수 포함되어 있다. 그런데 청동으로 만든 이 숟가락과 용기 역시 안압지에서 출토된 것과 거의 흡사하다. 더욱이 이 용기는 신라 문서로 포장된 점에서 신라산이 분명하다.

납석제로 만들어진 사자모양의 향로 뚜껑도 발견되었는데 높이 16.3cm인 이 사자상은 일반적인 향로뚜껑과는 달리 표효하는 사자를 조각한 것이다. 앞발을 꼿꼿이 세우고 뒷발을 웅크렸으며 시선을 전면으로 한채 두 눈을 부릅뜨고 입은 크게 벌린 모습을 하고있다. 사자상의 뚜껑 바닥에서 사자의 코와 입으로 통하는 구멍이 뚫려 있어 이곳을 통해 향의 연기가 나오게 되어있다. 또한 높이가 10.3cm인 납석제 사자상도 발견되었으나 아랫부분이 결실되어 용도를 알 수 없다.

이곳에서는 이슬람 유리기인 담녹색배(淡綠色杯)가 1점 출토되었다. 저부에서 구연부로 직선으로 벌어지는 광구형배로서 기벽이 얇다. 구연부(口緣部)는 끝이 편평하다. 저부는 중앙이 안쪽으로 볼록하게 올라갔으며, 대각은 단추 모양의 원판을 붙여 만들었으나 편평하지 않아 세우기 어렵다.

안압지는 종래 중국을 통하여 독자적으로 이입되었다고 주장되어 온 일본 쇼소인(正倉院) 소장품이 신라를 경유한 것을 알 수 있게 한 유적이다.

참고문헌

文化財公報部文化財管理局, 1978, 『雁鴨池発掘調査報告書』, 文化財公報部文化財管理局.
고경희, 1989, 『안압지』, 대원사.
국립경주문화재연구소, 2020, 『못 속에서 찾은 신라-45년 전 안압지 발굴조사 이야기』.

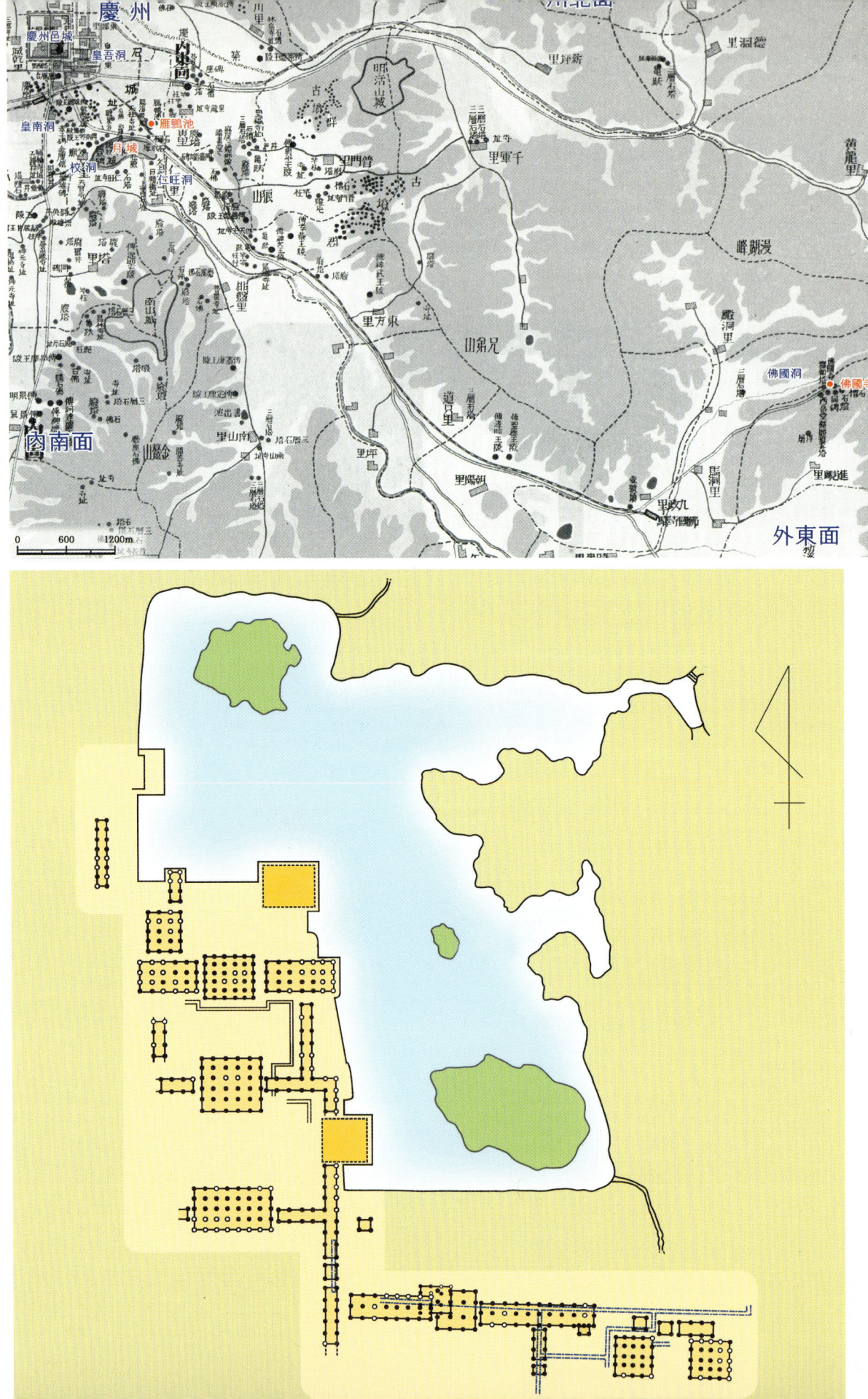

그림 Ⅳ-54. 한국(韓國)^{Korea} 안압지유적(雁鴨池遺蹟)^{Anapji site}
1. 안압지(雁鴨池)와 불국사(佛國寺) 위치(位置)
2. 안압지(雁鴨池) 평면도(平面圖)
3. 안압지(雁鴨池)
4. 사자문(獅子文) 포수(鋪首)
5. 청동숟가락

6. 금동제 가위(剪子)
7. 사자장식(獅子裝飾) 향로(香爐) 개(蓋)
8. 개원통보(開元通寶)
9. 형주요(邢州窯) 백자완(白磁盌)
10. 월주요(越州窯) 청자완(靑磁盌)
11. 이슬람(Islam) 유리배(琉璃杯)

7) 불국사 석가탑 佛國寺釋迦塔, Bulguk temple

석가탑은 3층의 석탑으로 높이 8.2m, 기단 폭은 4.4m이다. 신라의 석탑은 재래의 방형 다층루 형식의 목탑과 중국의 수·당시대 이후에 융성하는 전탑 요소를 혼합하여, 석재가 갖고 있는 특성을 살리면서 세부에 독특한 변화를 주어 독자적인 양식을 창출하였다. 이러한 신라 석탑 양식의 정형화는 석가탑에 의해 완성된다. 신라 석탑의 정형화는 통일 초기 고선사지 3층 석탑이나 감은사지 3층 석탑에 의해 이미 이루어지고 있었다. 종래의 단층 기단이 상하 2층으로 바뀌고 갑석 윗면에 각지고 둥근 2단의 괴임이 놓이며, 옥신석에는 2개의 우주가 배치되고 옥개석의 추녀 끝은 폭이 좁아지면서 낙수면과 만나는 모서리는 예리한 전각을 이룬다. 옥개석 밑의 층급 받침은 5단으로 고정되며 탑신부도 초층은 높지만 2층부터는 체감률이 급격히 높아진다.

석가탑은 목탑이나 전탑적인 요소를 살리려던 통일 신라 초기 석탑에 비해 전체 규모나 각 부위에 이용된 석재와 하층 기단 내부의 탱주수가 종래의 각면 3개에서 2개로 줄어들며, 다른 돌로 끼워지던 탱주나 우주도 면석에 새겨지게 된다. 또 옥개석이나 옥신석도 여러 매의 석재로 구성하던 것을 각각 한 몸으로 바뀌게 되며, 옥신석의 양 우주 역시 옥신석면에 새겨지고 층급 받침은 약간 얇아진다.

탑신부의 비례도 통일 초기의 경향을 따라서 초층에 비해 2층부터 체감률이 급격히 높아지지만 옥신석은 높이에 비해 폭이 줄어들게 된다. 이후 신라의 수많은 석탑들은 석가탑의 양식을 따르게 된다.

1966년 9월, 두 차례에 걸친 도굴 시도가 있고 난 뒤 사리 장엄구의 안전 여부를 확인하기 위해 상층부를 해체하였을 때 제2층 몸체부에서 사리 장엄구가 발견되었다. 사방 41cm, 깊이 19cm의 사리공 속에 비단을 깔고 그 중앙에 금동제의 사리 외함을 안치하였는데 외함 주위에는 동경과 청동 비천상을 비롯한 공양구들이 놓여 있었다. 사리 외함 속에는 중앙에 연꽃 대좌를 마련하고 여기에 은으로 만든 사리 내·외함을 안치하였으며, 그 좌우에도 은으로 된 소형 사리호와 금동제의 사각형 사리함이 안치되어 있었다. 이 금동제의 사각형 사리함 위에 '무구정광대다라니경'이 비단에 쌓인 채 놓여 있었다.

금동 외함은 기단 위에 사각형 함이 놓이고 그 위에 지붕 모양의 뚜껑을 덮어 기본적으로는 송림사 전탑 사리함으로 대표되는 보장형 사리기와 감은사 사리 외함으로 대표되는 보장 형식이 절충 내지는 간략화된 형태라 할 수 있다.

한 면에 2개씩의 안상이 뚫린 별도의 받침 위에 놓인 네모진 몸체는 굵은 당초문을 대칭되게 뚫어 절에 있는 불당의 어간문 같은 꾸밈새를 하고 이 당초문의 가장자리 윤곽과 꽃잎 내부는 가늘게 음각하였다. 위에 얹힌 지붕 모양의 뚜껑은 사모형으로, 처마 밑은 막새기와가 내리덮이듯이 물결치게 꾸며 놓고 그 끝에 모두 하트 모양의 짧은 영락을 달았다. 추녀와 처마의 위 아랫면, 내림마루 위 그리고 몸체의 네 귀에 붉은 마노와 녹색 구슬을 연꽃송이 속에 번갈아 박았으며, 지붕 끝에도 대추꼴의 커다란 마노 하나를 박아서 보전을 꾸미고 있다.

은제 사리 내·외합은 계란형으로, 내합은 뚜껑이 없지만 외합은 보주형의 꼭지가 달린 뚜껑이 덮여 있고 몸체 네 곳에 수정이 박혀 있다. 몸체에는 팔화형의 꽃잎이 둘러진 둥근 문양 속에 화문(花文)를 새기고 남은 공간은 어자문으로 메웠다.

내합은 몸체에 당초문을 새기고 그 여백을 외합과 같이 어자문으로 메우고 구연부에도 어자문을 이중의 동심원처럼 돌렸다. 내합 안에 든 사리병은 녹색의 유리제로 사리 46과가 들어 있었다.

보주형 꼭지가 달린 뚜껑이 덮힌 사리합은 주물한 뒤 표면에 장식 무늬를 새겨놓고 금동제로서, 몸체 넓은 면에는 3층탑을 가운데 두고 연꽃봉오리를 쥐거나 합장한 채 서로 마주 보는 두 보살을, 좁은 면에는 창과 검을 쥐고 있는 두 천왕상을 각각 선각하였다. 이들 보살상과 천왕상의 바탕에는 횡으로는 조밀하나 상하로는 간격이 있는 방울문양을 시문하였다. 사리함 주위에는 청동제 비천상과 동경, 목탑, 경옥제 곡옥, 구슬, 유향, 향목 등이 놓여 있었고, 사리함 바깥 기단부 바닥에서는 비단에 쌓인 채 뒤엉켜 붙은 종이뭉치가 발견됐다.

석가탑에서 발견된 28점의 유물 중 가장 대표적인 것은 잘 알려진 무구정광대다라니경이다. 석가탑은 751년 불국사가 중창될 때 함께 세워졌으므로 무구정광대다라니경 또한 이 시기에 제작됐다는 것이 학계의 정설로, 이는 현재까지 알려진 세계 최초의 목판인쇄본이다. 폭 약 8cm, 전체 길이 약 620cm되는 곳에 1행 8-9자의 다라니경문을 두루마리 형식으로 적어놓았다.

사리함 주변에서 발견된 공양구 가운데 유향(乳香)은 아라비아반도산으로 해상 실크로드를 통하여 이입된 것이다. 또한 이와 함께 발견된 능직물(綾織物)은 문양이 실크로드상에서 출토한 직물과 쇼소인(正倉院) 소장품과 유사한 점에서 주목된다. 이 능직물의 발견에 의해 쇼소인 직물 가운데 신라를 경유한 것이 존재함을 알 수 있다. 7세기 이래 비취제(翡翠製) 곡옥(曲玉)은 고분에 부장되지 않고 경주시 황룡사목탑지. 서금당지, 분황사 전탑, 대구시 송림사 전탑 등에서 사리장엄구, 또는 진단구로서 애용된다. 그 후 비취제 곡옥은 8세기 경주시 불국사 석가탑에 사리장엄구로서 봉안된 후 한반도에서 자취를 감춘다. 이는 일본열도에서 경옥제 곡옥이 사용되지 않는 시기와 일치하여 그곳에서의 수입이 단절된 것에 기인하는 것으로 추정된다.

참고문헌

朝鮮總督府, 1938, 『佛國寺と石窟庵』, 朝鮮總督府.
김상현·김동현·곽동석, 1992, 『불국사』, 대원사.
崔美淳, 1999, 「佛國寺 釋迦塔·多寶塔의 構成에 대한 解釋試論」, 이화여자대학교 대학원 석사학위논문.
박천수, 2016, 『신라와 일본』, 진인진.

그림 Ⅳ-55. 한국(韓國)Korea 불국사석가탑(佛國寺 釋迦塔)Bulguksa temple Sekga Pagoda
1. 석가탑(釋迦塔)

Ⅳ. 유라시아歐亞 해로海路의 유적遺蹟과 유물遺物

14. 한국韓國, Korea 의 유적遺蹟과 유물遺物

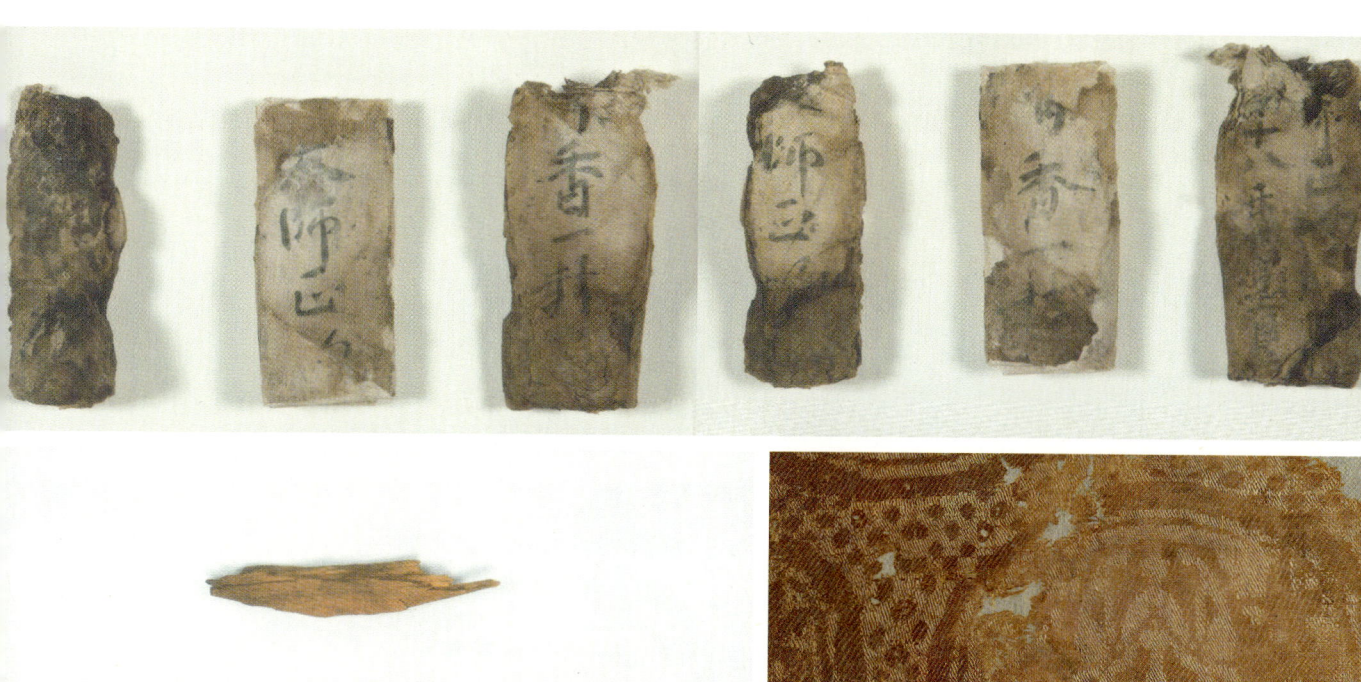

2. 은제(銀製) 사리기(舍利器) 외함(外函)
3. 유리사리병(琉璃舍利瓶)
4. 금동제(金銅製) 사리함(舍利函)
5. 금동제 사리함(舍利函)
6. 유향(乳香)
7. 침향(沈香)
8. 직물(織物)

2	3	6	
		7	8
4	5		

8) 지광국사현묘탑 智光國師玄妙塔, Jikwangkuksahyonmyo pagoda

지광국사현묘탑은 강원도 원주시 부론면 법천리 법천사지 뒤편 탑비전 서쪽에 위치하였다. 1912년 해체되어 오사카(大阪)으로 반출되었다가 1915년 반환되어 경복궁 동문인 건춘문 근처로 옮겨졌다. 이후 동문 가까이에 조선총독부 박물관이 세워지자 박물관 경내에 있게 되었다. 한국전쟁시 폭격에 의해 파손된 것을 1957년 국립중앙박물관에서 보수공사를 실시하여 현재 위치로 복원되었으며 이때 탑신 상면에서 방형의 사리공이 발견되었다. 현재 탑은 경복궁내 국립고궁박물내로 옮겨졌다. 탑비만 원위치에 남아 있다.

법천사는 신라시대에 창건되었다고 하나, 사실 여부는 확인되지 않으며 1592년 임진왜란을 거치면서 소실되었다. 지광국사탑은 전형적인 팔각원당형의 승탑보다는 방형의 불탑 형식을 충실히 따르고 있으며, 전체적으로 기단, 탑신, 상륜으로 구성되었으며 높이(高) 6.1m이다. 넓은 지대석 위에 2층 기단, 탑신, 옥개석, 상륜을 안정감 있게 올린 방형 승탑이다.

기단은 하층 기단 하대석이 3단으로, 제1단은 4매로 층단과 같은 낮은 면에 하대, 우주와 탱주, 갑석을 모각한 후 각 면에 귀꽃이 솟은 안상을 조각하였으며 위로 낮은 1단의 괴임이 있어 상층이 올려져 있다. 네 모서리에는 용의 발톱 같은 것으로 덮여 지대석까지 이어지며 탑을 지면에 안착시키는 듯하다. 제2단도 4매로, 측면 중앙에 귀꽃이 솟은 연판을 2중으로 장식하였으며 윗면에는 각, 호의 윤곽을 둘러 윗단을 받고 있다. 제3단은 하층 기단 중대 면석이 함께 4매의 석재로 구성되었는데 우주와 탱주가 모각된 3단의 면석, 각, 호, 각의 괴임대, 역시 우주와 탱주가 각출된 하층 기단 중석이 차례로 표현되었다. 3단 면석에는 국화문, 하층 기단 면석에는 구름과 화염 속의 보주가 조각되었다. 하층기단 갑석은 1석으로 측면에 장막을 표현하는 2단의 횡선문과 연주문이 있으며 상면에는 3중의 연화가 둘러져 있으며 4귀퉁이에는 사자상이 안치되었던 2개의 원공이 있다. 하면에는 낮은 부연을 두고 상층 탑신을 받치는 곳에는 호형의 윤곽이 둘러져 있다.

상층기단 면석은 1석으로, 탑신석과 같이 높으며 각 면에는 2개의 장방형의 액자와 같은 공간을 만들어 남쪽 사리봉송장면, 북쪽 산수문, 동서쪽에 운룡문과 신선문을 새겼다. 갑석은 상단 네 귀퉁이가 살짝 올려져 반전하고 있으며 측면에는 2단의 장막과 연화를 장식하였는데 상단 장막은 횡선과 연주문으로, 하단은 걷어 올려 끈으로 묶어 늘어진 모습이다. 갑석 위로는 1매의 괴임석을 두어 탑신석을 받치고 있다. 상층기단 위에는 4마리의 사자상을 배치하였다.

탑신은 1석으로 밑에는 탑신 받침이 모각되었는데, 측면은 작게 구획하여 귀꽃이 있는 작은 안상을 돌리고 위로는 3중의 연화문을 새겼다. 면석에는 3개의 대나무로 표시된 우주를 새기고 남·북면은 문비를, 동·서면은 2구씩의 창을 모각하였는데, 문과 창은 모두 첨형 아치 형태이며 위로 영락이 늘어져 있다.

옥개석도 1석으로 전체 모습은 일반 석탑의 옥개석 형태이나 천개 모습의 처마에는 네 모서리의 가릉빈가를 비롯하여 보주, 불상, 비천 등으로 장식되었으며 밑으로 영락이 늘어진 휘장이 있다. 상단에는 낮은 괴임을 두어 상륜을 받치고 있다.

상륜은 낮은 받침, 팔메트형 앙화, 복발, 보륜, 옥개석과 유사한 천개 형태의 8각형 보개, 2중의 연화 받침대에 올린 보주 등 완전한 모습을 지키고 있다. 상륜부의 잘 보이지 않는 보개 하단에도 연화를 새기는 등 각 부재에 빠짐없이 문양을 장식하였다.

탑의 몸체에 장식된 외래적인 문양이 주목된다. 지대석의 네 모서리에 뻗은 우석과 탑신부 몸체 표면에 장식되어 있는 끝이 뾰족한 형태의 아치문, 각종 구슬문양 등은 이전에는 볼 수 없던 문양들로, 이국적인 것이다. 특히 첨두형의 아치문 장식은 아라비아적인 요소이다. 흔히 이러한 첨두형 아치는 이슬람 건축에 보이는 대표적인 구성요소로 알려져 있다. 당시 고려와 천주 상인들의 빈번한 왕래가 있었음을 감안하면, 이슬람 건축에서 보여지는 첨두형 아치를 받아들여졌을 것으로 생각된다.

중국 천주의 힌두교사원 석제 조각품들은 모두 남인도 촐라왕조의 힌두사원건축과 밀접한 관련이 있다. 길게 늘어지고 끝이 둥글게 말려 있는 계단의 난간이 특징적인데 이는 지광국사탑의 우석과 매우 흡사하다. 특히 끝이 동그랗게 말린 형태는 천주에서 발견된 난간석과 지광국사탑 우석의 꼬리부분과도 매우 유사하다. 이처럼 힌두교사원의 계단의 이미지를 형상화한 것이 우석, 즉 계단의 난간을 축약해 놓은 것으로 보고 있다.

더욱이 상층기단 면석의 남쪽 사리봉송장면에는 2점의 유리제 사리기가 사실적으로 조각되어 있어 주목된다. 좌측은 돌출원문절자문, 우측은 첩부파상문 유리기이다. 양자는 최고급 유리기(琉璃器)로 판단된다. 법천사지에서는 월주요 청자와 정요, 경덕진요의 백자가 다수 출토되었다.

지광국사탑은 탑의 형태와 몸체에 장식된 외래적 요소로 보아 고려와 이슬람 세계의 교류 산물로 볼 수 있다.

참고문헌

이영희, 1987, 「법천사지광국사현묘탑에 관한 연구」, 『미술사학연구』173, 한국미술사학회.

江原文化財研究所, 2009, 『原州 法泉寺Ⅰ-제Ⅰ區域發掘調查報告書』, (江原文化財研究所學術叢書101冊), 江原文化財研究所.

江原文化財研究所, 2017, 『原州 法泉寺Ⅲ-제Ⅲ區域發掘調查報告書』, (江原文化財研究所學術叢書101冊), 江原文化財研究所.

황나영, 2010, 『법천사 지광국사 현묘탑원 연구』, 서울대학교 석사학위논문.

한국학중앙연구원, 2017, 「원주 법천사지 지광국사탑[原州法泉寺址智光國師塔]」 『한국민족문화대백과사전』, 한국학중앙연구원.

國立文化財研究所, 2017, 『원주 법천사지 지광국사탑 보존·복원Ⅰ』, 國立文化財研究所.

國立文化財研究所, 2018, 『원주 법천사지 지광국사탑 보존·복원Ⅱ』, 國立文化財研究所.

國立文化財研究所, 2018, 『고려(高麗) 미(美)·상(想), 지광국사탑을 보다』, 國立文化財研究所.

國立文化財研究所, 2020, 『원주 법천사지 지광국사탑 보존·복원Ⅲ』, (江原文化財研究所學術叢書101冊), 國立文化財研究所.

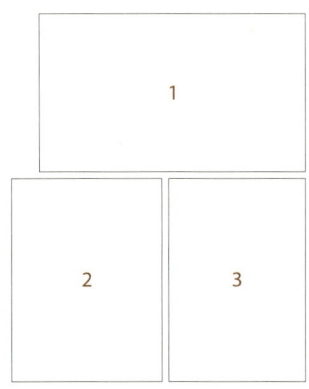

그림 Ⅳ-56. 한국(韓國)^{Korea} 지광국사현묘탑 (智光國師玄妙塔)^{Jikwangkuksahyonmyo pagoda}

1. 지광국사현묘탑(智光國師玄妙塔) 위치(位置)
2. 지광국사현묘탑(智光國師玄妙塔)
3. 지광국사현묘탑(智光國師玄妙塔)

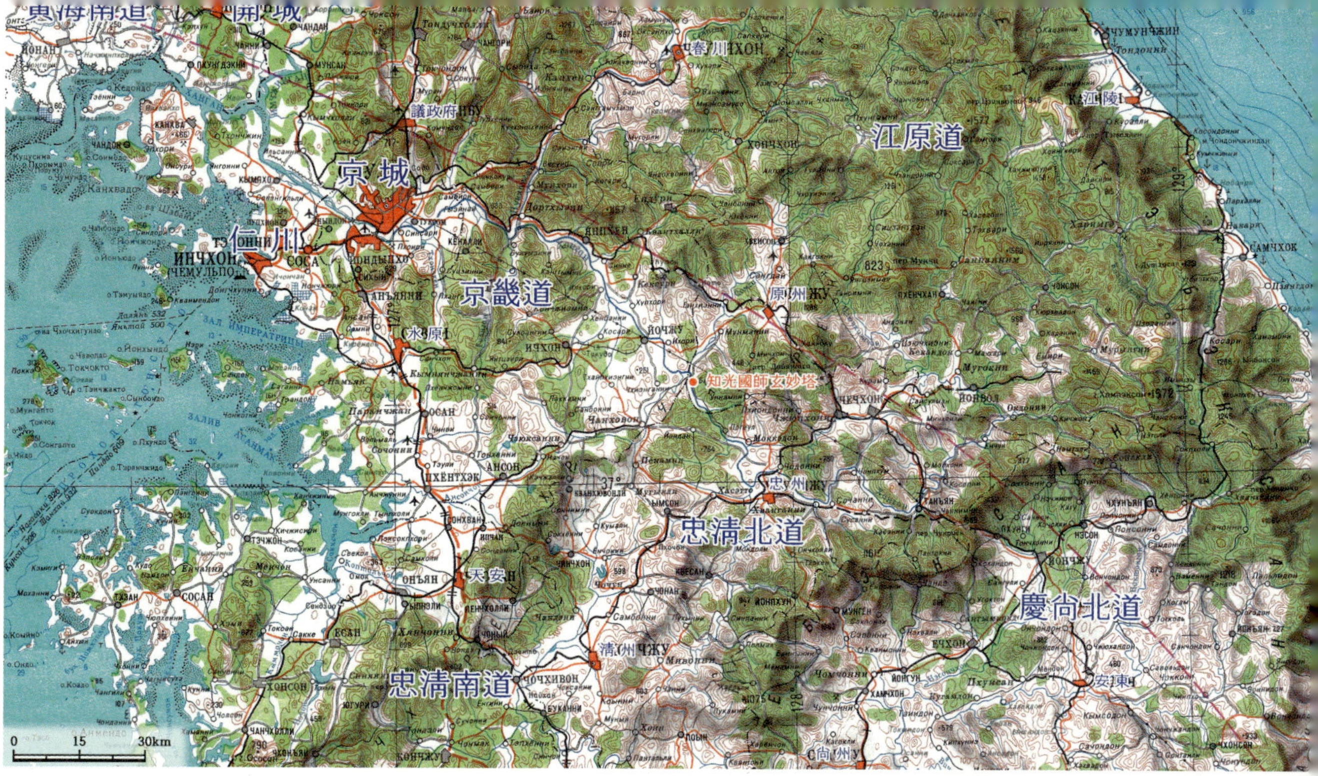
京城
仁川
京畿道
江原道
忠清北道
忠清南道
慶尚北道
議政府
春川
江陵
水原
原州
知光國師玄妙塔
忠州
天安
清州
安東
0 15 30km

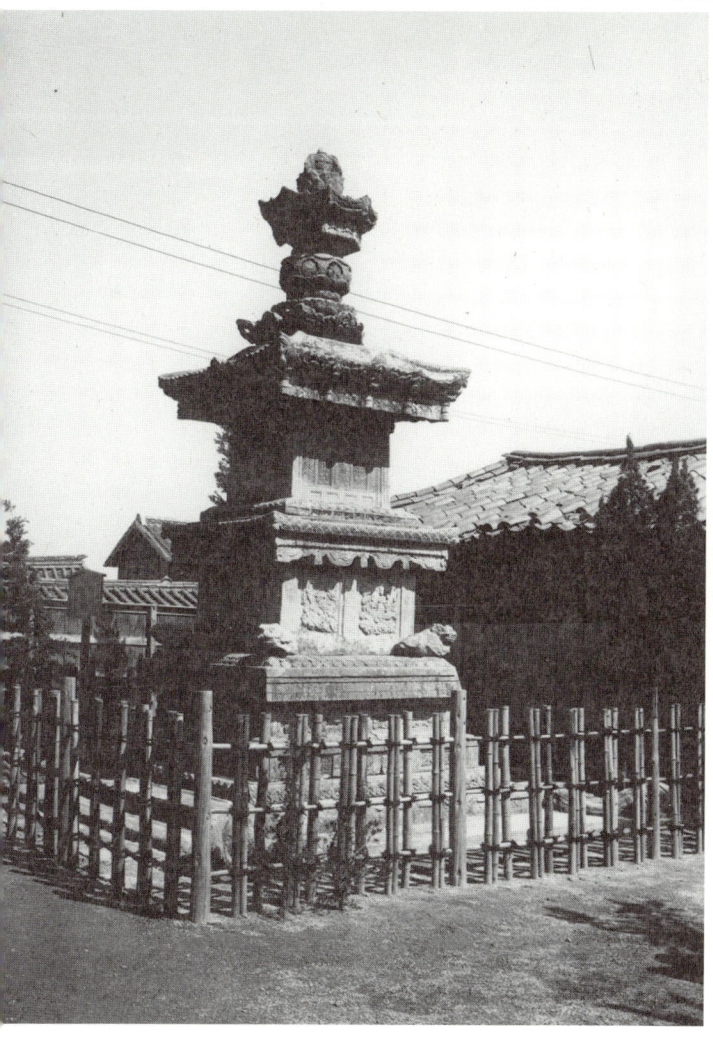

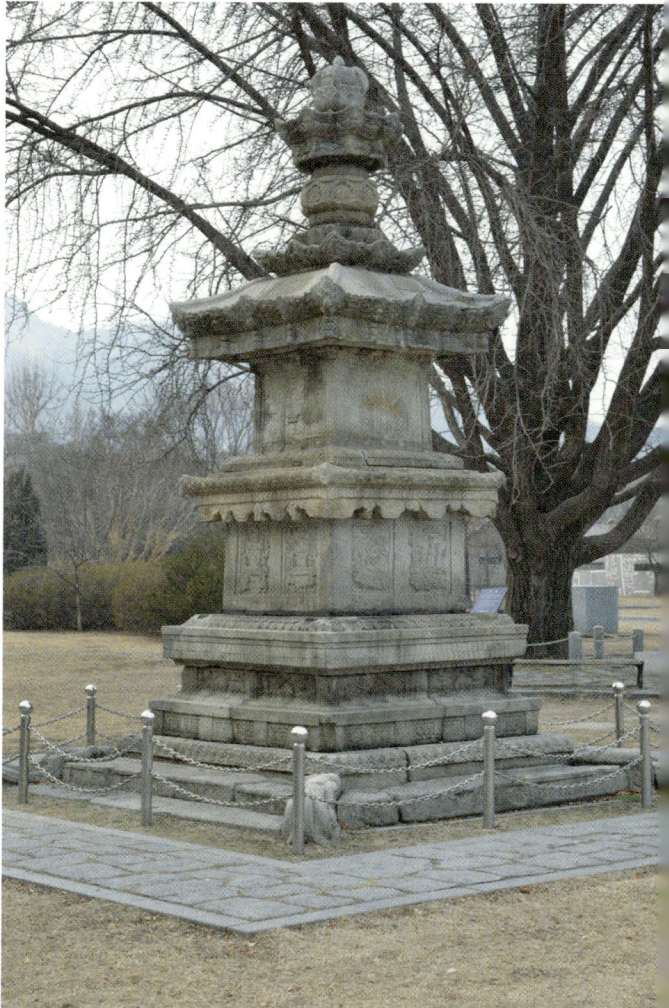

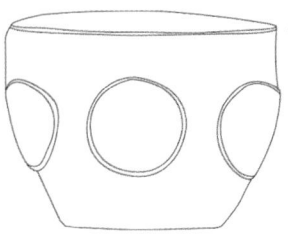
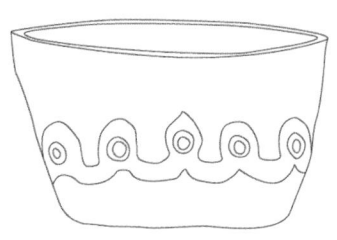

원주 법천사지 1　　　　원주 법천사지 2

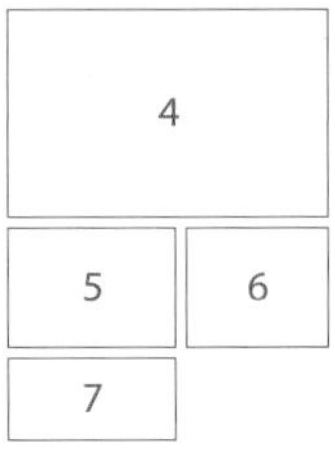

4. 탑(塔) 부조(浮彫) 사리기(舍利器)
5. 탑(塔) 부조(浮彫) 사리기(舍利器)내 파상문유리기(波狀文琉璃器)
6. 탑(塔) 부조(浮彫) 사리기(舍利器)내 원문유리기(圓文琉璃器)
7. 탑(塔) 부조(浮彫) 유리기(琉璃器) 모사도(模寫圖)

15. 일본日本, Japan의 유적遺蹟과 유물遺物

1) 오키노시마 7, 8호제사유구 沖の島 7, 8號祭祀遺構, Okonosiama No 7, 8 site

오키노시마유적은 후쿠오카현(福岡縣) 무나카타군(宗像郡) 오시마(大島)의 북방 약 49km 겐카이나타(玄界灘)상의 고도(孤島)에 위치한다. 이곳은 무나카타대신(宗像大神)을 제사지내는 무나카타대사(宗像大社) 오키츠궁(沖津宮)이 진좌(鎭座)하는 곳이다.

오키노시마에서 동쪽으로 칸문카이쿄(關門海峽)까지 80km, 남쪽은 하카타만(博多湾)까지 77km, 서쪽은 쓰시마(對馬) 이즈하라(嚴原)까지 75km이며, 북부 큐슈(九州)의 연안이 한 눈에 들어오고 부산항까지는 145km이다. 북부 큐슈에서 부산까지 직선 코스는 해북도(海北道)로 불리며 그 중심에 위치하는 오키노시마는 한반도와 일본열도를 연결하는 항로상의 표지(標識)였다.

오키노시마는 둘레 약 4km, 동서 1.5km, 남북 0.5km이며 최고봉인 이찌노타케(一ノ岳)는 표고 약 243m이다. 해안은 단애로 형성된 섬 전체의 지형으로 인해 강풍이 불어도 영향을 받지 않으며, 항해의 피난처로서 신앙의 대상이 되어왔다. 오키노시마는 섬 전체가 무나카타대사(宗像大社) 오키츠궁(沖津宮)의 신역(神域)으로 숭배되고 있어 지금도 여인 금제(禁制)를 지키며 섬에 들어갈 때는 모두 바닷물로 목욕재계한다. 지정된 날 이외에는 출입이 허가되지 않으며, 나올 때는 섬의 풀 한포기, 돌 한 조각도 가지고 나올 수 없다. 오키노야마는 이렇게 철저하게 보호되고 있어 오키쯔미야 주변에는 1,500년을 전후한 시기에 제사에 사용된 토기와 석제품이 지금도 무수히 흩어져 있다.

1954년부터 1971년까지 3차에 걸친 학술조사가 실시되어 23지점에서 제사유구가 확인되었다. 삼각연신수경(三角緣神獸鏡), 사산조 페르시아산 유리완(琉璃盌), 신라제 금제 지륜(指輪), 금동제 보요부입주식운주(步搖附立柱式雲珠), 심엽형행엽(心葉形杏葉), 중국제로 추정되어 온 금동제용두(金銅製龍頭) 등 약 12만 점의 봉헌품이 출토되었다. 출토품이 화려하여 바다의 쇼쇼인(正倉院)으로도 불리어지고 있다. 금동제 모형직기(模型織機) 등을 포함하여 4세기에서 10세기에 걸쳐 이곳에서 왜왕권에 의해 대외교섭(對外交涉)과 관련된 국가적 제사가 행해진 것을 알 수 있다.

국가제사 이전의 오키노시마의 제사는 뛰어난 해양기술을 가진 지방호족인 무나카타(宗像)족이 주재하였다. 왜 왕권이 한반도와의 교섭을 개시할 때 교통의 요충을 점유한 무나카타씨의 협력을 필요로 하였고 그 댓가로 무나카타씨는 왜왕권으로부터 일정한 지위를 부여 받게 되었다. 그와 함께 무나카타씨의 수호신인 무나카타타이신(宗像大神)은 지방신에서 국가신으로 승격되었고 그 결과 오키노시마는 국가적 제사장으로 성격이 변하였던 것이다.

섬의 중복에 위치하는 오키쯔궁 주변은 거대한 바위가 둘려져 있으며 그 배후에는 자연숭배의 장인 거석군이 줄을 잇고 있다. 고대 제사터는 이 거대한 바위와 그 배후의 거석군에서 확인된다. 고대제사는 암상제사(岩上祭祀, 16-19·21·23호유구), 암음제사(岩陰祭祀, 4·6-13·15·22호유구), 반암음(半岩陰)·반노천제사(半露天祭祀, 5·20호유구), 노천제사(露天祭祀, 1-3호유구)의 4단계로 분류된다.

암상제사는 4세기 후반 오키노시마에서 이루어진 최초의 본격적인 제사이며 5세기까지 지속된다. 제사는 거암 위 높은 곳에서 I호 거암을 중심으로 행해졌다. 이곳에서 약간 밑으로 내려간 F호 거암 위의 21호유구는 석조 제단안에 봉헌품을 올린 제사의 흔적이 잘 남아있었다. I호 거암의 제사에서는 한식경(漢式鏡)과 그 방제경(倣製鏡), 벽옥제 완륜(腕輪), 옥류(玉類), 철제 무기·농공구 등이 봉헌되었다. 17호유구에서는 8종 21면의 방제경이, 18호유구에서는 박재경(舶載鏡)인 삼각연신수경이 1면 출토되었다. 16호유구에서는 당시의 철소재인 철정(鐵鋌)이 출토되었다. 이러한 봉헌품은 키나이(畿內)의 전기고분과 북부 큐슈의 고분 부장품과 동일하다. 그러나 그 질과 양은 당시 북부 큐슈의 유력 고분의 부장품을 훨씬 능가하는 것에서 오키노시마 제사가 지방호족의 제사를 넘어 왜 왕권에 의한 국가적 제사인 것을 알 수 있다. 이 제사는 400년을 전후하여 고구려와 신라의 남하에 대항하여 백제와 가야 그리고 이에 가담한 왜의 연합군이 싸우던 시기에 행해진 것이다.

암음제사는 6세기부터 시작되어 7세기까지 행해진다. 이 단계가 되면 제장(祭場)이 암상(岩上)에서 암하(岩下)의 평탄한 지면으로 옮겨진다. 암음제사의 대표적인 유구인 7호와 8호유구는 D호 거암을 이용하였는데, 전자는 남쪽, 후자는 북쪽 거암의 기저부에 위치한다. 또 22호유구는 거암 상층부가 돌출한 선단부의 안쪽에 석조 제단을 만들었다. 암음 제사의 봉헌품은 장신구, 마구, 괘갑(桂甲), 철검(鐵劍), 철모(鐵鉾)와 같은 무구, 무기류 등 후기고분의 부장품과 동일하다. 따라서 이 시기는 아직까지 사람을 매장하는 장의(葬儀)와 신을 모시는 제의가 분리되지 않는 장제(葬祭) 미분화단계의 제사라 할 수 있다. 그 가운데 7호와 8호유구에서는 신라제 금제 지륜, 금동제 영락부입주식운주, 심엽형행엽이 출토되어 주목된다. 함께 봉헌된 사산조 페르시아산 유리완도 경주고분에서 주로 부장되는 점에서 신라를 통하여 이입된 것으로 본다. 6세기 오키노시마의 신라계 문물은 군마현(群馬縣) 칸논야마(觀音山)고분

과 나라현(奈良縣) 후지노키(藤ノ木)고분 출토품과 함께 이 시기 신라와 왜의 교섭을 보여주는 것이다.

암음제사에서 노천제사로 이행하는 과도기적 제사형태가 7세기 후반-8세기 후반까지 행해진 반암음(半岩陰)·반노천제사(半露天祭祀)이다. 이 시기는 제단이 앞으로 확대되어 암음과 노천으로 된 반암음·반노천제사의 제장에서 행해진다. 이 제사의 대표적인 유구는 5호, 20호이다. 5호유구는 오키쯔궁 사전(社殿)에서 등대 쪽으로 10m 정도 올라간 곳이며 C호, D호 거암에 둘러싸인 곳에 제단을 설치하였다. 20호유구는 I호 거암 동남방향의 급경사면에서 확인되었다. 이 시기 봉헌품은 방직구(紡織具), 무기 등의 금동제 추형품(雛形品) 등이다. 여기에서 주목되는 것은 중국계 문물의 출현으로, 동위시대(東魏時代)의 금동제 용두(龍頭)와 당삼채(唐三彩)의 장경병(長頸瓶)과 같은 초 일급품이 봉헌된다. 당시 일본에서 견당사(遣唐使)가 파견되고 있어 이러한 문물을 일본학계에서는 중국과의 직접 교섭을 통하여 입수한 것으로 강조하고 있으나, 양자 모두 신라지역에서 출토되고 있어 쇼소인(正倉院) 문물과 같이 신라에서 제작되었거나 또는 신라를 경유하였을 가능성이 높다.

6세기 후반 오키노시마(沖の島) 8호제사유구에서는 사산조 페르시아(Sassanian Persia) 유리기(琉璃器)가 출토되었다. 그 인접한 7호유구에서는 금동제 신라산 마구와 금제 지륜(指輪)가 출토되었다. 종래 일본 연구자들은 중국과의 직접 교섭에 이입된 것으로 보았다. 그러나 오키노시마(沖の島)는 신라(新羅)와 왜(倭)의 항로상에 위치하고, 공반된 유물이 이 유리기 외는 모두 신라산인 점에서 이를 경유한 것으로 판단된다. 이 유리기는 북주(北周) 이현묘(李賢墓) 출토품과 유사한 점에서 신라(新羅)와 북조(北朝)의 직접교섭(直接交涉)에 의해 이입된 것으로 본다. 반구형의 광구배편으로 돌출 원문을 절삭(切削)하여 시문하였다. 돌출원문의 일부만 남아 있으며 투명도가 높고 두껍다.

오키노시마 출토품은 모두 국보, 중요문화재로 지정되었으며 무나카타대사(宗像大社) 신보관(神寶館)에 보관, 전시되어 있다.

참고문헌

宗像神社復興期成會, 1958, 『沖の島-宗像神社沖津宮祭祀遺蹟-』, 宗像, 宗像神社復興期成會.
宗像神社復興期成會, 1961, 『続沖の島-宗像神社沖津宮祭祀遺蹟-』, 宗像, 宗像神社復興期成會.
第三次沖ノ島學術調査隊, 1979, 『宗像 沖ノ島 本文·図版·史料』, 東京, 吉川弘文館.
弓場紀知, 2005, 『古代祭祀とシルクロードの終着地-沖ノ島-』, 東京, 新泉社.
박천수, 2011, 『일본속의 고대 한국문화』, 진인진.

그림 Ⅳ-57. 일본(日本)^{Japan} 오키노시마7, 8호제사유구
(沖の島 7, 8號祭祀遺構)Okonosiama No 7, 8 site

1. 오키노시마(沖の島), 코로칸(鴻臚館)유적(遺蹟) 위치(位置)
2. 오키노시마(沖の島) 전경
3. 제7호 제사유구(祭祀遺構)
4. 오키노시마(沖の島) 제사유구(祭祀遺構) 복원(復元) 모형(模型)
5~6. 제7, 8호제사유구(祭祀遺構) 출토품(出土品)

2) 코로칸유적鴻臚館遺蹟, Korokan site

코로칸유적은 후쿠오카현(福岡縣) 후쿠오카시(福岡市)에 위치한다. 이 유적은 지금은 육화되었으나 원래는 하카다만(博多灣)에 접한 곳에 입지하였다. 후쿠오카성내에 위치한 것으로 알려졌으나, 1987년 성내 야구장의 개수공사에 의한 발굴에 의해 코로칸(鴻臚館)의 유구가 확인되었다. 발굴조사에 의해 목간(木簡)이 출토되었으며, 이슬람 유리기, 도기와 월주요 청자, 형주요 백자, 장사요 자기, 당 삼채, 신라 인화문, 고려 토기가 출토되었다. 8세기 코로칸의 와당은 연주팔판연화문(連珠八瓣蓮花文)으로 신라와당의 문양과 흡사하다. 이슬람 유리기인 청록색병(靑綠色甁)은 경부가 가늘고 동부가 횡창한 세경병으로 추정된다. 기벽이 두껍다. 백색완(白色盌)은 기벽이 얇고 투명하다.

건물지는 1기에서 5기로 구분된다. 특히 나라(奈良)시대 화장실유구의 기생충란 화석분석에 의해 돼지와 멧돼지를 먹은 외국인용과 내국인용으로 구분된 것이 확인되어 주목된다.

코로칸(鴻臚館)은 헤이안(平安)시대에 외국으로부터 온 사절이 숙박하는 시설로서 헤이안경(平安京), 난바(難波), 츠쿠시(築紫)에 설치되었다. 이 유적은 츠쿠시(築紫)에 설치된 코로칸(鴻臚館)으로, 그 전신(前身)은 『일본서기日本書紀』지토(持統)2년에 보이는 츠쿠시칸(築紫館)이다. 이곳은 나라(奈良)시대 당(唐)·신라(新羅)·발해(渤海)의 사절을 받아들이는 영빈관 견 숙소로, 또한 해외로 파견되는 국사와 승려들의 숙소로서 기능하였다. 큐슈(九州)의 통치와 대외관계를 관장하는 타자이부(大宰府)와는 16km에 달하는 직선도로가 연결되어 있었다. 헤이안(平安)시대가 되면 신라와 당으로부터의 외교 사절의 내항(來航)이 단절되고 9세기 전반에는 신라상인(新羅商人), 9세기 후반에는 당상인(唐商人)의 내항(來航)이 증가하였다. 상인들은 코로칸(鴻臚館)에서 허가를 받고 교역을 행하였으며, 그 결과 접객소(接客所)에서 교역장(交易場)으로 역할이 증대되었다.

코로칸(鴻臚館)유적 출토품은 해상 실크로드가 신라를 거쳐 이곳으로 연결되었음을 보여준다. 이 시기는 신라 하대에 해당하며 종래 왕권간의 교섭에 의한 교역이 쇠퇴하고 장보고로 대표되는 한, 중, 일 삼각무역에 종사한 신라의 해상세력을 통해 일본열도에 이슬람, 중국의 문물이 이입된다. 11세기 후반이 되면 인접한 하카다(博多)유적에 송의 도자기 등이 집중 이입된다. 이는 무역의 거점이 코로칸(鴻臚館)에서 하카다(博多)로 이동한 것을 보여준다.

참고문헌

古代の博多展実行委員会(編), 2007 『鴻臚館とその時代: 古代の博多: 鴻臚館跡発掘20周年記念特別展』, 古代の博多展実行委員会.

博多遺跡群

鴻臚館跡

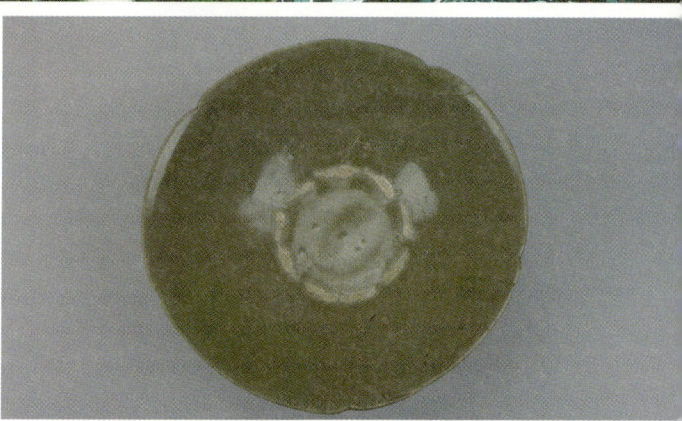

그림 Ⅳ-58. 일본(日本)^{Japan} 코로칸유적(鴻臚館遺蹟)^{Korokan site}
1. 코로칸(鴻臚館)유적(遺蹟) 위치(位置)
2~5. 코로칸(鴻臚館)유적(遺蹟) 월주요완(越州窯盌)

1	
2	3
4	5

6. 월주요완(越州窯盌)
7~8. 형주요완(邢州窯盌)
9. 장사요주자(長沙窯注子)
10. 이슬람(Islam) 유리병(琉璃瓶)
11. 이슬람(Islam) 유리배(琉璃杯)
12. 이슬람(Islam) 도기(陶器)

3) 쇼소인正倉院, Shosoin

쇼소인은 나라현(奈良縣) 나라시(奈良市) 토다이사(東大寺) 대불전의 북서쪽에 위치하며, 북창(北倉), 중창(中倉), 남창(南倉)으로 구성된 대형 고상창고이다. 창건 연대는 성무(聖武) 천평(天平) 연간(729-749)으로 추정되며 왕실의 보물창고 역할을 하였다.

쇼소인(正倉院) 소장 유리용기 가운데 원환문배(圓環文杯)는 7세기에 이입되어 전세된 것으로 기형과 원환문(圓環文)의 형태가 대구시 송림사 전탑 출토 사산조 페르시아 유리기와 흡사하다.

원환문배(圓環文杯)은 낮은 대부에서 완만하게 외반하며 구연부로 연결되며 남색(藍色)으로 불투명하다. 동부에는 기면과 같은 소재로 만든 직경 2cm 전후 지륜상(指輪狀)의 원환(圓環)을 3열에 걸쳐 24개를 붙여 장식하였다. 대부(臺部)는 은제이며 인동당초문(忍冬唐草文) 등이 조각되어있으나 정확한 착장 시기를 알 수 없다.

절자돌출원문완(切子凸出圓文盌)은 반구형으로 담갈색(淡褐色)이며 투명도가 높고 기벽이 두껍다. 전면에 걸쳐 마연흔이 보인다. 구연부(口緣部)는 끝이 반원형(半圓形)이다. 기면에는 동부(胴部)에 4단으로 각 22개의 원문을 절삭(切削)하여 시문하였다. 중앙과 그 하단에 0.5cm 폭으로 수평으로 깍아낸 횡대문(橫帶文)을 돌려 3단으로 구획하고 그 상하를 횡타원형원문(橫楕圓形圓文)을 마연하여 시문하였다. 저부(底部)에는 중앙을 큰 원문을 중심으로 7개의 원문을 화판(花瓣)형으로 연마하여 장식하였다.

담황색고배(淡黃色高杯)은 접시(皿)형의 큰 배신에 팔자형의 작은 각부가 붙은 형태이다. 배신과 각부는 따로 만들어 붙였다. 저면에는 펀티 흔적이 보인다.

봉수병(鳳首甁)은 경부와 동부는 경계가 없이 연결되며 풍만한 동부아래 넓은 저부를 갖추었다. 담황색(淡黃色)으로 투명도가 높고 기포가 여러 곳에 보인다. 구연부(口緣部)는 새부리처럼 오므려서 만들었다. 파수(把手)는 동부와 같은 소재로 구연부와 몸체 어깨에 걸쳐 따로 만들어 붙였는데, 구연부쪽에는 e자형의 띠를 먼저 붙이고 파수를 접착시켜 견고하게 만들었다.

쇼소인(正倉院) 소장품은 미술·공예·기록·생활 등 각 방면에 걸친 물품들이 구성되어 있으며, 8세기를 중심으로 한 신라·당·페르시아·일본의 고대 문물 9천여 점이다. 종래 쇼소인 소장품에 대해서는 신라묵, 신라금, 신라장적, 화엄경 등과 같은 일부의 확실한 신라제품을 제외하고는 대부분 견당사에 의해 장래된 것으로 보아왔다.

그러나 대구시 송림사 전탑 내 사리장엄구의 발견에 의해 쇼소인의 사산조 페르시아 유리기가 신라를 경유하였음이 확인되었고, 경주시 안압지 발굴에 의해 금동제 가위, 사파리(佐波里), 이슬람(Islam) 유리기(琉璃器) 등이 신라산임이 밝혀졌다. 색전(色氈), 화전(花氈)의 포기(布記)를 통한 문헌사학의 연구에 의해 카펫(氈)도 신라에서 생산되거나 또는 경유하였음이 확인되었다.

최근 조사된 창녕군 말흘리사지 출토 병향로는 조안형 화로, 화형 대좌, 인동문 투창 등이 쇼소인 남창의 것과 유사하다. 금동제 화사는 수각이 붙은 것으로 유례가 쇼소인 중창에 보인다. 금동제 대부완의 수각도 쇼소인 소장품과 유사하다. 또한 군위군 인각사 출토 병향로도 사자형의 진좌에 합자는 상류형의 손잡이를 가진 것으로 9세기의 것이나 쇼소인 소장품과 유사하다. 양 유적 출토 금속공예품은 이제까지 신라산이 분명한 사파리(佐波里)제품 뿐만 아니라 이제까지 중국산으로 보아온 쇼소인 금속공예품의 상당수가 신라산 임을 알 수 있게 한다. 뿐만 아니라 경주시 불국사 석가탑 출토 사리장엄구에 동반한 능직물(綾織物)은 문양이 실크로드상에서 출토된 직물과 쇼소인 소장품과 유사한 점에서 쇼소인 직물 가운데 신라를 경유한 것이 존재하는 것이 분명해 졌다. 따라서 쇼소인(正倉院)은 8세기 일본열도에 끼친 신라 문화를 상징하는 문화유산이라고 볼 수 있다.

참고문헌

宮內廳事務所, 1994-1997, 『正倉院寶物』1-Ⅳ, 東京, 每日新聞社.

최재석, 1996, 『正倉院 소장품과 統一新羅』, 서울, 一志社.

東野治之, 1988, 『正倉院』, 東京, 岩波書店.

東野治之, 1992, 『遣唐使と正倉院』, 東京, 岩波書店.

杉本一樹, 2008, 『正倉院』, 東京, 中央公論社.

安寶蓮, 2011, 「韓日における古代都城の高級織物の生産と使用-服飾制度成立期を中心に-」, 『日韓文化財論集』1, 奈良, 奈良文化財研究所.

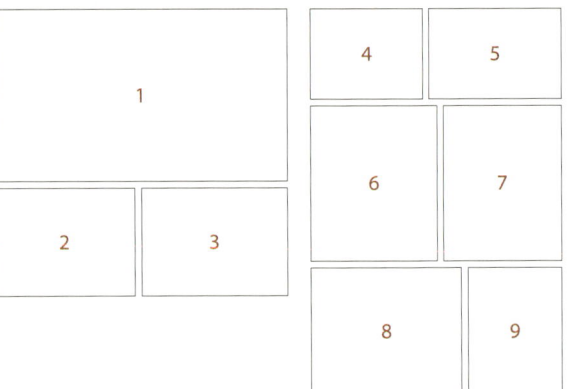

그림 Ⅳ-59. 일본(日本)^{Japan} 쇼소인(正倉院)^{Shosoin}

1. 쇼소인(正倉院) 위치(位置)
2~3. 쇼소인(正倉院)
4. 사산조 페르시아(Sassanian Persia) 절자문유리완(切子文琉璃盌)
5. 이슬람(Islam) 유리고배(琉璃高杯)
6. 사산조 페르시아(Sassanian Persia) 원환문유리배(圓環文琉璃杯)
7. 이슬람(Islam) 절자문팔곡유리장배(切子文八谷琉璃長杯)
8. 이슬람(Islam) 유리호(琉璃壺)
9. 이슬람(Islam) 유리주자(琉璃注子)

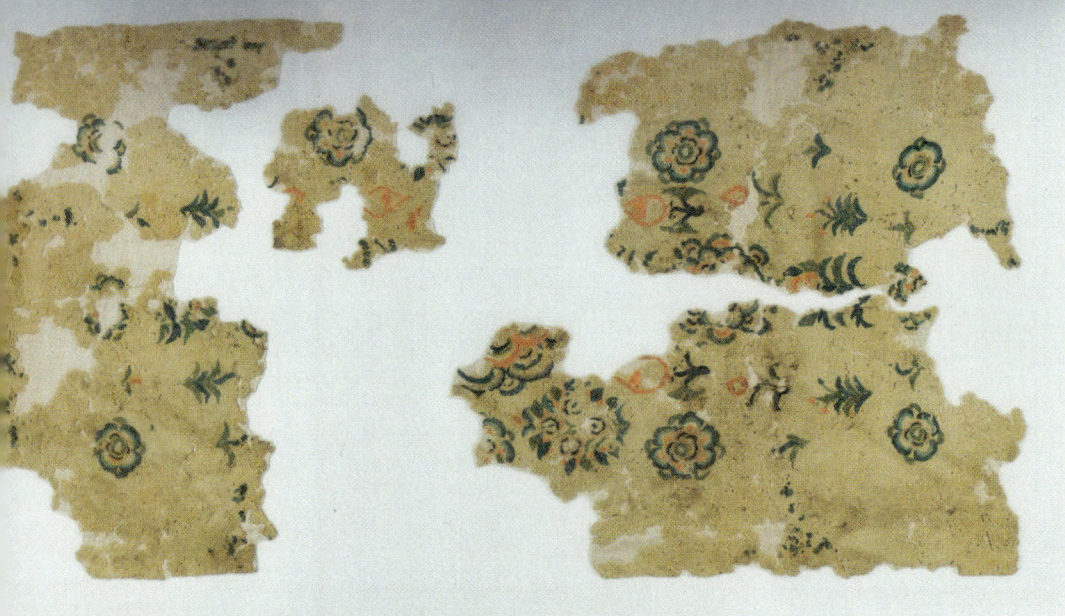

10. 신라산(新羅産) 화전(花氈)
11. (新羅産) 색전(色氈)

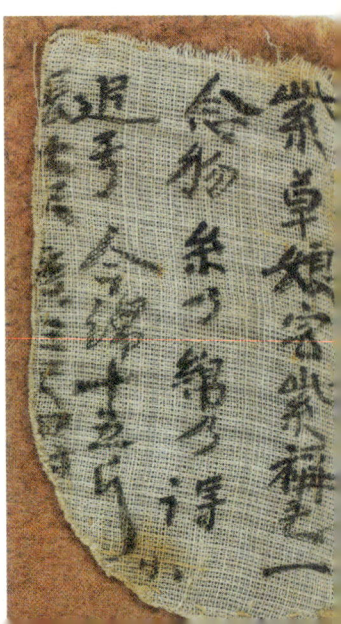

	13
12	---
	14

15

16

12. 신라산 금동제 가위(剪子)
13~14. 신라산(新羅産) 금속용기(金屬容器)
15. 신라금(新羅琴)
16. 쌍육반(雙六盤)

실크로드 絲綢之路
연구 중요 문헌목록 文獻目錄
研究   重要

Introduction to Research History of Civilizational Exchanges on Silk Road

1. 문헌목록(文獻目錄)

美術研究所, 1941, 『東洋美術文献目録定期刊行物所載古美術文献昭和十年以前』上·下, 座右寶刊行會.

敦煌文献研究連絡會(編), 1959, 『敦煌文献研究論文目録』, 東洋文庫.

東洋文庫敦煌文献研究委員會, 1967, 『スタイン敦煌文献及び研究文献に引用紹介せられたる西域出土漢文文献分類目録初稿 非仏教文献之部文書類Ⅱ』, 東洋文庫.

東京文化財研究所(編), 1969, 『日本東洋古美術文獻目録昭和11年~40年定期刊行物所載』, 中央公論美術出版.

河内良弘(編), 1972, 『日本における東北アジア研究論文目録』, 汲古書院.

梅村坦(編), 1979, 『東西交渉史文献目録』, シルクロード社.

長澤和俊(編), 1981, 『東西交渉史研究文献目録1900-1955』.

ユネスコ東アジア文化研究センター(編), 1988, 『日本における中央アジア関係研究文献目録:1879年-1987年3月 Bibliography of Central Asian Studies in Japan:1879-March 1987』, 財團法人東洋文庫附設ユネスコ東アジア文化研究センター.

甘肅省社會科學學會联合會·甘肅省图书館, 1989, 『丝绸之路文献叙录』, 兰州大學出版社. ISBN: 9787311002251

(財)東洋文庫ユネスコ東アジア文化研究センター(編), 1992, 1993, 『日本における中東·イスラーム研究文献目録：1868年-1988年』, 財團法人東洋文庫ユネスコ東アジア文化研究センタ.

岳峰·周玲華(編), 1994, 『絲綢之路研究文獻書目索引』, 新疆人民出版社.

東洋文庫, 1999, 『榎一雄文庫目録和文漢文編』, 東洋文庫.

東洋史研究論文目録編集委員會(編), 2000, 『日本における東洋史論文目録』Ⅰ-Ⅳ, 東洋書林.

東京文化財研究所(編), 2005, 『日本東洋古美術文獻目録1966-2000年定期刊行物所載』, 中央公論美術出版.

長田俊樹, 2005, 『インダス文明研究の回顧と展望及び文獻目録』(中洋言語·考古·人類·民俗叢書1), インダス·プロジェクト.

樊锦诗·才让·杨福學, 2015, 『丝绸之路民族文献与文化研究』, 甘肃教育出版社. ISBN9787542329578

委會, 2016, 『丝绸之路西域文献史料辑要』, 新疆美术摄影出版社·新疆电子音像出版社. ISBN9787546968926

김장구(편), 2019, 「부록3, 4, 5, 6중국, 일본, 미국의 실크로드 연구목록, 한국의 실크로드·중앙아시아 연구목록」,『신북방정책과 초원 실크로드에 대한 인문학적 탐색』, 경제·인문사회연구회.

國家圖書館·劉波(編), 2019,『絲綢之路硏究論文目錄』, 學苑出版社.

2. 통사(通史)

Richthofen, Ferdinand Freiherr von. 1877. *China: Ergebnisse eigener Reisen und darauf ge-gründeter Studien* [*China: Findings of My Own Travels and Studies Based Thereon*]. Vol. 1. Berlin: Dietrich Reimer.

羽田亨, 1931,『西域文明史槪論』, 東京, 弘文堂書房.

藤田豊八, 1932,『東西交涉史の硏究』上·下, 岡書院.

桑原隲藏, 1933,『東西交通史論叢』, 至文堂.

Hedin, Sven, 1938, *The Silk Road*, London, George Routledge & Sons, Ltd.

岩村忍, 1939,『十三世紀東西交涉史序說』, 三省堂.

藤田豊八, 1943,『東西交涉史の硏究-西域篇及附篇-』, 荻原星文館.

リヒトホーフェン(著), 望月勝海·佐藤晴生(訳), 1942,『支那1-支那と中央アジア-』,(東亜研究叢書第14巻), 岩波書店.

羽田明(編), 1957,『東西交通史』,(アジア史講座6), 岩崎書店.

江上波夫(編), 1960,『東西文化の交流』,(図説世界文化史大系26), 角川書店.

松田壽男, 1962,『東西文化の交流』, 弘文堂.

長沢和俊, 1962,『シルクロード-東西文化のかけ橋-』, 校倉書房.

林良一, 1962,『シルクロード』, 美術出版社.

加藤九祚, 1965,『シルクロードの十字路中央アジアの昔と今』,(秘境探検雙書), ベースボール·マガジン社.

石母田正(外編), 1966,『古代史講座13 古代における交易と文化交流』, 學生社.

ウェ·バルトリド(著), 長沢和俊(訳), 1966,『中央アジア史槪說』,(角川文庫), 角川書店.

加藤九祚, 1970,『西域·シベリア タイガと草原の世界』, 新時代社.

增田精一, 1970,『砂に埋められたシルクロード』,(沈黙の世界史7), 新潮社.

고병익, 1970,『동아교섭사의 연구』, 서울대학교출판부.

V.マッソン(著), 加藤九祚(譯), 1970, 『埋もれたシルクロード』, 岩波新書.

岡崎敬, 1973, 『東西交涉の考古學』, 平凡社.

榎一雄, 1977, 『東西文明の交流 図説中國の歷史12』, 講談社.

間野英二, 1977, 『中央アジアの歷史』(講談社現代新書458新書東洋史8) 講談社.

長沢和俊, 1979, 『シルクロード史研究』, 國書刊行會.

長沢和俊, 1979, 『東西文化の交流新シルクロード論』白水社.

長沢和俊, 1983, 『シルクロード 歷史と文化』角川選書.

長沢和俊, 1983, 『シルクロード文化史』全3卷, 白水社.

Beurdeley, Cécile. 1985. *Sur les Routes de la Soie: Le grand voyage des objects d'art.* Office du Livre. (ISBN9782826400219 생략)

江上波夫(編), 1987, 『中央アジア史』, (世界各國史), 山川出版社. ISBN 9784634411609

楊建新·芦葦, 1988, 『絲綢之路』, 甘肅人民出版社

羽田亨, 1992, 『西域文明史槪論·西域文化史』, 東京, 平凡社.

榎一雄, 1992, 『榎一雄著作集中央アジア史1, 2, 3』, 汲古書院9784762924460

榎一雄, 1993, 『榎一雄著作集東西交涉史1, 2, 3』, 汲古書院978476292446

Bentley, Jerry H. 1993. *Old World Encounters: Cross-Cultural Contacts and Exchanges in Pre-Modern Times.* New York: Oxford University Press.

Elisseeff, Vadime, ed. 1998. *The Silk Roads: Highways of Culture and Commerce.* Paris: UNESCO Publishing. ISBN92-3-103652-1

Sasson, Jack M., ed. 1995. *Civilizations of the Ancient Near East* I-IV.

Charles Scribner's Sons. ISBN0684192799

第9回大學と科學公開シンポジウム組織委員會(編), 1996, 『アジアの古代文明を探る歷史と水の流れ』, クバプロ. ISBN4-906347-45-2

梅村坦, 1997, 『內陸アジア史の展開』, (世界史リブレット11), 山川出版社.

樺山紘一(編), 1997, 『岩波講座世界歷史(11)中央ユーラシアの統合-9-16世紀』, 岩波書店. ISBN978-4000108317

樺山紘一(編), 1998, 『岩波講座世界歷史(2)オリエント世界-7世紀』, 岩波書店. ISBN978-4000108225

樺山紘一(編), 1998, 『岩波講座世界歷史(3)中華の形成と東方世界-2世紀』, 岩波書店. ISBN 978-4000108232

樺山紘一(編), 1998, 『岩波講座世界歷史(4)地中海世界と古典文明－前1500年-後4世紀』, 岩波書店. ISBN978-4000108249

樺山紘一(編), 1998, 『岩波講座世界歷史(5)帝國と支配－古代の遺産』, 岩波書店. ISBN978-4000108256

樺山紘一(編), 1999, 『岩波講座世界歷史(6) 南アジア世界・東南アジア世界の形成と展開15世紀－地域を結ぶダイナミズム』, 岩波書店. ISBN978-4000108263

藤川繁彦(編), 1999, 『世界の考古學 6 - 中央ユーラシアの考古學』, 同成社.

竺沙雅章(監修), 間野英二(編), 1999, 『アジアの歴史と文化〈8〉中央アジア史』, 同朋舍. ISBN9784810408614

小松久男(編), 2000, 『中央ユーラシア史』, 山川出版社.

정수일, 2001, 『고대문명교류사』, 사계절.

정수일, 2001, 『씰크로드학』, 창작과 비평사.

신형식(외), 2002, 『신라인의 실크로드』, 백산자료원.

Wood, Frances. 2004. *The Silk Road: Two Thousand Years in the Heart of Asia.* Berkeley: University of California Press. (ISBN9780520243408 생략)

Boulnois, Luce. 2005. *Silk Road: Monks, Warriors and Merchants on the Silk Road.* Hong Kong: Odyssey Publications. ISBN9622177204

森安孝夫, 2007, 『興亡の世界史05シルクロードと唐帝國』, 東京, 講談社.

岩村忍, 2007, 『文明の十字路=中央アジアの歴史』, (講談社學術文庫), 講談社.

堀敏一, 2008, 『東アジア世界の歴史』, (講談社學術文庫), 講談社.

岡內三眞(편), 2008, 『シルクロードの考古學』, 早稻田大學.

Liu, Xinru, and Lynda Norene Shaffer. 2007. *Connections Across Eurasia: Transportation, Communication, and Cultural Exchange on the Silk Roads.* New York: McGraw Hill. ISBN780072843514 생략

Liu, Xinru. 2010. *The Silk Road in World History.* New York: Oxford University Press.

荒川正晴, 2010, 『ユーラシアの交通・交易と唐帝國』, 名古屋, 名古屋大學出版會.

Rtveladze Edvard・加藤九祚訳, 2011, 『考古學が語るシルクロード史-中央アジアの文明・國家・文化-』, 東京, 平凡社.

杉山正明, 2011, 『遊牧民から見た世界史増補版』, (日経ビジネス人文庫), 日本経済新聞出版.

ISBN9784532195991

Hansen, Valerie. 2011. *The Silk Road: A New History*. London: Oxford University Press. ISBN9780190218423

Howard, Michael C. 2012. *Transnationalism in Ancient and Medieval Societies: the Role of Cross Border Trade and Travel*. McFarland & Company.

Liu, Xinru. 2012. *The Silk Roads: A Brief History with Documents*. New York: Bedford/St. Martin's.

Baumer, Christoph. 2012. T*he History of Central Asia: The Age of the Steppe Warriors*. I.B.Tauris & Co Ltd. ISBN978-1-78076-060-5

Baumer, Christoph. 2014. T*he History of Central Asia: The Age of the Silk Roads*. I.B.Tauris & Co Ltd. ISBN9781780768328

フィリップ・パーカー(著), 蔵持不三也・嶋内博愛(訳), 2015, 『世界の交易ルート大図鑑陸・海路を渡った人・物・文化の歴史』, 柊風舎. ISBN9784864980241

Cunliffe, Barry. 2015. *By Steppe, Desert, And Ocean-The Birth Of Eurasia*. Oxford University Press.

ヴァレリー・ハンセン(著), 田口未和(訳), 2016, 『図説シルクロード文化史』, 原書房.

岡内三眞(편)・박천수(역), 2016, 『실크로드의 고고학』, 진인진.

冉萬里, 2016, 『絲路豹斑』, 科學出版社. ISBN9787030477217

Ball, Warwick. 2016. *Rome in the East: Transformation of an Empire*, 2nd ed. London: Routledge. ISBN9780415720786

小松久男・荒川正晴・岡洋樹(編), 2018, 『中央ユーラシア史研究入門』, 山川出版社.

水嶋都香, 2018, 『拡大シルクロード全史』, 第一書房, ISBN 9784804207872

수전횟필드외(저), 이재황(역), 2019, 『SilkRoads-People Cultures.Landscapes-실크로드』, 책과함께.

Geordie Torr(저)・岡本千晶(역), 2019, 『The Silk Roadsシルクロード歴史大百科』, 原書房.

Tom Miller (著), 田口未和 (訳), 2018, 『中國の「一帯一路」構想の真相: 陸と海の新シルクロード経済圏』, 原書房. ISBN978-4562055722

김장구(편), 2019, 『신북방정책과 초원 실크로드에 대한 인문학적 탐색』, 경제・인문사회연구회.

Benjamin, Craig. 2018. *Empires of Ancient Eurasia: The First Silk Roads Era, 100 BCE – 250 CE* (New Approaches to Asian History). Cambridge: Cambridge University Press.

ISBN9781107535435

During, Bleda S., and Tesse D. Stek, eds. 2018. *The Archaeology of Imperial Landscapes: A Comparative Study of Empires in the Ancient Near East and Mediterranean World*. Cambridge: Cambridge University Press. ISBN9781107189706

古庄浩明, 2019,『中央アジアの歴史と考古學』, 三恵社. ISBN978-4866930879

McLaughlin, Raoul. 2019. *The Roman Empire and the Silk Routes: The Ancient World Economy and the Empires of Parthia, Central Asia and Han China*. Kindle Edition.

Ghosh, Lipi, ed. 2019. *The Southern Silk Route: Historical Links and Contemporary Convergences*. Manohar. ISBN9789388540100

Nimura, Courtney, Helen Chittock, Peter Hommel, and Chris Gosden, eds. 2020, *Art in the Eurasian Iron Age: Context, Connections and Scale*. Oxbow Books. ISBN9781789253948

森安孝夫, 2020,『シルクロード世界史』, (講談社選書メチエ), 講談社. ISBN 978-4065208915

林梅春(著), 張敏·琴知雅·鄭皓云(譯), 2020,『실크로드 고고학 강의』, 소명출판.

에드워드 H. 셰이퍼(저)·이호영(역), 2021,『사마르칸트의 황금복숭아-대당제국의 이국적 수입 문화』, 글항아리.

朴天秀(외), 2021,『신라 유라시아로 나아가다』, 경북대학교박물관.

3. 사전(事典) 도록(圖錄) 자료집(資料集) 학술회의논문집(學會發表論文集) 논집(論集)

1) 事典

高津春繁, 1960,『ギリシア·ローマ神話辞典』, 岩波書店.

下中邦彦, 1979,『世界考古學事典上, 下』, 平凡社.

東大寺教學部(編)1989,『シルクロード往来人物辞典』, 同朋舍出版.

前嶋信次·加藤九祚, 1993,『シルクロード事典』, 芙蓉書房.

長沢和俊(編), 1994,『新シルクロード百科』, 雄山閣出版.

王尚壽·李成家(編), 1995,『丝绸之路文化大辞典』, 紅旗出版社 ISBN7-80068-606-X/K33

杉村棟(編), 1997,『MIHO MUSEUM南館図録』, MIHO MUSEUM.

周偉洲·丁景泰(編), 2001,『絲綢之路大辭典』, 陝西人民出版社.

長沢和俊(編), 2002, 『シルクロードを知るジ事典』, 東京堂出版.

小松久男・梅村坦・宇山智彦・帯谷知可・堀川徹(編), 2005, 『中央ユーラシアを知る事典』, 平凡社.

三杉隆敏・榊原昭二(編), 2006, 『海のシルク・ロード事典』, 新朝選書.

三杉隆敏, 2006, 『海のシルクロードを調べる事典』, 芙蓉書房出版.

Roy, Kumkum. 2008. *Historical Dictionary of Ancient India*. Historical Dictionaries of Ancient Civilizations and Historical Eras, No. 23. Lanham: The Scarecrow Press.

大村次郷, 2010, 『シルクロード 歴史と今がわかる事典』, 岩波ジュニア新書.

정수일(편), 2013, 『실크로드 사전』, 경상북도·한국문명교류연구소.

정수일(편), 2014, 『해상 실크로드 사전』, 경상북도·한국문명교류연구소.

前田專學・江島惠教・応地利明・小西正捷・辛島昇, 2002, 『南アジアを知る事典』, 平凡社.

長沢和俊(編), 2002, 『シルクロードを知る事典』, 東京堂出版.

日本オリエント學會(編), 2004, 『古代オリエント事典』, 岩波書店.

ピョートル・ビエンコウスキ・アラン・ミラード(著), 池田潤・山田恵子・山田雅道(訳), 2004, 『大英博物館版図説古代オリエント事典』, 東洋書林. ISBN978-4887216396

西谷正(編), 2007, 『東アジア考古學辭典』, 東京堂出版.

シルクロード検定実行委員會, 2019, 『読む事典シルクロードの世界』, ＮＨＫ出版.

국립문화재연구소미술문화재실(편), 2019, 『실크로드 연구사전 동부:중국 신장』, 국립문화재연구소.

Ball, Warwick. 2019. *Archaeological Gazetteer of Afghanistan*. Oxford University Press. ISBN9780199277582

2) 圖錄 史料 資料集 學術會議論文集 論集

中國科學院歷史研究所資料室, 1963, 『敦煌資料1』, 大安.

日本オリエント學會(編), 1975, 『三笠宮殿下還暦記念オリエント學論集』, 講談社.

江上波夫教授古稀記念事業會(編), 1976, 『江上波夫教授古稀記念論集考古・美術篇』, 山川出版社. ISBN978-4634655102

江上波夫教授古稀記念事業會(編), 1977, 『江上波夫教授古稀記念論集歷史篇』, 山川出版社. ISBN978-4634655300

江上波夫教授古稀記念事業會(編), 1977, 『江上波夫教授古稀記念論集民族・文化篇』, 山川出版社. ISBN978-4634655201

日本オリエント學會(編), 1978,『オリエント學インド學論集-足利惇氏博士喜寿記念』, 國書刊行會. ISBN978-4336000538

日本オリエント學會, 1979,『創立25周年記念 オリエント學論集』, 刀水書房.

日本オリエント學會, 1984,『創立30周年記念 オリエント學論集』, 刀水書房.

日本オリエント學會(編), 1985,『三笠宮殿下古稀記念オリエント學論集』, 小學館. ISBN4096260614

田辺勝美・堀晄(編), 1987,『シルクロード美術論集深井晋司博士追悼』, 吉川弘文館.

日本オリエント學會, 1990,『創立35周年記念オリエント學論集』, 刀水書房.

古代オリエント博物館(編), 1994,『古代オリエント論集江上波夫先生喜寿記念』, 山川出版社.

奈良縣立美術館, 1988,『シルクロード大文明展-シルクロード・オアシスと草原の道』, 奈良縣立美術館.

奈良縣立美術館, 1988,『シルクロード大文明展-シルクロード・佛教美術傳來の道』, 奈良縣立美術館.

古代オリエント博物館(編), 1995,『文明學原論江上波夫先生米寿記念論集』, 山川出版社. ISBN978-4634672109

出光美術館, 2001,『シルクロードの寶物』, 出光美術館

Aruz, Joan. 2003. *Art of the First Cities: The Third Millennium BC from the Mediterranean to the Indus*. Metropolitan Museum of Art Series. New York: Metropolitan Museum of Art. ISBN978-0300098839

三笠宮殿下米寿記念論集刊行會, 2004,『三笠宮殿下米寿記念論集』, 刀水書房. ISBN:4887083343

大広(編), 2005,『china crossroads of culture 中國文化の十字路展』, 大広.

東北亞歷史財團(編), 2009,『譯註中國正史外國傳1 史記外國傳譯註』, 文東北亞歷史財團.

東北亞歷史財團(編), 2009,『譯註中國正史外國傳2 漢書 外國傳 譯註上』, 文東北亞歷史財團.

東北亞歷史財團(編), 2009,『譯註中國正史外國傳2 漢書 外國傳 譯註下』, 文東北亞歷史財團.

東北亞歷史財團(編), 2009,『譯註中國正史外國傳3 後漢書 外國傳 譯註上』, 文東北亞歷史財團.

東北亞歷史財團(編), 2009,『譯註中國正史外國傳3 後漢書 外國傳 譯註下』, 文東北亞歷史財團.

東北亞歷史財團(編), 2009,『譯註中國正史外國傳4 三國志・晉書 外國傳 譯註』, 文東北亞歷史財團.

東北亞歷史財團(編), 2010,『譯註中國正史外國傳5 宋書 外國傳 譯註』, 文東北亞歷史財團.

東北亞歷史財團(編), 2010,『譯註中國正史外國傳6 南齊書・梁書・南史 外國傳譯註』, 文東北亞歷史財團.

東北亞歷史財團(編), 2010,『譯註中國正史外國傳7 魏書 外國傳 譯註』, 文東北亞歷史財團.

東北亞歷史財團(編), 2009,『譯註中國正史外國傳8 周書・隋書外國傳譯註』, 文東北亞歷史財團.

東北亞歷史財團(編), 2009,『譯註中國正史外國傳9 北史外國傳譯註上』, 文東北亞歷史財團.

東北亞歷史財團(編), 2009, 『譯註中國正史外國傳9北史外國傳譯註下』, 文東北亞歷史財團.

東北亞歷史財團(編), 2011, 『譯註中國正史外國傳10舊唐書外國傳譯註上』, 文東北亞歷史財團.

東北亞歷史財團(編), 2011, 『譯註中國正史外國傳10舊唐書外國傳譯註下』, 文東北亞歷史財團.

東北亞歷史財團(編), 2011, 『譯註中國正史外國傳11新唐書外國傳譯註上』, 東北亞歷史財團.

東北亞歷史財團(編), 2011, 『譯註中國正史外國傳11新唐書外國傳譯註下』, 東北亞歷史財團.

東北亞歷史財團(編), 2011, 『譯註中國正史外國傳12舊五代史·新五代史外國傳 譯註』, 東北亞歷史財團.

東北亞歷史財團(編), 2010, 『譯註中國正史外國傳13宋史外國傳譯註1(外國傳上)』, 東北亞歷史財團.

東北亞歷史財團(編), 2010, 『譯註中國正史外國傳13宋史外國傳譯註2(外國傳下)』, 東北亞歷史財團.

東北亞歷史財團(編), 2010, 『譯註中國正史外國傳13宋史外國傳譯註3(蠻夷傳)』, 東北亞歷史財團.

東北亞歷史財團(編), 2014, 『譯註中國正史外國傳14 遼史·金史·元史 外國傳 譯註』, 東北亞歷史財團.

東北亞歷史財團(編), 2012, 『譯註中國正史外國傳15明史外國傳譯註1(外國傳 上)』, 東北亞歷史財團.

東北亞歷史財團(編), 2012, 『譯註中國正史外國傳15明史外國傳譯註2(外國傳 中)』, 東北亞歷史財團.

東北亞歷史財團(編), 2012, 『譯註中國正史外國傳15明史外國傳譯註3(外國傳 下)』, 東北亞歷史財團.

東北亞歷史財團(編), 2012, 『譯註中國正史外國傳15明史外國傳譯註4(西域傳)』, 東北亞歷史財團.

東北亞歷史財團(編), 2012, 『譯註中國正史外國傳15明史外國傳譯註5(外國傳 上司傳上)』, 東北亞歷史財團.

東北亞歷史財團(編), 2012, 『譯註中國正史外國傳15明史外國傳譯註6(外國傳 上司傳中)』, 東北亞歷史財團.

東北亞歷史財團(編), 2012, 『譯註中國正史外國傳15明史外國傳譯註7(外國傳 上司傳下)』, 東北亞歷史財團.

박천수(외), 2011, 『東亞細亞의 고분 역연대 자료집』, 학연문화사.

國家文物局(編), 2014, 『絲綢之路』, 文物出版社. ISBN978-7-5010-4121-3

朴天秀(編), 2015, 『실크로드와 신라-유리의 길-』, 경북대학교박물관·경주세계문화엑스포.

朴天秀(編), 2018, 『李(加藤)九祚의 生涯와 絲綢之路 琉璃, 織物』, 경북대학교실크로드조사연구센터·경북대학교박물관.

岡山市立オリエント美術館·古代オリエント博物館(編), 2018, 『シルクロード新世紀 ーヒトが動き´モノが動くー』, 岡山市立オリエント美術館·古代オリエント博物館.

Ebbinghaus, Susanne, ed. 2018. *Animal-Shaped Vessels from the Ancient World: Feasting with Gods, Heroes, and Kings*. Harvard Art Museum. ISBN9780300237030

박천수(외), 2019, 『Silk Road 文明交流史』Ⅲ, 경북대학교인문학술원실크로드조사연구센터·경북대학교고고인류학과·중앙아시아학회·우석대학교실크로드영상연구원.

山田勝久(著), 2020, 『シルクロード悠久の天地』, 笠間書院. ISBN 978-4305709233

동양학연구원(편), 2020, 『고대 문명의 교역과 교류』, (제50회동양학연구원국제학술회의), 단국대학교 동양학연구원.

朴天秀(編), 2020, 『유라시아 실크로드 복식교류』, 경북대학교 출판부.

朴天秀(編), 2021, 『신라 유라시아로 나아가다』, 경북대학교박물관.

4. 전집(全集) 지도(地圖) 지지(地誌) 여행기(旅行記)

1) 全集

陳舜臣·NHK取材班, 1980, 『シルクロード糸綢之路第1卷長安から河西回廊へ』, 日本放送出版協會.

井上靖·NHK取材班, 1980, 『シルクロード第二卷敦煌砂漠の大画廊』, 日本放送出版協會.

井上靖·岡崎敬·NHK取材班, 1980, 『シルクロード第三卷幻の楼蘭·黒水城』, 日本放送出版協會.

井上靖·NHK取材班, 1980, 『シルクロード第四卷流砂の道西域南道を行く』, 日本放送出版協會.

陳舜臣·NHK取材班, 1980, 『シルクロード糸綢之路第五卷天山南路の旅トルファンからクチャへ』, 日本放送出版協會.

司馬遼太郎·NHK取材班, 1981, 『シルクロード糸綢之路第六卷民族の十字路イリ·カシュガル』, 日本放送出版協會.

司馬遼太郎·NHK取材班, 1983, 『シルクロードローマへの道第七卷パミールを越えてパキスタンインド』, 日本放送出版協會.

陳舜臣·藤井秀夫·NHK取材班, 1983, 『シルクロードローマへの道第八卷コーランの世界イランイラク』, 日本放送出版協會.

井上靖·樋口隆康·NHK取材班, 1983, 『シルクロードローマへの道第九卷大草原をゆくソビエト(1)』, 日本放送出版協會.

井上靖·加藤九祚·NHK取材班, 1984, 『シルクロードローマへの道第十卷アジア最深部ソビエト(2)』, 日本放送出版協會.

陳舜臣·江上波夫·NHK取材班, 1984, 『シルクロードローマへの道第十一卷騎馬·隊商の道』, 日本放

送出版協會.

井上靖他·NHK取材班, 1984,『シルクロード 糸綢之路第十二卷すべての道はローマに通す』, 日本放送出版協會.

佐藤昭(編), 1985,『遥かなる文明の旅1 西域をゆく』, 學研

佐藤昭(編), 1985,『遥かなる文明の旅2 アレキサンダーの道』, 學研

佐藤昭(編), 1985,『遥かなる文明の旅3 万里の長城』, 學研.

佐藤昭(編), 1985,『遥かなる文明の旅4 仏教東漸図』, 學研.

佐藤昭(編), 1985,『遥かなる文明の旅5 大唐長安』, 學研.

佐藤昭(編), 1985,『遥かなる文明の旅6 正倉院と大仏』, 學研.

佐藤昭(編), 1985,『遥かなる文明の旅7 密教の道·禅の道』, 學研.

佐藤昭(編), 1985,『遥かなる文明の旅8 モンゴル世界帝國』, 學研.

佐藤昭(編), 1985,『遥かなる文明の旅9 海上の道』, 學研.

佐藤昭(編), 1985,『遥かなる文明の旅10 蘇る西域』, 學研.

木村重信, 1987,『世界の大遺跡1先史の世界』, 講談社ISBN 978-4061921511

桜井清彦, 1986,『世界の大遺跡2ナイルの王墓と神殿』, 講談社ISBN :978-4061921528

小川英雄, 1987,『世界の大遺跡3地中海アジアの古都』, 講談社ISBN978-4061921535

増田精一, 1988,『世界の大遺跡4メソポタミアとペルシア』, 講談社ISBN978-4061921542

三浦一郎, 1987,『世界の大遺跡5エーゲとギリシアの文明』, 講談社ISBN978-4061921559

弓削 達, 1987,『世界の大遺跡6ローマ帝國の栄光』, 講談社ISBN9784061921566

杉山二郎, 1988,『世界の大遺跡7シルクロードの残映』, 講談社ISBN 978-4061921573

樋口隆康·田村仁, 1988,『世界の大遺跡8インドの聖域』, 講談社ISBN978-4061921580

樋口隆康, 1988,『世界の大遺跡9古代中國の遺産』, 講談社ISBN978-4061921597

上原和, 1989,『世界の大遺跡10古代朝鮮のあけぼの』, 講談社ISBN978-4061921603

森浩一1988,『世界の大遺跡11日本文化の開花』, 講談社ISBN978-4061921610

大林太良, 1987,『世界の大遺跡12アンコールとボロブドゥール』, 講談社ISBN978-4061921627

大貫良夫, 1987,『世界の大遺跡13マヤとインカ』, 講談社ISBN978-4061921634

宮内廳事務所, 1994－1997,『正倉院寶物』1－Ⅳ, 東京, 毎日新聞社.

友部直(編), 1994,『世界美術大全集西洋編1エジプト美術』, 小學館. ISBN978-4096010020

友部直·水田徹(編), 1997,『世界美術大全集西洋編 3 エーゲ海とギリシア·アルカイック』, 小學館.

ISBN978-4096010037

水田徹(編), 1994, 『世界美術大全集西洋編4ギリシア・クラシックとヘレニズム』, 小學館. ISBN978-4096010044

靑柳正規(編), 1997, 『世界美術大全集西洋編5 古代地中海とローマ世界』, 小學館. ISBN9978-4096010051

高濱秀・岡村秀典(編), 1999, 『世界美術大全集東洋編1先史・殷・周』, 小學館. ISBN978-4096010518

曽布川寛・谷豊信(編), 1998, 『世界美術大全集東洋編2秦・漢』, 小學館. ISBN978-4096010525

曽布川寛・岡田健(編), 1999, 『世界美術大全集東洋編3三國・南北朝』, 小學館. ISBN978-4096010532

百橋明穗・中野徹(編), 1997, 『世界美術大全集東洋編4隋・唐』, 小學館. ISBN 978-4096010549

小川裕充・弓場紀知(編), 1998, 『世界美術大全集東洋編5五代・北宋・遼・西夏』, 小學館. ISBN978-4096010556

嶋田英誠・中澤富士雄(編), 2000, 『世界美術大全集東洋編6南宋・金』, 小學館. ISBN978-4096010563

海老根聰郎・西岡康宏(編), 1999, 『世界美術大全集東洋編7元』, 小學館. ISBN978-4096010570

西岡康宏・宮崎法子(編), 1999, 『世界美術大全集東洋編8明』, 小學館. ISBN978-4096010587

中野徹・西上実(編), 1998, 『世界美術大全集東洋編9淸』, 小學館. ISBN978-4096010594

菊竹淳一・吉田宏志(編), 1998, 『世界美術大全集東洋編10高句麗・百済・新羅・高麗』, 小學館. ISBN978-4096010600

菊竹淳一・吉田宏志(編), 1999, 『世界美術大全集東洋編11朝鮮王朝』, 小學館.978-4096010617

肥塚隆(編), 2000, 『世界美術大全集東洋編12東南アジア』, 小學館. ISBN978-4096010655

宮治昭・肥塚隆(編), 2000, 『世界美術大全集東洋編13インド1』, 小學館. ISBN978-4096010631

肥塚隆・宮治昭(編), 1998, 『世界美術大全集東洋編14インド2』, 小學館. ISBN978-4096010648

田辺勝美・前田耕作(編), 2000, 『世界美術大全集東洋編15中央アジア』, 小學館. ISBN978-4096010624

田辺勝美・松島英子(編), 2000, 『世界美術大全集東洋編16西アジア』, 小學館. ISBN978-4096010662

小學館(編), 2001, 『世界美術大全集東洋編17総索引』, 小學館. ISBN 978-4096010686

NHK「新シルクロード」プロジェクト, 2005, 『NHKスペシャル新シルクロード第1卷楼蘭-四千年の眠り-, トルファン-灼熱の大画廊-』, 日本放送出版協會.

NHK「新シルクロード」プロジェクト, 2005, 『NHKスペシャル新シルクロード第2卷草原の道-風の民-, タクラマカン-西域のモナリザ-』, 日本放送出版協會.

NHK「新シルクロード」プロジェクト, 2005, 『NHKスペシャル新シルクロード第3卷天山南路-ラピス

ラズリの輝き-, 敦煌-石窟に死す-』, 日本放送出版協會.

NHK「新シルクロード」プロジェクト, 2005, 『NHKスペシャル新シルクロード第4巻青海-天空をゆく-, カラホト-砂に消えた西夏-』, 日本放送出版協會.

NHK「新シルクロード」プロジェクト, 2005, 『NHKスペシャル新シルクロード第5巻カシュガル-千年の路地に詩が流れる-, 西安-永遠の都-』, 日本放送出版協會.

劉煒(著)·伊藤晋太郎(譯)·稲畑耕一郎(監修), 2005, 『図説中國文明史4秦漢 雄偉なる文明』, 創元社. ISBN978-4422202556

羅宗真(著)·劉煒(譯)·稲畑耕一郎(監修), 2005, 『図説中國文明史5魏晋南北朝融合する文明』, 創元社. ISBN978-4422202563

趙春青(著)·秦文生(著)·劉煒(編)·稲畑耕一郎(監修), 2006, 『図説中國文明史1先史 文明への胎動』, 創元社. ISBN9784422202525

稲畑耕一郎·尹夏清·佐藤浩一(著)·劉煒(編, 2006, 『図説中國文明史6隋·唐開かれた文明』, 創元社. ISBN978-4422202570

杭侃(著)·尹夏清(著)·劉煒(編)·大森信徳(譯)·稲畑耕一郎(監修), 2006, 『図説中國文明史7宋成熟する文明』, 創元社. ISBN9784422202594

杭侃(著)·表野和江(譯)·劉煒(編)·稲畑耕一郎(監修)·, 2006, 『図説中國文明史8遼西夏金元草原の文明』, 創元社. ISBN978-4422202587

劉煒(著)·何洪(著)·荻野友範(譯)·稲畑耕一郎(監修), 2007, 『図説中國文明史3春秋戦國 争覇する文明』, 創元社. ISBN978-4422202563

尹盛平(著)·劉煒(編)·荻野友範(譯)·稲畑耕一郎(監修), 2007, 『図説中國文明史2殷周文明の原点』, 創元社. ISBN978-4422202532

赵丰·尚刚·龙博, 2014, 『中國古代物质文化史纺织(上, 下)』, 开明出版社. ISBN9787513117579

韩國河(外), 2014, 『中國古代物质文化史(秦汉)』, 开明出版社. ISBN9787513117586

李梅田, 2014, 『中國古代物质文化史(魏晋南北朝)』, 开明出版社. ISBN9787513117548

沈睿文, 2015, 『中國古代物质文化史隋唐(五代)』, 开明出版社. ISBN9787513119498

刘颖, 2014, 『中國古代物质文化史绘画·石窟寺壁画(高昌)』, 开明出版社. ISBN9787513117562

任平山, 2015, 『中國古代物质文化史绘画·石窟寺壁画(龟兹)』, 开明出版社. ISBN9787513100021

开明出版社, 2015, 『中國古代物质文化史绘画·石窟寺壁画(敦煌)』, 开明出版社. ISBN9787513117555

刘毅, 2016, 『中國古代物质文化史(陵墓)』, 开明出版社. ISBN9787513117609

刘婕·李小旋·邵菁菁, 2017, 『中國古代物质文化史绘画·墓室壁画(汉)』, 开明出版社. ISBN9787513132084

齊東方·李雨生, 2018, 『中國古代物质文化史(玻璃器)』, 开明出版社. ISBN9787513100168

2) 地圖

加藤九祚(監修)·林俊雄(著)·池崎功(畵), 1982, 『シルクロード歷史地圖』, 新時代社.

Michael, Wood. 1985. *The World Atlas of Archaeology.* G.K.Haiis&Co.

D&R・ホワイトハウス・蔵持不三譯, 1984, 『世界考古學地圖』, 原書房.

櫻井淸彦(監譯), 1984, 『圖說世界古代遺迹地圖』, 原書房.

田邊勝美(監譯), 1987, 『世界考古學大圖典』, 同朋社.

關口精一, 1988, 『シルクロード詳圖-蘭州からアラル海まで-』, 八雲書店.

Scarre, Christopher, ed. 2003. *Past Worlds of Archaeology.* Times Books. ISBN978-0723003069

Chris Scarre(編)·小川英雄外(譯), 1991, 『朝日=タイムズ世界考古學地圖：人類の起源から産業革命まで』, 朝日新聞社.

フェリペ フェルナンデス・アルメスト(編)·植松 みどり(訳), 1995, 『世界探檢歷史地図-タイムズ・アトラス』, 原書房.

Richard J A Talbert(著), 野中夏実·小田 謙爾 (訳), 1996, 『ギリシア・ローマ歷史地圖』, 原書房.

史念海(編), 1996, 『西安歷史地圖集』, 西安地圖出版社.

Bahn, Paul G., ed. 2000. *The Atlas of World Archaeology.* Checkmark Books. （ISBN978-0816040513 생략）

Ian Barnes·Robert Hudson (著), 武井摩利(訳), 2001, 『ヨーロッパ大陸歷史地圖』, (大陸別世界歷史地圖1), 東洋書林.

Ian Barnes·Robert Hudson (著), 増田えりか(訳), 2001, 『アジア大陸歷史地図アジア大陸歷史地圖』, (大陸別世界歷史地図2), 東洋書林.

Wyse, Elizabeth. 2003. *Past Worlds of Archaeology.* Times Books Atlas.

Anastasio, S., M. Lebeau, and M. Sauvage, eds. 2004. *Atlas of Preclassical Upper Mesopotamia: Including a Supplement to "The Archaeology of Upper Mesopotamia. an Analytical Bibliography for the Pre-classical Periods" and an Analytical Repertory of Archaeological Excavations (Subartu).* Brepols Pub. ISBN10:2503991203

Kai-cheung, Dung. 2012. *Atlas*: *The Archaeology of an Imaginary City.* Weatherhead Books on Asia. Translated by Dung Kai-cheung, Anders Hansson. and Bonnie S. McDougall. Columbia University Press. ISBN-10: 023116100Xn

Wittke, Anne-Maria, Eckart Olshausen, and Richard Szydlak. 2012. *Historischer Atlas der antiken Welt.* J.B. Metzler.

ジョン・ヘイウッド(著), 蔵持不三也(訳), 2013, 『世界の民族・國家興亡歷史地図年表』, 柊風舎.

デヴィッド・ニコル(著), 清水和裕(監訳), 2014, 『イスラーム世界歷史地図』, 明石書店.

장 졸리(著), 이진홍·성일권(訳), 2014, 『지도로 보는 아프리카 역사 그리고 유럽, 중동, 아시아』, 시대의창. ISBN978-89-5940-299-1

新疆維吾爾自治區地圖集編纂委員會, 2016, 『新疆維吾爾自治區地圖集』, 中國地圖出版社.

김호동, 2016, 『아틀라스 중앙유라시아사』, 사계절.

Harper, Tom. 2018. *Atlas*: *A World Maps From the British Library.* British Library Publishing. ISBN9780712352918

ナショナル ジオグラフィック (編), 2019, 『古代史マップ 世界を変えた帝國と文明の興亡』, (ナショナル ジオグラフィック 別冊), 日経ナショナルジオグラフィック社. ISBN-13: 978-4863134294

Rapoport, Yossef. 2019. *Islamic Maps.* Bodleian Library. ISBN9781851244928

3) 史書 地誌 旅行記

Bonvalot (G.)1888.*Du Caucase aux Indes*. E.Plon, Nourrit et Cie.

劉曼卿(著), 松枝茂夫·岡崎俊夫(訳), 1939, 『西康·西蔵踏査記』, 改造社.

アルベルト・ヘルマン(著), 安武納(訳), 1944, 『古代絹街道』, 霞ヶ関書房.

スウェン・ヘディン(著), 梅棹忠夫(訳), 1955『ゴビ砂漠探検記』, (世界探検紀行全集11), 河出書房.

岑仲勉, 1958, 『突厥集史』, 中華書局.

青木一夫(訳), 1960, 『東方見聞錄』, 校倉書房.

アーサー・ブリーン(著), 山崎ミドリ(訳), 1961, 『ゴビ沙漠綺譚危険を買う8000キロの旅』, 内田老鶴圃.

坂本是忠, 1961, 『モンゴルから中央アジアへ』, 地人書館.

Gibb, H.A.R. 1962. *The Travels of Ibn Battuta, AD 1325-1354.* The Hakluyt Society at Cambridge University Press.

ロジェトベンスキー(著), 南信四郎(訳), 1963, 『ゴビ砂漠探検記』, (秘境探検雙書), ベースボール・マ
　　　　　ガジン社.

北川桃雄, 1963, 『敦煌美術の旅』, 雪華社.

長沢和俊, 1967, 『シルクロード踏査記』, 角川新書.

スウェン・ヘディン(著), 羽島重雄(訳), 1964, 『ゴビ砂漠横断』, (ヘディン中央アジア探検紀行全集6),
　　　　　白水社.

家島彦一, 1969, 『イブン・ファドラーンのヴォルガ・ブルガール旅行記』, 東京外國語大學アジア・アフ
　　　　　リカ言語文化研究所.

Herodotos・松平千秋(訳), 1971, 1972, 『歴史』上中下, 岩波文庫.

内田吟風他(訳注), 1971, 『騎馬民族史1 正史北狄伝』, (東洋文庫197), 平凡社.

司馬遷(著), 野口定男(訳), 1972, 『史記』, 平凡社.

趙汝适(著), 藤善真澄(譯), 1991, 『諸蕃志』(関西大學東西學術研究所訳注シリーズ5), 関西大學出版部.
　　　　　ISBN978-4873541303

司馬遷・小竹文夫・小竹武夫(訳), 1995『史記』1~8, ちくま學芸文庫.

班固・小竹武夫(訳), 1997~1998『漢書』1~8, ちくま學芸文庫.

桑山正進(編), 1998, 『慧超往五天竺國伝研究』, (京都大學人文科學研究所研究報告), 臨川書店.
　　　　　ISBN978-4653034834

飯尾都人(譯), 1999, 『ディオドロス神代地誌』, 龍溪書舎. ISBN 978-4-8447-8472-2

桑山正進・高田時雄(編), 1999, 『西域行記索引叢刊 1 大唐西域記』, 松香堂.

桑山正進・高田時雄(編), 2000, 『西域行記索引叢刊 2 大唐大慈恩寺三藏法師傳』, 松香堂.

桑山正進・高田時雄(編), 2001, 『西域行記索引叢刊 3 法顯傳・洛陽伽藍記・釋迦方志』, 松香堂.

강호동(역주), 2000, 『마르코 폴로의 동방견문록』, 사계절출판사.

家島彦一, 2003, 『イブン・バットゥータの世界大旅行-14世紀イスラームの時空を生きる』, 平凡社新書.

家島彦一, 2007, 『中國とインドの諸情報』, (東洋文庫), 平凡社.

家島彦一, 2009, 『ヴォルガ・ブルガール旅行記』, (東洋文庫), 平凡社.

家島彦一, 2011, 『インドの驚異譚』, (東洋文庫), 平凡社.

村川堅太郎訳註, 2011, 『エリュトゥラー海案内記』, 中公文庫

イブン・バットゥータ(著)・家島彦一(訳), 1996, 『大旅行記』1-8, 平凡社.

강인욱, 2015, 『유라시아 역사 기행』, 민음사

周去非(著), 楊武泉(校注), 2012, 『嶺外代答校注』, (中外交通史籍叢刊), 中華书局. ISBN9787101016659

蔀勇造(訳), 2016, 『エリュトゥラー海案内記』1, 2, (東洋文庫), 平凡社.

家島彦一, 2016, 『メッカ巡礼記旅の出會いに関する情報の備忘録』, (東洋文庫), 平凡社.

家島彦一, 2017, 『イブン・バットゥータと境域への旅-「大旅行記」をめぐる新研究』2, 名古屋大學出版會..

趙汝适(著), 朴世旭(譯), 1991, 『바다의 왕국들 제번지諸蕃志역주』, 嶺南大學校出版部. ISBN978-89-7581-596-6 93910

5. 초원로(草原路)

1) 報告書

А. Козырев.1905.Раскопкакурганав урочище Кара-Агач Акмолинского уезда, "Известия Императорскойархеологическойкомиссии", Вып.16.

濱田耕作·梅原末治, 1924, 『古蹟調査特別報告第三册慶州金冠塚と其遺寶』, 朝鮮總督府.

梅原末治, 1932, 『慶州金鈴塚飾履塚發掘調査報告』, (大正三十年度古蹟調査報告)第一册, 朝鮮總督府.

江上波夫·水野清一, 1935, 『内蒙古長城地帶』, 東亞考古學會.

池内宏, 1938, 『通溝上』, 日満文化協會.

池内宏·梅原末治, 1940, 『通溝下』, 日満文化協會.

梅原末治, 1932, 『慶州金鈴塚飾履塚發掘調査報告』, (大正三十年度古蹟調査報告)第一册, 朝鮮總督府.

田村実造·小林行雄, 1952, 『慶陵』, 京都大學文學部.

梅原末治, 1960, 『蒙古ノイン・ウラ発見の遺物』, 東洋文庫.

Akishev, K. A., and G. A. Kushaev. 1963. *Drevnyaya kul'tura sakov i usunei doliny reki Ili*. Alma-Ata.

국립문화재관리국, 1974, 『천마총 발굴조사보고서』, 문화공보부 국립문화재연구소.

Devlet, M. A. 1976. Bol'shoi Salbykskii kurgan. *Iz istorii Sibiri*. Tomsk.

田村実造, 1977, 『慶陵の壁画 絵画·彫飾·陶磁』, 同朋舎

奈良縣立橿原考古學研究所(編), 1977, 『新沢千塚126號墳』, 奈良縣立橿原考古學研究所.

Akishev, K. A. 1978. *Kurgan Issyk*. Moskva: Iskusstvo Publishers.

Ol'lkhovskii, V. S. 1978. Ranneskifskie pogrebal'nye sooruzheniya po Gerodotu i arkheologicheskim dannym. *Sovetskaya arkheologiya*, No.4.

Mozolevs'kii, B. M. 1979. *Tovsta mogila*. Kiev.

Gryaznov, M. P. 1980. *Arzhan: tsarskii kurgan ranneskifskogo remeni*. Leningrad.

池健吉·趙由典, 1981『安溪里古墳群發掘調查報告書』, 國立文化財研究所.

易曼白, 1981, 「新疆克爾木齊古墓群發掘簡報」, 『文物』1: 23-32.

Il'inskaya, V. A., and A. I. Terenozhkin. 1983. *Skifiya VII-IV vv. Do n.e.* Kiev.

日本經濟新聞社, 1985, 『シルクロードの遺寶』, 日本經濟新聞社.

문화재관리국, 1985 『황남대총(북분)발굴조사보고서』, 문화재관리국.

국립경주박물관·경북대학교박물관, 1990 『경주시 월성로고분군-하수도공사에 따른 수습발굴조사보고-』, 국립경주박물관·경북대학교박물관.

Alekseev, A. Yu., V. Yu. Murzin, and R. Rolle. 1991. *Chertomlyk: skifskii tsarskii kurgan IV veka do n.e.* Kiev.

趙榮濟(外), 1992, 『陜川玉田古墳群』III, 慶尙大學校博物館.

국립문화재연구소, 1993 『황남대총 남분 발굴조사보고서(도판·도면)』, 문화재관리국 국립문화재연구소.

內蒙古文物考古研究所·哲里木盟博物館, 1993, 『遼陳國公主墓』, 文物出版社.

국립문화재연구소, 1994 『황남대총 남분 발굴조사보고서(본문)』, 국립문화재연구소.

田村實造, 1994, 『慶陵調查紀行』平凡社

王炳華(編), 2001, 『交河溝西1994-1996年度考古發掘報告』, 新疆人民出版社.

魏堅, 2008, 『元上都(上, 下)』, 中國大百科全書出版社.

국립경주박물관, 2010, 『慶州 鷄林路14號墓』, 국립경주박물관.

Konstantin Von Cugunov, and Hermann Parzinger, Anatoli Nagler, 2010. *Der skythenzeitliche Fürstenkurgan Arzan 2 in Tuva*: Die Magnetometerprospektion, Philipp von Zabern; Bilingual edition

遼寧省文物考古研究所·葫芦島市博物館·建昌縣文物管理所, 2015, 「遼寧建昌東大仗子墓地2003年發掘簡報」, 『邊疆考古研究』18, 科學出版社.

遼寧省博物館, 2015, 『北燕馮素弗墓』, 文物出版社.

Gáll, Erwin. 2017. *At the Periphery of the Avar Core Region: 6th-8th Century Burial Sites near Nadlac (The Pecica-Nadlac Motorway Rescue Excavations)*. Patrimonium Archaeologicum Transylvanicum. Vol. 13. Paris: Editions L'Harmattan. ISBN9782343139067

2) 圖錄 資料集 學術會議論文集

鳥居龍蔵, 1936, 『考古學上より見たる遼之文化図譜』, 東方文化學院東京研究所.

新彊維吾尔自治區博物館出土文物展覽工作組(編), 1972, 『絲綢之路漢唐織物』, 文物出版社.

水野敬三郎(外), 1996, 『砂漠の美術館-永遠なる燉煌展圖錄』, 朝日新聞社.

寧夏回族自治區博物館(外), 2009, 『賀蘭山闕寧夏絲綢之路』, 香港大學美術博物館.

Piotrovsky, Boris. 1986. *Scythian Art: the Legacy of the Scythian World: Mid-7th to 3rd Century B.C.* Leningrad: Aurora Art Publishers.

五木寬之·NHK取材班, 1989, 『エルミタージュ美術館4-スキタイとシルクロード-の文化』, 日本放送出版協會.

國立中央博物館(편), 1991, 『소련 에르미타주박물관 소장 스키타이 황금』, 조선일보사.

국립경주박물관, 1991, 『경주와 실크로드』, 국립경주박물관.

江上波夫·加藤九祚(監修), 1991 『南ロシア騎馬民族の遺寶展』, 朝日新聞社.

並河萬里, 1991, 『祕寶·草原のシルクロード 並河萬里寫眞集』, 講談社.

奈良縣立橿原考古學研究所附屬博物館, 1992, 『1500年前のシルクロード-新沢千塚の遺寶とその源流-』, 奈良縣立橿原考古學研究所附屬博物館.

朝日新聞社, 1992, 『楼蘭王國と悠久の美女』, 朝日新聞社.

京都文化博物館, 1993, 『ロシアの秘寶特別展ユーラシアの輝き』, 京都文化博物館.

國立慶州博物館, 1996, 『신라인의 무덤 新羅陵墓의 形成과 展開』, 國立慶州博物館.

東京國立博物館, 1997, 『大草原の騎馬民族-中國北方の青銅器-』, 東京國立博物.

黃金のシルクロード展實行委員會, 1998, 『ウクライナ國立歷史寶物博物館所藏黃金のシルクロード展』, 黃金のシルクロード展實行委員會.

Reeder, Ellen D. 1999. *Scythian Gold: Treasures from Ancient Ukraine*. Harry N, Abrams. ISBN9780810929388

Aruz, Joan, ed. 2000. *The Golden Deer of Eurasia: Scythian and Sarmatian Treasures from the Russian Steppes: The State Hermitage, Saint Petersburg, and the Archaeological Museum, Ufa. Metropolitan Museum of Art Series. New York: Metropolitan Museum of Art. ISBN978-0870999604

國立慶州博物館, 2001, 『新羅黃金財』, 國立慶州博物館.

遼寧省文物考古研究所, 2001, 『三燕文物精髓』, 遼寧人民出版社.

東京國立博物館, 2002, 『シルクロード：絹と黃金の道』, NHK.

中國歷史博物館·內蒙古自治區文化廳, 2002, 『內蒙古遼代文物精華 契丹王朝』, 中國藏學出版社.

中華世紀壇藝術館·內蒙古自治區博物館, 2004, 『成吉思汗』, 北京出版社.

西日本新聞社, 2005, 『アルタイの至寶展』西日本新聞社.

國立中央博物館, 2008, 『몽골 흉노고분 자료집성』, 國立中央博物館. ISBN 978-89-7124-305-3

國立中央博物館, 2010, 『皇南大塚』, 國立中央博物館.

京畿道博物館, 2010, 『遼寧古代文物展』, (2010年海外交流特別展), 京畿道博物館.

ブレートラスト, 2011, 『ウクライナの至寶展-スキタイ黃金美術の煌めき-』, ウクライナの至寶展カタログ委員會.

九州國立博物館, 2011, 『草原の王朝 契丹』, 西日本新聞社.

國家文物國, 2011, 「遼寧建昌東大杖子战國墓地M40」, 『中國重要考古發現』, 文物出版社.

國立中央博物館, 2013, 『초원의 대제국 흉노』, 國立中央博物館.

Primosu U Verag. 2013. Die Krim.

Hermitage. 2014. Expedition Silk Road. Journey to the West: Treasure from the Hermitage.

國立慶州博物館, 2014, 『天馬, 다시 날다』, 國立慶州博物館.

國立慶州博物館, 2015, 『慶州의 黃金文化財』, 國立慶州博物館.

由水常雄·加藤九祚·朴天秀(외), 2015, 『실크로드와 신라 유리의 길』, 경북대학교박물관.

카를 바이파코프(저), 최문정·이지은(역), 2017, 『카자흐스탄의 실크로드』, 국립문화재연구소.

國立中央博物館, 2018, 『황금인간의 땅 카자흐스탄』, 國立中央博物館.

국립문화재연구소, 2018, 『카자흐스탄 초원의 황금문화』, 국립문화재연구소.

由水常雄·加藤九祚·朴天秀(외), 2015, 『실크로드와 신라 유리의 길』, 경북대학교박물관.

朴天秀(외)2018, 『李(加藤)九祚의 生涯와 絲綢之路 琉璃, 織物』, 경북대학교실크로드조사연구센터·경북대학교박물관.

국립문화재연구소, 2019, 『카자흐스탄의 실크로드』, 국립문화재연구소.

국립문화재연구소, 2019, 『카자흐스탄 제티수지역의 고분문화』, 국립문화재연구소.

정수일, 2019, 『실크로드 도록-초원로편-』, 경상북도.

G.에렉젠·양시은, 2017, 『흉노』, 진인진.

朴天秀(외), 2020, 『유라시아 실크로드 복식교류』, 경북대학교 출판부.

3) 論著

坪井良平·榧本龜次郎(譯), 1934, 『古代の南露西亞』, 桑名文星堂.

梅原末治, 1938, 『古代北方系文物の研究』, 星野書店.

Thompson, E. A. 1948. *A History of Attila and the Huns*. London: Oxford University Press.

Rudenko, S. I. 1953. *Kul'tura naseleniya Gornogo Altaya v skifskoe vremya*. Izdatel'stvo Akademii Nauk SSSR: Moskva-Leningrad.

Rudenko, S. I. 1960. *Kul'tura naseleniya Tsentral'nogo Altaya v skifskoe vremya*. Izdatel'stvo Akademii Nauk SSSR: Moskva-Leningrad.

Rudenko, S. I. 1962a. *Sibirskaya kollektsiya Petra I (Arkheologiya SSSR. Svod arkheologicheskikh istochnikov D3-9)*. Izdatel'stvo Akademii Nauk SSSR: Moskva-Leningrad.

Rudenko, S. I. 1962b. *Kul'tura khunnov i noinulinskie kurgany*. Izdatel'stvo Akademii Nauk SSSR: Moskva-Leningrad.

角田文衞, 1962, 「バラルイクの壁画」, 『世界考古學大系9北方ユーラシア·中央アジア』平凡社.

カルピニ, ルブルク(著)·護雅夫(訳), 1965, 『中央アジア·蒙古旅行記』桃源社.

Rudenko, S. I. 1966. *Die sibirische Sammlung PetersI*. Verlag der Akademie der Wissenschaften der UdSSR: Moskau-Leningrad.

護雅夫, 1967, 「突厥第一帝國におけるšad号の研究」, 『古代トルコ民族史研究Ⅰ』山川出版社.

Jettmar, Karl. 1967. *Art of the Steppes*. London: Methuen.

Rudenko, S. I. 1969. *Die Kultur der Hsiung-nu und die Hügelgräber von Noin Ula*. Rudolf Habert Verlag: Bonn.

Rudenko, S. I. 1970. *Frozen Tombs of Siberia: The Pazyryk Burials of Iron Age Horsemen*. London: J.M.Dent & Sons. ISBN978-0520013957

グラーチA.D(著), 加藤九祚·林俊雄(訳), 1970, 「内陸アジア最古のチュルク族の火葬墓」, 『考古學ジャーナル』49, ニュー·サイエンス社.

香山陽坪, 1970, 『沈黙の世界史6 騎馬民族の遺産』, 新潮社.

角田文衛 1971 『增補古代北方文化の研究』新時代社.

Rudenko, S. I., (著), 江上波夫・加藤九祚(訳), 1971, 『スキタイの芸術』新時代社.

Maenchen-Helfen, Otto J. 1973. *The World of the Huns*. Berkeley: University of California Press.

ルイ・アンビス(著)・安斎和雄(訳), 1973, 『アッチラとフン族』, 白水社. ISBN 978-4560055366

內田吟風, 1975, 『北アジア史研究匈奴篇』, 同朋舍出版. ISBN978-4810406276

護雅夫, 1975, 「北アジアからみた騎馬民族説-とくに立石・石人・『バルバル』について-」, 『歷史と人物』 11, 中央公論社.

香山陽坪, 1978, 「イッシク・クルガン」, 『足利惇氏博士喜寿記念オリエント學インド學論集』, 國書刊行會.

山本忠尚, 1978, 「スキタイの興亡」, 『古代文明の謎と発見9』, 每日新聞社.

穴澤咊光・馬目順一, 1980, 「慶州鷄林路14號墳出土の嵌玉金製短劍をめぐる諸問題」, 『古文化談叢』7, 九州古文化研究會.

吉田敦彦, 1980, 『アマテラスの原像』, 靑土社.

ピオトロフスキー(著)・加藤九祚訳, 1981, 『スキタイ黃金美術』, 講談社.

I.B.ブラシンスキー(著)・穴沢和光(訳), 1982, 『スキタイ王の黃金遺寶』, 六興出版.

林俊雄, 1985, 「掠奪・農耕・交易から觀た遊牧國家の發展-突厥の場合」, 『東洋史研究』44-1, 東洋史研究會.

松田壽男, 1986, 『松田壽男著作集2遊牧民の歷史』, 六興出版.

デュメジル・松村一男(訳), 1987, 『神々の構造』, 國文社.

Piotrovsky, Boris. 1987. *Scythian Art*. Oxford: Phaidon Pree Ltd.

內藤みどり, 1988, 『西突厥史の研究』, 早稲田大學出版部.

V.I.サリアニディ(著)・加藤九祚(訳), 1988, 『シルクロードの黃金遺寶』, 岩波書店.

ドルジスレン(著)・志賀和子(訳), 1988~90, 「北匈奴1~5」, 『古代學研究』117~121, 古代學研究會.

山田信夫, 1989, 『北アジア遊牧民族史研究』, 東京大學出版會.

Rolle, Renate. 1989. *The World of the Scythians*. London: B.T. Batsford.

張玉忠・趙徳栄1991, 「伊犁河谷新発現的大型銅器及有関問題」, 『新疆文物』2, 新疆文物考古研究所.

林俊雄, 1991, 「モンゴル草原における古代テュルクの遺跡」, 『東方學』81, 財團法人東方學會.

護雅夫, 1992, 『李陵』中公文庫.

大澤孝, 1992, 「イェニセイ河流域の突厥文字銘文石人について-その作成年代を中心に-」, 『古代文化』

44(12).

護雅夫, 1992,「北アジアにおける古代遊牧國家の構造」,『古代トルコ民族史研究Ⅱ』, 山川出版社.

林俊雄, 1993,「突厥の石人に見られるソグドの影響-とくに手指表現に焦点を当てて-」,『創価大學人文論集』5, 創価大學.

冨谷至, 1994,『ゴビに生きた男たち 李陵と蘇武』, 白帝社.

川又正智, 1994『ウマ驅ける古代アジア』講談社選書.

林俊雄, 1994,「北方ユーラシアの火打金-ウラル以東-」,『日本と世界の考古學--現代考古學の展開--』雄山閣出版.

内蒙古考古研究所, 1994,「正藍旗羊群廟元代祭祀遺址及墓葬」,『内蒙古文物考古文集』1, 内蒙古文物考古研究所.

大塚紀宜, 1995,「いわゆる突厥の石人墓について」, 西谷正編『シルクロードによって結ばれた, 中國新疆地區と我が國九州地區との比較考古學的研究』, 九州大學考古學研究室.

林俊雄, 1995,「フン族あらわる」, 吉野正敏・安田喜憲(編)『講座 [文明と環境] 6：歴史と気候』, pp.78-92, 朝倉書店.

沢田勲, 1996,『匈奴』, 東方書店.

林俊雄, 1996,「モンゴル高原の石人」,『國立民族學博物館研究報告』21, 國立民族學博物館.

王博, 1996,「対切木爾切克早期非独立墓地石人的認識」,『新疆芸術』5, 新疆维吾尔自治區文學艺术界联合會.

王博・祁小山, 1996,『絲綢之路草原石人研究』新疆人民出版社

林俊雄, 1997,「1995年西モンゴル調査行(2)」,『草原考古通信』8: 11-27, 草原考古研究會.

護雅夫, 1997,「高車伝にみえる諸氏族名について-高車諸氏族の分布-」,『古代トルコ民族史研究Ⅲ』山川出版社.

護雅夫, 1997,『古代トルコ民族史研究Ⅲ』, 山川出版社.

アルタモノフ(著)・加藤九祚(訳), 1997,「スキト・シベリア動物意匠」,『創価大學人文論集』9, 創価大學.

高浜秀, 1997,「中國北方の青銅器」,「作品解説」,『大草原の騎馬民族-中國北方の青銅器-』, 東京國立博物館.

加藤謙一, 1998,『匈奴「帝國」』, 第一書房.

高浜秀, 1999,「大興安嶺からアルタイまで-中央ユーラシア東部の騎馬遊牧文化-」, 藤川繁彦(編)『中央ユーラシアの考古學』, 同成社.

籾山明, 1999,『漢帝國と辺境社會』,(中公新書1473), 中央公論社.

トンプソン, 1999,『フン族』, 法政大學出版局.

トンプソン(著), 木村伸義(訳), 1999,『フン族-謎の古代帝國の興亡史』, 法政大學出版局. ISBN 978-4588371080

江上波夫, 1999,『江上波夫文化史論集3匈奴の社會と文化』, 山川出版社.

森安孝夫, A.オチル(編)1999『モンゴル國現存遺蹟·碑文調査研究報告』, 中央ユーラシア學研究會.

江上波夫, 1999,「新疆イリ河流域のソグド語銘文石人について」,『國立民族學博物館研究報告別冊』20,

江上波夫, 1999,「匈奴の祭祀」,『匈奴の社會と文化』(江上波夫文化史論集3), 山川出版社.

高浜秀, 1999,「大興安嶺からアルタイまで--中央ユーラシア東部の騎馬遊牧文化--」藤川繁彦編『中央ユーラシアの考古學』同成社, pp.53-136.\

林俊雄, 1999,「草原世界の展開-中世の中央ユーラシア-」, 藤川繁彦(編)『中央ユーラシアの考古學』同成社.

雪嶋宏一, 1999,「ウラルからカルパチアまで-中央ユーラシア西部の騎馬遊牧文化-」, 藤川繁彦(編)『中央ユーラシアの考古學』同成社.

林俊雄, 2000,「草原世界の展開」小松久男編『中央ユーラシア史』山川出版社.

林俊雄, 2000a,「モンゴル高原北部の鹿石とヘレクスル」,『考古學雜誌』85, 日本考古學會.

林俊雄, 2001,「スキタイに関する様々な問題-スキタイ研究の現状-」,『エルミタージュ美術館名品展-生きる喜び-』日本経済新聞社.

江上波夫, 2001,「ハカス共和國スレク岩絵の三角冠帽画像についての一考察」,『中東イスラム·アフリカ文化の諸相と言語研究』大阪外國語大學.

由水常雄, 2001『ローマ文化王國-新羅』新潮社.

シュライバー(著)·金森誠也(訳), 2001,『古代史スペクタクル9古代史の終焉を飾った英雄フン族·アッチラ王の真実』, アリアドネ企画. ISBN978-4-384-02696-2

黒川祐次, 2002,『物語ウクライナの歴史-ヨーロッパ最後の大國』,(中公新書1655), 中央公論新社 ISBN 978-4-12-101655-3

Cosmo, Nicola Di. 2002. *Ancient China and Its Enemies*. Cambridge University Press.

江上波夫, 2002,「古代テュルク系遊牧民の埋葬儀礼における動物供犠」, 小長谷有紀(編)『北アジアにおける人と動物のあいだ』, 東方書店.

タバルディエフ K.Sh., ソルトバエフ O.A(著), 林俊雄(訳), 2002「天山山中のルーニック碑文を伴う

岩画」,『シルクロード研究』3: 41-49.

林俊雄, 2003, 「中央ユーラシア遊牧民の古墳から見た王権の成立と発展」, 初期王権研究委員會(編)『古代王権の誕生Ⅲ：中央ユーラシア・西アジア・北アフリカ編』, 角川書店.

雪嶋宏一, 2003, 「キンメリオイおよびスキタイの西アジア侵攻」,『西アジア考古學』4, 日本西アジア考古學會.

姜仙, 2003,『高句麗와 北方民族의 관계 연구-鮮卑, 契丹, 柔然, 突厥과의 관계를 중심으로-』, (淑明女子大學校 博士學位論文), 淑明女子大學校大學院.

初期王権研究會, 2003,『古代王権の誕生Ⅲ中央ユーラシア・西アジア・北アフリカ編』, 角川書店. ISBN-13: 978-4045230035

Levine, Marsha, ed. 2003. *Prehistoric Steppe Adaptation and the Horse*. University of Cambridge.

シルクロード學研究センター, 2003,『裝飾意匠にみる東西交流東漸と西漸の事例研究』, (シルクロード學研究18), シルクロード學研究センター.

Drews, Robert. 2004. *Early Riders: The Beginnings of Mounted Warfare in Asia and Europe*. New York: Routledge.

梅建軍・王博・李肯, 2005, 「新疆出土銅鍑的初步科學分析」,『考古』4: 78-84, 考古雜志社.

林俊雄, 2005,『ユーラシアの石人』, (ユーラシア考古學選書), 雄山閣.

林俊雄, 2006,『グリフィンの飛翔-聖獸からみた文化交流』, (ユーラシア考古學選書), 雄山閣.

川又正智, 2006,『漢代以前のシルクロード』, (ユーラシア考古學選書), 雄山閣.

Webster, J. 2006. *The Huns and Existentialist Thought*. Loudonville: Siena College Press.

町田章, 2006, 「鮮卑の帶金具」,『東アジア考古學論叢』, 奈良文化財研究所・遼寧省文物考古研究所.

郭物, 2007, 「第二群青銅(鉄)鍑研究」,『考古學報』1: 61-96, 科學出版社.

烏恩岳斯圖, 2007,『北方草原考古學文化研究』, 科學出版社.

林俊雄, 2007,『スキタイと匈奴遊牧の文明』, (興亡の世界史02), 講談社. ISBN 978-4-06-280702-9

トマス・クロウェル(著), 蔵持不三也(訳), 2009,『図説 蛮族の歴史 ～世界史を変えた侵略者たち』, 原書房. ISBN 978-4562042975

林俊雄, 2009,『遊牧國家の誕生』, 山川出版社.

강인욱, 2008, 「북흉노의 서진과 신강성의 흉노시기의 유적」,『중앙아시아연구』제13집, 중앙아시학회

雪嶋宏一, 2008,『スキタイ騎馬遊牧國家の歷史と考古』, 雄山閣. ISBN 978-4-639-02036-3

Jacobson-tepfer, Esther, and James E. Meacham. 2009. *Archaeology and Landscape in the Mongolian Altai: An Atlas*. Esri Press.

윤상덕, 2010, 「鷄林路 寶劍의 製作地와 製作集團」, 『慶州 鷄林路14號墓』, 국립경주박물관.

草原考古學研究會(編), 2011, 『鍑の研究-ユーラシア草原の祭器・什器』, (ユーラシア考古學選書), 雄山閣.

カタリン・エッシェー・ヤロスラフ・レベディンスキー(著), 新保良明(訳), 2011, 『アッティラ大王とフン族「神の鞭」と呼ばれた男』, (講談社選書メチエ), 東京, 講談社. ISBN978-4062584777

赤羽目匡由, 2011, 『渤海王国の政治と社會』, 吉川弘文館. ISBN-13978-4642081504

篠崎三男, 2013, 『黒海沿岸の古代ギリシア植民市』, 東海大學出版部.

Richard J A Talbert(著), 野中夏実・小田 謙爾(訳), 1996, 『ギリシア・ローマ歴史地図』, 原書房. ISBN-10: 4562027819 ISBN978-4562027811

이한상. 2014, 「신라의 장신구」, 『신라고고학개론』상, 진인진.

민병훈, 2015, 『실크로드와 경주』, 통천문화사.

박아림, 2015, 『고구려 고분벽화 유라시아 문화를 품다』, 학연문화사. ISBN9788955033316

Kim, Hyun Jin. 2015. *The Huns*. London: Routledge. ISBN9781138841758

林俊雄, 2017, 『興亡の世界史スキタイと匈奴遊牧の文明』, 講談社.

チャールズ・キング(著), 前田弘毅(監訳), 2017, 『黒海の歴史ユーラシア地政學の要諦における文明世界』, (世界歷史叢書), 明石書店.

石川岳彦, 2017, 『春秋戰國時代燕國の考古學』, 雄山閣. ISBN：978-4-639-02485-9

정석배, 2017, 「유물로 본 발해와 중부 - 중앙아시아지역 간의 문화교류에 대해」, 『고구려발해연구』 57, 고구려발해학회.

양시은・G.에렉젠, 2017, 「몽골지역 흉노시대 분묘 연구」, 『中央考古研究』22, 中央文化財研究院.

스토야킨 막심, 2017, 「연해주 발해성곽의 구조와 성격」, 『中央考古研究』22, 中央文化財研究院.

林俊雄, 2018, 「ユーラシア草原文化と樹木」山口博(監修)・正道寺康子(編), 『ユーラシアのなかの宇宙樹・生命の樹の文化史』, (アジア遊學228), 勉誠出版.

중앙문화재연구원(편), 2018, 『북방고고학개론』, 진인진.

松木栄三, 2018, 『ロシアと黒海・地中海世界人と文化の交流』, 風行社.

강인욱. 2018, 「사카 황금문화의 확산과 고대 실크로드의 형성」, 『카자흐스탄 초원의 황금문화』, 국립문화재연구소.

이송란.2018,「동서교섭의 관점에서 본 카자흐스탄 금공품의 특징과 성격:사카 금공품을 중심으로」, 『카자흐스탄 초원의 황금문화』, 국립문화재연구소.

신숙.2018,「황금과 보석-고대 한국과 카자흐스탄의 보석장식 공예품」,『카자흐스탄 초원의 황금문화』, 국립문화재연구소.

中村大介(編), 2019,『社會變化とユーラシア東西交易—考古學と分析科學からのアプローチ—』, 科學研究費補助金基盤研究(B)2018-2020年度.

林俊雄(著)·陳心慧(譯), 2019,『草原王權的誕生：斯基泰與匈奴, 早期遊牧國家的文明-スキタイと匈奴遊牧の文明-』, 八旗文化.

草原考古學研究會(編), 2019,『ユーラシア大草原を掘る草原考古學への道標』, 勉誠出版.

大谷育惠, 2019,「草原の東から西につたわった中國の文物」, 草原考古學研究會(編),『ユーラシア大草原を掘る草原考古學への道標』, 勉誠出版.

김장구(편), 2019,『신북방정책과 초원 실크로드에 대한 인문학적 탐색』, 경제·인문사회연구회.

국립문화재연구소·몽골 아카데미 고고학연구소.2020,『흉노匈奴 제국의 미술』, 국립문화재연구소·몽골 아카데미 고고학연구소.

김재윤, 2021,『유라시아 초원 스키타이 문화의 미라와 여신상』, 진인진.

淸水信行·鈴木靖民 (編), 2021,『渤海の古城と國際交流』, 勉誠出版. ISBN 978-4585222897.

古畑徹, 2021,『渤海の古城と国際交流渤海国と東アジア』(汲古叢書 166), 汲古書院. ISBN 978-47629 60659.

6. 사막로(沙漠路)

1) 報告書

Hedin, Sven. 1905. *Scientific Results of a Journey in Central Asia, 1899-1902*, Part. 1. Stockholm: Lithographic Institute of the General Staff of the Swedish Army.

Stein, Aurel. 1907. *Ancient Khotan*: *Detailed Report of Archaeological Explorations in Chinese Turkestan*, Vol. 1. Oxford: Clarendon Press.

Le Coq, A. V. 1909. "A Short Account of the Origin, Journey and Results of the First Royal Prussian(Second German)Expedition to Turfan in Chinese Turkistan." In the *Journal of the Royal Asiatic Society of Great Britain and Ireland*, (April): 299-322.

Stein, Aurel. 1921. *Serindia: Detailed Report of Explorations in Central Asia and Westernmost China*. Oxford: Clarendon Press.

Le Coq, A. Von. 1923. *Die Buddhistische spätantike in Mittelasien: Die Manichaeischen Miniaturen*. Berlin.

Le Coq, Albert Von. 1926. *Auf Hellas Spuren in Ostturkistan Berichte und Abhandlungen der II. und III. Deutschen Turfan-Expedition*. Leipzig.

Stein, Aurel. 1928. *Innermost Asia: Detailed Report of Explorations in Central Asia, Kan-Su and Eastern Iran*. Vol. 1-4. Oxford: Clarendon Press.

Le Coq, Albert Von. 1928. *Buried Treasures of Turkestan*. London: G. Allen & Unwin.

Le Coq, Albert Von. 1933. *Die Buddhistische Spätantike in Mittelasien*, VII. Leipzig.

Ghirshman, Roman. 1952. "Bêgrâm. Recherches archéologiques et historiques sur les Kouchans." In the *Bulletin de l'École française d'Extrême-Orient*. Paris.

木下龍也(訳), 1960,『中央アジア発掘記』, 昭森社.

Leonard, Woolley. 1965. *Excavations at Ur: a record of twelve years' work*. New York: Crowell.

深井晋司(編), 1969,『TAQ-I BUSTAN ターク・イ・ブスターンⅠ 圖板』,(東京大學イラク・イラン遺跡調査團報告書10), 東京大學東洋文化研究所.

深井晋司(編), 1972,『TAQ-I BUSTAN ターク・イ・ブスターンⅡ 圖板』,(東京大學イラク・イラン遺跡調査團報告書13), 東京大學東洋文化研究所.

深井晋司(編), 1983,『TAQ-I BUSTAN ターク・イ・ブスターンⅢ 實測圖集成』, 東京大學東洋文化研究所.

深井晋司(編), 1984,『TAQ-I BUSTAN ターク・イ・ブスターンⅣ 本文編』, 東京大學東洋文化研究所.

水野清一(編), 1970,『チャカラ・テペ-北部アフカニスタンにおける城塞遺跡の発掘1964-1967-』, 京都大學.

陝西省博物館外, 1972,「西安南郊何家村發現唐代窖藏文物」,『文物』1, 北京, 文物出版社.

Le Coq, A. Von. 1973. *Chotscho: Facsimile-Wiedergaben der wichtigeren Funde der ersten königlich preussischen Expedition nach Turfan in Ost-Turkistan*. Berlin.

Tarzi Zemaryalai.1977.*L'architecture et le decor rupestre des grottes de Bamiyan*. Paris: Imprimerie Nationale.

固原縣文物工作站, 1984,「寧夏固原北魏墓淸理簡報」,『文物』6 , 北京, 文物出版社.

寧夏固原回族自治區博物館外, 1985,「寧夏固原北周李賢夫婦墓發掘簡報」,『文物』11 , 北京, 文物出版社.

Guillaume, Olivier. 1983. *Fouilles d'Aï Khanoum II: Les propylées de la rue principale*. Paris: Diffusion de Boccard

Fukai, Sh., K. Kimata, J. Sugiyama, and K. Tanabe. 1983. *Taq-I Bustan III: Photogrammetric Elevations*. Report 19 of the Tokyo University Iraq-Iran Archaeological Expedition. The Institute of Oriental Culture. The University of Tokyo.

深井晋司(編), 1983,『TAQ-I BUSTAN ターク・イ・ブスターンIII: 実測図集成』,(東京大學イラク・イラン遺跡調査團報告書), 東京大學.

深井晋司(編), 1984,『TAQ-I BUSTAN ターク・イ・ブスターンIV: 本文編』,(東京大學イラク・イラン遺跡調査團報告書), 東京大學.

Francfort, Henri-Paul. 1983. *Fouilles d'Aï Khanoum II. Les propylées de la rue principale*.

Francfort, Henri-Paul. 1984. *Fouilles d'Aï Khanoum III. Le sanctuaire du temple à redans. 2. Les trouvailles*.

Francfort, Henri-Paul. 1985. *Fouilles d'Aï Khanoum IV. Les monnaies hors trésors. Questions d'histoire grécobactrienne*. Diffusion de Boccard.

Leriche, Pierre. 1986. *Fouilles d'Aï Khanoum V. Les remparts et les monuments associés*.

Veuve, Serge. 1987. *Fouilles d'Aï Khanoum VI. Le gymnase. Architecture, céramique, sculpture,*

Guillaume, Olivier and Axelle Rougeulle. 1987. *Fouilles d'Aï Khanoum VII. Les petits objets*.

Rapin, Claude. 1992. *Fouilles d'Aï Khanoum VIII. La trésorerie du palais hellénistique d'Aï Khanoum. L'apogée et la chute du royaume grec de Bactriane*. Paris.

鄭洪春, 1988,「西安東郊隋舍利墓淸理簡報」,『考古與文物』1 , 西安, 陝西省考古硏究所.

中國社會科學院考古硏究所, 1990,「河北磁縣湾漳北朝墓」,『考古』7, 考古雜誌社.

奈良縣立橿原考古學硏究所, 1990,『斑鳩 藤ノ木古墳-第1次調査報告書』, 奈良, 斑鳩町・斑鳩町教育委員會.

奈良縣立橿原考古學硏究所, 1995,『斑鳩藤ノ木古墳第二・三次發掘調査報告書』, 奈良, 斑鳩町・斑鳩町教育委員會.

中日日中共同尼雅遺跡学術調査隊, 1996, 1996,『中日日中共同尼雅遺跡学術調査報告書 第1・2卷(3冊)』, 法藏館.

陝西省考古研究所, 1997,「北周武帝孝陵発掘簡報」,『考古与文物』2, 考古与文物編輯部.

新疆博物館(外), 1998,「且末札滾魯克1號墓地」,『新疆文物』4, 新疆文物考古研究所.

樋口隆康(編), 1998,『シルクロード學研究5 Study for Southeast Necropolis in Palmira 隊商都市パルミラ東南墓地の調査と研究』, シルクロード學研究センター.

群馬縣教育委員會・財團法人群馬縣埋蔵文化財調査事業團, 1998,『綿貫観音山古墳Ⅰ-墳丘・埴輪編-』, 勢多, 群馬縣考古資料普及會.

群馬縣教育委員會・財團法人群馬縣埋蔵文化財調査事業團, 1999,『綿貫観音山古墳Ⅱ-石室・遺物編-』, 勢多, 群馬縣考古資料普及會.

樋口隆康(他編), 2001,『TOMB F -Tomb of BWLH and BWRP- Southeast Necropolis Palmira, Syria [シリア パルミラ遺跡]』, シルクロード學研究センター.

新疆文物考古研究所, 2001,「新疆尉犁營盤墓地」,『新疆文物』1・2, 新疆文物考古研究所.

山西大學歷史文化學院(編), 2005,『大同南郊北魏墓群-, 科學出版社. ISBN 7030163745

山西省考古研究所・太原市文物考古研究所(編), 2006,『北齊東安王婁睿墓』, 文物出版社.

陝西省考古研究院, 2007,『法門寺考古發掘報告』上・下, 文物出版社.

Sarianidi, Victor. 2007. *Necropolis of Gonur*. Translated by Inna Sarianidi. Kapon Editions. (ISBN9789607037855 생략)

Lecuyot, Guy. 2013. *Fouilles d'Aï Khanoum IX. L'Habitat*.

Brijder, Herman A.G. 2014. *Nemrud Dagi: Recent Archaeological Research and Conservation Activities in the Tomb Sanctuary on Mount Nemrud*. Boston: de Gruyter. ISBN9781614517139

Hussein, Muzahim Mahmoud, Mark Altaweel, and McGuire Gibson, eds. 2016. *Nimrud: the Queen's Tombs*. Oriental Institute Miscellaneous Publications. Baghdad: Iraqi State Board of Antiquities and Heritage, and Chicago: The Oriental Institute, University of Chicago.

Gries, Helen. 2017. *Der Assur-Tempel in Assur. Das assyrische Hauptheiligtum im Wandel der Zeit. Teil 1: Text und Katalog. Teil 2: Tafeln. Wissenschaftliche Veroffentlichungen der Deutschen Orient-Gesellschaft, 149/Ausgrabungen der Deutschen Orient-Gesellschaft in Assur, A: Baudenkmaler aus assyrischer Zeit, Band 16*. Harrassowitz. ISBN9783447108584

新疆文物考古研究所, 2017,「新源縣加噶村墓地考古發掘報告」,『新疆文物』1, 新疆文物考古研究所.

Müller-Karpe, Andreas.2017. *Sarissa: Die Wiederentdeckung einer hethitischen Konigsstadt*. Verlag Philipp von Zabern. ISBN9783805350570

Petit, L.P., and D. Morandi Bonacossi, eds. 2017. *Nineveh, the Great City: Symbol of Beauty and Power*. Papers on Archaeology of the Leiden Museum of Antiquities 13. Sidestone Press. ISBN9789088904967

Wemhoff, Matthias, Manfred Nawroth, Rainer-Maria Weiss, and Alfred Wieczorek, eds. 2018. *Margiana*. Fotografien von Herlinde Koelbl. Michael Imhof Verlag.

奧雷尔·斯坦因(著)·中國社會科學院考古研究所(譯), 2019,『西域考古图记(修订版)』, 1-5卷, 廣西师范大學出版社.

대한민국 문화재청 국립문화재연구소·우즈베키스탄 학술원 예술학연구소, 2019,『우즈베키스탄 카라테파 불교사원』, 대한민국 문화재청 국립문화재연구소·우즈베키스탄 학술원 예술학연구소.

2) 圖錄 資料集 學術會議論文集

Chavannes, Édouard. 1909. *Mission archéologique dans la Chine septentrionale*, Ⅰ-Ⅴ. Paris.

橘瑞超, 1912,『新疆探檢記』, 民友社.

Paul, Pelliot. 1920. *Les Grottes de Touen-houang*, Ⅰ-Ⅵ. Paris: Librairie Paul Geuthner.

上原芳太郎(編), 1937,『新西域記 大谷探檢隊報告 全2卷』, 有光社.

Hackin, J. 1939. *Recherches archéologiques à Begram*. Mémoires de la Délégation Archéologique Française en Afghanistan, 9. Paris: Presses Universitaires.

Hackin, J. 1954. *Nouvelles recherches archéologiques à Begram*. Mémoires de la Délégation Archéologique Française en Afghanistan 11. Paris: Presses Universitaires.

Ball, Warwick. 1982. *Archaeological Gazetteer of Afghanistan*. Oxford University Press.

Whitefield, Roderick. *The Art of Central Asia: The Stein Collection in the British Museum*. Vol. 1 上野アキ(譯). 1982.『西域美術-大英博物館スタイン·コレクシヨン-1敦煌繪畵1』. 講談社.

Whitefield, Roderick. *The Art of Central Asia: The Stein Collection in the British Museum*. Vol. 2. 上野アキ(譯). 1982.『西域美術-大英博物館スタイン·コレクシヨン-1敦煌繪畵2』. 講談社.

Whitefield, Roderick. *The Art of Central Asia: The Stein Collection in the British Museum*. Vol. 3.

上野アキ(譯). 1984.『西域美術-大英博物館スタイン・コレクション-3染織・塑像・壁畫』. 講談社.

樋口隆康・桑山正進 (編) 1984,『Gandhara Art of Pakistan パキスタン・ガンダーラ美術展図録』, 日本放送協會.

日本オリエント學會(編), 1985,『三笠宮殿下古稀記念オリエント學論集』, 小學館.

陝西省文物事業管理局(他), 1987,『金龍・金馬と動物國寶展』, 大阪21世紀協會.

E.V.Rtveladze・加藤九祚(編), 1991,『南ウズベキスタンの遺寶』, 創價大學出版會.

山西省考古研究所・大同市博物館, 1992,「大同南郊北魏墓群發掘簡報」,『文物』8 , 北京, 文物出版社.

朝日新聞社, 1992,『楼蘭王國と悠久の美女』, 朝日新聞社.

ホルスト・クレンゲル(著), 江上波夫・五味亨 (訳), 1995,『古代オリエント商人の世界』, 山川出版社. ISBN978-4634655904

田辺勝美, 1996,『大英博物館「アッシリア大文明展-芸術と帝國-」』, 朝日新聞社.

古代オリエント博物館, 1998,『古代ペルシア展-シルクロードに榮えた工藝と王朝文化-』, 古代オリエント博物館.

Zettler, Richard L., and Lee Horne, eds. 1998. *Treasures from the Royal Tombs of Ur*. University of Pennsylvania Museum of Archaeology and Anthropology. ISBN 978-0-924171-54-3

新潟県立近代美術館(外), 1999,『中国の法門寺宮殿の秘宝-唐皇帝からの贈り物-』, 新潟県立近代美術館・朝日新聞社文化局・博報堂.

北海道立近代美術館, 1999,『シルクロードの煌めき-中國・美の室寶』北海道新聞社.

田辺勝美, 1999,「アルサケス朝とギリシア美術愛好」,「作品解説」,『世界美術大全集東洋編 15 中央アジア』小學館.

田辺勝美, 2000,「アケメネス朝ペルシアの美術」,「作品解説」,『世界美術大全集東洋編 16 西アジア』小學館.

東京國立博物, 2002,『シルクロード：絹と黄金の道』, NHK.

MIHO MUSEUM, 2002,『古代バクトリア遺寶展』, MIHO MUSEUM.

仏教大學ニヤ遺跡學術研究機構中井真孝・小島康誉(編) , 2002,『シルクロードニヤ遺跡の謎』, 東方出版. ISBN 9784885918100

陝西省博物館外, 2003,『花舞大唐春-何家村遺寶精髓-』, 北京, 文物出版社.

桃原直樹(編), 2004, 『NHKスペシャル新シルクロード徹底ガイド』, NHK出版. ISBN4-14-407133-2

李肯主(編), 2006, 『吐魯番文物精萃』, 上海, 上海辭書出版社.

霍旭初・祁小山, 2006, 『絲綢之路: 新疆佛教藝術』, 新疆人民出版社.

祁小山・王博, 2008, 『絲綢之路: 新疆古代文化』, 新疆人民出版社.

국립경주박물관, 2008, 『新羅 서아시아를 만나다』, 국립경주박물관.

國立中央博物館, 2008, 『황금의 제국 페르시아』, 國立中央博物館.

陝西歷史博物館, 2010 『絲綢之路-大西北遺珍』, 文物出版社.

東京國立博物館, 2010, 『誕生! 中國文明』, 讀賣新聞社.

국립문화재연구소, 2013, 『우즈베키스탄 쿠샨왕조와 불교』, 국립문화재연구소.

國家文物國, 2013, 「甘肅涇川佛教遺址」, 『中國重要考古發現』, 文物出版社.

趙康民(編), 2014, 『武周皇刹慶山寺』, 陝西旅遊出版社.

Francfort, Henri-Paul. 2014. *Fouilles de Shortughaï: recherches sur l'Asie centrale protohistorique*. Vol. 2. MAFACAM. ISBN-13: 978-2907431026

국립문화재연구소(편), 2015, 『중앙아시아 거대 실크로드 주요 유적지』, 국립문화재연구소.

國立中央博物館, 2016, 『아프카니스탄의 황금문화』, 國立中央博物館.

九州國立博物館(外), 2016 『黃金のアフかニスン』, 産經新聞社.

祁小山・王博, 2016, 『絲綢之路: 新疆古代文化(續)』, 新疆人民出版社.

Hussein, Muzahim Mahmoud, Mark Altaweel, and McGuire Gibson, eds. 2016. *Nimrud: the Queen's Tombs*. Oriental Institute Miscellaneous Publications. Baghdad: Iraqi State Board of Antiquities and Heritage, and Chicago: The Oriental Institute, University of Chicago. ISBN: 9781614910220

Petit, L.P., and D. Morandi Bonacossi, eds. 2017. *Nineveh, the Great City: Symbol of Beauty and Power*. Papers on Archaeology of the Leiden Museum of Antiquities 13. Sidestone Press. ISBN9789088904967

Delplace, Christiane. 2017. *Palmyre: Histoire et archeologie d'une cite caravaniere a la croisee des cultures*. CNRS Editions. ISBN: 9782271066282

Belaval, Philippe, Pierre Gros, Lionel Izac, Yann Brun, Houmam Saad, Bertrand Triboulot, Issa Touma, and Michel Eisenlohr. 2017. *Palmyre, Alep, Damas: Images de Syrie. Photographies de Michel Eisenlohr*. Actes Sud. ISBN: 9782330078638

Müller-Karpe, Andreas. 2017. *Sarissa: Die Wiederentdeckung einer hethitischen Konigsstadt*. Verlag Philipp von Zabern. ISBN9783805350570

Wemhoff, Matthias, Manfred Nawroth, Rainer-Maria Weiss, and Alfred Wieczorek, eds. 2018. *Margiana*. Fotografien von Herlinde Koelbl. Michael Imhof Verlag. ISBN978-0199277582

Ball, Warwick. 2019. *Archaeological Gazetteer of Afghanistan*. Revised Edition. Oxford University Press. ISBN978-0199277582

Allchin, Raymond, Warwick Ball, and Norman Hammond, eds. 2019. *The Archaeology of Afghanistan: From Earliest Times to the Timurid Period*. New Edition. Revised and updated by Warwick Ball and Norman Hammond. Edinburgh University Press. ISBN: 9780748699179

Rante, Rocco, and Djamal Mirzaakhmedov. 2019. *The Oasis of Bukhara, Volume 1: Population, Depopulation and Settlement Evolution*. Arts and Archaeology of the Islamic World 12. Brill. ISBN: 9789004396210

김영미(글) · 박창모(사진), 2020, 『위대한 유산 페르시아』, 계명대학교 출판부.

3) 論著

Stein, Aurel. 1912. *Ruins of Desert Cathay: Personal Narrative of Explorations in Central Asia and Westernmost China*. Vol. 1 and 2. London: Macmillan and Co.

石浜純太郎, 1925, 『敦煌石室の遺書』, 大阪·懷德堂夏期講座.

矢吹慶輝(編), 1930, 『鳴沙余韻 敦煌出土未伝古逸仏典開寶』, 岩波書店.

白鳥庫吉, 1935, 「塞外民族」, 『岩波講座東洋思潮』12, 岩波書店.

羽田亨, 1935, 「中央亜細亜の文化」, 『岩波講座東洋思潮』12, 岩波書店.

神田喜一郎, 1938, 『敦煌秘籍留真』, 小林写真製版所.

Stein, Aurel. 1937. *Archaeological Reconnaissance in North-Western India and South-Eastern Iran*. London: Macmillan and Co.

関野貞, 1938, 『支那の建築と芸術』, 岩波書店.

Ackerman, Ph. 1938-1939. "Textiles Through the Sāsānian Period." In *A Survey of Persian Art II*, edited by U. A. Pope and Ph. Ackerman. Teheran, London, New York, Tokyo.

結城素明, 1941, 『西域画聚成』, 審美書院.

澤壽次, 1943, 『ゴビ沙漠探検記』, 東雲堂.

曾問吾(著), 野見山温(訳補), 1945, 『支那西域経綸史』上, 京都·東光書林.

駒井義明, 1953, 『大夏と月氏』, 京都謄写版.

Narshakhi. 1954. The *History of Bukhara*. Translated by Richard N. Frye. Cambridge, Mass.

伊瀬仙太郎, 1955, 『西域経営史の研究』, 日本學術振興會.

伊瀬仙太郎, 1955, 『中國西域経営史研究』, 巖南堂書店.

伊瀬仙太郎, 1955, 『東西文化の交流』, (アテネ文庫), 弘文堂.

松田寿男, 1956, 『古代天山の歴史地理學的研究』, 早稲田大學出版部.

熊谷宣夫, 1957, 『西域』(中國の名画), 平凡社.

長広敏雄, 1957, 『敦煌』(中國の名画), 平凡社.

西域文化研究會(編), 1958, 『敦煌仏教資料 西域文化研究』, 法蔵館.

井上靖, 1959, 『敦煌』講談社.

Boulnois, Luce. 1963. *La Route de la Soie*. Paris: B. Arthaud.

Schafer, Edward H. 1963. *The Golden Peaches of Samarkand: A Study of T'ang Exotics*. Berkeley: University of California Press. ISBN 0-520-05462-8

Dalton, O. M. 1964. *The Treasure of the Oxus*. Third Edition. London: The Trustees of the British Museum.

仁井田陞, 1964, 『唐令拾遺』, 東京大學出版會.

前田正名, 1964, 『河西の歴史地理的研究』, 吉川弘文館.

Gimbutas, Marija. 1965. *Bronze Age Cultures in Central and Eastern Europe*. The Hague: Mouton & Co.

ギルシュマン ロマン(著)·岡谷公二(譯), 1966, 『古代イランの美術Ⅰ』, (人類の美術), 新潮社.

ギルシュマン ロマン(著)·岡谷公二(譯), 1966, 『古代イランの美術Ⅱ』, (人類の美術), 新潮社.

林良一, 1966, 『シルクロードと正倉院』, 平凡社.

水野清一(編), 1966, 『西域』, (世界の文化15), 河出書房新社.

ヤクボーフスキー(他著)·加藤九祚(訳), 1968, 『ソグドとホレズム』, 加藤九祚自費出版.

鈴木勤(編), 1968, 『ヘレニズム』, (世界歴史シリーズ第4卷), 世界文化社.

宇井伯寿, 1969, 『西域佛典の研究敦煌逸書簡譯』, 岩波書店.

マッソン.V(著)·加藤九祚(訳), 1970, 『埋もれたシルクロード』, (岩波新書769), 岩波書店.

中島健一, 1973, 『古オリエント文明の発展と衰退』, 東京, 校倉書房.

中島健一, 1977, 『河川文明の生態史観』, 東京, 校倉書房.

Herrmann, Georgina. 1977. *The Iranian Revival*. Oxford: Elsevier-Phaidon. ISBN 978-072900 0451

ロストフツェフ(著), 青柳正規(訳)1978, 『隊商都市』, 新潮選書.

黄明蘭, 1978, 「洛陽北魏景陵位置的確定和静陵位置的推測」, 『文物』7, 文物出版社.

Bussagli, Mario. 1979. *Central Asian Painting*. New York: Rizzoli International Publications Inc.

前田正名, 1979, 『平城の歴史地理的研究』, 風間書房.

馬目順一, 1980, 「慶州飾履塚古新羅墓の研究-非新羅系遺物の系譜と年代」, 『古代探叢-瀧口宏先生古稀記念考古學論集』, 早稲田大學出版部.

アリバウム L.I(著)·加藤九祚(訳), 1980, 『古代サマルカンドの壁画』, 文化出版局.

陳國燦, 1980, 「唐乾陵石人像及其銜名的研究」, 『文物集刊』2, 文物出版社.

楊寛, 尾形勇·太田侑子(訳), 1981, 『中國皇帝陵の起源と変遷』, 學生社.

田辺勝美, 1982, 「安國の金駝座と有翼雙峯駱駝」, 『オリエント』25(1): 50-72.

横田禎昭, 1982, 「河西における匈奴文化の影響」, 『史學研究』157, 史學研究會.

羽田明, 1982, 『中央アジア史研究』, 京都. 臨川書店.

中島健一, 1983, 『灌漑農法と社會-政治体制-』, 東京, 校倉書房.

クレンゲル(著)·江上波夫·五味亨(訳), 1983, 『古代オリエント商人の世界』山川出版社.

Sarianidi, Viktor. 1985. *The Golden Hoard of Bactria: From the Tillya-tepe Excavations in Northern Afghanistan*. New York: Harry N. Abrams.

栗田功, 1988, 『ガンダーラ美術I』, 二玄社.

程征·李惠, 1988, 『唐十八陵石刻』陝西人民美術出版社.

陳良偉, 1989, 「試論西域石刻人像的起源及其相關問題」, 『新疆文物』4, 新疆考古學研究所.

王仁波編, 1990, 『隋唐文化』上海學林出版社.東山健吾, 1992, 「寧夏の美術の歩み」, 『大黄河·オルドス秘寶展』NHKちゅうごくソフトプラン.

桑山正進, 1990, 『カーピシー=ガンダーラ史研究』, 京都大學人文科學研究所.

ヒッティ(著), 小玉新次郎(訳), 1991, 『シリア-東西文明の十字路-』中公新書.

ビッテル(著), 大村幸弘・吉田大輔(訳), 1991, 『ヒッタイト王國の発見』山本書店.

Errington Elizabeth, and Joe Cribb, eds. 1992. *The Crossroads of Asia: Transformation in Image and Symbol in the Art of Ancient Afghanistan and Pakistan*. Cambridge: The Ancient India and Iran Trust.

畠山禎, 1992, 「北アジアの鹿石」, 『古文化談叢』27, 九州古文化研究會.

羽田亨, 1992, 『西域文明史概論・西域文化史』(東洋文庫545), 平凡社.

張沛, 1993, 『昭陵碑石』, 西安, 三秦出版社.

大戸千之, 1993, 『ヘレニズムとオリエント』, ミネルヴァ書房.

小玉新次郎, 1994, 『隊商都市パルミラの研究』同朋舍出版.

林梅村, 1995, 『西域文明』, 東方出版社.

任常泰, 1995, 『中國陵寢史』, 臺北, 文津出版.

シルクロード學研究センター, 1995, 『シルクロードを翔けるアレクサンドロス大王-その夢と實像′ そしてヘレニズム文化の東漸-』, (シルクロード學研究7), シルクロード學研究センター.

王重光, 陳愛娣, 1996, 『中國帝陵』上海古籍出版社.

P.ブリアン(著), 小川英雄(監修), 1996, 『ペルシア帝國』(知の再発見雙書), 創元社.

ジャンボッテロ(著), 松本健監, 1996, 『バビロニア』(知の再発見雙書62), 創元社.

クレンゲル(著), 江上波夫・五味亨(訳), 1996, 『古代バビロニアの歴史 ハンムラビ王とその社會』, 山川出版社.

池田温(編), 1997, 『唐令拾遺補』東京大學出版會.

金井美彦・月本昭男・山我哲雄(編), 1997, 『古代イスラエルの預言者の思想的世界』新教出版社.

J.ボテロ(著), 松島英子(訳), 1998, 『バビロンとバイブル』, 法政大學出版局.

D.コロン(著), 池田潤(訳), 1998, 『オリエントの印章』, 學藝書林.

前川和也(編), 1998, 『オリエント世界』, (岩波講座世界歴史2), 岩波書店.

Curtis, Vesta Sarkhosh, Robery Hillenbrand, and J.M. Rogers. 1998. *The Art and Archaeology of Ancient Persia: New Light on the Parthian and Sasanian Empires*. London: I. B. Tauris Publishers. (ISBN 1860640451 생략)

小谷仲男, 1999, 『大月氏』, 東方書店.

尚剛, 1999, 『元代工芸美術史』, 瀋陽, 遼寧教育出版社.

Herrmann, Georgina. 1999. *Monuments of Merv: Traditional Buildings of the Karakum*. London: Society of Antiquaries of London. ISBN 978-0854312757

葛承雍, 1999,「唐昭陵六駿与突厥葬俗研究」,『中華文史論叢』60, 中國社會科學院歷史研究所.

中田一郎, 2000,『ハンムラビ「法典」』, リトン.

山田勝芳, 2000,『貨幣の中國古代史』朝日新聞社.

박홍국, 2000,『한국의 전탑 연구』, 학연문화사.

陳安利, 2001,『唐十八陵』, 中國青年出版社.

来村多加史, 2001,『唐代皇帝陵の研究』, 學生社.

藤井純夫, 2001,『ムギとヒツジの考古學』同成社.

小泉龍人, 2001,『都市誕生の考古學』, 同成社.

Boulnois(著)·耿昇(訳), 2001,『絲綢之路』, 山東画報出版社.

陈安利, 2001,『唐十八陵』, 中國青年出版社.

三笠宮崇仁, 2002,『文明のあけぼの‐古代オリエントの世界』, 集英社.

葛承雍, 2002,「唐昭陵, 乾陵蕃人石像与"突厥化"問題」,『欧亜學刊』3, 中國社會科學院歷史研究所.

Sarianidi, Wiktor. 2002. *Margus: Turkmenistan: Ancient Oriental Kingdom in the Old Delta of the Murghab River.* Benatzky Druck & Medien. ISBN978-5727001004

劉向陽, 2003,『唐代帝王陵墓』, 三秦出版社.

影山悦子, 2003,「壁画が語るソグド‐アフラシアブ遺跡‐」,『文明の道3海と陸のシルクロード』NHK出版.

ボテロ(著), 松島英子(訳), 2003,『最古の料理‐古代メソポタミア‐』, 法政大學出版局.

小川英雄, 2003,『古代王権の誕生Ⅲ：中央ユーラシア·西アジア·北アフリカ編』, 角川書店.

シルクロード學研究センター, 2003,『衛星写真を利用したシルクロード地域の都市·集落·遺跡の研究』, (シルクロード學研究17), シルクロード學研究センター.

Gates, Charles. 2003. *Ancient Cities: The Archaeology of Urban Life in the Ancient Near East and Egypt, Greece and Rome.* Routledge. ISBN 9780415121828

이주형, 2004,『아프가니스탄 잃어버린 문명』, 사회평론.

岡田明憲, 2004,『「オリエント」とは何か‐東西の區分を超える』, 藤原書店.

森安孝夫(編), 2004,『中央アジア出土文物論叢』, 京都, 朋友書店.

小林登志子, 2005,『シュメル‐人類最古の文明‐』, 中公新書.

Lin, Meicun. 2005. "Two Tokharo-Gāndhārī Bilingual Documents from Kizil in the Le Coq Collection." 北京大學中古史中心(編).『中外關係史：新史料の調査整理と研究』. 科學出版社.

蔀勇造, 2006, 『シェバの女王-伝説の変容と歴史との交錯-』, 山川出版社.

羽田亨(著)・耿世民(訳), 2005 『西域文明概論(外一種)』, 中華書局.

小林登志子, 2005, 『シュメル-人類最古の文明-』, 中公新書..

蔀勇造, 2006, 『シェバの女王-伝説の変容と歴史との交錯-』, 山川出版社.

林梅村, 2006, 『絲綢之路考古十五講』, 北京大學出版社.

尙剛, 2006, 『隋唐五代工芸美術史』, 北京, 人民美術出版社.

森谷公俊, 2007, 『アレクサンドロスの征服と神話』, (興亡の世界史), 講談社.

岩村忍, 2007, 『文明の十字路=中央アジアの歴史』, 講談社學術文庫.

森部豊, 2007 「四世紀~10世紀の黃河下流域におけるソグド人」, 『黃河下流域の歷史と環境』, 東方書店.

Cribb, Joe, and Georgina Herrmann, eds. 2007. *After Alexander: Central Asia before Islam*. Oxford: Oxford University Press. ISBN 978-0197263846

Schafer Edward(著), 吉田真弓(訳), 2007, 『サマルカンドの金の桃 唐代の異國文物の研究』, (アシアーナ叢書2), 勉誠出版.

間野英二, 2008, 「シルクロード史観」再考-森安孝夫氏の批判に関連して-」, 『史林』91-2, 京都, 史學研究會.

송대범(역), 2008, 『페르시아-고대 문명의 역사와 보물-』, 생각의 나무.

Ball, Warwick. 2008. *The Monuments of Afghanistan: History, Archaeology and Architecture*. London: I. B. Tauris. ISBN9781850434368

Stronach, David, and Ali Mousavi. 2009. *Irans Erbe: In Flugbildern von Georg Gerster*. Philipp von Zabern.

杉本一樹, 2008, 『正倉院』, 東京, 中央公論社.

沈睿文, 2009, 『唐陵的布局』, 北京大學出版社.

井本英一(編), 2010, 『東西交渉とイラン文化』, 勉誠出版. ISBN9784585226031

荒川正晴, 2010, 『ユーラシアの交通・交易と唐帝國』, 名古屋大學出版會.

田小紅, 2011, 『新疆尉犁營盘墓地初步研究』, (西北大學碩士學位論文), 西北大學.

森安孝夫(編), 2011, 『東西ウイグルと中央ユーラシア』, 名古屋, 名古屋大學出版會.

森安孝夫(編), 2011, 『ソグドからウイグルへ-シルクロード東部の民族と文化の交流-』, 東京, 汲古書院.

程义, 2012, 『关中地區唐代墓葬研究』, 文物出版社.

Rtveladze Edvard(著)·加藤九祚(訳), 2011, 『考古學が語るシルクロード史-中央アジアの文明·國家·文化-』, 東京, 平凡社.

栄新江(著)·西村陽子(訳)2012, 『敦煌の民族と東西交流』, 東京, 東方書店.

유향양(저)·추교순(역), 2012, 『중국 당대 황제릉 연구』, 서경문화사.

제동방(저)·이정은(역), 2012, 『중국 고고학 수·당』, 사회평론.

加藤九祚, 2013, 「シルクロードの古代都市 - アムダリヤ遺跡の旅』, (岩波新書1444), 岩波書店. ISBN978-4004314448.

趙胤宰.2014, 「신라와 중국 남북조의 교류」, 『신라고고학개론』상, 진인진.

민병훈, 2015, 『실크로드와 경주』, 통천문화사.

발레리한센(저), 류형식(역), 2015, 『실크로드 7개의 도시』, 소와당. ISBN 978-89-6722-015-0

사리아디니(저)·민병훈(역), 2016, 『박트리아의 황금비보 Bactrian Gold』, 통천문화사. ISBN 978-11-85087-13-9

村元健一, 2016, 『漢魏晋南北時代の都城と陵墓の研究』, 東京, 汲古書院.

鹽澤裕二, 2016, 『千年古都洛陽』, 東京, 雄山閣.

최정범, 2017, 「中國 唐式 大裝飾具의 登場과 展開」, 『中央考古研究』22, 中央文化財研究院.

岡村秀典, 2017, 『雲崗石窟の考古學』, 東京, 臨川書店.

前田耕作, 2019, 『バクトリア王國の興亡』, ちくま學芸文庫.

李昊霖, 2019, 『关中唐十八陵』, 电子工业出版社.

林聖智, 2019, 『圖像與裝飾-北朝墓葬的生死表象-』, 臺大出版中心.

S.Pidaev(著)·加藤九祚·今村榮一(譯), 2019, 『ウズベキスタンの佛教文化遺産』, 六一書房.

Allchin, Raymond, Warwick Ball, and Norman Hammond, eds. 2019. *The Archaeology of Afghanistan: From Earliest Times to the Timurid Period*. New Edition. Revised and updated by Warwick Ball and Norman Hammond. Edinburgh University Press. ISBN: 9780748699179

Rante, Rocco, and Djamal Mirzaakhmedov. 2019. *The Oasis of Bukhara, Volume 1: Population, Depopulation and Settlement Evolution*. Arts and Archaeology of the Islamic World 12. Brill. ISBN: 9789004396210

Haug, Robert. 2019. *The Eastern Frontier: Limits of Empire in Late Antique and Early Me-

dieval Central Asia. The Early and Medieval Islamic World. I. B. Tauris. ISBN: 9781788310031

7. 해로(海路)

1) 報告書

Bird, Isabella L. 1883. *The Golden Chersonese and the Way Thither*. John Murray.

Pavie, Auguste. 1898-1919. *Mission Pavie Indo-Chine 1879-1895*. Paris: Ernest Leroux, Editeur,

Evans, Arthur. 1921. *The Palace of Minos at Knossos*. Vol. I. London: Macmillan and Co.

Evans, Arthur. 1925. "'The Ring of Nestor': A Glimpse into the Minoan After-World." In the *Journal of Hellenic Studies* XLV: 43-75.

朝鮮総督府, 1927, 『樂浪郡時代の遺蹟』, 朝鮮総督府.

Evans, Arthur. 1928. *The Palace of Minos at Knossos*. Vol. II. London: Macmillan and Co.

Evans, Arthur. 1930. *The Palace of Minos at Knossos*. Vol. III. London: Macmillan and Co.

Marshall, John. 1931. *Mohenjo-Daro and the Indus Civilization*: Being an Official Account of Archaeological Excavations at Mohenjo-Daro Carried Out by the Government of India Between the Years 1922 and 1927. Vol. Ⅰ, Ⅱ, and Ⅲ. London: Arthur Probsthain.

Evans, Arthur. 1935. *The Palace of Minos at Knossos*. Vol. IV. London: Macmillan and Co.

大場恒吉·榧本亀次郎(編), 1934, 『樂浪彩篋塚』, (古蹟調査報告第1), 朝鮮古蹟研究會.

大場恒吉·榧本亀次郎(編), 1935, 『樂浪王光墓』, (古蹟調査報告第2), 朝鮮古蹟研究會.

Wheeler, R. E. M. 1946. *Arikamedu*: An Indo-Roman Trading-Station on the East Coast of India. Contributions by A. Ghosh and Krishna Deva. Ancient India No. 2: 17-125.

Marshall, John. 1951. *Taxila*: Structural remains. Volume Ⅰ. Cambridge University Press.

Marshall, John. 1951. *Taxila*: Minor Antiguties. Volume Ⅱ. Cambridge University Press.

Marshall, John. 1951. *Taxila*: Plates. Volume Ⅲ. Cambridge University Press.

宗像神社復興期成會, 1958, 『沖の島-宗像神社沖津宮祭祀遺蹟-』, 宗像, 宗像神社復興期成會.

宗像神社復興期成會, 1961, 『續沖の島-宗像神社沖津宮祭祀遺蹟-』, 宗像, 宗像神社復興期成會.

Malleret, Louis. 1959, 1960, 1962, 1963. *L'Archeologie du Delta du Mekong. Tome II. La Civilisation Materielle d'Oc-Eo*. Texte et Planches. Paris: École Française d'Extrême-Orient.

小場恒吉・小泉顯夫(著), 榧本杜人(編), 1974, 『樂浪漢墓』1, 樂浪漢墓刊行會.

小場恒吉・小泉顯夫(著), 榧本杜人(編), 1975, 『樂浪漢墓』2, 樂浪漢墓刊行會.

第三次沖ノ島學術調査隊, 1979, 『宗像 沖ノ島 本文・図版・史料』, 東京, 吉川弘文館.

廣東省博物館, 1983, 「廣東曲江南華寺古墓發掘簡報」, 『考古』7, 科學出版社.

遂溪縣博物館, 1986, 「廣東遂溪縣发现南朝窖藏金銀器」, 『考古』3, 科學出版社.

廣州市文物管理委員會・中國社會科學院考古研究所, 1991, 『西漢南越王墓』, 文物出版社.

桜井清彦・川床睦夫編, 1992, 『エジプト・イスラーム都市アル゠フスタート遺跡』早稲田大學出版部 ISBN4-657-92530-X

Flecker, Michael. 2002. *The Archaeological Excavation of the 10 Century Intan Shipwreck*. London: British Archaeological Reports.

廣西文物保護與考古研究所・合浦縣文物管理局, 2006, 『合浦風門嶺漢墓-2003-2005發掘報告-』, 文物出版社.

陝西省考古研究院, 2007, 『法門寺考古發掘報告上下』, 文物出版社.

南越王宮博物館籌建所・廣州市文物考古研究所, 2008, 『南越宮苑遺址』上下, 文物出版社.

Higham, C. F. W., and A. Kijngam, eds. 2012. *The Origins of the Civilizations of Angkor: Volume V: The Excavation of Ban Non Wat: Part Three: The Bronze Age*. Bangkok: The Thai Fine Arts Department. ISBN: 9789744176271

南京市考古研究所, 2015, 「南京大報恩寺遺址塔基興地宮發掘簡報」, 『文物』5, 文物出版社.

Bellina, Bérénice, ed. 2017. *Khao Sam Kaeo: An Early Port-City between the Indian Ocean and the South China Sea*. Memoires Archeologiques No. 28. Ecole Française d'Extreme-Orient. ISBN: 9782855394275

廣西文物保护与考古研究所, 2017, 『廣西合浦文昌塔汉墓』, 文物出版社.

國立中央博物館, 2018, 『平壤 石巖里 9號墳』, (日帝强占期資料調査報告30輯), 國立中央博物館.

熊照明・富霞, 2019, 『合浦漢墓』, (合浦縣新報海上絲綢之路世界文化遺産中心編), 廣西科學技術出版社.

廣西文物保護與考古研究所・合浦縣文物管理局, 2020, 『2009-2013合浦漢晋墓發掘報告』上・下, 文物

出版社.

2) 圖錄 資料集 學術會議論文集

平壤名勝旧蹟保存會(編), 1936, 『楽浪彩篋塚：遺物聚英』, 便利堂

Malleret, Louis. 1937. *Musee Blanchard de la Brosse, Saigon*. Catalogue general des collections. Hanoi: Ecole française d'Extreme-Orient.

Naval Intelligence Division. 1946. *Western Arabia and Red Sea*. London.

梅原末治・藤田亮策, 1958, 『朝鮮古文化綜鑑』2, 養德社.

梅原末治・藤田亮策, 1959, 『朝鮮古文化綜鑑』3, 養德社.

Marshall, John. 1960. *A guide to Taxila*. Cambridge University Press.

사회과학원고고연구소, 1978, 『고고학자료집』5, 과학백과사전출판사.

사회과학원고고연구소, 1978, 『고고학자료집』6, 과학백과사전출판사.

Diskul, M. C. S., ed. 1980. *The Art of Srivijaya*. Oxford University Press & UNESCO. ISBN 0195 804333

中近東文化センター, 1982, 『シンポジウム東西交渉史におけるムスリム商業』, (中近東文化センター研究會報告3), 中近東文化センター.

奈良縣立美術館, 1988, 『シルクロード大文明展-シルクロード・海の道』, 奈良縣立美術館.

조선유적유물도감편찬위원회, 1989, 『조선유적유물도감-고조선, 부여, 진국편』, 평양, 조선유적유물도감편찬위원회

ＮＨＫサービスセンター(編), 1989, 『シンポジウム・シルクロード海のシルクロードを求めて』, 三菱広報委員會.

廣東科學技術出版社, 1991, 『南海絲綢之路文物圖集』, 廣東科學技術出版社.

古代オリエント博物館(外), 1994, 『雲南省博物館青銅器展』, 東京, 東京新聞・中日新聞社.

宮內廳事務所, 1994-1997, 『正倉院寶物』1-Ⅳ, 東京, 每日新聞社.

每日新聞社, 1996, 『中國南越王の至宝-前漢時代 廣州の王朝文化』, 每日新聞社.

第10回大學と科學公開シンポジウム組織委員會(編), 1996, 『アジア・知の再発見-文化財保存修復と國際協力』, クバプロ. ISBNISBN4-906347-59-2

出光美術館, 1997, 『地下宮殿の遺寶-中國河北省定州北宋塔基出土文物展-』, 東京, 出光美術館.

チャンキィフォン・Tran Ky Phuong・重枝豊, 1997, 『チャンパ遺跡-海に向かって立つ』連合出版.

ISBN9784897721293

桃木至朗·樋口英夫·重枝豊, 1999,『チャンパ−歴史·末裔·建築』,(めこん選書), めこん. ISBN9784839601317

國立中央博物館, 2001,『낙랑樂浪』, 國立中央博物館.

第15回大學と科學公開シンポジウム組織委員會(編), 2001,『東南アジア考古學最前線』, クバプロ. ISBN4878050098

髙杉等, 2001,『東南アジアの遺跡を歩く』, めこん. ISBN978-4839601447

Dalsheimer, Nadine. 2001. *Les Collections du Musee National de Phnom Penh*. Ecole française d'Extreme-Orient. ISBN 2914330170

昭和女子大學, 2002,『東南アジアの遺跡を歩く』, めこん. ISBN978-4839601447

宗像大社神寶館, 2003,『沖ノ島大國寶展記念図録「海の正倉院」沖ノ島』, 宗像, 宗像大社神寶館.

池端雪浦(外), 2003,『岩波講座東南アジア史(別巻)東南アジア史研究案内』, 岩波書店. ISBN978-4000110709

해상왕장보고기념사업회, 2004,『해상왕 장보고 유적 유물 도록』, 해상왕장보고기념사업회.

南京市博物館, 2004,『六朝風彩』, 文物出版社.

Baptiste, Pierre, Simone Delobel, Jérôme Ghesquière, and Thierry Zéphir. 2005. *Missions Archéologiques Françaises au Vietnam: Les Monuments du Champa, Photographies et Itinéraires, 1902-1904*. Preface by Jean-François Jarrige. Les Indes savantes & Musee des arts asiatiques-Guimet. ISBN 9782846541220

古代の博多展実行委員会(編), 2007『鴻臚館とその時代:古代の博多:鴻臚館跡発掘20周年記念特別展』, 古代の博多展実行委員会.

海のシルクロードの出発点福建展開催実行委員會(編), 2008,『東アジアの海とシルクロードの拠点福建-沈没船, 貿易都市, 陶磁器, 茶文化-』, 東方書店.

海上絲綢之路研究中心(編), 2012,『跨越海洋』, 寧波出版社.

Mollerup, Asger. 2012. *Ancient Khmer Sites in Eastern Thailand*. White Lotus. ISBN 9789744801814

대한문화재연구원, 2013,『베트남의 고대문화를 찾아서』, 대한문화재연구원.

國家文物國(編), 2014,『海上絲綢之路』, 文物出版社.

국립나주문화재연구소·대한문화재연구원, 2015,『구슬의 유통에 나타난 동아시아의 교섭』, 국립나주문화재연구소·대한문화재연구원.

熊昭明, 2015, 『漢代合浦港海考古與海上絲綢之路』, 科學出版社. ISBN978-7-5010-521-4478-8

アジア城市(まち)案内制作委員會, 2016, 『南インド001はじめてのタミルナードゥ~チェンナイ・タンジャヴール・マドゥライ』, まちごとパブリッシング. ISBN978-4866205403

アジア城市(まち)案内制作委員會, 2016, 『南インド002チェンナイ~飛躍する南インドの「港湾都市」』, まちごとパブリッシング. ISBN978-4866205410

アジア城市(まち)案内制作委員會, 2016, 『南インド004マハーバリプラム ~浜辺に展開する「石刻芸術の世界」』, まちごとパブリッシング. ISBN9978-4866200439

アジア城市(まち)案内制作委員會, 2016, 『南インド021はじめてのケーララ ~コーチ・ティルヴァナンタプラム・バックウォーター』, まちごとパブリッシング. ISBN978-4866200507

アジア城市(まち)案内制作委員會, 2016, 『西インド015エローラ~岩山から彫り出された「至高の寺院」』, まちごとパブリッシング. ISBN978-4866200347

アジア城市(まち)案内制作委員會, 2016, 『浙江省001はじめての浙江省~杭州・紹興・寧波』, まちごとパブリッシング. ISBN978-4866201702

アジア城市(まち)案内制作委員會, 2016, 『浙江省007寧波旧城~浙東の千年「波止場」』, まちごとパブリッシング. ISBN978-4866206639

アジア城市(まち)案内制作委員會, 2016, 『江蘇省007鎮江~長江と大運河の「黃金十字路」』, まちごとパブリッシング. ISBN978-4866206387

アジア城市(まち)案内制作委員會, 2016, 『江蘇省008はじめての南京~江南の帝都「ナンキン」へ』, まちごとパブリッシング. ISBN978-4866206646

アジア城市(まち)案内制作委員會, 2016, 『江蘇省006揚州~「遣唐使」訪れた佳麗の地』, まちごとパブリッシング. ISBN978-4866206622

アジア城市(まち)案内制作委員會, 2016, 『江蘇省002はじめての蘇州~中國庭園と鐘の鳴る「古都」』, まちごとパブリッシング. ISBN 978-4866206172

アジア城市(まち)案内制作委員會, 2016, 『広東省003広州古城~「海のシルクロード」と中國南大門」』, まちごとパブリッシング. ISBN978-4866206387

國立中央博物館, 2017, 『아라비아의 길 Roads of Arabia』, 國立中央博物館.

宮楚涵·俞冰主(編), 2018, 『海上絲綢之路文獻匯編』全44冊, 學苑出版社

국립해양문화재연구소, 2018, 『바다의 비밀 9세기 아랍 난파선』, (한국싱가포르국제교류전), 국립해양문화재연구소.

Chapman, William R. 2018. *Ancient Sites of Southeast Asia: A Traveler's Guide through History, Ruins, and Landscapes*. River Books. ISBN: 9786167339917

한성백제박물관, 2019, 『베트남 옥에오 문화-바다로 연결된 부남과 백제-』, 한성백제박물관.

한성백제박물관, 2019, 『백제의 대외교섭과 베트남 옥에오문화』, 한성백제박물관.

アジア城市(まち)案内制作委員會, 2020, 『福建省006泉州~海のシルクロード「出発地」』, まちごとパブリッシング. ISBN978-4866201856

アジア城市(まち)案内制作委員會, 2020, 『山東省001はじめての山東省~青島・煙臺・済南・泰山・曲阜』, まちごとパブリッシング. ISBN978-4866202105

アジア城市(まち)案内制作委員會, 2020, 『福建省001はじめての福建省~福州・厦門・泉州と客家土楼』, まちごとパブリッシング. ISBN978-4866206806

アジア城市(まち)案内制作委員會, 2020, 『福建省007厦門~ヤシの木揺れる「海上の美都」』, まちごとパブリッシング. ISBN978-4866201863

アジア城市(まち)案内制作委員會, 2020, 『福建省002はじめての福州~「山海の幸」あふれる省都』, まちごとパブリッシング. ISBN978-4866206813

3) 論著

M.A. Stein, 1937. *Archaeological Reconnaissance in North-Western India and South-Eastern Iran*, London.

藤田豊八, 1943, 『東西交渉史の研究-南海篇-』, 荻原星文館.

中島健一, 1944, 『緬甸の自然と民族』, 養徳社.

Lévy, Paul. 1948. "Recent Archaeological Researches by the École Français d'Extrême Orient, French Indo-China, 1940–1945." In *Sir William Jones: Bicentenary of his Birth Commemoration Volume, 1746–1946*, edited by Kalidas Nag. 1948: 118-19. Calcutta: Royal Asiatic Society of Bengal.

Wheeler, R. E. M. 1953. *The Indus Civilization*. Cambridge: Cambridge University Press.

Wheeler, R. E. M. 1959. *Early India and Pakistan: To Ashoka*. London: Thames and Hudson.

山本達郎, 1966, 「南海古代南海交通と扶南の文化」, 石母田正(外編)『古代史講座13古代における交易と文化交流』, 學生社.

タイムライフブックス編集部(編), 1966,『古代ギリシア』, (ライフ人間世界史第1巻), タイムライフインターナショナル出版事業部.

タイム社ライフブックス編集部, 1966,『古代エジプト』, (ライフ人間世界史第14巻), タイムライフインターナショナル出版事業部.

タイム社ライフブックス編集部, 1966,『ローマ帝國』, (ライフ人間世界史第2巻), タイムライフインターナショナル出版事業部.

Wheeler, R. E. M. 1966, *Civilizations of the Indus Valley and Beyond*. New York: Mcgraw-Hill Book Company.

三杉隆敏, 1968,『海のシルクロードを求めて』, 創元社.

ロミラ・ターパル著・辛島昇譯, 1970, 1972,『インド史』1, 2, みすず書房.

Chakravarti, Adhir K. 1972. "Early Sino-Indian Maritime Trade and Fu-Nan." In *Early Indian Trade and Industry*, edited by D. C. Sircar, 101-17. Calcutta: University of Calcutta Centre of Advanced Study in Ancient Indian History and Culture, Lectures and Seminars, No. VIII-A, Part I.

三杉隆敏, 1976,『海のシルクロード』, 恒文社. ISBN978-4770402370

三杉隆敏, 1977,『中國磁器の旅－海のシルク・ロードを行く』, 學芸書林.

辛島昇, 1977,『インド入門』, 東京大學出版會.

ジョルジュ・セデス著・辛島昇譯, 1980,『インドシナ文明史』, みすず書房.

桑山正進・小西正捷・山崎元一・辛島昇, 1980,『インダス文明－－インド文化の源流をなすもの』, (NHKブックス), 日本放送出版協會.

太田秀通, 1982,『ギリシアとオリエント』, (オリエント選書), 東京新聞出版局.

藤本勝次, 1982,『海のシルクロード－絹・香料・陶磁器』, (朝日カルチャーブックス 14), 大阪書籍. ISBN9784754810146

辛島昇, 1985,『民族の世界史(7)インド世界の歴史像』, 山川出版社.

東野治之, 1988,『正倉院』, 東京, 岩波書店.

長沢和俊, 1989,『海のシルクロード史-四千年の東西交易-』, 中公新書.

河部利夫, 1990,『世界の歴史(18)東南アジア』, (河出文庫)河出書房新社. ISBN978-4309471778

B.K.ターパル(著), 小西正躍・小磯學(訳), 1990,『インド考古學の新発見』, 雄山閣. ISBN4639009755C3022

家島彦一, 1991.『イスラム世界の成立と國際商業-國際商業ネットワークの変動を中心に』, 岩波書店.

Ray, Himanshu Prabha. 1991. "In Search of Suvarnabhum: Early Sailing Networks in The Bay of Bengal." In *Indo-Pacific Prehistory Association Bulletin* 10.

Allen, Jane. 1991. "Trade and Site Distribution in Early Historic-period Kedah: Geoarchaeological, Historic, and Locational Evidence." In *Indo-Pacific Prehistory Association Bulletin* 10.

石井米雄・和田久德・辛島昇, 1992,『東南アジア世界の歴史的位相』, 東京大學出版會.

東野治之, 1992,『遣唐使と正倉院』, 東京, 岩波書店.

家島彦一, 1993,『海が創る文明-インド洋海域世界の歴史』, 朝日新聞社.

辛島昇, 1992,『地域からの世界史(5)南アジア』, 朝日新聞社.

辛島昇, 1996,『南アジアの歴史と文化』, 放送大學教育振興會.

최재석, 1996,『正倉院 소장품과 統一新羅』, 서울, 一志社.

重枝豊, 1996,「ベトナム・チャンパ遺跡が危ない-ベトナムの文化財保護の現狀-」, 第10回大學と科學公開シンポジウム組織委員會(編), 1996,『アジア・知の再発見-文化財保存修復と國際協力』, クバプロ. ISBN4-906347-59-2

近藤二郎, 1997,『エジプト考古學』, 同成社.

石澤良昭・生田滋, 1998,『東南アジアの伝統と発展』,(世界の歴史13), 中央公論社. ISBN978-4124034134

吉成薰, 1998,『ファラオのエジプト』, 廣済堂出版.

Kenoyer, Jonathan Mark. 1998. *Ancient cities of the Indus Valley Civilization*. Oxford University Press. ISBN 0-19-577940-1

石井米雄・桜井由躬雄 (編), 1999,『東南アジア史(1)大陸部』,(新版 世界各國史), 山川出版社. ISBN978-4634413504

石井米雄・桜井由躬雄 (編), 1999,『東南アジア史(2)島嶼部』,(新版 世界各國史), 山川出版社. ISBN978-4634413603

吉成薰, 2000,『エジプト王國三千年』, 講談社.

辛島昇, 2000,『南アジアの文化を學ぶ』, 放送大學教育振興會.

辛島昇, 2000,『海のシルクロード』, 集英社.

池端雪浦(外), 2001,『岩波講座東南アジア史(1)原史東南アジア世界』, 岩波書店. ISBN978-

4000110617

池端雪浦(外), 2001, 『岩波講座東南アジア史(2)東南アジア古代國家の成立と展開』, 岩波書店. ISBN978-4000110624

Young, Gary K. 2001. *Rome's Eastern Trade: International Commerce and Imperial Policy 31 BC – AD 305*. ISBN 0-415-24219-3

윤장섭, 2002, 『인도의 건축』, 서울대학교출판부.

平井聖(編), 2002, 『昭和女子大學國際文化研究所紀記要8ベトナム・ホイアン地域の考古學的研究』, 東京, 昭和女子大學國際文化研究所.

Flecker, Michael. 2002. *The Archaeological Excavation of the 10th Century Intan Shipwreck*. Archaeopress. ISBN978-1-84171-428-8

Ray, Himanshu Prabha. 2003. *The Archaeology of Seafaring in Ancient South Asia*. New York: Cambridge University Press. ISBN0-521-80455-8, 0-521-01109-4

Khoo, J. C. M., ed. 2003. *Art & Archaeology of Fu Nan*. Orchid Press. ISBN 9789745240353

シルクロード學研究センター, 2003, 『海のシルクロードからみたベトナム中部・南部の考古學的研究』, (シルクロード學研究15), シルクロード學研究センター.

辛島昇, 2004, 『世界各國史(7)南アジア史』, 山川出版社.

高宮いづみ, 2003, 『エジプト文明の誕生』, 同成社.

近藤二郎, 2003, 『エジプト考古學』早稲田大學文學部.

大城道則, 2003, 『古代エジプト文化の形成と拡散-ナイル世界と東地中海世界-』ミネルヴァ書房.

近藤二郎, 2004, 『ヒエログリフを愉しむ-古代エジプト聖刻の世界-』集英社新書.

大村幸弘, 2004, 『アナトリア発掘記--カマン・カレホユック遺跡の二十年』, (NHKブックス997), NHK.

이송란, 2005, 「낙랑(樂浪) 정백동(貞柏洞)3호분과 37호분의 남방계사자형(獅子形)수식(垂飾)과 상인(商人)의 활동」, 『미술사학연구』245, 한국미술사학회.

弓場紀知, 2005, 『古代祭祀とシルクロードの終着地-沖ノ島-』, 東京, 新泉社.

권오영, 2005, 『고대 동아시아 문명 교류사의 빛 무령왕릉』, 서울, 돌베개.

權悳永, 2005, 『재당 신라인사회 연구』, 서울, 일조각.

吳文良・吳幼雄, 2005, 『泉州宗教石刻増訂本』, 科學出版社.

McIntosh, Jane R. 2005. *Ancient Mesopotamia: New Perspectives*. Santa Barbara: ABC-CLIO.

ISBN 1576079651

家島彦一, 2006,『海域から見た歴史－インド洋と地中海を結ぶ交流史』, 名古屋大學出版會.

辛島昇, 2007,『世界歴史大系・南アジア史(3)南インド』, 山川出版社.

黃珊, 2007,「中世ペルシア湾の古代海港－シラフ港の発見－」,『西域文明的発現』, 北京大学考古文博学院.

小磯學, 2008,「インダス文明の腐食加工紅玉髄製ビーズと交易活動」,『古代文化』60-2, 古代學協會.

桃木至朗, 2008,『海域アジア史入門』, 岩波書店. ISBN978-4-00 022484-0

McIntosh, Jane. 2008. *The Ancient Indus Valley: New Perspectives*. Santa Barbara: ABC-CLIO. ISBN 9781576079072

Singh, Upinder. 2008. *A History of Ancient and Early Medieval India : from the Stone Age to the 12th century*. New Delhi: Pearson Education. ISBN 9788131711200

Tingley, Nancy. 2009. *Arts of Ancient Viet Nam: From River Plain to Open Sea*. Museum Fine Arts Houston. ISBN978-0300146967

David Whitehouse, Donald S. Whitcomb, T. J. Wilkinson.2009.*SIRAF: History, Topography and Environment* (The British Institute of Persian Studies: Archaeological Monographs) .Oxbow Books .

Cameron A.Petrie, David Whitehouse, Donald Whitcomb, T.J. Wilkinson.2010.*Siraf History Topography and Environment*.Oxbow Books.

이철영, 2009,『인도양과 바다도시』, 다솜출판사, ISBN 9788955622409

이철영, 2009,『지중해와 바다도시』, 다솜출판사, ISBN 9788955622393

芦田耕一・原豊二(編), 2010,『出雲文化圏と東アジア』, (アジア遊學135), 勉誠出版. ISBN978-4585226017

菊池誠一・阿部百里子(編), 2010,『海の道と考古學』, 東京, 高志書院. ISBN9784862150851

Cameron A.Petrie, David Whitehouse, Donald Whitcomb, T. J. Wilkinson.2010.*Siraf History Topography and Environment*.Oxbow Books . ISBN978-1842173947

국립해양문화재연구소, 2011,『고려의 난파선과 문화사』, 국립해양문화재연구소.

朴南守, 2011,『한국고대의 동아시아 교역사』, 쥬류성. ISBN978-89-6246-068-1

西村昌也, 2011,『ベトナムの考古・古代學』, 同成社. ISBN978-4886215567

Pierre-Yves Manguin・A.Mani Geoff Wade, ed. 2011. *Early Interactions Between South And*

Southeast Asia. Manohar.

Krahl, Regina, ed. 2011. *Shipwrecked: Tang Treasures And Monsoons Winds*. Smithsonian Books. ISBN978-1588343055

Schweyer, Anne-Valerie. 2011. *Ancient Vietnam: History, Art and Archaeology*. Bangkok: River Books. ISBN978-9749863756

Saidin, Mokhtar, Jaffrey Abdullah, Jalil Osman, and Azman Abdullah. 2011. "Issues and Problems of Previous Studies in The Bujiang Valley and The Discovery of Sungai Batu." In *Bujang Valley and Early Civilisations in Southeast Asia*, edited by Stephen Chia and Barbara Watson Andya.

Manguin, Pierre-Yves, A. Mani, and Geoff Wade, eds. 2011. *Early Interactions Between South and Southeast Asia: Reflections on Cross-cultural Exchange*. Institute of Southeast Asian Studies. ISBN 9814345105, 9789814345101

매리 하이듀즈(저), 박장식·김동역(역), 2012, 『동남아시아의 역사와 문화』, 솔과학. ISBN978-89-92988-73-5

家島彦一, 2013, 『イブン・ジュバイルとイブン・バットゥータ』, (世界史リブレット), 山川出版社.

長田俊樹(編), 2013, 『インダス―南アジアの基層世界を探る』, 京都大學出版會.

長谷川奏, 2014, 『図説地中海文明史の考古學』, 彩流社.

권오영, 2014, 「고대 한반도에 들어온 유리의 고고·역사학적 배경」, 『한국상고사학보』85, 한국상고사학회.

한국해양재단, 2013, 『韓國海洋史 I 선사고대』, 한국해양재단.

한국해양재단, 2013, 『韓國海洋史 II 남북국시대』, 한국해양재단.

한국해양재단, 2013, 『韓國海洋史 III 고려시대』, 한국해양재단.

李鎭漢, 2013, 「대송교역과 문물교류(1)송상과 예성항」, 『韓國海洋史 III 고려시대』, 한국해양재단.

李鎭漢, 2014, 『고려시대 무역과 바다』, 景仁文化社.

俵寬司, 2014, 『脱植民地主義のベトナム考古學「ベトナムモデル」「中國モデル」を超えて』, 風響社. ISBN978-4-89489-205-7

Liebner, Horst Hubertus. 2014, "The Siren of Cirebon: A Tenth-Century Trading Vessel Lost in the Java Sea." Ph.D. Dissertation, University of Leeds.

주경미, 2015, 「인도네시아 벨리퉁 침몰선의 발굴과 연구 현황」, 『해양문화재』8, 국립해양문화재연구소.

주경미, 2015, 「동남아 수중문화유산의 발굴과 연구 현황」, 『역사와 경계』97, 부산경남사학회.

Kim, Nam C. 2015. *The Origins of Ancient Vietnam*. Oxford Studies in the Archaeology of Ancient States. Oxford University Press. ISBN978-0199980888

Robinson, Andrew. 2015. *The Indus: Lost Civilizations*. London: Reaktion Books. ISBN 9781780235028

Sorna Khakzad. 2015. Maritime Aspects of Medieval Siraf, Iran: a pilot project for the investigation of coastal and underwater archaeological remains, *The International Journal of Nautical Archaeology 44*.

이청규, 2016, 『해상활동의 고고학적 기원과 전개』, 景仁文化社.

Cyrille P Coutansais (著), 大塚 宏子(訳), 2016, 『ヴィジュアル版 海から見た世界史: 海洋國家の地政學』, 原書房. ISBN978-4562052868

미야자키 마사카쓰(저), 이수열·이명권·현재열(역), 2017, 『바다의 세계사』, 도서출판선인. ISBN978-11-6068-044-7

Bellina, Bérénice, ed. 2017. *Khao Sam Kaeo: An Early Port-City between the Indian Ocean and the South China Sea*. Memoires Archeologiques No. 28. Ecole Française d'Extreme-Orient.

Piper, Philip J., ed. 2017. *New Perspectives in Southeast Asian and Pacific Prehistory*. Australian National University.

권오영, 2017a, 「韓半島에 輸入된 琉璃구슬의 變化過程과 經路-初期鐵器~原三國期를 중심으로」, 『호서고고학』37, 호서고고학회.

권오영, 2017b, 「백제고분 출토 유리구슬의 화학조성을 통해본 수입과 유통」, 『고고학』16-3, 중부고고학회.

국립해양문화재연구소, 2017, 『동남아시아 해양문화유산과 해상실크로드』, 국립해양문화재연구소.

西漢南越王博物館, 2017, 『南越王墓与海上絲綢之路』, (西漢南越王博物館研究叢書), 広東人民出版社. ISBN 9787218117447

菊池百合子, 2017, 『ベトナム北部における貿易港の考古學的研究 ヴァンドンとフォーヒエンを中心に』, 雄山閣. ISBN978-4639024682

Habu, Junko, Peter V. Lape, and John W. Olsen, eds. 2017. *Handbook of East and Southeast Asian Archaeology*. New York:Springer. ISBN978-1-4939-8224-0

Dallapiccola, Anna L., and Anila Verghese, eds. 2017. *India and Southeast Asia: Cultural Discourses*. The K. R. Cama Oriental Institute. ISBN: 9789381324127

李慶新(저)·현재열·최낙민(역), 2018, 『동아시아 바다를 중심으로 한 해양실크로드의 역사』, (해양도시문화교섭학번역총서15), 도서출판선인.

蔀勇造, 2018, 『物語アラビアの歴史 - 知られざる3000年の興亡』, (中公新書), 中央公論新社.

Needell, Carrolyn Swan. 2018. "Cirebon: Islamic Glass from a 10th-Century Shipwreck in the Java Sea." In *Journal of Glass Studies* 60.

McLaughlin, Raoul. 2018. *The Roman Empire and the Indian Ocean: The Ancient World Economy and the Kingdoms of Africa, Arabia and India*. Pen & Sword Military. ISBN-10: 1526738074

허진아, 2018, 「마한 원거리 위세품 교역과 사회정치적 의미 -석제 카넬리안 구슬을 중심으로-」, 『호서고고학』41, 호서고고학회.

石澤良昭, 2018, 『東南アジア多文明世界の発見』, (興亡の世界史講談社學術文庫), 講談社. ISBN978-4065126707

Chaffee, John W. 2018. *The Muslim Merchants of Premodern China: The History of a Maritime Asian Trade Diaspora, 750-1400*. New Approaches to Asian History. Cambridge University Press. ISBN: 9781107684041

Elayi, Josette. 2018. *The History of Phoenicia*. Translated by Andrew Plummer. Lockwood Press. ISBN: 9781937040819

李青會·左駿·劉琦(外), 2019, 『文化交流視野的漢代合浦港』, (合浦縣新報海上絲綢之路世界文化遺産中心編), 廣西科學技術出版社.

熊照明·韋莉果, 2019, 『廣西古代海上絲綢之路』, (合浦縣新報海上絲綢之路世界文化遺産中心編), 廣西科學技術出版社.

김병준, 2019, 「고대 동아시아의 해양 네트워크와 使行 교역」, 『한국상고사학보』106, 한국상고사학회.

강희정(편), 2019, 『해상 실크로드와 문명의 교류』, 사회평론아카데미.

권오영, 2019, 『해상 실크로드와 동아시아 고대국가』, 세창출판사.

김영재, 2019, 『고려상인과 동아시아 무역사』, 푸른역사.

桐山昇·栗原浩英·根本敬, 2019, 『新版東南アジアの歴史-人·物·文化の交流史-』, (有斐閣アルマ), 有斐閣. ISBN978-4641221390

中國社會科學院考古硏究所·広西壯族自治區文化和旅游厅·広西文物保護与考古硏究所, 2019, 『漢代海上絲綢之路考古与漢文化』, 科學出版社.

Wade, Geoff, and James K. Chin, eds. 2019. *China and Southeast Asia: Historical Interactions*. Routledge Studies in the Modern History of Asia. Routledge. ISBN: 9780415589970

Beaujard, Philippe. 2020. *The Worlds of the Indian Ocean. A Global History. Vol. 1: From the Fourth Millennium BCE to the Sixth Century CE. Vol. 2: From the Seventh Century to the Fifteenth Century CE*. Translated by Tamara Loring, Frances Meadows, and Andromeda Tait. Cambridge University Press. ISBN: 9781108341271

南越王宮博物館, 2020, 『南越國南漢國宮署遺址与海上絲綢之路』, 文物出版社. ISBN 9787501062577

8. 유리기(琉璃器)

1) 報告書

張李1957, 「河北省景縣封氏墓群調査記」, 『考古通訊』3, 北京, 考古雜誌社.

北京市文物工作隊, 1965「北京西郊西晋王浚妻華芳墓淸理簡報」, 『文物』11, 北京, 文物出版社.

甘肅省文物工作隊, 1966, 「甘肅省涇川縣出土唐代舍利石函」, 『文物』3, 北京, 文物出版社.

南京市博物館, 1972, 「南京象山5號, 6號, 7號墓」, 『文物』11, 北京, 文物出版社.

廣東省博物館·肇慶市文化局發掘小組, 1974, 「廣東肇慶市北領松山古墓發掘簡報」, 『文物』11, 北京, 文物出版社.

奈良縣立橿原考古學硏究所(編), 1977, 『新沢千塚126號墳』, 奈良, 奈良縣立橿原考古學硏究所.

南京博物院, 1981, 「江蘇省邗江甘泉2號墓」, 『文物』11, 北京, 文物出版社.

臨潼縣博物館, 1985, 「臨潼唐慶山寺舍利塔基精室淸理記」, 『文博』5, 陝西省文物局.

鄭洪春, 1988, 「西安東郊隋舍利墓淸理簡報」, 『考古與文物』1, 西安, 陝西省考古硏究所.

朝陽北塔考古勘察隊, 1992, 「遼寧朝陽北塔天宮地宮淸理簡報」, 『文物』7, 北京, 文物出版社.

山西省考古硏究所·大同市博物館, 1992, 「大同南郊北魏墓群發掘簡報」, 『文物』8, 北京, 文物出版社.

桜井淸彦·川床睦夫編, 1992, 『エジプト·イスラーム都市アル＝フスタート遺跡』早稻田大學出版部 ISBN4-657-92530-X

內蒙古文物考古硏究所·哲里木盟博物館, 1993, 『遼陳國公主墓』, 文物出版社.

山西省考古硏究所(編), 1996, 『太原晋國趙卿墓』, 文物出版社ISBN9787501008988

南京市博物館, 1998, 「江蘇南京富貴山六朝墓地」, 『考古』8 , 北京, 考古雜誌社.

新疆博物館(外), 1998, 「且末札滾魯克1號墓地」, 『新疆文物』4, 新疆文物考古硏究所.

新疆文物考古硏究所, 2001, 「新疆尉犁營盤墓地」, 『新疆文物』1·2, 新疆文物考古硏究所.

廣東省文物考古硏究所·廣州市文物考古硏究所·肇慶博物館 , 2004, 『華南考古』1 文物出版社.

山西大學歷史文化學院(編), 2005, 『大同南郊北魏墓群-』, 科學出版社. ISBN 7030163745

廣州市文物考古硏究所 , 2006, 「廣州南漢德陵, 康陵發掘簡報」, 『文物』7 , 北京, 文物出版社.

南京大學歷史系考古專業·湖北省考古文物硏究所·鄂州市博物館, 2007, 『鄂城六朝墓』, 北京, 科學出版社.

陝西省考古硏究院, 2007, 『法門寺考古發掘報告上下』, 文物出版社.

遼寧省文物考古硏究所(編), 2007, 『朝陽北塔考古発掘与維修工程報告』, 文物出版社. ISBN 9787501022403

中國社會科學硏究考古硏究所, 2010, 『扬州城』, 文物出版社.

鎭江市博物館·句容市博物館, 2010, 「江蘇句容春城南朝宋元嘉十六年劉宋墓」, 『東南文化』2期 , 鎭江, 鎭江市博物館·句容市博物館.

遼寧省文物考古硏究所·阜新市考古隊, 2011, 「遼寧阜新縣遼代平原公主墓興梯子廟4號墓」, 『考古』8, 考古雜志社.

李龙彬·樊圣英·李宇峰, 2011, 「辽代平原公主墓志考释」, 『考古』8, 考古雜誌社.

趙康民(編), 2014, 『武周皇刹慶山寺』, 陝西旅遊出版社.

內蒙古文物考古硏究所·錫林郭勒盟文物保護管理站多倫縣文物國, 2016, 『內蒙古多倫縣小玉力沟遼代墓葬』, 『考古』10, 考古雜志社.

新疆文物考古硏究所, 2017, 「新源縣加噶村墓地考古發掘報告」, 『新疆文物』1, 新疆文物考古硏究所.

陝西省考古硏究院(編), 2018, 『藍田呂氏家族墓園(全4冊)』, 文物出版社. ISBN 978-7501056620

2) 圖錄 資料集 學術會議論文集

Riefstahl, Elizabeth, ed. 1968. *Ancient Egyptian Glass and Glazes in the Brooklyn Museum*. Brooklyn: The Brooklyn Museum.

NHK大阪放送局1992, 『中國の金銀ガラス展』, 大阪, NHK大阪放送局.

楊伯達·中野徹, 1996, 『中國美術全集10工藝編』, 京都書院.

出光博物館, 1997, 『地下宮殿遺寶-中國河北定州北宋代塔出土文物展-』, 出光博物館.

Kunina, Nina. 1997. *Ancient Glass in the Hermitage collection*. The State Hermitage Ars Publishers LTD. ISBN5-900351-15-7

中近東文化センター, 2002, 『イスラームのガラス』, 中近東文化センター.

陝西省博物館外, 2003, 『花舞大唐春-何家村遺寶精髓-』, 北京, 文物出版社.

楊伯達, 2004, 『中國金銀玻璃琺瑯器全集第四卷玻璃器(1)』, 石家莊, 河北美術出版社.

太原市文物考古研究所(編), 2004, 『晋國趙卿墓』, 文物出版社 ISBN9787501015740

Arveiller-Dulong, Veronique, and Marie Dominique Nenna. 2005. *Les Verres Musee Louvre* II. Musee Louvre Editions. ISBN2-85056-952-6

溫州博物館(編), 2011, 『白象慧光·溫州白象塔·慧光塔典藏大全』, 北京, 文物出版社. ISBN9787501029822

李龙彬·樊圣英·李宇峰, 2011, 「辽代平原公主墓志考释」, 『考古』8, 考古雜志社.

國立中央博物館, 2012, 『유리 삼천년의 이야기』, 國立中央博物館.

加藤九祚·由水常雄·朴天秀(外), 2015, 『실크로드와 신라-유리의 길-』, 대구, 경북대학교박물관·경주세계문화엑스포.

白文煜·劉大志(編), 2015, 『契丹梵韻朝陽北塔出土文物精品集』, 遼寧民族出版社. ISBN9787549711857

國立中央博物館, 2017, 『아라비아의 길 Roads of Arabia』, 國立中央博物館.

朴天秀(외)2018, 『李(加藤)九祚의 生涯와 絲綢之路 琉璃, 織物』, 대구, 경북대학교실크로드조사연구센터·경북대학교박물관.

首都博物館(編), 2018, 『大遼五京內蒙古出土文物暨遼南京建城1080年展』文物出版社.국립경주박물관(編), 2020, 『오색영롱 한국 고대 유리와 신라』, 국립경주박물관. ISBN9787501058068

朴天秀(외), 2021, 『신라 유라시아로 나아가다』, 경북대학교박물관.

3) 論著

後藤守一, 1927, 「我が上古時代におけるガラス」, 『考古學雜誌』17卷-12號, 한성백제박물관.

深井晋司, 1968, 『ペルシャ古美術研究-ガラス器·金属器』, 吉川弘文館.

高橋敏·深井晋司, 1980, 『ペルシアのガラス』, 淡交社. ISBN9784473006189

深井晋司, 1983, 『ペルシアのガラス』, (オリエント選書), 東京新聞出版局.

深井晋司, 1986, 『ペルシアの琉璃玉』, 淡交社.

由水常雄, 1973, 『ガラスの道』, 德間書店.

丸山次雄, 1973, 『ガラス古代史』, 雄山閣.

由水常雄, 1976, 「古新羅古墳出土のローマン・グラスについて」, 『朝鮮學報』80, 朝鮮學會.

由水常雄・棚橋淳二, 1977, 『東洋のガラス』, 三彩社.

Klein, Dan, and Ward Lloyd. 1984. *The History of Glass*. Crescent.

道明三保子, 1985, 「モザイク玉」, 『ペルシアの琉璃玉』, 淡交社.

由水常雄, 1989, 『トンボ玉』, 平凡社.

李仁淑, 1990, 『韓國 古代 유리의 考古學的 硏究』, (한양대학교문학박사학위논문), 한양대학교대학원.

由水常雄(編), 1992, 『世界ガラス美術全集 第1卷 古代・中世』, 求龍堂.

由水常雄(編), 1992, 『世界ガラス美術全集 第4卷 中國・朝鮮』, 求龍堂.

由水常雄(編), 1992, 『世界ガラス美術全集 第5卷 日本』, 求龍堂.

李仁淑, 1993, 『한국의 古代유리』, 創文.

Kröger, Jens. 1995. *Nishapur: Glass of the Early Islamic Period*. New York: Metropolitan Museum of Art. ISBN9780300086430

谷一尙・工藤吉郎, 1997, 『世界のとんぼ玉』, 里文出版.

Whitehouse, David. 1997. *Roman Glass in The Corning Museum of Glass*: *Volume One*. The Corning Museum of Glass.

Denise Allen. 1998, *Roman Glass in Britain*(Shire Archaeology book). Shire Publications.

谷一尙, 1999, 『ガラスの考古學』, 同成社.

이인숙, 1999, 『유리와 고대한국』, 소나무.

李仁淑, 2000, 『아름다운 유리의 세계』, 여성신문사.

眞道洋子, 2000, 「9-10世紀におけるガラスの東西交流—ベトナム, クーラオチャム出土イスラーム・ガラス—」, 『考古學ジャーナル—考古學から見た海のシルクロードとベトナム—』464, ニュ・サイエンス社.

Whitehouse, David. 2000. *Roman Glass in The Corning Museum of Glass*: *Volume Two*. The Corning Museum of Glass.

Carboni, Stefano. 2001. Glass from Islamic Lands: The Al-Sabah Collection Kuwait National Museum. Thames and Hudson. ISBN0-500-97606-6

由水常雄, 2001, 『ローマ文化王國-新羅』, 新潮社.

關善明, 2001,『中國古代玻璃 Early Chinese Glass』, 香港中文大學文物館.

Carboni, Stefano, and David Whitehouse. 2001. *Glass of Sultans*. The Metropolitan Museum of Art and the Corning Museum of Glass. ISBN0-300-08551-5

眞道洋子,「ベトナム・クーラオチャム出土ガラス」, 平井聖(編), 2002,『昭和女子大學國際文化研究所紀記要8ベトナム・ホイアン地域の考古學的研究』, 東京, 昭和女子大學國際文化研究所.

Mentasti, Rosa Barovier. 2003. *Glass Throughout Time History and Technique of Glassmaking from the Ancient World to the Present*. Skira.)

Whitehouse, David. 2003. *Roman Glass in The Corning Museum of Glass: Volume Three*. The Corning Museum of Glass.

Fuxi, Gan, Robert Brill, and Tian Shouyun. 2009. *Ancient Glass Research along the Silk Road*. Singapore: World Scientific Publishing Co. Pte. Ltd. ISBN9789812833563

이인숙.2007,「金과 琉璃-4-5세기 古代 韓國과 실크로드의 遺寶-」,『세계속의 신라, 신라속의 세계』, (2007 신라학 국제학술대회 논문집), 경주시·신라문화유산조사단.

Goldstein, Sidney M. 2007. The Nasser D. Khalili Collection of Islamic Art. The Nour Foundation. ISBN9781874780502

管谷文則, 2008,「新羅慶州出土のガラス容器小考」,『古代學研究』180, 古代學研究會.

熊昭明·李靑會, 2011,『廣西出土漢代琉璃器的考古學與科技研究』, 文物出版社.

古寺智津子, 2012,『ガラスが語る古代東アジア』, 同成社.

古寺智津子, 2016,『古代東アジアとガラスの考古學』, 同成社.

成倩·王博·郭金龍, 2011,「新疆且末札滾魯克墓地出土琉璃杯研究」,『文物』7, 文物出版社.

김차규, 2009,「로마(비잔티움) 유리용기의 신라유입 과정에 대한 해석:5-6세기 초 비잔티움의 동방 교역정책과 관련하여」,『서양중세사연구』24, 서양중세사학회.

安家瑤·馮永驅, 2011,「南漢康陵出土的伊斯蘭玻璃器」,『考古一生-安志敏先生紀念文集-』, 北京, 文物出版社.

Mustafayev, Sh. K. Baypakov, Sh. Pidayev, and A. Khakimoc, eds. 2011. *The Artistic of Central Asia and Azerbaijan in the 9-15th Centuries: Vol Ⅱ: Glass*. Samarkand-Tashkent: International Institute for Central Asian Studies (IICAS). ISBN978-9943-357-14-3

민병훈, 2012,「이슬람 유리의 탄생과 확산」,『유리, 삼천년의 이야기』, 國立中央博物館.

유병하, 2012,「신라 고분에 부장된 서역의 유리 그릇」,『유리, 삼천년의 이야기』, 國立中央博物館.

Tait, Hugh. 2012. *5000 Years of Glass*. The British Museum Press. (ISBN978-0-7141-5095-6)

박천수, 2013, 「일본열도 출토 서역산 문물로 본 신라와 일본」, 『新羅史學報』28, 新羅史學會.

박천수, 2014, 「신라와 일본」, 『신라고고학개론』상, 진인진.

박천수, 2014, 「古代 東北아시아 琉璃器의 考古學的 硏究」, 『금관가야의 국제교류와 외래계 유물』, 주류성.

이인숙.2014, 「신라와 서역 문물-유리를 중심으로-」, 『신라고고학개론』상, 진인진.

이송란.2016, 「南北朝時代 北朝 고분 출토 西方系 琉璃器-신라 고분 출토 서방계 유리기의 수용경로와 관련하여-」, 『韓國古代史探究』22, 한국고대사탐구학회.

김규호·윤지현·권오영·박준영·Nguyen Thi Ha, 2016, 「베트남 옥에오(Oc Eo) 유적 출토 유리구슬의 재질 및 특성 연구」, 『문화재』49-2, 국립문화재연구소.

朴天秀, 2016, 「古代 東北亞細亞 出土 琉璃器의 移入經路와 歷史的背景」, 『韓國考古學報』101, 韓國考古學會.

朴天秀, 2018, 「琉璃器로 본 실크로드의 변천」, 『李(加藤)九祚의 생애와 실크로드 유리 직물』, 경북대학교 실크로드조사연구센터.

장링, 2018, 『삼국시대 유리기의 기원과 유입경로』, (부산대학교문학석사학위논문), 부산대학교대학원.

齊東方·李雨生, 2018, 『中國古代物質文化史玻璃器』, 开明出版社. ISBN9787513100168

함디예에즈기코루유주, 2018, 『4~5세기 신라의 외래문물 수용과 그 성격』, (경북대학교 사학과 석사학위논문), 경북대학교대학원.

요시미즈 츠네오(저)·이영식(역), 2019, 『신라가 꽃피운 로마문화』, 미세움.

박재현, 2019, 『신라고분 출토 로마 유리기 제작기법연구』, (경북대학교 고고인류학과 석사학위논문), 경북대학교대학원.

시카쿠 류지, 2019, 「핫워크와 콜드워크의 관점에서 본 사산조 페르시아의 유리생산」, 『고대 유리의 세계』, 국립경주박물관.

朴天秀, 2019, 「琉璃器로 본 실크로드」, 『고대 유리의 세계』, 국립경주박물관.

홍원기, 2020, 『5~6세기 신라의 북위 교섭과 로만글라스 유입』, (부산대학교 사학과 석사학위논문), 부산대학교대학원.

真道洋子, 2020, 『イスラーム·ガラス』, 名古屋大學出版會. ISBN: 978-4815810016

9. 금은제품(金銀製品), 장신구(裝身具)

1) 報告書

李遇春, 1959, 「新疆烏恰縣發現金条和大批波斯銀币」, 『考古』9, 科學出版社.

伊克昭盟文物工作站·內蒙古文物工作隊, 1980, 「西溝畔的匈奴墓」, 『文物』7, 文物出版社.

全廣金, 1980, 『西沟畔匈奴墓反映的诸问题』, (油印本)內蒙古文物工作队.

廣東省博物館, 1983, 「廣東曲江南華寺古墓發掘簡報」, 『考古』7, 科學出版社.

遂溪縣博物館, 1986, 「廣東遂溪縣發現南朝窖藏金銀器」, 『考古』3, 科學出版社.

伊克昭盟文物工作站·內蒙古文物工作隊, 1980, 「西溝畔的匈奴墓」, 『文物』7, 北京, 文物出版社.

山東省淄博市博物館, 1989, 「西漢齊王墓隨藏器物坑」, 『考古學報』6, 考古雜志社.

伊克昭盟文物工作站, 1991, 「內蒙古東胜市碾房渠發現金銀器窖藏」, 『考古』5, 北京, 科學出版社.

丁金龙;朱伟峰, 1996, 「江苏苏州浒墅关真山大墓的发掘」, 『文物』2, 北京, 文物出版社.

石家莊地區革委會文化局文物發掘組, 1997, 「河北贊皇東魏李希宗墓」, 『考古』6, 科學出版社.

北京市文物研究所, 2007, 『軍都山墓地-玉皇廟』, 文物出版社.

陝西省考古研究院, 2007, 『法門寺考古發掘報告上下』, 文物出版社.

王輝, 2009, 「長家川馬家原墓地相關問題初探」, 『文物-10, 北京, 文物出版社.

遼寧省文物考古研究所·朝陽市博物館, 2010, 『袁臺子 戰國西漢遺址和西周至十六國時期墓葬』, 遼寧省 文物考古研究所·朝陽市博物館.

2) 圖錄 資料集 學術會議論文集

陝西省博物館外, 2003, 『花舞大唐春-何家村遺寶精髓-』, 北京, 文物出版社.

シルクロード學研究センター, 2003, 『新疆出土のサーサーン式銀貨新疆ウイグル自治区博物館蔵のサーサーン式銀貨』, (シルクロード學研究19), シルクロード學研究センター.

全廣金·郭素新, 1986, 「阿魯柴登金銀器」, 『鄂爾多斯式青銅器』, 北京, 文物出版社.

陝西省博物館外, 2003, 『花舞大唐春-何家村遺寶精髓-』, 北京, 文物出版社.

삼성미술관LEEUM, 2013, 『金銀寶貨』, 삼성미술관LEEUM.

국립경주박물관, 2015, 『경주의 황금문화재』, 국립경주박물관.

Heidemann, Stefan, and Kevin Butcher. 2017. *Regional History and the Coin Finds from Assur: From the Achaemenids to the Nineteenth Century.* Wissenschaftliche Veroffentlichungen der Deutschen Orient-Gesellschaft, 148 / Ausgrabungen der Deutschen Orient-Gesellschaft in Assur, Fundgruppen, Band 8. Harrassowitz. ISBN: 9783447107617

秦小麗·中村慎一, 2018, 「黃河流域におけるトルコ石製品の生産と流通」, 『金沢大學文化資源學研究』 19, 金沢大學人間社會研究域附属國際文化資源學研究センター.

Wieczorek, Alfried, and Wilfried Rosendahl. 2019. *Java Gold: Pracht und Schonheit Indonesiens.* Nunnerich-Asmus Verlag & Media & Reiss-Engelhorn-Museen. ISBN: 9783961760862

3) 論著

Harper, Prudence Oliver. 1978. *The Royal Hunter: Art of the Sasanian Empire.* The Asia Society.

Harper, Prudence O., and Pieter Meyers. 1981. *Silver Vessels of the Sasanian Period: Volume One: Royal Imagery.* Metropolitan Museum of Art.

桑山正進, 1982, 「東方におけるサーサーン朝銀貨の再檢討」, 『東方學報』54, 京都大學人文科學研究所.

馬雍, 1983, 「北魏封和突墓及其出土的波斯銀盤」, 『文物-1983-8, 文物出版社.

吳焯, 1987, 「北周李賢墓出土鎏金銀壺考」, 『文物-5, 文物出版社.

林梅村, 1988, 「中國境内出土帶銘文的波斯和中亞銀器」, 『漢唐西域與中國文明-, 文物出版社.

B. I. マルシセク·穴澤咊光, 1989, 「北周李賢墓とその銀製水瓶について」, 『古代文化-44-4, 古代學協會.

Zhuo, Wu. 1989. "Notes on the Silver Ewer from the Li Xian." In the *Bulletin of the Asia Institute*, Vol. 3: 61-70.

Carpino, Alexandra, and Jean M. James. 1989. "Commentary on the Li Xian Silver Ewer." In the *Bulletin of the Asia Institute,* , Vol. 3: 71-75.

石渡美江, 1992, 「甘肅靖遠出土鎏金銀盤の圖像と年代」, 『古代オリエント博物館紀要』13, 古代オリエント博物館.

齊東方, 1993, 「中國古代的金銀器皿與波斯薩珊王朝」, 『伊朗學在中國論文集』, 北京大學校出版部.

Pirazzoli-t'Serstevence, Michèle. 1994. "Pour une archéologie des échanges. Apports étrangers en Chine - transmission, réception, assimilation." In *Arts Asiatiques* XLIX: 21-33.

Sims-Wiliams, Nicholas. 1995. "A Bactrian Inscription on a Silver Vessel from China." In the *Bulletin of the Asia Institute,* Vol. 9: 225.

孫机, 1996,「七駝文銀盤與廉文銀盤」,『中國聖火』, 遼寧敎育出版社.

林梅村, 1997,「中國境內出土帶銘文的波斯和中亞銀器」,『文物』-9, 文物出版社.

林梅村, 1998「中國境內出土帶銘文的波斯和中亞銀器」,『漢唐西域與中國文明』北京: 文物出版社.

齊東方, 1999,『唐代金銀器硏究』, 中國社會科學出版社.

安英新, 2000,「伊犁出土的金銀器」,『東南文化』, 2000-4.

권영필, 2000,「新羅 工藝의 對外交涉」,『新羅 美術의 對外交涉』, 예경.

段淸波(編), 2001『中國古金銀器』, 湖北美術出版社

이한상, 2004,『황금의 나라 신라』, 김영사.

王炳華, 2004,「新疆波馬金銀器」,『吐魯番學硏究』1: 109-118,

주경미, 2004,『중국 고대 불사리장엄 연구』, 일지사.

周炅美, 2004,「唐代 慶山寺 地宮 出土 佛舍利莊嚴의 新硏究」,『中國史硏究』29, 中國史學會.

潘玲, 2004,「西溝畔的漢代墓地四号墓的年代及文化特征再探討」,『華夏考古』2, 鄭州, 河南省文物考古硏究院·河南省文物考古學會.

이송란, 2004,「신라 고분 공예품에 보이는 불교적 요소의 계보와 그 의미: 황남대총과 식리총을 중심으로」,『東岳美術史學』5, 동악미술사학회.

이연재, 2006,「식리총 출토 금동식리의 문양 연구」,『강좌미술사』27, 한국미술사연구소.

이송란, 2006,「南越王國의 파르티아(Partia)系 水滴文銀盒과 전한대 東西交涉」,『東岳美術史學』7, 동악미술사학회.

周炅美, 2006,「탑형 사리장엄구: 건축 이미지의 공예적 변용」,『미술사와 시각문화』5, 미술사와 시각문화학회.

이송란, 2007,「중국에서 발견된 고전신화가 장식된 서방은기」,『중앙아시아의 역사와 문화』, 솔

안귀숙, 2007,「佛鉢의 圖像的 성립과 전개-중국 남북조시대를 중심으로」,『시각문화의 전통과 해석: 靜齋 金理那 敎授 정년퇴임기념 미술사논문집』, 예경.

이주형, 2007「鉢盂의 流轉: 인도 불교미술의 佛鉢 경배」,『중앙아시아연구』12, 중앙아시아학회.

주경미, 2007,「장신구를 통해 본 동서교섭의 일면」,『동서의 예술과 미학』, 솔

周炅美, 2008,「불교미술과 물질문화: 물질성, 신성성, 의례」, 미술사와 시각문화-7, 미술사와 시각문화학회.

周炅美, 2009,「北宋代 塔形舍利莊嚴具의 硏究」,『中國史硏究』60, 中國史學會.

王輝, 2009,「長家川馬家原墓地相關問題初探」,『文物』-10, 北京, 文物出版社.

黃緯, 2009,「長家川馬家原墓地金管式硏究」,『文物』-10, 北京, 文物出版社.

秦小麗, 2010, 『中國古代裝飾品研究―新石器时代--早期青铜时代』, 陝西师范大學出版社.

주경미, 2011, 「몽골 출토 흉노시대 금속공예품 연구」, 『신라문화』37, 동국대학교 신라문화연구소

Nickel, Lucas. 2012. "The Nanyue Silver Box." In *Arts of Asia* 42, no. 3: 98-107.

나종진(지음), 정대영(옮김), 2012, 『중국고고학 위진남북조』, 사회평론.

黃緯·吳小紅·陳建立·王輝, 2013, 「長家川馬家原墓地金管飾式的研究」, 『考古與文物』6, 西安, 陝西省考古研究所.

長田俊樹(編), 2013, 『インダス―南アジアの基層世界を探る』, 京都大學出版會.

박아림, 2015, 「중국의 북조 시대 고분 출토품에 보이는 북방·서역계 금속용기의 전래」, 『고구려발해연구』52, 고구려발해학회.

Vidale, Massimo, and Alessandra Lazzari, eds. 2017. *Lapis Lazuli Bead Making at Shahr-i Sokhta: Interpreting Craft Production in a Urban Community of the 3rd Millenium BC*. Padova, Roma: Dipartimento dei Beni Culturali, Archaeologia, Storia dell'Arte, della Musica e del Cinema, Università degli Studi di Padova & ISMEO – Associazione Internazionale di Studi sul Mediterraneo e l'Oriente.

허진아, 2018, 「마한 원거리 위세품 교역과 사회정치적 의미 -석제 카넬리안 구슬을 중심으로-」, 『호서고고학』41, 호서고고학회.

Sengupta, Arputharani. 2019. *Buddhist Jewels in Mortuary Cult: Magic Symbols*. Agam Kala Prakashan. ISBN: 9788173201448

Connor, Simon, and Dimitri Laboury, eds. 2019. *Toutankhamon: A la Recherche du Pharaon Oublie*. Presses Universitaires de Liege. ISBN: 9782875622310

杜金鵬, 2019, 『殷墟婦好墓出土玉器研究』, 科學出版社. ISBN 9787030599421

Nigel Fletcher-Jones. 2020. *Ancient Egyptian Jewelry. 50 Masterpieces of Art and Design*. The American University in Cairo Press. ISBN: 9789774169656

이송란, 2019, 「중국 남북조시대 서방계 금은기의 수입과 제작」, 『崇實史學』43, 崇實史學會.

池谷和信(編), 2020, 『ビーズでたどるホモ・サピエンス史美の起源に迫る』, 昭和堂. ISBN9784812219270

10. 도자기(陶磁器)

1) 報告書

Stein, Aurel. 1931. *Archaeological Reconnaissances in North-Western India and South-Eastern Iran*.

Wheeler, R. E. M. 1946. *Arikamedu: An Indo-Roman Trading-Station on the East Coast of India*. Contributions by A. Ghosh and Krishna Deva. Ancient India No. 2: 17-125.

Wilkinson, Charles K. 1950. "Life in early Nishapur." In the *Metropolitan Museum of Art Bulletin* 9, no. 2: 60-72.

Mathew, Gervase. 1956. "Chinese Porcelain in East Africa and on the Coast of South Arabia." In *Oriental Art*, Vol. II, no. 2: 50-55.

文化財管理局(編)1983-1988,『新安海底遺物』I・II・III・綜合篇, 文化財管理局.

문화재관리국 문화재연구소, 1984,『황룡사-유적발굴조사보고서 I』

호암미술관, 1987,『용인 서리 고려백자요 I』, 호암미술관.

문화재관리국 문화재연구소, 1989,『미륵사지』

호암미술관, 2003,『용인 서리 고려백자요 II』, 호암미술관.

충남대학교박물관, 1994,『신금성』, 충남대학교박물관

동국대학교 경주캠퍼스박물관, 1994,『석장사지』

국립부여문화재연구소, 1995,『부소산성 발굴조사중간보고』

국립부여문화재연구소, 1996,『부소산성-발굴조사보고서』

충남대학교박물관, 1998,『성주사』

국립부여문화재연구소, 1999,『부소산성 발굴중간보고서 III』

경기도박물관, 2004,『여주 중암리 고려백자요지』, 경기도박물관.

국립경주문화재연구소, 2001,『신라왕경발굴조사보고서 I 유물도판』, 국립경주문화재연구소.

국립경주문화재연구소, 2002,『신라왕경발굴조사보고서 I 본문』, 국립경주문화재연구소.

해강도자미술관, 2001,『방산대요』, 해강도자미술관.

국립문화재연구소, 2001,『장도청해진-유적발굴조사보고서 I』, 국립문화재연구소.

국립문화재연구소 2002,『장도청해진-유적발굴조사보고서 II』, 국립문화재연구소.

국립경주문화재연구소, 2002,『신라왕경』, 국립경주문화재연구소.

순천대학교박물관, 2004, 『순천 금둔사지』

국립경주문화재연구소, 2005, 『분황사-발굴보고서Ⅰ』

강원문화재연구소, 2005, 『강릉 관아지』, 강원문화재연구소.

기전문화재연구원, 2007, 『용인 서리 상반 고려백자요지』, 기전문화재연구원.

순천대학교박물관, 2007, 『광양 옥룡사지 Ⅲ-2·3차 발굴조사 보고서』

순천대학교박물관, 2007, 『광양 옥룡사지 Ⅳ-4차 발굴조사보고서』

강원문화재연구소, 2008, 『영월 흥녕선원 1·2차 시굴조사 보고서』, 강원문화재연구소.

국립경주문화재연구소, 2008, 『경주 구황동 황룡사지전시관 건립부지내 유적 발굴조사보고서1』

울산발전연구원 문화센터, 2009, 『울산 반구동유적』

국립경주문화재연구소, 2009, 『전 인용사지발굴보고서』

국립경주문화재연구소, 2013, 『전 인용사지발굴보고서Ⅱ』

국립경주문화재연구소, 2012, 『사천왕사Ⅰ-금당지 발굴조사보고서』

국립경주문화재연구소, 2013, 『사천왕사Ⅱ-회랑내랑 발굴조사보고서』

국립경주문화재연구소, 2014, 『사천왕사Ⅲ-회랑외곽 발굴조사보고서』

國家文物局水下文化遺産保護中心, 中國國家博物館, 2017, 『南海1号沈船考古報告之一－1989－2004年調査 上下册』, 文物出版社. ISBN-13：978-7501053278

陝西省考古研究院(編), 2018, 『藍田呂氏家族墓園(全4册)』, 文物出版社. ISBN 978-7501056620

2) 圖錄 資料集 學術會議論文集

東京國立博物館(編), 1978, 『日本出土の中國陶磁』, 東京國立博物館.

出光館美術館, 1984, 『陶磁の東西交流』, 出光館美術館.

橿原考古學研究所博物館(編), 1993, 『貿易陶磁-奈良・平安の中國陶磁』, 臨川書店.

日本貿易陶磁研究會文献目録編集委員會(編), 1985, 『日本貿易陶磁文献目録Ⅰ－発掘調査報告等－1901年~1984年』, 日本貿易陶磁研究會.

국립청주박물관, 1989, 『한국출토 중국도자 특별전』, 국립청주박물관.

三上登美子, 1990, 『三上次男著作目録』, 中央公論美術出版.

이난영, 1993.02, 『미륵사지 출토 중국 당송 자기 연구』

國立歷史民俗博物館(編), 1993, 『日本出土の貿易陶磁』, 國立歷史民俗博物館.

朝日新聞社文化企画局東京企画第一部(編), 1993, 『中國・南海沈船文物を中心とする はるかなる陶磁

の海路展 アジアの大航海時代』, 朝日新聞社.

東京國立博物館, 1994, 『中國の陶磁展』, 東京國立博物館.

弓場紀知(編), 1997, 『故宮博物院6 宋・元の陶磁』, 日本放送出版協會.

弓場紀知(編), 1998, 『故宮博物院7 明の陶磁』, 日本放送出版協會.

謝明良, 1998, 『中國陶瓷史論文索引 1900~1994』, 石頭出版社.

해강도자미술관, 2000, 『벽돌가마와 초기청자』, 해강도자미술관.

세계도자기엑스포재단, 2001, 『동북아도자교류전』, 세계도자기엑스포재단.

雄山閣, 2001, 『季刊 考古學 第75号 特集基準資料としての貿易陶磁器 1300年にわたる交流の証し』, 雄山閣.

국립대구박물관, 2004, 『우리 문화 속의 중국 도자기』, 국립대구박물관.

조선관요박물관, 2005, 『청자의 色形-한국·중국 청자 비교전-』, 조선관요박물관.

국립해양유물전시관, 2005, 『신라인 장보고-바닷길에 펼친 교류와 평화-』, 국립해양유물전시관.

國立中央博物館, 2008, 『國立中央博物館소장 중국도자』, 國立中央博物館.

海のシルクロードの出発点福建展開催実行委員會(編), 2008, 『東アジアの海とシルクロードの拠点福建: 沈没船 貿易都市 陶磁器 茶文化』, 海のシルクロードの出発点"福建"展開催実行委員會.

국립공주박물관, 2011, 『중국 六朝의 도자』, 국립공주박물관.

국립전주박물관, 2014, 『진안 도통리 청자』, 국립전주박물관.

울산박물관, 2011, 『울산박물관 개관기념도록』, 울산박물관.

森達也(外), 2012, 『日本人の愛した中國陶磁 龍泉窯青瓷展』, 愛知縣陶磁資料館·山口縣立萩美術館浦上記念館.

3) 論著

岡崎敬, 1958「陶磁からみた東西交渉史」, 『世界陶磁全集15 海外篇』, (座右寶刊行會編)河出書房.

三上次男, 1963, 「中世の中東ならびに南アジアにおける中國陶磁-東西交渉史の一側面-」, 『オリエント』6 巻4 号, 日本オリエント學會.

三杉隆敏, 1973, 『中近東の中國磁器』, 學芸書林.

亀井明德(編), 1979, 『貿易陶磁研究1』, 日本貿易陶磁研究會.

三杉隆敏, 1979, 『海のシルクロード: 中國磁器の海上運輸と染付編年の研究』, 恒文社.

三杉隆敏, 1984, 『海のシルク・ロード 中國染付を求めて』, (新潮選書), 新潮社.

中国上海人民美術出版社, 1981, 『中國陶瓷全集4 越窯』, 美乃美.

中国上海人民美術出版社, 1983, 『中國陶瓷全集7 唐三彩』, 美乃美.

中国上海人民美術出版社, 1982, 『中國陶瓷全集8 長沙銅官窯』, 美乃美.

中国上海人民美術出版社, 1981, 『中國陶瓷全集9 定窯』, 美乃美.

岡崎敬(編), 1981, 『世界陶磁全集10 中国古代』, 小學館

佐藤雅彦·長谷部楽爾(編), 1985, 『世界陶磁全集11 隋·唐』, 小學館

長谷部楽爾(編), 1983, 『世界陶磁全集12 宋』, 小學館

三上次男(編), 1981, 『世界陶磁全集13 遼·金·元』, 小學館

三上次男(編), 1984, 『世界陶磁全集16 南海』, 小學館

金元龍(編), 1979, 『世界陶磁全集17 韓国古代』, 小學館

崔淳雨, 長谷部楽爾(編), 1978 『世界陶磁全集18 高麗』, 小學館

深井晋司(編), 1985, 『世界陶磁全集20 世界1 古代オリエント』, 小學館

三上次男(編), 1985, 『世界陶磁全集21 世界2 イスラム』, 小學館

亀井明德, 1986, 『日本貿易陶磁史の研究』, 同朋舍出版.

강경숙, 1987, 「경주 배리 출토 토기 골호 소고」, 『삼불 김원룡 교수 정년퇴임기념논총』 II, 삼불 김원룡 교수 정년퇴임기념논총 간행위원회.

三上次男, 1987, 『三上次男著作集 (1) 陶磁貿易史研究 上 東アジア·東南アジア篇』, 中央公論美術出版.

三上次男, 1988, 『三上次男著作集 (2) 陶磁貿易史研究 中 南アジア·西アジア篇』, 中央公論美術出版.

三上次男, 1988, 『三上次男著作集 (3) 陶磁貿易史研究 下 中近東編』, 中央公論美術出版.

정양모, 1991, 『한국의 도자기』, 문예출판사.

中國珪酸塩學會(編)·佐藤雅彦·長谷部楽爾·弓場紀知(譯), 1991, 『中國陶磁通史』, 平凡社.

矢部良明, 1992, 『中國陶磁の八千年』, 平凡社.

윤용이, 1993, 『한국 도자사 연구』, 문예출판사.

弓場紀知, 1995, 『三彩』, (中國の陶磁 3), 平凡社.

中沢富士雄·長谷川祥子, 1995, 『元·明の青花』, (中國の陶磁 8), 平凡社.

今井敦, 1997, 『青磁』, (中國の陶磁 4), 平凡社.

蓑豊, 1998, 『白磁』, (中國の陶磁 5), 平凡社.

朱伯謙(編), 1998, 『龍泉窯青瓷』, 芸術家出版社.

林士民, 1999, 『青瓷与越窯』, 上海古籍出版社.

김재열, 2000, 「통일신라 도자기의 대외교섭」, 『통일신라미술의 대외교섭』 한국미술의 대외교섭 Ⅳ, 한국미술사학회.

山本信夫, 2000, 「陶磁器分類」, 『大宰府条坊跡ⅩⅤ』, 太宰府市教育委員會.

이귀례, 2002, 『한국의 차문화』, 열화당.

이종민, 2002, 「한국의 초기청자 연구」, (홍익대학교박사학위논문), 홍익대학교대학원.

三上次男, 2002, 『陶磁の道: 東西文明の接点をたずねて』, (岩波新書 青版), 岩波書店.

金寅圭, 2003, 「中國 越州窯靑磁의 硏究史」, 『中國史硏究』25, 中國史學會.

金寅圭, 2003, 「越州窯靑磁의 輸出과 靑磁文化圈의 擴大-韓國 初期靑磁의 出現 背景과 時期를 中心으로-」, 『中國史硏究』26, 中國史學會.

金寅圭, 2003, 「이집트 프스타트(Egypt, Fustar) 유적 출토의 월주요 청자(越州窯靑磁)에 대한 고찰」, 『미술사와 시각문화』2, 미술사와 시각문화학회.

김영원, 2004, 「한반도 출토 중국 도자」, 『우리 문화 속의 중국 도자기』, 국립대구박물관.

振西, 杜文(著)·北村永(訳), 2004, 『耀州窯瓷 - 鑑賞と鑑定』, (中国名窯名瓷シリーズ2), 二玄社.

趙青雲, 趙文斌(著)·富田哲雄(訳), 2004, 『鈞窯瓷 - 鑑賞と鑑定』, (中国名窯名瓷シリーズ3), 二玄社.

王建中(著)·富田哲雄(訳), 2005, 『磁州窯瓷 - 鑑賞と鑑定』, (中国名窯名瓷シリーズ4), 二玄社.

周世栄, 周聡(著)·福田伸男(訳), 2005, 『長沙窯瓷 - 鑑賞と鑑定』, (中国名窯名瓷シリーズ5), 二玄社.

王莉英, 穆青(著)·富田哲雄(訳), 2009, 『定窯瓷 - 鑑賞と鑑定』, (中国名窯名瓷シリーズ6), 二玄社.

裘纪平(김봉건 역), 2005, 『茶經圖說』, 이른아침.

강경숙, 2012, 『한국 도자사』, 예경.

김인규, 2007, 『越州窯 청자와 한국 초기청자』, 일지사.

신준, 2011, 「중국 장사요의 편년과 한국 출토 장사요 자기 연구」, 『야외고고학』12, 한국문화재조사연구기관협회.

이희관, 2011, 「한국 초기청자 연구의 현황과 문제점」, 『지방사와 지방문화』14-2, 역사문화학회.

이희관, 2012, 「완도군 장도유적 출토 越窯靑瓷의 제작시기 문제」, 『해양문화재』5, 국립해양문화재연구소.

방병선, 2012, 『중국 도자사 연구』, 경인문화사.

이희관, 2013a, 「경주지역 출토 越窯靑瓷」, 『한국고대사탐구』15, 한국고대사탐구학회.

이희관, 2013b, 「고려청자 출현의 수수께끼」, 『동국사학』55, 동국사학회.

한성욱, 2008,「일본 京都 출토 고려청자의 현황과 성격」,『한국중세사연구』25, 한국중세사학회.

アジア考古学四学会(編集), 2013,『陶磁器流通の考古学: 日本出土の海外陶磁』, (アジアの考古学 1) 高志書院. ISBN978-4862151278

亀井明徳, 2014,『中國陶瓷史の硏究』, 六一書房. ISBN-10：4864450366

王磊璞, 2016,『통일신라시대 한반도남부 출토 중국자기의 연구』, (부산대학교 고고학과 석사 학위논문), 부산대학교 대학원.

權埈鉉, 2018,『東晋南朝瓷器形態單一化演化趨勢硏究-以鷄首壺和碗類器爲例-』, (南京大學碩士學位論文), 南京大學考古學及博物館學科.

谢明良, 2019,『贸易陶瓷与文化史』, 三联书店. ISBN：9787108056825

葉喆民(著), 出川哲朗·德留大輔·新井崇之(訳), 2019,『中国陶瓷史』, 国書刊行会. ISBN-13：978-4336063168

신현진, 2020,『唐代 邢窯 瓷器 硏究』, (고려대학교 고고미술사학과 석사 학위논문), 고려대학교 대학원.

11. 직물(織物)

原田淑人, 1925,『西域発見の絵画に見えたる服飾研究』東洋文庫.

正倉院事務所, 1964,『正倉院寶物染織』上, 下, 朝日新聞社.

原田淑人, 1973,『漢唐の染織-シルクロードの新出土品-』, 小學館.

新疆維吾尔自治區博物館出土文物展覽工作組(編), 1972,『, 絲綢之路漢唐織物』, 文物出版社.

山辺知行, 1979,『スタインコレッッションニューデリ國立博物館藏-シルクロードの染織-』, 紫紅社.

松本包夫, 1984,『正倉院裂と飛鳥天平の染織Jodai-gire:7th and 8th Century Textiles in Japan from the Shoso-in and Horyu-ji』, 紫紅社. ISBN978-4879400123

Pfister, R. 1937. *Nouveaux textiles de Palmyre: découverts par le Service des antiquités du Haut-commissariat de la République fran aise dans la nécropole de Palmyre*. Paris: Editions d'art et d'histoire.

Shepherd, D. G., and W. B. Henning. 1959. "Zandaniji Identified?" In *Aus der Welt der Islamische Kunst*. Berlin: Festschrift fr E. Knhel.

夏鼐, 1963,『新疆新発現的古代絲織品綾, 綺錦和刺繡』,『考古學報』1963-1, 北京, 考古雜誌社.

Иерусалимская, А. А. 1972. К сложению художественного шелкоткачества в Согде. Ленинград: Средняя Азия и Иран.

Erusalimskaja, A. 1978. *Alanskij Mira na Selkovom Puti*. Leningrad: Kul'tura Vostoka.

道明三保子, 1987, 「ササンの連珠圓文錦の成立と意味」, 『深井晉司博士追悼シルクロード美術論集』, 吉川弘文館.

新疆文物局·上海博物館, 1998, 『新疆維吾爾自治區 絲路考古珍品』, 上海: 上海譯文出版社.

Marshak, Boris. 1999. *Murals along the Silk Road: Combined Art=Historical and Laboratory Study*. Saint Petersburg.

沈從文, 1999, 『中國古代服飾硏究』增訂本, 上海, 上海書店出版社.

中國社會科學院考古硏究所(編), 2001, 『夏鼐文集』中冊, 北京, 社會科學文献出版社.

阪本和子, 2001, 「連珠文の傳播」, 『シルクロード研究叢書』4, シルクロード研究センター.

加藤定子, 2002, 『古代東アジアにおける服飾史の研究-パジリクとノインウラ古墳の古代服飾-』, 東京堂出版.

김소현, 2002, 『호복(胡服)-실크로드의 복식-』, 민속원.

加藤定子, 2002, 『中央ユラシアにおける古代服飾の研究-立体構成の起源について-』, 源流社.

シルクロード學研究センター, 2002, 『シルクロード織機研究』, (シルクロード學研究13), シルクロード學研究センター.

趙豊, 2002, 『錦程 中國絲綢與絲綢之路』, 香港城市大學出版社 City University of HK Press.

北京大學考古文博學院, 靑海省文物考古研究所(編), 2005, 『都蘭吐蕃墓』, (唐研究基金會丛书)科學出版社, Tibetan tombs at Dulan, Qinghai.

太原市文物考古研究所, 2005, 『北齊徐顯秀墓』, 太原: 太原市文物考古研究所.

古代オリエント博物館, 2006, 『シルクロード華麗なる植物文様の世界』(MUSAEA JAPONICA5), 山川出版社. ISBN978-4634648210

안보연, 2007, 「동전 연주문의 변천과정 비교연구: 5세기-10세기 벽화복식 및 출토 직물을 중심으로」, 『문화재』40, 국립문화재연구소.

장경희, 2007, 「隋唐代聯珠環文錦의 東西交涉」, 『한국공예논총』10-2, 한국조형디자인학회.

신숙, 2010, 「統一新羅와 唐의 銜鳥文 硏究」, 『미술사연구』24, 미술사연구회

葉爾米拉, 2012, 「古道上灑落的珍珠-聯珠文」, 『文物鑒定與鑒賞』9期, 時代出版傳媒股份有限公司.

李曉卿, 2018, 「北齊徐顯秀墓室壁畫中的聯珠文藝術探析」, 『山西檔案』1期, 山西省檔案局·山西省檔案

學會.

陳彥姝, 2007, 「六世紀中後期的中國聯珠文織物」, 『故宮博物院院刊』1期, 北京故宮博物院.

安寶蓮, 2011, 「韓日における古代都城の高級織物の生産と使用─服飾制度成立期を中心に─」, 『日韓文化財論集』1, 奈良, 奈良文化財研究所.

坂本和子, 2012, 『織物にみるシルクロードの文化交流-トゥルファン出土染織資料-錦綾を中心に-』, 同時代社.

赵丰·尚刚·龙博, 2014, 『中國古代物质文化史纺织(上, 下)』, 开明出版社. ISBN9787513117579

尚剛, 2017, 「吸收與改造-六至八世紀的中國聯珠圈文織物與其啟示」, 『大匠之門』15期, 北京畫院.

韓穎·張毅, 2017, 「絲綢之路文化影響下聯珠文的形式流變」, 『絲綢』5期, 浙江理工大學·中國絲綢協會·中國紡織信息中心.

De Moor, Antoine, Cacilia Fluck, and Petra Linscheid, eds. 2017. *Excavating, Analysing, Reconstructing Textiles of the 1st Millennium AD from Egypt and Neighbouring Countries*: *Proceedings of the 9th conference of the research group 'Textiles from the Nile Valley' in Antwerp, 27-29 November 2015*. Lannoo Publishers. ISBN: 9789401443999

朴天秀(외), 2018, 『李(加藤)九祚의 生涯와 絲綢之路 琉璃, 織物』, 대구, 경북대학교실크로드조사연구센터·경북대학교박물관.

Sengupta, ArputhaRani. 2018. *The Silk Road Fabrics. The Stein Collection in the National Museum of India*. D.K. Printworld. ISBN: 9788124609217

Gasparini, Mariachiara. 2020. *Transcending Patterns*: *Silk Road Cultural and Artistic Interactions Through Central Asian Textile Images*. Perspectives on the Global Past. University of Hawaii Press. ISBN 978-0824888435

Spuhler, Friedrich. 2020. *Early Islamic Textiles from along the Silk Road*: *Dar al-Athar al-Islamiyyah*: *The al-Sabah Collection, Kuwait*. Thames & Hudson. ISBN: 9780500970843

12. 자연유물(自然遺物)

山田憲太郎, 1942, 『東亜香料史』, 東洋堂

朝比奈泰彦, 1955,『正倉院薬物』, 植物文献刊行会.

渡邊武, 1956,『正倉院薬物の研究』, 武田薬品工業株式会社研究所.

Herrmann, Georgina. 1966. "Lapis Lazuli: The Early Phases of Its Trade." Oxford University Dissertation.

Herrmann, Georgina. 1968. "Lapis Lazuli: The Early Phases of Its Trade." In *Iraq* 30, (Spring): 21-57. British Institute for the Study of Iraq.

岡崎敬, 1973,「南海を通ずる初期の東西交渉―タイマイを通してみた古代南海貿易―」,『東西交渉の考古學』, 平凡社.

Peter Bancroft. 1984. *Gem and Crystal Treasures*, Western Enterprises.

Herrmann, Georgina. 1986. *Ivories from Room SW 37, Fort Shalmaneser*. London: British School of Archaeology in Iraq. ISBN 978-0903472104

Kelsey Michal Ajango. 2010, New thoughts on the trade of lapis lazuli in the ancient near east: c. 3000 - 2000 BC University of Wisconsin-La Crosse.

村上道太郎, 1989,『染料の道-シルクロードの赤を追う-』, NHKブックス

湖巖美術館, 1997,『湖巖美術館所藏金東鉉翁蒐集文化財』, 湖巖美術館.

永正美嘉, 2003,「新羅의 對日香藥貿易」,『한국사론』51, 서울대학교국사학과.

Glover, Ian C, Helen Hughes-Brock, and Julian Henderson. 2003. *Ornaments from the Past, Bead Studies After Beck: A Book on Glass and Semiprecious Stone Beads in History and Archaeology for Archaeologists, Jewellery Historians and Collectors*. Bead Study Trust. ISBN978-9749116593

國立中央博物館·대한불교조계종중앙박물관, 2009,『불국사 석가탑 유물 保存處理·分析』, 삼성미술관LEEUM.

米田該典, 2015,『正倉院の香薬』, 思文閣出版.

박남수, 2016,『한국 고대 목면과 향료의 바닷길』, 경인문화사.

Herrmann, Georgina. 2017. *Ancient Ivory: Masterpieces of the Assyrian Empire*. London: Thames and Hudson. ISBN 978-0500051917

Steiniger, Daniel. 2019. *Lapis Lazuli-raw material sources, provenance studies and Prehistoric distribution in Eurasia-an overview*.『社會変化とユーラシア東西交易―考古學と分析科學からのアプローチ―』.科學研究費補助金基盤研究(B)2018-2020年度.

13. 소그드인

中國社會科學院考古研究所編, 1966, 『西安郊區隋唐墓』, 科學出版社.

桑原隲蔵, 1968, 「隋唐時代に支那に来住した西域人に就いて」, 『桑原隲蔵全集2』, 岩波書店.

白鳥庫吉, 1971, 「粟特國考」, 『白鳥庫吉全集7』岩波書店.

羽田明, 1982, 「ソグド人の東方活動」, 『中央アジア史研究』, 京都 臨川書店.

吉田豊, 1991, 「新疆維吾爾自治區新出ソグド語資料」, 『内陸アジア言語の研究』6, 中央ユーラシア學研究會.

荒川正晴, 1998, 「北朝隋唐代における『薩寶』の性格をめぐって」, 『東洋史苑』5051, 東洋大學東洋史學研究會.

荒川正晴, 1999, 「ソグド人移住聚落東方交易活動」, 『岩波講座世界歷史』15, 岩波書店.

原州聯合考古隊編, 2000, 『唐史道洛墓』, サンライズ出版.

陝西省考古研究所, 2003, 『西安北周安伽墓』, 文物出版社.

羅丰, 2004, 『固原南郊隋唐墓地』, 文物出版社.

羅丰, 2004, 『胡漢之間』, 文物出版社.

山西省考古研究所, 2005, 『太原隋虞弘墓』, 文物出版社.

민병훈, 2006, 「실크로드의 국제상인 소그드인」, 『유역』1, 솔.

신양섭, 2008, 「페르시아문화의 동진과 소그드민족의 역할 – 조로아스터교와마니교를 중심으로」, 『중동연구』27-1, 한국외국어대학교 중동연구소.

菅谷文則, 2008, 『シルクロード文化を支えたソグド人』, サンライズ出版.

정완서, 2009, 『6세기 후반 중국 내 소그드인 무덤 미술 연구: 석장구의 도상을 중심으로』, (한국예술종합학교 석사학위논문), 한국예술종합학교 대학원.

송진, 2010, 「唐代'胡商'의 中國內地活動과 蕃坊」, 『동아문화』, 서울대학교 동아문화연구소.

曾布川寬 · 吉田豊(編), 2011, 『ソグド人の美術と言語』, 臨川書店.

森部豊(編), 2014, 『アジア遊學175 ソグド人と東ユーラシアの文化交渉』, 東京, 勉誠出版.

西安市文物保護考古研究院, 2014, 『北周史君墓』, 文物出版社.

岩見清裕(編), 2016, 『ソグド人墓誌集成』, 汲古書院.

荣新江 · 罗丰(編)2016, 『粟特人在中國：考古发现与出土文献的新印证』上 · 下, 科學出版社

福島恵, 2017, 『東部ユーラシアのソグド人』, 汲古書院.

エチエンヌ ドゥ・ラ・ヴェシエール(著), 影山悦子(訳), 2019.『´Etienne de la Vaissi`ere ソグド商人の歴史』, 岩波書店. ISBN978-4000237376

14. 성수(聖獸)

Rudenko, S. J. 1958. "The Mythological Eagle, the Gryphon, the Winged Lion, and the Wolf in the Art of Northern Nomads." In *Artibus Asiae* 21, no. 2: 101-122.

Bisi, A. M. 1962. "L'iconografia del grifone a Cipro." In *Oriens Antiquus* I: 219-232.

Bisi, A. M. 1964. "Il grifone nell'arte dell'antico Iran e dei popoli delle steppe." In *Rivista di Stusi Orientali* 39: 15-60.

Bisi, A. M. 1965. *Il grifone: storia di un motivo iconografico nell'antico Oriente Mediterraneo*. Roma: Centro di studi semitici.

진홍섭, 1968,「석조건축물의 사자의 용례」,『예술논문집』7, 예술원.

변영섭, 1975,「괘릉고」,『이대사학』12, 이화여자대학교 사학과.

Collon, Dominique. 1982. *Catalogue of the Western Asiatic Seals in the British Museum: Cylinder Seals II: Akkadian, Post Akkadian, Ur III Periods*. London: British Museum Publications.

박경원, 1982,「통일신라시대의 묘의 석물 석인 석수 연구」,『고고미술』154·155, 한국미술사학회.

傅天仇, 1985,『中國美術全集雕塑編2秦漢雕塑』, 人民美術出版社.

Collon, Dominique. 1986. *Catalogue of the Western Asiatic Seals in the British Museum: Cylinder Seals III: Isin-Larsa and Old Babylonian Periods*. London: British Museum Publications.

Collon, Dominique. 1987. *First Impressions: Cylinder Seals in the Ancient Near East*. London: British Museum Publications.

金維諾, 1988,『中國美術全集 雕塑編1 原始社會至戰國雕塑』, 人民美術出版社

月本昭男, 1988,「ムシュフシュ」,『聖獣伝説』, 講談社.

曾布川寬, 1991,「南朝陵墓の石獣と磚画」,『東方學報』63, 京都, 京都大學人文科學研究所.

田辺勝美, 1993,「ガンダーラ美術の獅子像のイラン系要素」,『金沢大學考古學紀要』20, 金沢大學考古

學研究室.

李域铮, 1995, 『陝西古代石刻艺术』.

이재중, 1996, 「통일신라시대 왕릉앞 석인연구」, 『석오 윤용진교수 정년퇴임 기념논총』, 석오 윤용진 교수 정년퇴임 기념논총 간행위원회.

梁白泉, 1998, 『南京的六朝石刻』, 南京出版社.

林俊雄, 2000a, 「グリフィンの役割と図像の発展-前五世紀まで-」, 『西嶋定生博士追悼論文集』, 山川出版社.

林俊雄. 2000b, "East-West Exchanges as Seen through the Dissemination of the Griffin Motif." Cs. Bálint, ed. *Kontakte zwischen Iran, Byzanz und der Steppe im 6.-7. Jahrhundert: Varia Archaeologica Hungarica IX.* Napoli-Roma: Archäologisches Institut der Ungarischen Akademie der Wissenschaften.

荒俣宏·大村次郷, 2000, 『獅子』, 集英社.

National Geographic, 2001, 「獅子」, 『NATIONAL GEOGRAPHIC2001年6月號』, National Geographic.

Collon, Dominique, 2001, *Catalogue of the Western Asiatic Seals in the British Museum. Cylinder Seals V: Neo-Assyrian and Neo-Babylonian Periods.* London: British Museum Publications.

平勢隆郎, 2002, 『亀の碑と正統』, 白帝社.

奈良縣立橿原考古學研究所(編), 2002, 『南朝石刻』, 奈良縣立橿原考古學研究所.

尤広熙, 2003, 『中國石獅造型芸術』, 北京.中國建築工業出版社.

李零, 2004, 「論中國的有翼神獸」「獅子与中西文化的交流」, 『入山与出塞』文物出版社.

陝西省考古研究所, 2004, 「唐节愍太子墓发掘简报」, 『考古与文物』4.

국립경주박물관, 2006, 『신라의 사자』, 국립경주박물관.

권강미, 2006, 「통일신라시대 사자상의 수용과 전개」, 『신라의 사자』, 국립경주박물관.

신문주, 2006, 『한국의 사자석탑에 관한 연구』, 강릉대학교 대학원 석사학위논문.

이근직, 2006, 『신라 왕릉의 기원과 변천』, 영남대학교 대학원 박사학위논문.

長田光男, 2007, 「大和の獅子·狛犬」, 『高円史學』.

程章灿, 2008, 『石刻刻工研究』, 上海古籍出版社.

胡受奚·胡石青, 2009, 『中國歷代石刻艺术』, 文物出版社.

이성현, 2012, 『통일신라시대 불교미술의 석사자상 연구』, 원광대학교 대학원 석사학위논문.

임영애, 2012, 「신라하대 왕릉 조각의 완성, 원성왕릉 조각의 제작시기 재검토」, 『불교미술사학』 14, 불교미술사학회.

孫炎等, 2012, 『唐陵石刻艺术』, 三秦出版社

임영애, 2013, 「신라 왕릉 조각의 미술사적 조망과 특수성」, 『신라문화』 41, 동국대학교 신라문화연구소.

임영애, 2014, 「월정교·춘양교의 '사자 석주', 이미지와 의미」, 『신라문화』 43, 동국대학교 신라문화연구소.

秦波, 2014, 『唐代 陵墓 石刻 硏究 -以乾陵为中心』, 中央美术學院 博士學位論文.

MIHO MUSEUM(編), 2014, 『獅子と狛犬』, 青幻舍. ISBN978-4861524608

陝西省考古研究院, 2015, 『唐顺陵』, 文物出版社.

15. 신앙(信仰) 종교(宗教)

羽渓了諦, 1914, 『西域之仏教』, 京都, 法林舘.

岡田明憲, 1982, 『ゾロアスター教 神々への讃歌』, 平河出版社.

岡田恵美子, 1982, 『ペルシアの神話 光と闇のたたかい』, 筑摩書房.

百済康義, 1983, 「妙法蓮華経玄賛のウイグル訳断片」, 護雅夫編, 『内陸アジア·西アジアの社會と文化』, 東京, 山川出版社.

M.ボイス(著), 山本由美子(訳), 1983, 『ゾロアスター教 3500年の歴史』, 筑摩書房.

ロザリー·デイヴィッド(著), 近藤二郎(訳), 1986, 『古代エジプト人 神々と暮らし』, 筑摩書房.

三笠宮崇仁, 1988, 『古代エジプトの神々 その誕生と発展』, 日本放送出版協會.

S.N.クレーマー(著), 小川英雄·森雅(譯), 1989, 『聖婚 古代シュメールの信仰·神話·儀礼』 新地書房.

上山大峻, 1990, 『敦煌仏教の研究』, 京都, 法藏館.

百済康義, 1994, 「東トルキスタンの仏教と文化-中央アジア仏教研究の一道標-」, 『仏教學研究』 50, 京都, 龍谷大學.

Klimkeit(著)·林悟殊(訳), 1995, 『達伽馬以前中亞和東亞的基督教』, 臺北, 淑馨出版社.

月本昭男·小林稔編, 1996, 『聖書の風土·歴史·社會』, (現代聖書講座1), 日本基督教團出版局.

月本昭男, 1996, 『ギルガメシュ叙事詩』, 岩波書店.

前田徹, 1996, 『都市國家の誕生』, (世界史リブレット1), 山川出版社.

山本由美子, 1998, 『マニ教とゾロアスター教』, (世界史リブレット4), 山川出版社.

シルクロード學研究センター, 2001, 『観音菩薩像の成立と展開変化観音を中心にインドから日本まで』, (シルクロード學研究11), シルクロード學研究センター.

前田徹, 2003, 『メソポタミアの王・神・世界観-シュメール人の王権観-』, 山川出版社.

谷泰, 1997, 『神・人・家畜 牧畜文化と聖書世界』, 平凡社.

J.ボテロ(著), 松島英子(訳)1998, 『メソポタミア 文字・理性・神々』, 法政大學出版局.

斉藤達也, 1998, 「魏晋南北朝時代の安息國と安息系仏教僧」, 『國際仏教學大學院大學研究紀要』1, 東京, 國際仏教學大學院大學.

田辺勝美, 1999, 『毘沙門天像の誕生』, 吉川弘文館.

岡田明子・小林登志子, 2000, 『古代メソポタミアの神々』, 集英社.

J.ボテロ(著), 松島英子(訳), 2001, 『最古の宗教-古代メソポタミア-』, 法政大學出版局.

伊藤義教, 2001, 『ゾロアスター教論集』平川出版社.

大西修也, 2002, 『日韓古代彫刻史論』, 中國書店.

小川英雄, 2003, 『ローマ帝國の神々-光はオリエントより-』中公新書.

後藤光一郎, 2005, 『宗教と風土-古代オリエントの場合-』, リトン.

马文宽, 2006, 『伊斯兰世界文物在中國的发现与研究』, 宗教文化出版社.

奈良康明・石井公成(編), 2010, 『新アジア仏教史05中央アジア－文明・文化の交差点』, 東京, 佼成出版社.

奈良康明, 2010, 『新アジア仏教史中央アジア05文明・文化の交差点』, 佼成出版社.

能仁正顕(編), 2011, 『西域－流沙に響く仏教の調べ』, 京都, 自照社出版.

국립문화재연구소(편), 2013, 『우즈베키스탄쿠샨왕조와 불교』, 국립문화재연구소.

金炳坤, 2013, 「ウイグル語訳『妙法蓮華経玄賛』の研究状況と課題」, 『身延山大學仏教學部 紀要』14, 山梨, 身延山大學.

田中良昭・程正, 2014, 『敦煌禪宗文獻分類目錄』, 東京, 大東出版社.

Ataç, Mehmet-Ali. 2018. *Art and Immortality in the Ancient Near East*. Cambridge University Press. ISBN: 9781107154957

山口博(編)2018, 『ユーラシアのなかの宇宙樹・生命の樹の文化史』, (アジア遊學228), 勉誠出版.

ISBN9784585226949

林俊雄, 2018, 「ユーラシア草原文化と樹木」, 山口博(編), 『ユーラシアのなかの宇宙樹・生命の樹の文化史』, (アジア遊學228), 勉誠出版. ISBN9784585226949

樋笠逸人, 2018, 「東大寺・正倉院と新羅からの將來經典」, 『正倉院寶物と新羅』, 奈良國立博物館.

Brown, Frank Burch, ed. 2018, *The Oxford Handbook of Religion and the Arts.* Oxford University Press. ISBN: 9780190871192

東洋哲學研究所(編), 2020, 『東洋學術研究特輯2シルクロード佛教東漸道(2)』59-1, , 東洋哲學研究所.

Zeini, Arash. 2020, *Zoroastrian Scholasticism in Late Antiquity: The Pahlavi Version of the Yasna Haptanhaiti.* Edinburgh Studies in Ancient Persia. Edinburgh: Edinburgh University Press. ISBN: 9781474442886

16. 악무(樂舞)

東洋音樂學會(編), 1967, 『唐代の楽器』, (東洋音楽選書2), 音楽之友社.

東洋音樂學會(編), 1972, 『仏教音楽』, (東洋音楽選書6), 音楽之友社.

東洋音樂學會(編), 1979, 『東南アジアの音楽』, (東洋音楽選書8), 音楽之友社.

東洋音樂學會(編), 1979, 『中國・朝鮮音楽調査紀行』, (東洋音楽選書11), 音楽之友社.

岸辺成雄, 1982, 『古代シルクロードの音楽-正倉院・敦煌・高麗をたどって』, 講談社. ISBN978-4062003735

松本包夫, 1991, 『正倉院寶物にみる楽舞・遊戯具 The Treasures of the Shosoin: Musical Instruments, Dance Articles, Game』, 紫紅社. ISBN978-4879405197

柘植元一, 1998, 『ミュージックギャラリー(34)シルクロード楽器の旅』音楽之友社. ISBN978-4276380349

クルト ザックス (著), 岸辺成雄・服部幸三 (監修), 1998, 『楽器の歴史(上, 下)』, 全音楽譜出版社. ISBN-13: 978-4118000121

古代オリエント博物館, 2002, 『シルクロードの響き-ペルシア・敦煌・正倉院』, (MUSAEA JAPONICA4), 山川出版社. ISBN978-4634648203

藤田敏雄, 2005, 『シルクロード音楽の旅』, 民音音楽博物館. ISBN978-4874631713

岸辺成雄, 2005, 『唐代音楽の歴史的研究(続巻)楽理篇・楽書篇・楽器篇・楽人篇』, 和泉書院. ISBN978-4757602922

荻美津夫, 2005, 『古代音楽の世界』, 東京：高志書院. ISBN9784906641956

荻美津夫, 2006, 「ササン朝ペルシアの宮廷楽器と楽人：ターク・イ・ブスターンの浮彫り史料を通して」, 『環日本海研究年報』, 新潟大學大學院現代社會文化研究科環日本海研究室.

荻美津夫, 2007, 「荻美津夫, ササン朝ペルシアの美術工芸品にみられる宮廷楽器と楽人-水注(vessel), 鉢(bowl), 皿(plate)-」, 『環日本海研究年報』, 新潟大學大學院現代社會文化研究科環日本海研究室.

坪内栄夫, 2007, 『シルクロードと世界の楽器－音楽文化の東西交流史』, 現代書館.

原豊二・劉曉峰(編), 2014, 『東アジアの音楽文化-物語と交流と-』, (アジア遊學170), 勉誠出版. ISBN978-4585226369

도판 출처

Introduction to Research History of Civilizational Exchanges on Silk Road

도판 출처

1. 실크로드絲綢之路 문명교류사文明交流史와 한반도韓半島

Ⅰ-1 박천수, 배노찬 ｜ Ⅰ-2 박천수, 배노찬 ｜ Ⅰ-3 박천수, 배노찬 ｜ Ⅰ-4 박천수, 배노찬

Ⅰ-5 폼페이(Pempei) 벽화(壁畵) ｜ Ⅰ-6 박천수, 장주탁 ｜ Ⅰ-7 박천수, 배노찬

Ⅰ-8 大谷育惠, 2019, 「草原の東から西につたわった中國の文物」, 草原考古學研究會(編), 『ユラシア 大草原を掘る草原考古學への道標』, 勉誠出版.

Ⅰ-9 박천수, 배노찬 ｜ Ⅰ-10 박천수 ｜ Ⅰ-11 박천수 ｜ Ⅰ-12 강상훈, 박천수

Ⅰ-13 박천수, 정진, 정승복 ｜ Ⅰ-14 박천수, 신현우 ｜ Ⅰ-15 박천수, 김도영

Ⅰ-16 박천수, 장주탁 ｜ Ⅰ-17 박천수, 정진, 정승복 ｜ Ⅰ-18 박천수, 신현우 ｜ Ⅰ-19 박천수

Ⅰ-20 박천수, 배노찬 ｜ Ⅰ-21 박천수, 배노찬 ｜ Ⅰ-22 박천수, 신현우

Ⅰ-23 불교중앙박물관, 2013, 『인각사와 삼국유사』, 불교중앙박물관.

Ⅰ-24 박천수, 장주탁 ｜ Ⅰ-25 부산박물관, 2014, 『러시아연해주문물전 프리모리에』, 부산박물관.

Ⅰ-26 박천수, 배노찬

Ⅰ-27 內蒙古自治區文物硏究所 孫建華, 209, 『內蒙古古代壁畫』, 文物出版社.

Ⅰ-28 박천수 ｜ Ⅰ-29 한성욱 ｜ Ⅰ-30 박천수, 배노찬

2. 유라시아歐亞 초원로草原路 유적遺蹟과 유물遺物

a: 박천수

Ⅱ-1

1: 배노찬 ｜ 2: Google Earth, 김동균

3-8: National Historical Museum of Ukraine, 2011, 『ウクライナの至宝展 -スキタイ黃金美術の煌めき』9: 加藤九祚, 1998

Ⅱ-2

1-2: Google Earth, 김동균

3-8: 國立中央博物館, 1991, 『소련 국립 에르미타주박물관 소장 스키타이 황금』, 國立中央博物館.

Ⅱ-3

1-2: Google Earth, 김동균

3-5: National Historical Museum of Ukraine, 2011, 『ウクライナの至宝展 -スキタイ黃金美術の煌めき』.

4, 6-12: 國立中央博物館, 1991, 『소련 국립 에르미타주박물관 소장 스키타이 황금』, 國立中央博物館.

Ⅱ-4

1: 배노찬 │ 2: Google Earth, 김동균 │ 3-21: Primosu U Verag, 2013, *Die Krim*

Ⅱ-5

1: 배노찬 │ 2: Google Earth, 김동균 │ 3-5: 인터넷

6-20: 古代オリエント博物館, 1991, 『The Treasures of Nomadic Tribes in south Rsussia』, 朝日新聞社

Ⅱ-6

1-8, 9-10: 京都文化博物館, 1993, 『ロシアの秘宝 – 特別展ユーラシアの輝き』, 京都新聞社

Ⅱ-7

1, 2: 京都文化博物館, 1993, 『ロシアの秘宝 – 特別展ユーラシアの輝き』, 京都新聞社

3: 古代オリエント博物館, 1991, 『The Treasures of Nomadic Tribes in south Rsussia』, 朝日新聞社

Ⅱ-8

1, 2: Google Earth, 김동균

3: 雪嶋宏一, 2008, 『スキタイ騎馬遊牧国家の歴史と考古』, 雄山閣

4-10, 12-15: Корректор О.В. Пивоварова, 1986, S*cythian Art*, Издательство 《Аврора》, Ленинград.

11, 16: 國立中央博物館, 1991, 『소련 국립 에르미타주박물관 소장 스키타이 황금』, 國立中央博物館.

Ⅱ-9

1: 인터넷

2-9: 國立中央博物館, 1991, 『소련 국립 에르미타주박물관 소장 스키타이 황금』, 國立中央博物館.

Ⅱ-10

1: 배노찬 │ 2: Google Earth, 김동균

3, 6-17: Konstantin Von Cugunov, and Hermann Parzinger, Anatoli Nagler, 2010. *Der skythenzeitliche Fürstenkurgan Arzan 2 in Tuva*: Die Magnetometerprospektion, Philipp von Zabern: Bilingual edition

4-5: Gryaznov M P, 1980, *Arzhan: tsarskii kurgan ranneskifskogo remeni*. Leningrad.

18: 인터넷

Ⅱ-11

1-9: Rudenko S I, 1970, *Frozen Tombs of Siberia: The Pazyryk Burials of Iron Age Horsemen*. London, J.M.Dent & Sons.

10-15: 國立中央博物館, 1991, 『소련 국립 에르미타주박물관 소장 스키타이 황금』, 國立中央博物館.

16: Rudenko S I, 1970, *Frozen Tombs of Siberia: The Pazyryk Burials of Iron Age Horsemen*. London, J.M.Dent & Sons.

17: 인터넷

18-19: Rudenko S I, 1970, *Frozen Tombs of Siberia: The Pazyryk Burials of Iron Age Horsemen*. London, J.M.Dent & Sons.

Ⅱ-12

1: 김현지

2: Google Earth, 김현지, 김동균

3-6: 대한민국 문화재청 국립문화재연구소·러시아연방 러시아과학원 극동지부 역사학고고학민속학연구소, 2007, 『연해주의 문화유적 Ⅰ』, 국립문화재연구소.

7-8: 부산박물관, 2014, 『러시아연해주문물전 프리모리에』, 부산박물관.

9: 정석배

Ⅱ-13

1: 대한민국 문화재청 국립문화재연구소·러시아연방 러시아과학원 극동지부 역사학고고학민속학연구소, 2015, 『연해주의 콕샤로프카 유적』.

2-6: 부산박물관, 2014, 『러시아연해주문물전 프리모리에』, 부산박물관.

Ⅱ-14

1: Google Earth, 김현지, 김동균

2-3: 대한민국 문화재청 국립문화재연구소·러시아연방 러시아과학원 극동지부 역사학고고학민속학연구소, 『연해주의 문화유적 Ⅰ』, 국립문화재연구소.

4-5: 정석배 | 6: 김도영

Ⅱ-15

1: Google Earth, 김현지, 김동균

2-11: 부산박물관, 2014, 『러시아연해주문물전 프리모리에』, 부산박물관.

12-13: 정석배

Ⅱ-16

1: 배노찬 | 2-3: Google Earth, 김동균

3-12: 국립문화재연구소, 2018, 『카자흐스탄 초원의 황금문화』, 국립문화재연구소.

13: 인터넷

Ⅱ-17

1: Google Earth, 김동균

2: 田辺勝美·前田耕作(編), 2000, 『世界美術大全集東洋編15中央アジア』, 小學館.

3: Hermitage Museum

Ⅱ-18

1: Google Earth, 김동균 | 2-5: 박천수 | 6: 穴澤咊光, 장주탁

Ⅱ-19

1-3: Google Earth, 김동균

4-14: Akishev, K. A. 1978. *Kurgan Issyk*. Moskva: Iskusstvo Publishers

15: 김도영

Ⅱ-20

1: 배노찬 | 2-9: 박천수

Ⅱ-21

1: 김현지, 배노찬 | 2-16: G.에렉젠·양시은, 2017, 『흉노』, 진인진.

Ⅱ-22

1: 梅原末治, 1960, 『蒙古ノイン·ウラ發見の遺物』, 東洋文庫.

2-12: G.에렉젠·양시은, 2017, 『흉노』, 진인진.

Ⅱ-23

1: Google Earth 김현지

2-13: 국립문화재연구소·몽골아카데미고고학연구소, 2020, 『흉노匈奴 제국의 미술』, 국립문화재연구소·몽골아카데미고고학연구소.

Ⅱ-24

1: 新疆維吾爾自治區地圖集編纂委員會, 2016, 『新疆維吾爾自治區地圖集』, 中國地圖出版社, 배노찬

2-11: 祁小山·王博, 2008, 『絲綢之路: 新疆古代文化』, 新疆人民出版社

Ⅱ-25

1: 배노찬

2-8: 中國人民大學歷史學院考古文博系·錫林郭勒盟文物保護管理站·正鑲白旗文物管理所, 2017, 「內蒙古正鑲白旗伊和 爾M1發掘簡報」, 『文物』1, 文物出版社

Ⅱ-26

1: 中國歷史博物館遙感與航空撮影考古中心·內蒙古自治區文物考古硏究所, 2002, 『內蒙古東南部航空撮影考古報告』, 科學出版社

2-12: 박천수

Ⅱ-27

1: 中國歷史博物館遙感與航空撮影考古中心·內蒙古自治區文物考古研究所, 2002, 『內蒙古東南部航空撮影考古報告』, 科學出版社

2, 5-8: 中國社會科學院考古研究所內蒙古第2工作隊·內蒙古文物考古研究所, 2016, 「內蒙古巴林左旗遼祖陵1號陪葬墓」, 『考古』10, 考古雜誌社

4, 9: 田中俊明 ㅣ 10-13: 박천수

Ⅱ-28

1: 內蒙古文物考古研究所·哲里木盟博物館, 1993, 『遼陳國公主墓』, 文物出版社

2: 九州國立博物館, 2011, 『草原の王朝 契丹』, 西日本新聞社

3-4: 진국공주묘(陳國公主墓) 벽화(壁畫)

5-9: 中國歷史博物館·內蒙古自治區文化廳, 2002, 『內蒙古遼代文物精華 契丹王朝』, 中國藏學出版社

10: 박천수

11: 九州國立博物館, 2011, 『草原の王朝 契丹』, 西日本新聞社

Ⅱ-29

1-7: 內蒙古文物考古研究所·錫林郭勒盟文物保護管理站·多倫縣文物管理局, 2016, 「內蒙古多倫縣遼代貴妃蕭氏家族墓葬」, 『考古』10, 考古雜誌社

Ⅱ-30

1-2, 6-7: 박천수 ㅣ 3-4: 인터넷

5: 九州國立博物館, 2011, 『草原の王朝 契丹』, 西日本新聞社

Ⅱ-31

1: 김현지

2-3: 中國社會科學院考古研究所(編), 1997, 『六頂山與渤海鎮-唐代渤海國的貴族墓地與都城遺址』, 中國大百科全書出版社

4-9: 田中俊明

10-12: 서울대학교박물관, 2003, 『해동성국 발해』, 서울대학교박물관.

13: 인터넷

Ⅱ-32

1-2: 國家文物國, 2011, 「遼寧建昌東大杖子 國墓地M40」, 『中國重要考古發現』, 文物出版社

3, 6-8: 遼寧省文物考古研究所·葫芦島市博物館·建昌縣文物局, 2015, 「遼寧建昌東大杖子墓地2000年發掘簡報」, 『文物』11, 文物出版社

4-6, 9: 遼寧省文物考古研究所·葫芦島市博物館·建昌縣文物管理所, 2014, 「遼寧建昌縣東大杖子墓地

2002年發掘简报」,『考古』12, 文物出版社

10-11: 인터넷

Ⅱ-33

1-4: 박천수

Ⅱ-34

1-13: 遼寧省博物館, 2015,『北燕馮素弗墓』, 北京: 文物出版社.

Ⅱ-35

1, 3-4: 池內宏, 1938,『通溝上』, 日滿文化協會 2: 장주탁 5: 田中俊明

6-10: 박천수

11-12: 池內宏·梅原末治, 1940,『通溝下』, 日滿文化協會.

Ⅱ-36

1: 배노찬 ｜ 2-3: 田中俊明

4-9: 朝鮮画報社出版部(編), 1985,『高句麗古墳壁畵』, 朝鮮画報社

Ⅱ-37

1: 배노찬 ｜ 2: 오세윤

3-9: 국립경주박물관, 2014,『天馬, 다시 날다』

10, 22-24: 국립경주박물관, 2008,『新羅, 서아시아를 만나다』

11: 김도영 ｜ 12: 보고서 원도 수정 작성: 박천수 장주탁

13-14: 국립경주박물관, 2001,『新羅黃金』

15-16: 김도영 ｜ 17-18: 박천수

19, 21: 국립경주박물관, 2001,『新羅黃金』

20: 奈良縣立橿原考古學硏究所附屬博物館, 1992,『1500年前のシルクロード-新沢千塚の遺寶とその源流-』

Ⅱ-38

1, 7: 박천수

2-6: 국립중앙박물관, 2010,『皇南大塚』

8: 김도영

9, 11-13: 국립경주박물관, 2008,『新羅, 서아시아를 만나다』

10: 국립경주박물관, 2001,『新羅黃金』

14: 김도영

Ⅱ-39

1-11: 國立慶州博物館, 2010『慶州 鷄林路14號墓』

Ⅱ-40

1: 배노찬 ｜ 2: 영남대학교박물관 ｜ 3-8: 오세윤

Ⅱ-41

1: 배노찬 ｜ 2: Google Earth, 김동균 ｜ 3-5: 대성동고분박물관

Ⅱ-42

1: Google Earth, 김동균 ｜ 2: 안상호 ｜ 3-4: 경상대학교박물관 ｜ 5-6: 김도영

Ⅱ-43

1: 배노찬 ｜ 2, 5-7: 堺市博物館 ｜ 3-4: 海邊博史

Ⅱ-44

1: Google Earth, 김동균 ｜ 2-3: 박천수

4-6: 奈良縣立橿原考古學研究所附屬博物館, 1992,『1500年前のシルクロード-新沢千塚の遺寶とその源流-』

Ⅱ-45

1: Google Earth, 김동균 ｜ 2: 인터넷 ｜ 3-4. 7: 박천수

5-6: 木更津市敎育委員會, 2020,『金鈴塚古墳出土品再整理報告書』

8: 장주탁

3. 유라시아歐亞 사막로沙漠路 유적遺蹟과 유물遺物

a: 加藤九祚

Ⅲ-1

1: 배노찬 ｜ 2-4: Google Earth, 김동균 ｜ 5: 인터넷 ｜ 6-12: 加藤九祚

Ⅲ-2

1: 배노찬

2: 岡內三眞(편)·박천수(역), 2016,『실크로드의 고고학』, 진인진

3-9: 奈良縣立橿原考古學硏究所附屬博物館

10: 인터넷

Ⅲ-3

1: 배노찬 | 2-3: 인터넷 | 4-6: 박천수

Ⅲ-4

1: Google Earth, 김동균 | 2-7: 박천수

Ⅲ-5

1: 岡內三眞(편)·박천수(역), 2016, 『실크로드의 고고학』, 진인진 2: 인터넷

3-6, 8-10, 12: 박천수 | 7: 윤동진

11, 14: 國立中央博物館, 2008, 『황금의 제국 페르시아』

Ⅲ-6

1: Google Earth, 김동균 | 2-7: 박천수

Ⅲ-7

1: 배노찬 | 2: Google Earth, 김동균 | 3-7: 박천수

Ⅲ-8

1-9: 박천수

Ⅲ-9

1: Google Earth, 김동균 | 2-15: 박천수 | 16-17: 오세윤

Ⅲ-10

1: Google Earth, 김동균 | 2-6, 9: 오세윤 | 7-8: 박천수

Ⅲ-11

1: 배노찬

2-5, 8-10: Sarianidi W.2002. *Marguş Türkmenistan*: *Murgap derýasynyň köne hanasynyň aýagyndaky gadymy gündogar şalygy*. Aşgabat: Türkmendöwlethabarlary

6-7: 윤용구

11-14: Aruz, Joan. 2003. *Art of the First Cities*: *The Third Millennium BC from the Mediterranean to the Indus*. Metropolitan Museum of Art Series. New York, Metropolitan Museum of Art

15-16: Nadezhda A. Dubova. *Bronze Age Center of Oriental Civilization in the Karakum Desert (Turkmenistan) and its Connections with Mediterranean World*

Ⅲ-12

1: 배노찬

2-5: 國立中央博物館, 2016, 『아프카니스탄의 황금문화』

Ⅲ-13

1: 배노찬 | 2-5: 인터넷

6: Aruz, Joan. 2003. *Art of the First Cities*: *The Third Millennium BC from the Mediterranean to the Indus*. Metropolitan Museum of Art Series. New York, Metropolitan Museum of Art: 178)

7: 水野敬三郎(外), 1996, 『砂漠の美術館-永遠なる燉煌展圖錄』, 朝日新聞社

Ⅲ-14

1: 배노찬

2, 5-16: 國立中央博物館, 2016, 『아프카니스탄의 황금문화』

3-4, 17-19: 加藤九祚

Ⅲ-15

1: 배노찬

2-8, 10-23: 國立中央博物館, 2016, 『아프카니스탄의 황금문화』

9: 島根県並河萬里写真財団, 2002, 『季刊文化遺産 文化の回廊アフガニスタン』14, しまね文化振興財団.

Ⅲ-16

1: 배노찬 ｜ 2: Google Earth, 김동균

3-22, 24-30: 國立中央博物館, 2016, 『아프카니스탄의 황금문화』

23: 박천수

Ⅲ-17

1: 배노찬

2: Tarzi Zemaryalai.1977.*L'architecture et le decor rupestre des grottes de Bamiyan*. Paris: Imprimerie Nationale

3: 박진호 ｜ 4-9: 黒田慶一 ｜ 10-12: 인터넷

Ⅲ-18

1: 배노찬

2-9: 국립문화재연구소, 2013, 『우즈베키스탄 쿠샨왕조와 불교』

10-14: 박천수

Ⅲ-19

1-2, 8, 14-24: 대한민국 문화재청 국립문화재연구소·우즈베키스탄 학술원 예술학연구소, 2019, 『우즈베키스탄 카라테파 불교사원』

3-6: 박천수 ｜ 7, 9-13: 加藤九祚

Ⅲ-20

1-4, 9-10: 박천수 ｜ 5: 山崎建三 ｜ 6-9: 加藤九祚

11-13: E.V.Rtveladze·加藤九祚(編), 1991, 『南ウズベキスタンの遺寶』

Ⅲ-21

1: 배노찬

2: 岡內三眞(편)·박천수(역), 2016, 『실크로드의 고고학』

3-7: 박천수

Ⅲ-22

1-4: 박천수 ｜ 5-7: 동북아역사재단

Ⅲ-23

1: 杉山二郎, 1988, 『世界の大遺跡7 シルクロードの殘映』, 講談社

2-3, 10-11: 윤용구 ｜ 4-9: 인터넷

12: 奈良縣立美術館, 1988, 『シルクロード大文明展-草原の道』.

Ⅲ-24

1: 배노찬

2: Marshall, John, 1960, *A guide to Taxila*. Cambridge University Press

3-5: 樋口隆康(外), 1984, 『パキスタンガンダーラ美術展図錄』, 日本放送協會

6: 인터넷

7-15: 奈良縣立美術館, 1988, 『シルクロード大文明展-仏教伝来の道』

Ⅲ-25

1: 배노찬

2: 新疆維吾爾自治區地圖集編纂委員會, 2016, 『新疆維吾爾自治區地圖集』, 中國地圖出版社.

3: 村越稔 ｜ 4-6, 9: 박천수 ｜ 6, 8: 岡內三真

10: 新疆維吾爾自治區文物事業管理局(外), 1999, 『新疆文物古蹟大觀』, 新疆美術攝影出版社

Ⅲ-26

1: 新疆維吾爾自治區地圖集編纂委員會, 2016, 『新疆維吾爾自治區地圖集』, 中國地圖出版社.

2: 國家文物局(編), 2014, 『絲綢之路』, 文物出版社)

3: シルクロード學研究センター, 2003, 『新疆出土のサーサーン式銀貨新疆ウイグル自治區博物館藏の
　　　サーサーン式銀貨』, (シルクロード學研究19)

Ⅲ-27

1: Google Earth, 김동균

2, 7: 岡內三眞(편)·박천수(역), 2016, 『실크로드의 고고학』, 진인진

3-6, 8: 박천수

Ⅲ-28

1: 新疆維吾爾自治區地圖集編纂委員會, 2016, 『新疆維吾爾自治區地圖集』, 中國地圖出版社.

2: Google Earth, 김동균

3: 祁小山·王博, 2016, 『絲綢之路: 新疆古代文化(續)』, 新疆人民出版社)

4-7: 中國社會科學院考古研究所新疆工作隊·新疆喀什地區文物局·塔什庫爾幹縣文物管理所, 2017, 「新疆塔什庫爾幹吉爾贊喀勒墓地2014年發掘報告」, 『考古學報』4, 考古雜誌社

Ⅲ-29

1-2: 배노찬, 김동균

3-4: 祁小山·王博, 2008, 『絲綢之路: 新疆古代文化』, 新疆人民出版社

5: 岡內三眞(編)·박천수(역), 2016, 『실크로드의 고고학』, 진인진

6-8: 박천수

Ⅲ-30

1-2: 新疆維吾爾自治區地圖集編纂委員會, 2016, 『新疆維吾爾自治區地圖集』, 中國地圖出版社. 배노찬

3: Google Earth, 김동균

4: 岳峰(編), 2009, 『新疆歷史文明集粹』, 新疆美術撮影出版社

5-9, 11-13: 岳峰(編), 2009, 『新疆歷史文明集粹』, 新疆美術撮影出版社

10: 박천수

Ⅲ-31

1: 배노찬 ǀ 2: Google Earth, 김동균

3: 新疆維吾爾自治區地圖集編纂委員會, 2016, 『新疆維吾爾自治區地圖集』, 中國地圖出版社. 배노찬

4-5, 7-8, 12: 박천수 ǀ 6: 윤동진 ǀ 9: 東京國立博物館

10: 大広(編), 2005, 『china crossroads of culture 中國★の十字路展』, 大広

11: 岳峰(編), 2009, 『新疆歷史文明集粹』, 新疆美術撮影出版社

13: 田中俊明

Ⅲ-32

1-14, 16-18, 19, 21: 박천수

15: 新疆ウイグル自治區文物管理委員会·拜城県キジル千仏洞文物保管所(編), 1983, 『中国石窟キジル石窟』, 平凡社

20: 인터넷

Ⅲ-33

1: 新疆維吾爾自治區地圖集編纂委員會, 2016, 『新疆維吾爾自治區地圖集』, 中國地圖出版社. 배노찬

2-7, 10: 박천수

8-9: 新疆維吾爾自治區文物事業管理局(外), 1999, 『新疆文物古蹟大觀』, 新疆美術撮影出版社

Ⅲ-34

1-2: 岡內三眞(編)·박천수(역), 2016, 『실크로드의 고고학』, 진인진

3-10: 박천수

Ⅲ-35

1: Google Earth, 김동균

2: 岡內三眞(편)·박천수(역), 2016, 『실크로드의 고고학』, 진인진

3-10: 박천수

11-13: 霍旭初·祁小山, 2006, 『絲綢之路: 新疆佛教藝術』, 新疆人民出版社

Ⅲ-36

1: Google Earth, 김동균 ǀ 2-9: 박천수

Ⅲ-37

1: 新疆維吾爾自治區地圖集編纂委員會, 2016, 『新疆維吾爾自治區地圖集』, 中國地圖出版社. 배노찬

2, 4-5: 新疆維吾爾自治區文物事業管理局(外), 1999, 『新疆文物古蹟大觀』, 新疆美術撮影出版社

3: 祁小山·王博, 2008, 『絲綢之路: 新疆古代文化』, 新疆人民出版社

Ⅲ-38

1.: 新疆維吾爾自治區地圖集編纂委員會, 2016, 『新疆維吾爾自治區地圖集』, 中國地圖出版社. 배노찬

2: Google Earth, 김동균

3, 5-6: 祁小山·王博, 2008, 『絲綢之路: 新疆古代文化』, 新疆人民出版社)

4: 田中俊明

Ⅲ-39

1: Google Earth, 김동균

2: 岡內三眞(편)·박천수(역), 2016, 『실크로드의 고고학』, 진인진

3-6: 祁小山·王博, 2008, 『絲綢之路: 新疆古代文化』, 新疆人民出版社

Ⅲ-40

1: 배노찬

2: 岡內三眞(편)·박천수(역), 2016, 『실크로드의 고고학』, 진인진

3: Google Earth, 김동균 ǀ 4, 15: 윤동진 ǀ 5: 田中俊明 ǀ 6-9: 박천수 ǀ 10-14: 인터넷

15: 윤동진 ǀ 16-17: 田中俊明

Ⅲ-41

1: 배노찬 ǀ 2-10: 박천수

Ⅲ-42

1-6: 夏回族自治區博物館(外), 2009, 『賀蘭山闕寧夏絲綢之路』, 香港大學美術博物館

Ⅲ-43

1: 배노찬 ǀ 2, 3, 5-10, 12-13: 박천수

4-11: 陝西省考古硏究院, 2007, 『法門寺考古發掘報告』, 文物出版社

Ⅲ-44

1-2: 배노찬 ǀ 3-10, 12-17: 박천수 ǀ 11: 田中俊明

Ⅲ-45

1: 배노찬 ǀ 2: 장주탁

3: 岡內三眞(편)·박천수(역), 2016, 『실크로드의 고고학』, 진인진

4-14: 박천수

Ⅲ-46

1-16: 박천수

Ⅲ-47

1: 陝西省考古硏究所, 2003, 『西安北周安伽墓』, 文物出版社

2-3: 박천수

4-10: 陝西省考古硏究所, 2003, 『西安北周安伽墓』, 文物出版社

Ⅲ-48

1-2, 5-8: 陝西省博物館外, 2003, 『花舞大唐春-何家村遺寶精髓-』, 北京, 文物出版社

3-4, 9-13: 박천수

Ⅲ-49

1-2: 박천수

Ⅲ-50

1-2, 4-5, 11-12 박천수

3, 6-10: 趙康民(編), 2014, 『武周皇剎慶山寺』, 陝西旅遊出版社

Ⅲ-51

1-5: 박천수

Ⅲ-52

1: 배노찬 | 2-3: 장주탁 | 4: Google Earth, 김동균 | 5-7: 박천수

8-10: 大広(編), 2005, 『china crossroads of culture 中國★の十字路展』, 大広

11: 大同市고고연구소, 2015, 「山西大同恒安街北魏墓(11DHAM13)發掘簡報」, 『文物』1, 科學出版社

Ⅲ-53

1-12: 박천수

Ⅲ-54

1: 배노찬

2-9: 山西省考古硏究所, 2005, 『太原隋虞弘墓』, 文物出版社

Ⅲ-55

1: 배노찬 | 2: Google Earth, 김동균 | 3: 장주탁 | 4-8: 박천수

Ⅲ-56

1: Google Earth, 김동균 | 2-9: 박천수

Ⅲ-57

1-2: 배노찬 | 3-14: 박천수

Ⅲ-58

1: 배노찬

2-5: 韩立森, 朱岩石, 胡春華, 岡村秀典, 廣川守, 向井佑介, 2013, 「河北省定州北魏石函出土遺物再研究」, 『考古學集刊』19

Ⅲ-59

1: 배노찬

2-15: 국립부여박물관, 2003, 『백제금동대향로 발굴 10주년 기념 특별전-백제금동대향로-』, 국립부여박물관

Ⅲ-60

1: 배노찬

2-5: 국립경주박물관, 2008, 『新羅 서아시아를 만나다』, 국립경주박물관

6-7: 신현우 | 8: 국립경주문화재연구소

Ⅲ-61

1: 김홍남, 2017, 「국립박물관 소장 사자공작문석 연구」, 『新羅文化研究』10, 國立慶州博物館

2: 국립중앙박물관

3: 齊藤忠, 2007, 『齊藤忠著作選集 1 アジア文化史の研究』雄山閣

4: 박천수

Ⅲ-62

1: 배노찬 | 2: 오세윤 | 3-15: 박천수

Ⅲ-63

1: 배노찬 | 2, 4-9: 윤동진 | 3: 한석홍, 국립문화재연구소

Ⅲ-64

1-6: 정성혁

Ⅲ-65

1-5: 박천수 | 6: 인터넷

Ⅲ-66

1: 배노찬 | 2-3: 박천수

4-7: 寺尾勇(著)·渡邊衆芳(寫眞), 1950, 『飛鳥彫刻細見』, 奈良美術研究所·丸善株式會社大阪支店

Ⅲ-67

1-1: 박천수

Ⅲ-68

1, 7: 박천수 | 2-6, 8: 奈良縣立橿原考古學研究所

Ⅲ-69

1-4: 박천수

5-8: 東京國立博物館, 1996, 『法隆寺獻納寶物』, 東京國立博物館

Ⅲ-70

1: 박천수

2: 김홍남, 2017, 「국립박물관 소장 사자공작문석 연구」, 『新羅文化研究』10, 國立慶州博物館

4. 유라시아歐亞 해로海路 유적遺蹟 유물遺物

a: 박천수

Ⅳ-1

1: 배노찬 ｜ 2-7: 인터넷

Ⅳ-2

1-2, 4-7, 11, 12: 인터넷 ｜ 3, 8-10: 박천수

Ⅳ-3

1: 배노찬 ｜ 2: Google Earth, 김동균

3-5: 中近東文化センター, 2002, 『イスラームのガラス』, 中近東文化センター

6-7: 出光館美術館, 1984, 『陶磁の東西交流』, 出光館美術館

Ⅳ-4

1: 배노찬 ｜ 2: Google Earth, 김동균 ｜ 3-20: 박천수 ｜ 21: The Metropolitan Museum of Art

Ⅳ-5

1: Google Earth, 김동균 ｜ 2-11: 박천수

Ⅳ-6

1: Google Earth, 김동균 ｜ 2-14: 박천수

Ⅳ-7

1: 배노찬 ｜ 2-7: 林俊雄

Ⅳ-8

1: 배노찬

2: 岡內三眞(편)·박천수(역), 2016, 『실크로드의 고고학』, 진인진

3, 5-7: 林俊雄 ｜ 4: 인터넷

Ⅳ-9

1: 배노찬 ｜ 2: Google Earth, 김동균 ｜ 3: 인터넷 ｜ 4-6: Zeinab Al-Hassan ｜ 7-8: 박천수

9-12: Aruz, Joan. 2003. *Art of the First Cities: The Third Millennium BC from the Mediterra-*

nean to the Indus. Metropolitan Museum of Art Series. New York, Metropolitan Museum of Art

Ⅳ-10

1-6: M.A. Stein, 1937. *Archaeological Reconnaissance in North-Western India and South-Eastern Iran*, London

7-12: 인터넷

Ⅳ-11

1, 6: Aruz, Joan. 2003. *Art of the First Cities: The Third Millennium BC from the Mediterranean to the Indus*. Metropolitan Museum of Art Series. New York, Metropolitan Museum of Art

2-5: Mahmood Shah

Ⅳ-12

1: 배노찬 | 2: Google Earth, 김동균 | 3-8: Mahmood Shah

Ⅳ-13

1: Google Earth, 김동균 | 2: 인터넷

3-4: 長田俊樹(編), 2013, 『インダス―南アジアの基層世界を探る』, 京都大學出版會.

Ⅳ-14

1-17: P.J.Cherian, Jaya.Menon, 2014, *Unearthing Pattanam: histories, cultures, crossings catalogue for the 2014 exhibition*, National Museum-New Delhi Kerala Council for Historical Research

Ⅳ-15

1: 배노찬 | 2-5, 7: 인터넷

6: Wheeler.R.E.M, Ghosh.A and Kishna Deva, 1942, Arikamedu: an Indo-Roman Trading-station on the East Coast of India, *Ancient India* No2, 장주탁 작도

Ⅳ-16

1-3: 윤동진

Ⅳ-17

1: 배노찬 | 2: Google Earth, 김동균 | 3-16: 박천수

Ⅳ-18

1: Google Earth, 김동균

2-4: Liebner, Horst Hubertus, 2014, *The Siren of Cirebon: A Tenth-Century Trading Vessel Lost in the Java Sea*. Ph. D. Dissertation of the University of Leeds

Ⅳ-19

1: 배노찬 | 2: Google Earth, 김동균

3-10: Pierre-Yves Manguin·A.Mani Geoff Wade, ed. 2011. *Early Interactions Between South And Southeast Asia*. Manohar

Ⅳ-20

1-9: Pierre-Yves Manguin·A.Mani Geoff Wade, ed. 2011. *Early Interactions Between South And Southeast Asia*. Manohar

Ⅳ-21

1: 배노찬 | 2-9, 11, 13-19: 박천수 | 10: 최종택

12: 부산박물관, 2010, 『베트남 홍강에서 메콩강까지』, 부산박물관

Ⅳ-22

1-5, 8-11: 박천수

6-7: 首都博物館, 2012, 『越南歷史文物』, 首都博物館

Ⅳ-23

1: 배노찬 | 2: Google Earth, 김동균 | 3-4: 인터넷 | 5, 6: 菊地誠一 | 7: 권오영

8-11: 國立歷史民俗博物館, 2002, 『國立歷史民俗博物館硏究報告』94, 國立歷史民俗博物館

Ⅳ-24

1, 2: 배노찬 | 3: 인터넷

4-7, 15: 雲南省文物考古硏究所·玉溪市文物管理所·江川縣文化局(編), 2007, 『江川李家山-第二次發掘報告-』, 文物出版社

8-14: 李靑會·左駿·劉琦(外), 2019, 『文化交流視野的漢代合浦港』, (合浦縣新報海上絲綢之路世界文化遺産中心編), 廣西科學技術出版社

Ⅳ-25

1-2: 배노찬 | 3-15: 박천수

Ⅳ-26

1: 배노찬

2: 廣東科學技術出版社, 1991, 『南海絲綢之路文物圖集』, 廣東科學技術出版社

3-4: 박천수

5-8: 國家文物國(編), 2014, 『海上絲綢之路』, 文物出版社

Ⅳ-27

1-9: 박천수

Ⅳ-28

1: 배노찬 ǀ 2-8: 박천수

Ⅳ-29

1: Google Earth, 김동균 ǀ 2-8, 10-11: 박천수

9: 每日新聞社, 1996, 『中國南越王の至宝-前漢時代 廣州の王朝文化』, 每日新聞社

Ⅳ-30

1: 南越王宮博物館籌建所·廣州市文物考古研究所, 2008, 『南越宮苑遺址』上, 文物出版社

2-5: 박천수

Ⅳ-31

1: Google Earth, 김동균 ǀ 2-9: 박천수

Ⅳ-32

1: 배노찬 ǀ 2: Google Earth, 김동균 ǀ 3-8, 11-19: 박천수

Ⅳ-33

1: Google Earth, 김동균 ǀ 2-8: 박천수

Ⅳ-34

1-8: 溫州博物館(編), 2011, 『白象慧光·溫州白象塔·慧光塔典藏大全』, 文物出版社

Ⅳ-35

1: 배노찬 ǀ 2-6, 8-10: 박천수 ǀ 7: 노형석

Ⅳ-36

1: 배노찬 ǀ 2-5: 田中俊明 ǀ 6: 박천수

Ⅳ-37

1-8: 박천수

Ⅳ-38

1: 배노찬 ǀ 2-6: 박천수

Ⅳ-39

1-3: 장주탁

4: 奈良縣立橿原考古學研究所(編), 2002, 『南朝石刻: 図録·中國南朝陵墓の石造物』, (社團法人橿原考古學協會調査研究成果 第6冊), 橿原考古學協會

5-9: 박천수

Ⅳ-40

1: NHK大阪放送局1992, 『中國の金銀ガラス展』, 大阪, NHK大阪放送局.

2, 6: 大広(編), 2005, 『china crossroads of culture 中國★の十字路展』, 大広

3-4: 楊伯達, 2004, 『中國金銀玻璃琺瑯器全集第四卷玻璃器1』, 石家莊, 河北美術出版社

5-9: 南京市博物館, 2004, 『六朝風彩』, 文物出版社

Ⅳ-41

1: 배노찬

2-6: 南京市考古硏究所, 2015, 「南京大報恩寺遺址塔基與地宮發掘簡報」, 『文物』5期, 文物出版社

Ⅳ-42

1: 배노찬 ｜ 2-9, 10-13: 박천수

10: 國家文物國(編), 2014, 『海上絲綢之路』, 文物出版社

Ⅳ-43

1: 배노찬 ｜ 2-4: 박천수

5-6: 連雲港市重点文物保護硏究所, 2018, 『連雲港封土石室墓調查与硏究』上下, 上海古籍出版社

Ⅳ-44

1: 배노찬 ｜ 2-9: 박천수

Ⅳ-45

1: 배노찬 ｜ 2-3, 7-8: 박천수 ｜ 4-6: 田中俊明

Ⅳ-46

1: 배노찬

2-3, 9-10: 國家文物國, 2011, 「湖南長沙銅官址」, 『中國重要考古發現』, 文物出版社

4-8, 11-12: 박천수

Ⅳ-47

1: 배노찬

2-5: 出光博物館, 1997, 『地下宮殿遺寶-中國河北定州北宋代塔出土文物展-』, 出光博物館.

Ⅳ-48

1: 葉喆民 (著), 出川哲朗·德留大輔·新井崇之(訳), 2019, 『中国陶磁史』, 国書刊行会

2-5: 박천수

Ⅳ-49

1-4: 大場恒吉·榧本龜次郎(編), 1935, 『樂浪王光墓』, (古蹟調査報告第2), 朝鮮古蹟硏究會

5, 6, 8: 國立中央博物館, 2001, 『낙랑樂浪』, 國立中央博物館

7: 梅原末治·藤田亮策, 1959, 『朝鮮古文化綜鑑』3, 養德社

Ⅳ-50

1-5: 박천수

Ⅳ-51

1-11: 박천수

Ⅳ-52

1-10: 국립공주박물관, 2001, 『백제百濟 사마왕斯麻王 무령왕릉 발굴, 그후 30년의 발자취』, 국립공주박물관.

11: 국립공주박물관, 2021, 『무령왕릉 발굴 50년』, 국립공주박물관.

12-14: 박천수

Ⅳ-53

1-5: 박천수 ㅣ 6-7: 인터넷

Ⅳ-54

1: 배노찬

2-10

11: 국립경주박물관, 2008, 『新羅 서아시아를 만나다』, 국립경주박물관

Ⅳ-55

1: 朝鮮總督府, 1938, 『佛國寺石窟庵』, 朝鮮總督府.

2-8: 국립중앙박물관, 2009, 『불국사석가탑유물』, 국립중앙박물관.

Ⅳ-56

1: 배노찬 ㅣ 2: 국립중앙박물관 ㅣ 3-6: 박천수 ㅣ 7: 장주탁

Ⅳ-57

1: 배노찬 ㅣ 2-6: 박천수

Ⅳ-58

1: 배노찬 ㅣ 2-8: 박천수

Ⅳ-59

1: 배노찬 ㅣ 2: 박천수

3: 奈良國立博物館, 『正倉院展圖錄』, 奈良國立博物館.